中外将帅之道

刘建　刘硕 ◎ 著

团结出版社

图书在版编目（CIP）数据

中外将帅之道 / 刘建，刘硕著. -- 北京：团结出版社，2022.2
　ISBN 978-7-5126-9020-2

Ⅰ.①中… Ⅱ.①刘…②刘… Ⅲ.①军事-谋略-中国-古代 Ⅳ.①E892

中国版本图书馆CIP数据核字(2021)第168214号

出　　版：	团结出版社
	（北京市东城区东皇城根南街84号　邮编：100006）
电　　话：	（010）65228880　65244790（出版社）
	（010）65238766　85113874　65133603（发行部）
	（010）65133603（邮购）
网　　址：	http://www.tjpress.com
E-mail：	zb65244790@163.com（出版社）
	fx65133603@163.com（发行部邮购）
经　　销：	全国新华书店
印　　刷：	三河市金兆印刷装订有限公司
开　　本：	670毫米×960毫米　16开
印　　张：	28
字　　数：	300千字
版　　次：	2022年2月　第1版
印　　次：	2022年2月　第1次印刷
书　　号：	978-7-5126-9020-2
定　　价：	78.00元

前　言

俗话说：千军易得，一将难求。选将用将，做一个"文能附众，武能威敌"的将帅，历来被作为关系社稷安危的重要问题。孙子在《计篇》中把选将用将的标准概括为五条，即："将者，智、信、仁、勇、严也。"后人将其归纳为"为将五德"，它比较全面地概括了一名将领的素质修养，抓住了一个优秀将领最基本的评价标准。

"五德"的排列顺序中，孙子将"智"列为第一，指将帅的素质与能力，其核心是知识和才能问题。"将不在勇而在谋"，这是将帅首先应该具备的条件。作为一个将领首先要具备多谋善断和预知胜负的能力，同时还要具有"狭路相逢勇者胜"的胆识和气魄。

《三国演义》中有一个经典桥段，诸葛亮问鲁肃何为将帅？鲁肃回答："统兵、陷阵、征讨、封疆耳。"诸葛亮笑称鲁肃只知其一，不知其二，接着说："古今统兵者，均自以为将帅之才，岂不知将帅乃道也。非勇悍之武夫所能通晓。平庸之将所着重者，乃兵力多寡、勇猛如何。此类武将如吕布、袁绍等比比皆是，不足挂齿。高明之统帅，不仅要知己知彼，善用兵将；还要观天时、明地利，懂人生；料事如神，熟读兵法，统帅万军，游戏自如。此等大将，如古之孙（膑）、吴（起），管乐；今之曹孟德、周公瑾也。然而，仅如此仍未明将帅之道也。"当鲁肃追问怎样才算得将帅之道时，诸葛亮却并未直言相告，只是以兵为例，指出"兵者，有可见之兵，有不可见之兵。可见之兵者，荷载执戈，肉身之士；不可见之兵者，日月星辰，风云水火，山川之灵气。如此，则万物万象均可为兵！"通过这个例子不难看出，诸葛亮所指的将帅之道，在于为将者心里是否有底气，而底气的来源是基于对战场情况的了解，涵盖人性、天文、气象等，从而能做出正确的判断，如此便能料敌在先，便可胜于百万雄师，无往而不利。

兴亡谁人定，胜败岂无凭？在每一个风云变幻、沧海横流、英雄辈出的历史时刻，杰出人物凭借超凡的政治智慧和绝妙的用兵管理艺术在群雄逐鹿中长袖善舞，独领风骚。他们的谋略智慧是一笔宝贵的历史财富，明鉴成败真理，激励后世之人。

本书精选了历史上具有代表性的杰出军事人物，通过对其生平和策略的分析，展现了他们在安邦定国、率军打仗、平叛治乱以及待人接物等诸多方面的智慧。通过对这些智慧的深入分析，概括出名臣将相在运筹决胜方面的深谋远虑，以及统御指挥的门道规律，借鉴他们居重御轻、举要治繁、图难于易的成功策略，掌握永不过时的领导力原则，对现代人丰富智慧、启迪思想、增强解决问题和处理问题的方法与能力有着积极的指导意义，这也是本书成书的初衷。书中若有错讹之处，欢迎批评指正。

序　言

兹敬录苏轼《念奴娇·赤壁怀古》以为代序：

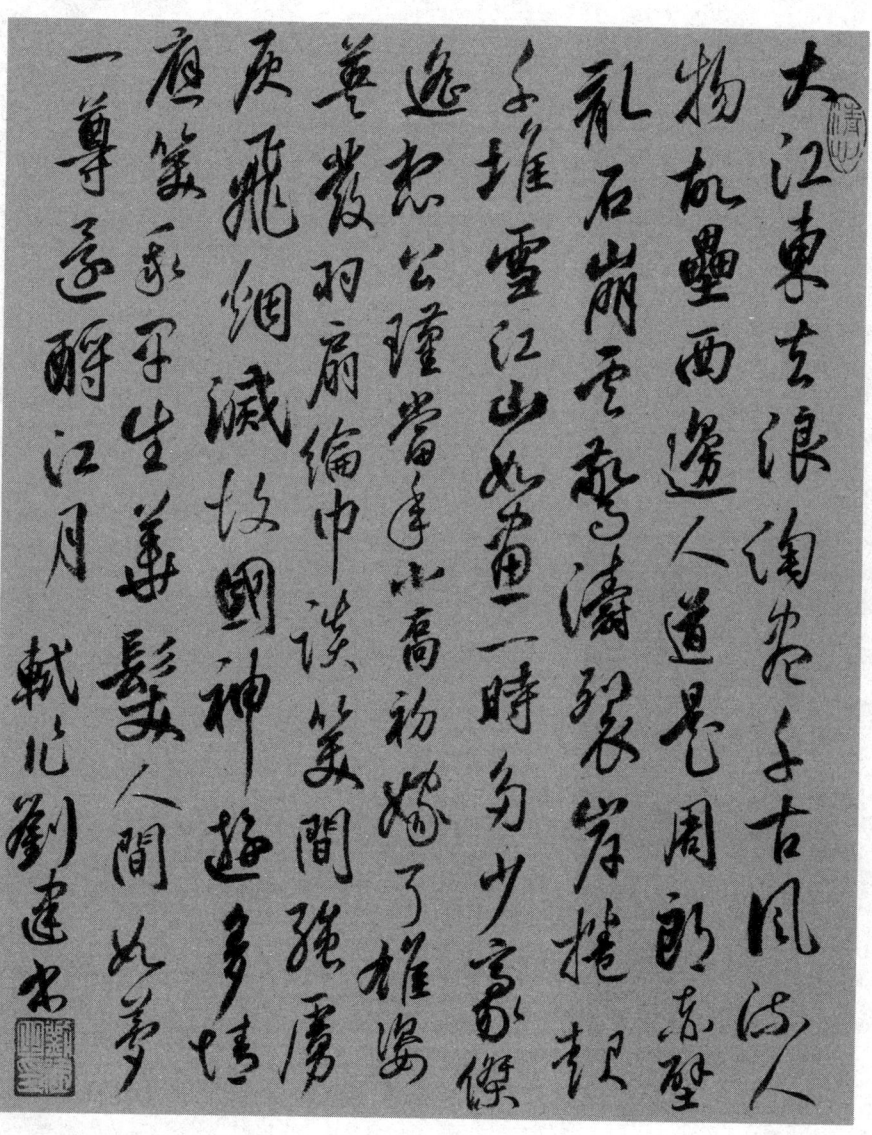

刘建◎书

2022．1

目 录

一、知彼知己

（一）料敌在心 ………………………………………… 1
才思敏速　察其器局 …………………………………… 1
未战先谋　断料其将 …………………………………… 4
见形知意　精于料敌 …………………………………… 6
才明勇略　策度敌情 …………………………………… 7

（二）量敌为计 ………………………………………… 8
智识沉敏　量势求情 …………………………………… 9
因敌而动　践墨随敌 …………………………………… 11

（三）推而知之 ………………………………………… 12
预揣其意　穷推其策 …………………………………… 12
锐于见敌　深悟兵机 …………………………………… 15
静观其势　度意推知 …………………………………… 18

（四）测其幽隐 ………………………………………… 20
由表及里　揣测潜图 …………………………………… 21
兵有深机　先觇后动 …………………………………… 22
预知敌情　虑必先事 …………………………………… 24

（五）断算成败 ········· 26

悉其甚短　深见其弊 ········· 26

究其大旨　推步事势 ········· 29

窥破事机　算定后战 ········· 30

（六）暗于知敌 ········· 32

任性率意　志满则亏 ········· 32

先入为主　多率胸臆 ········· 34

难而易之　大而化之 ········· 36

二、居重御轻

（一）兵贵权一 ········· 39

操于威柄　威立事遂 ········· 40

执要事简　总揽权纲 ········· 41

（二）威权独运 ········· 44

审贤择能　御将任势 ········· 44

扶危定倾　负鼎据权 ········· 45

（三）将道无私 ········· 48

长于识人　唯公则明 ········· 48

安镇和靖　恰当即道 ········· 49

（四）潜构密图 ········· 50

推惠施恩　智消反侧 ········· 51

智略难测　徐翦渐除…………………………………… 52
操其两败　次第制之…………………………………… 54

（五）御忌弛坏 …………………………………………… 56

轻重任意　权分必殆…………………………………… 56
巍然不群　威而少恩…………………………………… 59
重事轻用　托非其才…………………………………… 60

三、举要治繁

（一）规略宏阔 …………………………………………… 63

执其大要　善引其纲…………………………………… 63
欲主先从　欲速先缓…………………………………… 66
深虑大计　颇有干艺…………………………………… 68
备急未急　一案多功…………………………………… 69
窥斑见豹　知微见著…………………………………… 71

（二）极智精能 …………………………………………… 74

师于强将　默沉浑深…………………………………… 74
事必中要　晓练精能…………………………………… 75

（三）廓开大计 …………………………………………… 78

英武大志　务悦民心…………………………………… 78
才识明断　深明世势…………………………………… 80

（四）稳持重心 …………………………………………… 82

颖悟有谋　足恃其能…………………………………… 82

数中有术　无不如计 …………………………………… 83
不欲小察　专执精要 …………………………………… 87
势险节短　重力核心 …………………………………… 90

（五）量宜处要 …………………………………… 92

不烦而治　尽其兵要 …………………………………… 92
化繁为简　直指要害 …………………………………… 97
势求奇险　一当两便 …………………………………… 98

（六）自失大要 …………………………………… 101

以高自恃　驭失其綮 …………………………………… 101
志大才短　重事轻为 …………………………………… 104
谋虑短浅　小难当大 …………………………………… 107

四、去疑果决

（一）断之在厉 …………………………………… 110

胆略过人　谋而能断 …………………………………… 111
时至必果　事近必决 …………………………………… 112

（二）权机立决 …………………………………… 113

临危敢断　决力取之 …………………………………… 113
严毅沉果　独决怀抱 …………………………………… 114

（三）好谋善断 …………………………………… 116

去疑宜速　算成后定 …………………………………… 117
慎于察验　事有奇断 …………………………………… 118

（四）当断不断 ········· 121
志锐器小　心迟寡断 ········· 121
矜伐过实　犹豫迟回 ········· 124
素乏遥图　畏慎狐疑 ········· 127
心怯自用　迟缓则殆 ········· 129
模棱两可　事疑无功 ········· 133

五、避实击虚

（一）乘间捣虚 ········· 136
善审虚实　罕有能预 ········· 136
思虑精密　乘其间歇 ········· 138

（二）打其虚弱 ········· 140
避其锋芒　机谋深险 ········· 141
权敌审将　据情筹策 ········· 142

（三）避锐击惰 ········· 143
出其意怠　待懈而击 ········· 144
后发制人　蓄盈待竭 ········· 146

（四）抄其顾爱 ········· 148
多有智略　拊背扼喉 ········· 148
击其未料　攻其不守 ········· 150

（五）致人者实 ········· 152
致敌自至　乘其益弊 ········· 153

先处战地　以逸待劳················154

（六）坚锐勿攻················156

躁于攻取　击坚则虚················156
临事宜惧　战不可易················158
急切偏执　就人者虚················159

六、图难于易

（一）先声夺人················163

勇均角智　夺人之心················164
才练明达　威声制人················167

（二）伐于端始················168

处置机速　挫其始谋················169
见其萌兆　以快打慢················172

（三）战以气胜················175

沉毅善谋　以战励气················175
夺气在将　战乘于气················176

（四）事简则捷················178

兵有深机　内察形便················179
兵势险峻　急疾捷先················182

（五）宁曲勿直················185

欲难先易　去其藩蔽················185

兵不轻行　谋无再计 ································· 188

（六）难事轻为 ································· 191

不识难易　轻战必殆 ································· 191
兵不轻举　将不强为 ································· 192

七、险中求安

（一）临危能定 ································· 195

深见将性　险地勿滞 ································· 196
险不失机　临危应猝 ································· 197

（二）险地则谋 ································· 198

详观事势　机深智诡 ································· 198
睹危思变　智略奇谋 ································· 201
临危不乱　乘危用险 ································· 204

（三）化险于微 ································· 207

伺察其险　以安易危 ································· 207
沉稳详明　破险无形 ································· 210

（四）险由隙生 ································· 214

内事不和　外险则入 ································· 214
矜伐浅薄　惑于祸福 ································· 219
妄得之福　灾亦随之 ································· 222

八、以弱为强

（一）精于筹算 ……………………………… 225
深通算略　先机制敌 …………………………… 226
成算在胸　兵贵神速 …………………………… 226

（二）机在上将 ……………………………… 228
谋之在将　决机一掷 …………………………… 228
临敌制宜　变守为攻 …………………………… 231
兵贵乎精　将贵乎能 …………………………… 234
深自矜负　违逆兵机 …………………………… 236
强将御军　虽弱必强 …………………………… 238

（三）难知如阴 ……………………………… 241
奇计以疑　神兵以袭 …………………………… 242
闭形藏迹　兵机深险 …………………………… 244

（四）尽智极能 ……………………………… 245
尽挫其谋　兵以锐胜 …………………………… 246
夺气则勇　必死则生 …………………………… 248
绝地则斗　死地则战 …………………………… 250

（五）势佐其外 ……………………………… 254
智借其势　决机合战 …………………………… 254
得之地利　易得其势 …………………………… 255

九、反经行权

（一）机变制胜 ·· 259
出敌所料　借机制变 ·· 260
虑通机变　击其破绽 ·· 262
兵机尚速　应变无穷 ·· 264
死板固执　不知机变 ·· 266

（二）当难行权 ·· 268
便宜而动　权谋莫测 ·· 268
败中求胜　绝处抗击 ·· 270
知难而进　随机应变 ·· 273
欲守反攻　善因突变 ·· 276

（三）因敌而变 ·· 281
善候敌隙　奇变取敌 ·· 281
不拘一格　善用奇将 ·· 283
因敌阙漏　临敌制宜 ·· 285
不拘常道　善任机权 ·· 288
相机度势　通变之利 ·· 291

（四）军机从宜 ·· 294
不赏之赏　因大失小 ·· 295
慎备非常　亟应意外 ·· 295

十、道发诈取

（一）神于不意 ·············· 300

鬼斧神工　深微神妙 ·············· 301
赴机必诡　上诈若诚 ·············· 302
伏藏无迹　节务短突 ·············· 304
智伪为愚　勇伪为怯 ·············· 305

（二）谋于不识 ·············· 308

暗用诈谋　穷极其狡 ·············· 309
示之不能　狡谲智算 ·············· 311
示形动之　诈以误敌 ·············· 313
以利诱之　以卒待之 ·············· 314
外自韬隐　内察形便 ·············· 315

（三）谲诡难测 ·············· 317

明来暗往　以假乱真 ·············· 317
深通谲谋　人莫能测 ·············· 318
狡黠潜形　以诈误敌 ·············· 320

（四）变诈多端 ·············· 323

阳许阴图　临机变诈 ·············· 323
窃取篡夺　奸诈残贼 ·············· 325
藏形晦迹　变诈奇诡 ·············· 326

十一、外浑内治

（一）形露神藏 ……………………………… 331

内精外钝　微妙通玄 ……………………………… 331
伪许密图　暗布杀机 ……………………………… 333
内刚外柔　性忍智胜 ……………………………… 334

（二）智藏于浑 ……………………………… 335

大巧如拙　浑然御下 ……………………………… 336
推心置腹　蕴意至深 ……………………………… 338
杀身成仁　毅然莫夺 ……………………………… 339
愚形于外　智隐于内 ……………………………… 341
不计官职　正义而行 ……………………………… 344
外朴内精　质忠性一 ……………………………… 347
明遵其旨　暗行深计 ……………………………… 351

（三）藏器待时 ……………………………… 352

唯重其才　蓄势待发 ……………………………… 352
外谦内强　才缘兼备 ……………………………… 354
志存高远　有忍乃济 ……………………………… 356

（四）刚中柔外 ……………………………… 359

气定神清　深有城府 ……………………………… 359
柔中带刚　谋吞众略 ……………………………… 361
智识沉敏　远大之器 ……………………………… 363

十二、知尊守卑

（一）自抑则安 …………………………………… 367

进止有度　急流勇退 …………………………… 368
见成算败　推厚居薄 …………………………… 369
屈己去疑　崇让不争 …………………………… 371
宽厚推诚　能下于人 …………………………… 373

（二）器局宏阔 …………………………………… 376

恢宏大度　有容乃大 …………………………… 376
识高计深　志远量阔 …………………………… 378

（三）清简得众 …………………………………… 381

质朴简惠　志节亮直 …………………………… 382
开济好施　抚众则勇 …………………………… 382

（四）专擅威福 …………………………………… 383

伤于无止　盛满则凶 …………………………… 384
恃权用事　过犹不及 …………………………… 385
逆滥无度　暴起暴灭 …………………………… 388
世雄人杰　气忌凌上 …………………………… 389
外自擅权　内隐嫌忌 …………………………… 390

十三、戒始慎终

（一）重慎察审 …………………………………… 392

临利能戒　主胜而已 …………………………… 393

心怀畏避　恭谨谦抑·····················394

积小为大　牵绕其势·····················396

详察隐微　慎人所忽·····················397

（二）豫慎未形·····················401

事备后动　预备不困·····················402

沉深谨密　先戒为宝·····················404

（三）伤于不谨·····················406

得胜自用　躁动多失·····················407

矜高浮诞　性乏恭慎·····················409

好自矜大　心躁气傲·····················412

任性而为　将骄则殆·····················415

（四）纵肆忽怠·····················418

拙于防人　轻躁取败·····················419

疏于防奸　祸生肘腋·····················424

刚而自矜　忽于激变·····················425

一、知彼知己

料敌制胜,上将之道。唐太宗曰:"我尝临阵,先料敌之心与己之心孰审,然后彼可得而知焉;察敌气与己之气孰治,然后我可得而知焉①。"审虚实之势,较轻重之权,量缓急之宜,度先后之策。知敌者无畏,觇将者功举。孙子曰:"知彼知己者,百战不殆②。"

(一)料敌在心

曹操曰:"料敌在心,察敌在目③。"知敌之将领,所以致之;知敌之重心,所以避之;知敌之特长,所以抑之;知敌之士气,所以挫之;知敌之弱点,所以乘之;知敌之料我,所以误之。谋策多中者,以先见其失为上。先见其薄弱,先料其欲往,先知其空虚,先察其间隙,先窥其失策,速乘勿疑。

才思敏速　察其器局

据势而妄自尊大者失,战胜而将骄卒惰者败;名正而恢廓大度者得,应运而才明勇略者胜。将唯势利则其心易变,将尚忠义则其志难移。觇将之局力,可预知其能为。高才而英武,有志而重节,不唯眼光出众,而且尤善择将。

秦朝末年,项梁、项羽起兵反秦,军至定陶,连破秦军,露有

---

① 《李卫公问对》。
② 《孙子兵法》。
③ 《十一家注孙子》。

骄色。将军宋义对项梁说:"将骄卒惰者败,今卒少惰,秦必定暗中准备进攻,我深为担忧。"项梁不听。宋义路遇齐使,告之:"项梁必败,缓行即免死,疾行则及祸。"秦军果然起兵突然攻击楚军,大破其于定陶,项梁身死。

韩信投于汉王刘邦麾下,奉命攻略赵地。他先使人背水而阵,再打出大将旗鼓出井陉口,与赵军大战。韩信佯败,弃旗鼓退走水上。韩军背水列阵已是败危之道,又弃旗鼓而逃,以作退败之状,赵军中计,攻击韩信背水之阵。韩信将士置之死地而后生,人人奋勇,击败赵军。韩信深刻用意在于:敌将陈余是老将,不以必败之势邀之,其必不能致。陈余果然中计,派军出井陉而战,失去根据,大败。韩信自知胆识和才能胜过陈余,才敢用此计。如果陈余比韩信更狡诈,韩信必败!楚汉决战于垓下,韩信将兵30万人,以挡项羽军。韩信以孔将军居左,费将军居右,刘邦军在其后,周勃、柴武在刘邦军之后。韩信先会战,佯装不利,孔将军、费将军加入作战,楚军不利,韩信乘机再次攻击,大败楚军。韩信佯败而退,才使敌深信不疑而冒进,所以韩信与二将得以乘隙而攻。韩信军虽退败,而二将在左右,刘邦军在其后,周勃、柴武又在其后,不同于攻赵时的背水阵,所以能破项羽。如重复破赵之计,必被项羽识破,这都是韩信料定敌将之后所用的奇策。

王莽末年,四方兵起,马援是赵国名将赵奢之后,改姓马,投奔隗嚣,任绥德将军。当时,公孙述称帝于蜀,隗嚣派马援前往观察。马援与公孙述是故人,原以为必实实在在,没想到其故摆排场,拿架子,奢侈烦琐。马援心想:公孙述在天下胜负未定之际,不重视与国士共图成败,反而修饰边幅、形同偶人,本是井底之蛙,却妄自尊大,难成大事。隗嚣又让马援去济阳观察刘秀,他认为,刘秀大度,如同刘邦,非人所能敌。隗嚣虽然投靠刘秀,但是三心二意,先投后叛。马援认为,隗嚣自挟奸心,盗憎主人,难容部将,必成土崩之势。因此，马援助刘秀，一击而隗军大溃。刘秀令前将军邓禹与赤眉军战于长安。邓禹决定，先分遣将军攻取上郡诸县，令冯悟、宗歆守栒邑，待赤眉自乱之机再攻长安。不料冯、宗二人争权相攻，冯悟杀宗歆，并发兵反击邓禹。邓禹派人把情况报告刘秀后，刘秀问来人："冯悟平时最亲信者是谁？"答道："护军黄防。"刘秀判断：冯悟反叛必遭大军剿灭，其心腹惧怕大军将至，不想与其同灭，冯、黄二人不能久和，势必相斗，缚冯悟者必是黄防。刘秀并未马上派大军镇压，而是派遣使者宗广持节招降，缓用兵于外而促其速斗于内。仅月余，黄防果然捕获冯悟，率其众归罪。

　　唐左卫大将军秦琼文武双全，素有志节，非一般武将能比，尤其他识将的眼光出众。他归从隋将来护儿、裴仁基，又归从反隋之将李密、王世充，对诸将的器局深有认识。王世充授他龙骧大将军之衔，但是他内心认为王世充多诈，待下不诚，难以收拢英豪，非拨乱之主。他与程咬金认为，李世民善于延揽天下英雄，必成大事，决定投靠李渊、李世民，以定天下。秦琼忠心耿耿，随李世民讨伐王世充、窦建德、刘黑闼，历经数百战，深受李世民信重亲宠。

　　五代时，后梁兵部尚书敬翔深通兵法，辅佐梁太祖朱全忠作战，料事精准，每有先见之明。梁太祖朱全忠击破敌将，收取荆、襄，打算直取淮南。太府卿敬翔见其露出骄色，有轻敌之态，恐为敌所乘，所以力劝朱全忠在新胜之际宜持重养威，不可轻进。朱全忠未能采纳，兵出光州，遭遇大雨，将士受阻；进攻寿州，敌防坚固，伤亡惨重，未能攻克。梁太祖悔恨，杀大臣泄愤。梁太祖朱全忠去世，梁末帝即位，赵岩等用事，离间旧臣与梁末帝的关系，小人得志，高才不用，后梁尽失河北之地，又与后唐交兵。敬翔预料：以梁太祖之英武，犹不得志于后唐，如今后唐日益强大，梁日益削弱，末帝居深宫，与近侍、亲戚计事，遣无能之辈，难以得志，自己不会再被启用。之后，王彦章败于中都，梁末帝恐惧，令手握后梁所有精兵、心怀异志的段凝护驾。在梁末帝初用段凝时，敬翔就认为其不可信赖，力劝不可。如今段凝不奉诏，而以李振代其为崇政使。及后唐庄宗代梁即皇帝位，李振果然应邀朝拜新君，而敬翔耻于背梁，自杀以示不改忠节。

未战先谋　断料其将

　　寻常之将，以己度人；救败之将，其势难当；乘机之将，兵如雷震；诡谲之将，首尾莫测。以敌将而知敌情者，可得兵机。将领无间，则大军无隙。掌握敌将作战的特点，摸清敌将用兵的路数，便可见始知终。

　　唐名将李靖深通兵法，善于用兵，尤能把握兵机。而其把握兵机之秘诀，在于对敌将了如指掌，见机而作。李靖奉命与敌将萧铣作战，秋雨不断，水位涨势不退，不利于作战。李靖派人侦察获悉，萧铣因大雨不断，认为李靖无法顺利作战，也无法发动攻击，因此并未严备；萧铣手下诸将也认为，等江水涨势平息之后再攻打李靖比较稳妥。李靖认为：萧铣未料唐军已经集结，兵贵神速，如果乘机而进兵，如同震雷不及塞耳，即使敌人仓猝集兵，已来不及，敌必被擒。李靖军进至夷陵，萧铣之将文士弘率数万人屯清江，赵郡王李孝恭想要攻击。李靖认为："文士弘是强将，其下皆勇士，新失荆门，集结所有锐卒拒我，此救败之师，势不可当，宜暂驻南岸，待其气衰而取之①。"李孝恭不听，自往与敌交战，大败而归。敌胜而骄，乘舟劫掠，李靖见机，乘乱攻击，获取敌船400余艘，敌溺死者万人。李靖乘胜以5000兵力为先锋，直趋江陵，势如破竹，攻城略地，俘敌4000人，萧铣大惧，出降。

　　唐云麾将军李光弼以善于用兵而著称，而叛将史思明用兵也超乎

---

① 《唐书》。

寻常，两者狭路相逢。李光弼与史思明多次交锋，虽胜多败少，但是仍未消灭史思明。李光弼任太尉，进围怀州，史思明率军来援，李光弼逐其军于野外，史思明声言绝其饷道。李光弼不露声色，经侦察后预料：史思明再败，迫切想与唐军野战，听说唐军于野外，必料易于取胜，或派强将来袭，且志在必得。据此判断，李光弼率主力还军，留将领雍希颢守营，并嘱："敌将高晖、李日越都是万人敌之将，史思明必派其来袭，敌至勿与战，如其投降，与其俱来。"诸将听后，私下认为其语无伦次。果如李光弼所料，史思明派李日越袭击唐军，并下死命令，不能获取李光弼就不要回来。李日越至唐军营垒，才知李光弼已还军，而留雍希颢留守，明知获胜也不能免死，于是请降，与雍希颢俱归，投降李光弼。敌将高晖听说李日越被授右金吾大将军而受到厚待，也请降了。左右问李光弼："为何轻易降其两员大将？"李光弼说："雍希颢无名，不足以为功，李日越惧死，不降何待？高晖才出李日越之上，已降者厚待，其降必有厚遇，故知其必降。"叛将史思明等攻饶阳，李光弼擒获敌将，不仅未杀，反求教胜敌之策。降将为其筹划："唐军疲劳，而史兵锋锐，必难敌其锋而不可支，然而敌将不能持重，宜图之万全。"李光弼令弩兵500人射敌，敌退而移阵稍北，李光弼出其南，夹河而军，乘敌解鞍休士，埋锅造饭之机，提轻兵，敛旗鼓，突然袭击，将敌尽歼。史思明退兵，李光弼乘胜追击，一举而收取赵地。李光弼率军驰东都，史思明乘机西向。李光弼考虑："城中缺粮难守，不如移军河阳，北阻泽路，胜则出，败则守，表里相应，使敌不得西进，此猿臂之势。"敌攻唐军，李光弼按计与敌战，歼敌千余人，敌溺死者众多，俘敌5000人。

见形知意　精于料敌

知己盘算，料彼寻思；料敌从宽，料己从严。既料敌人计谋，又料其计谋操作的时机。精料敌意，在于静观敌人用兵之形，而深究敌人用兵之势，以见敌之轻重，知敌之虚实，料敌之缓急，量敌之众寡，乘敌之间隙，打敌之不意。以深知敌之内情者为师，可知敌之底细。《孙子兵法》曰："能以上智为间者，必成大功。"

五代时，后唐兵部尚书、枢密使郭崇韬，有大略，善应变，以才干见称。后唐庄宗李存勖还是后梁晋王时，郭崇韬就在其幕下出谋划策。李存勖围张文礼于镇州之际，定州之将王都引契丹军入侵至新乐，诸将恐惧，建议解围而走，李存勖犹豫不决。郭崇韬判断，契丹入侵并非为救张文礼，主要受王都引诱而至，宜乘其两军未合之间隙，用新破梁军之振势，速战速决击破契丹军。李存勖听从其策，果然击败契丹军。李存勖即位为唐庄宗，与后梁将王彦章作战，见其构筑重堑，判断其欲持久以弊唐军，因而轻敌，短兵出战，中其伏兵，大败而归。郭崇韬认为："王彦章等围我于此，其志在取郓州，我以数千兵据河下流，筑垒于必争之地，以应郓州为名，其必来争，待其兵分势解，可一举击破之[①]。"唐庄宗遣郭崇韬率数千人夜行，而自己尽力拖住王彦章，为郭崇韬留出筑垒时间。郭崇韬六日垒成，王彦章引兵急攻，已失先机，因大暑及攻坚垒不克，兵力损失大半，被迫退兵，为唐庄宗追击而大败。郭崇韬从深知梁国内情的康延孝处得知了梁朝虚弱的底细，当梁军大举出动之际，诸将建议："弃郓城，以河为界，与梁约罢兵。"郭崇韬力排众议，建议以一部兵力牵制阻止梁军，主力自郓州长驱直捣梁都。唐庄宗听从，仅用八日，梁灭。

[①] 《五代史》。

才明勇略　策度敌情

《孙子兵法》曰:"以虞待不虞者胜。"敌情巨测,不知者不可以战。策度敌我之情有四大要领:一是搞透敌人的部署、能力和反应。二是明白地形的性质、利害和影响。三是掌握我之技术、战术、能力、部署、突击、兵器。四是弄清敌我控制之交通、运输、补给;军种、友邻、协同。谋敌而使之不觉,必得其志。突然遭遇最能暴露真情。

1939年5月,第二次世界大战前夕,日本关东军第6集团军与苏军第57特别军、蒙古第1集团军在苏联东部对峙。由于德国即将发动战争,苏联想以尽可能短的时间击溃入侵的日军,避免两面作战。时任白俄罗斯军区副司令员的朱可夫直达苏军第57特别军军部,组织对当面敌人的周密侦察,对日军作战能力和企图作出初步判断:(1)日军下级指挥员及士兵训练有素,擅长近战,作战顽强,执行命令坚决,不怕死,不投降;中高级军官训练差,主动性差,习惯墨守成规。(2)日军技术装备落后于苏军,苏空军、炮兵胜过日军。(3)苏军各级指挥员很称职,第57特别军(后改为第1集团军)兵力无力阻止日军的军事冒险,要从600公里以外运送军需品。(4)日军并未放弃侵略远东及蒙古的企图,但不会发起大规模的行动[①]。他增派航空兵部队,隐蔽增调3个步兵师和1个坦克旅,加强炮兵力量的请求,很快得到批准,苏军蒙军2个骑兵师、6个旅、10个步兵团,形成对日军4个旅、7个团的较大优势。大规模作战前,朱可夫从两次遭遇战中做到知彼知己:一是6月22日至7月1日,日军与苏军航空兵进行了十分激烈的空中遭遇战,日军损失64架作战飞机。朱可夫判断:日军企图夺取制空权,为地面部队发动大规模作

---

① 《朱可夫元帅战争回忆录》,解放军出版社2003年版,第160页。

战做好准备。他通过侦察验证了判断，日军低估了苏军，将其第二步作战目标定为围歼哈拉哈河东岸苏、蒙部队。二是7月3日至5日，日军偷袭蒙军阵地，苏军派兵支援，发生遭遇战，苏军坦克、装甲和炮兵部队，在步兵、航空兵协同下，机动快、火力猛、突击力强，很快粉碎了日军进犯。通过遭遇战，朱可夫已经明白：日军缺乏摩托机械化部队，无法迅速从次要地段和纵深调来抗击苏军的突击群，对苏军正排兵布阵、准备围歼日军第6集团军的企图一无所知。朱可夫看到了歼敌良机，指挥苏、蒙军队隐蔽周密地进行总攻准备，争取在最短时间内发起总攻。为此，苏军进行隐真示假：近2000辆运输车，往返1300公里，夜间隐蔽运送弹药、军需物资5.5万吨，故意向日军无线电侦察和电话窃听制造假情报。朱可夫组织部队不间断进行侦察，得出重要结论：日军防御侧翼薄弱且缺乏快速预备队；日军在星期日允许将、校军官远离部队到海拉尔度假。朱可夫决定在日军大部分主要指挥官不在位的8月20日发起总攻。8月20日至30日，仅10天时间，朱可夫指挥部队，在强大炮火和空中火力打击下，坦克装甲突击部队迅速合围日军，经激烈战斗，全歼日军第6集团军。1940年5月初，斯大林亲自会见朱可夫，授其大将军衔，升任其为对德主要方向的基辅军区司令员。

（二）量敌为计

孙子曰："为兵之事，在于顺详敌意，并敌一向。千里杀将，此谓巧能成事者也[①]。"暗于敌情者多失，急于求成者多败。遇战，先料知敌人意图，次料知敌人能力，再料知敌人机遇，然后避实击虚，趋利避害。马基雅维利说："思想上要有敌情[②]。"

---

① 《孙子兵法》。
② 《兵法》，商务印书馆2012年版。

智识沉敏　量势求情

敌多势众，宜避其锋芒；敌势正盛，宜据要持重；敌势见弊，则抄其资给；敌势见竭，则精锐击之。敌相恃为强，急则并力，缓则生隙。得地势者，敛众拒险，敌虽善战，亦无能为。势不如人，则乘其嫌隙，借刀杀人；兵少势孤，则出其空虚，击其不备；势均力敌，则去其羽翼，先弱后强。

三国时，青州黄巾起义军号称百万，攻入兖州，转入东平。兖州刺史刘岱想要迎击黄巾军，鲍信建议："黄巾百万之众，百姓震恐，士无斗志，难敌其锋，观敌群辈相随，军无辎重，唯以抄略为资，宜蓄士众之力，据要固守，待其欲战不得，欲攻不能，选精兵锐卒，击之可破[1]。"刘岱不听，战败身死。鲍信尊迎曹操为兖州牧，其计见用，曹操大破黄巾军，受降30万人。曹操收其精锐组成青州军，曹军由几千人急速扩充至十几万人，成为在各割据势力中名列前茅的武装势力，在最短时间内具备了与袁绍争天下的资本。

曹操挟天子以令诸侯，发兵征讨张绣。汝南太守许攸建议："张绣与刘表相恃为强，然而张绣并无根据，作为游军仰仗刘表供给军食，而刘表不能供给，双方必定离心生隙，不如缓军以待其弊；若急攻，其势必相救[2]。"曹操不听，与张绣交战。在张绣危急时，刘表恐唇亡齿寒，奋力相救，曹军受挫。曹操悔不听许攸之言，又设奇兵再战，大破张绣。

左将军刘备率军进兵汉中，拒阳平关，曹操部将夏侯渊、张郃与之对峙。刘备率军南渡沔水，依定军山山势扎营，夏侯渊率兵来争其地，黄忠大破其军，斩杀夏侯渊。曹操自长安率军南征，刘备

---

[1] 《三国志》。
[2] 《三国志》。

根据曹操远来、自己占据险要的情况预料:"曹操虽然亲来,亦无能为,我必有汉中。"及曹军至,刘备敛众拒险,终不与之交锋,曹操见积月不能拔,亡者日益增多,只好引军退还,刘备获取汉中。

北朝时,北魏直阁将军宇文泰(后为北周太祖),起初依附于北魏将领贺拔岳,深受器重,屡建战功。当时,尔朱氏操控北魏政权,贺拔岳虽隶属于魏将尔朱天光,但是心怀异志。尔朱天光率军东拒北齐高欢,留其弟尔朱显寿驻守长安。贺拔岳料定尔朱天光必败,想说服并抑留泰州刺史侯莫陈悦不应尔朱天光之召,联兵乘机袭取长安。宇文泰对贺拔岳之计不以为然,并说:"尔朱天光离我较近,侯莫陈悦并无二心,急说之必有疑惧,且其虽为主将,但对手下控制力较弱,宜先说服其下属,使之迟留,而失尔朱天光的约期,然后再说服侯莫陈悦,此事必成①。"贺拔岳依计而施,侯莫陈悦果然滞留不进。尔朱天光兵败,贺拔岳率军欲取长安。宇文泰预料:"尔朱显寿很怯懦,见大军压境,必定东走远遁"。贺拔岳依计,倍道兼行,追至华山将尔朱显寿擒获。尔朱氏被诛杀后,高欢控制北魏朝政,贺拔岳之将宇文泰往观其气象,在对答贺拔岳军之事时,高欢与宇文泰都已明白对方是非常之人。高欢想留下宇文泰,其诡称必返复命,星夜就道,高欢追之不及。宇文泰为贺拔岳分析各方势力形势时认为:"高欢不会久居人下,正等待时机起事;侯莫陈悦为庸才,既无忧国之心,又为高欢所忌,图之不难;费也头、斛拔弥俄、曹泥等兵少或僻远,不若移军近陇,扼其要害,示之以威,服之以德,收其士马,西辑氐羌,北扶沙塞,还军长安,匡辅魏室②。"贺拔岳采纳,兵指平凉,伊利望风归附。贺拔岳不听宇文泰先伐侯莫陈悦、再伐曹泥的建议,兵败身死。

---

① 《魏书》。
② 《魏书》。

因敌而动 践墨随敌

　　作战选择主要方向，确定作战重心，制定作战方针，实施作战计划，都要量敌而动，随敌变化，因敌行止。凡不熟悉敌人作战特点的，凡对敌人意图和能力估计不足的，凡对敌人大规模进攻行动没找到有效破解办法的，都会离失败越来越近。从双方主要精锐兵力消长的态势，预料敌人将要采取的大动作，策必多中。

　　苏联的华西列夫斯基元帅极其善于掌握敌情，指挥作战行动。1940年4月至1941年6月，第二次世界大战期间，华西列夫斯基参与拟制粉碎德军入侵的作战计划，尽管广泛收集了德军情报，对其潜力及外援也作了计算，但是对德军作出了低估：判断德军进攻会局限于苏联西部边境，预计德军主要突击方向是西方向，但是根据斯大林的指示，改为西南方向；入侵会很快被击退，把战争引向侵略者领土；作战准备时，机场和仓库应靠前设在新边界地区和部队附近。该计划最大的问题是，对德军一次性投入大部分坦克、航空兵、炮兵，由西方向进行深远纵深突击、直取莫斯科估计不足，对战争的残酷性、艰难性、危险性、长期性估计不足；对多梯次、大纵深，凭据大中城镇、坚固阵地积极防御，既没有确定方针，也没有预先充分准备。苏联卫国战争爆发伊始，德军发起对苏闪击战，快速突入苏联境内120~260公里，苏军多个集团军被围歼。直到7月，在朱可夫、华西列夫斯基等将领对德军情况作出准确判断后，斯大林确立了积极防御战略方针：采取依托城市进行梯次战略防御，消耗、迟滞、歼灭德军主力，再转入战略反攻。1941年8月至1942年1月，华西列夫斯基任作战部长、副总参谋长，在敌人闪击莫斯科的企图被挫败后，他判断：德军下一步还是要夺取莫斯科，将用强大坦克兵团迂回西方面军主力并将从加里宁、布良斯克对莫斯科实施翼侧突击,建议将苏军主要注意力集中于中部方向①。这个预先判断,准确掌握了德军主力动向,争取了战略主动。苏军察明:中部方向德军集中了 74 个精锐师,1700 辆坦克,1.4 万门火炮,而苏军 125 万人,7600 门火炮,990 辆坦克,据此苏军及早在西方面军后方,采取防空袭步骤,加速组建强大预备队,建立了牢固防御体系。莫斯科会战,苏军经殊死顽强阻击,德军进攻被阻止在莫斯科城下。斯大林、华西列夫斯基判断:进攻莫斯科的德军兵力已用尽,且战线过长、兵力分散,无法巩固占领区,此时是夺取战略主动权、解除莫斯科威胁的最佳时机。斯大林不顾有人提出异议,决定适时发动反攻。德军被消灭 50 个师 50 余万人,被击退 100~350 公里②,莫斯科会战取得决定性胜利,战略主动权转入苏军手中。

(三)推而知之

古人曰:"见瓶水之冻,知天下之寒;食肉一块,识锅中之味。"物有其类,可推而得其理。

预揣其意　穷推其策

尉缭子曰:"兵者天时人事而已③。"算定大势,窥破虚实,见之机遇,料知彼我,可推知大计策略。将敌人看透,才能尽推其计。见利不取,无故退军,必有内忧,穷究必得其情。布衣之雄,不识深计;匹夫之将,不怀雄略;骄矜之将,不见敌谋;迟疑之将,不掌兵

---

① 《华西列夫斯基元帅战争回忆录》,解放军出版社 2003 年版,第 107 页。
② 《苏联军事百科全书》军事历史(下),战士出版社 1983 年版,第 740 页。
③ 《尉缭子兵法》。

机；寡要之将，不分主次；器狭之将，不容高才；内猜之将，不得士心；气衰之将，不能奋勇。达于将情则见性知计。

西汉时，汉高祖刘邦先后诛杀异姓王韩信、彭越等，仅剩淮南王黥布。黥布恐祸及其身，暗中聚兵防备。汉高祖向原楚令尹薛公问计，薛公认为："若黥布东取吴，西取楚，并齐取鲁，传檄燕赵，固守其所，山东非汉之有，为其上计；若东取吴、西取楚，并韩取魏，据敖仓之粟，塞成皋之险，若围之，胜败之数未可知也，为其中计；若东取吴、西取下蔡，身归长沙，陛下可安枕而卧，为其下计。"汉高祖发兵攻击黥布，作为骊山之徒以至万乘之主的黥布，果不出薛公所料，出其下计，东击荆，渡淮楚，与汉高祖军战，战败后与百余人逃走江南，为长沙王诱杀。

三国时，张邈、陈宫辅佐吕布攻取鄄城未能下，驻兵濮阳。曹操推断：吕布得一州，不能据东平，断亢父、泰山之道，乘险邀战，由此知其没有大的作为了。曹操发现敌主将吕布的兵力部署缺乏战略眼光，缺乏进取精神，不知控制战略要害，于是迅速率军攻击吕布，虽失利而不惧。次年春，曹操先攻其将，再击其援，设伏兵破吕布，并乘胜追击，攻拔定陶。曹军围吕布于下邳，而不能拔，考虑到连续作战，士卒疲惫，曹操打算还军。荀攸推断："吕布勇而无谋，三战三败，锐气已衰，三军以将为主，主衰则军无奋意，陈宫有智而迟，乘其气衰谋迟而急攻之，必胜吕布[①]。"曹操引沂、泗之水灌城，城中内变，生擒吕布。

将领董卓专权，袁术乘乱据有南阳，与孙坚、袁绍、刘表、公孙瓒、曹操诸割据势力并立。当时，袁术与各势力相比根本不占优势，能力、气度及兵力都不及袁绍、曹操，但是野心有过之而无不及。他对陈珪说："群雄纷争，天下有瓦解之势，正是英雄有为之时，

---

① 《三国志》。

想干一番大事。"陈珪劝其说:"曹将军神武应期,必能拨清海内,宜与之勠力同心,匡翼汉室,不可图谋不轨,以身试祸。"袁术不仅不听劝告,恃其为四世公辅,匆忙称帝,成为众矢之的,不仅人心丧尽,而且先为吕布所破,又为曹操所败,惶惶如丧家之犬。袁术万般无奈,正打算将帝号归于袁绍、投靠其子袁谭之时,发病死于道路。

曹操与袁绍一决高下时,袁绍兼并公孙瓒,据四州之地,拥兵十余万众,准备进攻曹操的权力中心许昌。在诸将都以为其势不可当时,曹操凭借对袁绍特性的深入了解推断:"袁绍志大而智小,色厉而胆薄,忌苛而少威,兵多而分划不明,将骄而政令不一,虽强为败①。"刘备杀徐州刺史车胄,曹操准备先速击刘备,再对付袁绍,诸将恐袁绍乘袭其后。曹操凭借对刘备的了解推断:"刘备是人杰,今不击,必为后患;袁绍志大而见事迟,必不动兵②。"曹军迅速出兵击破刘备,袁绍果未乘袭曹军之后。曹操解救白马之围前,料定袁绍不识深计,在延津摆出渡兵欲向其后的架势,袁绍果然中计,分兵以对,曹操速解白马之围。袁绍重兵围曹军于官渡,在兵少粮尽的危险局势下,曹操深知袁绍布衣之雄,能聚人而不能用,抓住时机,出奇兵袭其辎重,袁军大败。谋士郭嘉一开始便抓住了袁绍多端寡要、好谋无决的特点,推断其难成大事,决定投靠曹操。孙策据有江东,将渡江袭取许都,郭嘉根据其轻而无备的特点,推断其进入中原凶多吉少,孙策果为许贡的刺客所杀。袁绍死后,郭嘉根据其两个儿子为权位结党营私,相争激烈,很难适立,推断必起内斗,建议曹操虚晃一枪,做出南征刘表之状,待其内变而一举平定二袁,果如其言。曹操将出兵乌丸讨伐袁尚,诸将恐怕刘表袭击

① 《三国志》。
② 《三国志》。

许都，郭嘉根据刘表猜忌刘备的情况，推断其必不袭许，如果乘袁尚不备，可速战速破，果如其计。刘备收取益州，法正辅佐刘备，根据曹操一举而降张鲁，平定汉中，不因势进图巴、蜀，而留夏侯渊、张郃二将屯守，自己突然北还的情况推断："不是其智不及此，而是其力量不足，一定是其有内忧之故；曹操安排的两员大将并非赵云、马超、黄忠的对手，乘机进讨，必能克取汉中，蚕食雍、凉，以为持久之计[①]。"刘备按其计行事，黄忠斩杀夏侯渊，刘备得汉中。

锐于见敌　深悟兵机

善推知敌意者，见人之所不识，计人之所不知，谋人之所不及。于诸将所识，再深虑一层；于诸将所料，再深算一等；于诸将所惑，再深推一次。熟知地势利弊，可深推其用兵之法；熟知敌军长短，可深推其因应之策；熟知敌将贤愚，可深推其御军之能。自量己之不能，必不轻动；自恃敌之绝远，必不严戒。先声动众，意在夺人；有声无实，意在误人；大张军容，意在慑人。遇大敌而无恐，必有所恃；陷死地而从容，必死求生。

东晋车骑将军刘裕征讨南燕慕容超时，诸将推断："敌必避战，若不能断大岘，当坚守广固，坚壁清野，以绝晋军补给，如此大军不仅难以有功，有可能难以返回。"刘裕经过深思熟虑推断："南燕鲜卑人进求获利，退惜粟苗，必认为我军远入不能持久，不过进据临朐，退守广固，我一入岘，人无退心，以必死之众对怀贰之虏，必能克之[②]。"果不出刘裕所料，慕容超拒绝了断据大岘、坚壁清野

---

① 《三国志》。

② 《晋书》。

的建议，决定决战。临朐一战，慕容超失城亡卒，退还广固。首战受挫，已使慕容超心怀忌惮，加上刘裕捕获其外援之将张纲，使之更加忧惧，以割地献马请求称藩，刘裕不许。当时，后秦姚兴与慕容超相通，内惧刘裕而外示强悍，派使告刘裕："为救慕容超，我将遣铁骑十万径据洛阳，晋军若不退兵，铁骑将长驱而进。"刘裕对其来使说："告姚兴，我平定慕容超后，息甲三年，当平关洛。"参军刘穆之不解其意，刘裕教之："此是兵机，夫兵贵神速，彼若真能遣救，必畏我知，怎么能事先告我，此是见我伐慕容超，内已怀惧，虚张声势而已[1]。"刘裕攻破广固，杀慕容超，姚兴终未来援。

北朝时，北魏欲北伐蠕蠕（柔然），恐怕晋国救援，而使北魏腹背受敌。北魏将崔浩推断："东晋刘裕得关中，留数万良将劲卒，犹不能固守，举军尽没，假如我让与河南，彼必不能守之，自量不能守，是以必不来，即使有兵众，只是备边之军。且蠕蠕恃其绝远，谓我力不能及、自宽已久，故夏则散众放牧，秋肥乃聚，背寒向温，南来寇抄，今出其不意、攻其不备，大军猝至必惊骇望尘奔走，一举而灭[2]。"果不出崔浩所料，北魏出兵攻击蠕蠕，大破其军，直到大军撤回，东晋也没有行动。北魏南藩诸将报告说："晋将刘义隆大肆整备，欲犯河南，请兵三万，先其未发而逆击之。"北魏世祖及众臣将同意出兵，崔浩推断："北魏大败蠕蠕，东晋震惧，常恐轻兵掩至，卧不安席，故先声动众，以备不虞；南土夏月蒸暑，水潦方多，草木深邃，疾疫必起，非行师之时；敌已先声有备，必坚城固守，集军攻之，则粮食不给，分兵讨之，则无以应敌，未见其利；北魏北守之将，北破蠕蠕，多获美女珍宝，南镇诸将闻而生羡，故数称敌动，以恐吓朝廷，背公有私，为国生事；若幽州以南造船、增兵、

---

[1] 《晋书》。
[2] 《北史》。

严备，诱引边民，敌必至举国骇扰，当悉发精锐，来备北境，后审知我有声无实，恃其先聚，必鼓而前行，乘间深入，本欲以威力制敌，反招令其速至，张虚声而招实害①。"北魏世祖不欲违众，遣将镇邺、颍川，正如崔浩所料，招至晋军速来。后来，北魏世祖从俘虏处得知，起初晋将刘义隆着令诸将，若北敌兵动，先其未至，径前入河；若其不动，则住城勿进。

隋朝末期，隋炀帝于雁门被突厥所围，李世民应募救援，隶属屯卫将军云定兴军。李世民推断："始毕可汗举国之师，敢围天子，必定认为隋朝仓促无援，我多设旗鼓，大张军容，令数十里幡旗相继，夜则击鼓相应，敌必谓救兵云集，望尘而遁；不然，彼众我少，悉军来战，必不能支②。"云定兴从其计，军至崞县，突厥候骑报告始毕可汗："王师大至。"由是敌解围而遁。

南宋副元帅宗泽极善见敌，当其率兵进至卫南，与金兵相比将孤兵寡时，不惧孤军深入，敢于死中求生。宋军士卒陷之死地，有必死之心，无不以一当百，斩金兵千人，金兵大败，退却数十里。宗泽推断："金兵十倍于我，今一战因出其不意而胜；势必复来，一旦金军悉其铁骑夜袭我军，必败无疑③。"于是，他令军速于黄昏转移。金兵果然于夜间发动突袭，见是空营，大惊失色，因畏惮宗泽，不敢轻战。宗泽再次出其不意，派兵过河突袭，大败金兵。金将金兀术渡河，谋攻汴京，诸将请先断河梁，严兵自固。宗泽笑着对诸将说："去年冬天金兵直趋汴京，正是因为我们断了河梁，暴露了畏敌之心，才使其放胆进攻④。"于是，他令刘衍赶到滑，刘达赶到郑，以分敌势，令诸将全力保护河梁，以待大兵集结。金人听说后，连

---

① 《北史》。
② 《隋书》。
③ 《宋史》。
④ 《宋史》。

夜断河梁遁去。次年，金兵自郑抵白沙、逼近汴京，京都震恐，僚属问计之际，正是宗泽围棋之时，笑答："不必慌乱，刘衍等在外必能御敌①。"他令选精兵数千，绕出敌后，伏其归路。金兵正与刘衍军作战时，伏兵突起，前后夹击，大败金兵。

明朝末期，清镇海将军石廷柱原为明将，投靠清军参与伐明，多有战功，曾劝明将祖大寿降清。清军在强攻松山城中受挫，石廷柱的侄子受重伤。清太宗皇太极召集诸将两次会商，诸将都认为强攻必克，并建议凿地道攻城，石廷柱独持异议②。虽然受到清太宗责斥，石廷柱仍然斗胆告之，其为明将时，即知此地下有水，清太宗决定停止攻城。清入主中原前3年，石廷柱凭借对明军作战特点的精准掌握，向清太宗推断出明军行动及制敌之法："一旦清军围攻锦州要害，明军必发援兵，以图内外并力一战，清军宜在围城的同时，派精锐之兵，转战绕过锦州，至松山、杏山之间，破其援兵，则锦州孤城必破，明之关外八城震动；明朝援辽东之兵，必为宣大、榆林、宁夏诸路，清派精兵强将遏制归化、鄂尔多斯、宣大、应州、雁门诸要害，则明辽东援兵自断；明将洪承畴一介书生，其兵为乌合之众，外张声势，内实畏怯，如破祖大寿，洪承畴必不在话下③。"清太宗皇太极按其推断，乘时应运，定鼎中原，清军果然如愿以偿。

静观其势　度意推知

从敌之反常的举动，推知其深藏的计谋；从敌方偶露的破绽，推知其全盘的隐患；从我方的作战构想，推知敌方的因应之策；从我方

① 《宋史》。
② 《清史稿》。
③ 《清史稿》。

沿袭的打法，推知敌方的应变之举。善觇敌情是为将之本。

古希腊麦加洛波里斯的将领菲洛佩门，艺高人胆大，在激烈残酷的作战中极其冷静地识破敌人计谋，寻找敌人的失误，迅速加以利用，打出精彩的胜仗。拉斯地蒙军对麦加洛波里斯发起奇袭，菲洛佩门率军拼死抵抗，掩护市民避走，甚至不顾自己受伤。当他得知拉斯地蒙的将领派人前来安抚，自称愿将城市和财产归还麦加洛波里斯人，而市民准备接受时，他告诫大家，敌人想成为市民的主人，用安抚的办法来掩盖其难以久留的弱点，如果市民不返回城市，他们根本无法拥有和统治占领的区域，因为那里只有空无一人的城墙和房屋。麦加洛波里斯人听从了劝告，敌人不久即撤走，城市得到恢复。马其顿人、伊里利亚人与麦加洛波里斯人联合起来与拉斯地蒙人作战。拉斯地蒙人见联军步兵与骑兵分离，派出精良轻步兵从侧后围袭伊里利亚人。菲洛佩门推断：敌人如此行动，必定使其战线大乱，因为敌人轻步兵将成为孤军，易于击退，而其一旦被击退，战线将出现缺口。于是，他决定快速行动，率麦加洛波里斯军冲杀过去，一接战，敌军果然陷入混乱，敌轻装步兵伤亡惨重。尽管他身负重伤，但是赢得了很大威名。亚该亚人与拉斯地蒙人交战，菲洛佩门率军加入战斗。菲洛佩门接战之初受挫，拉斯地蒙军越过亚该亚军向纵深追击。菲洛佩门极其冷静地发现，敌人丢下步兵发起追击，其主力门户洞开，从而铸成大错。菲洛佩门乘敌步兵方阵暴露，侧翼没有兵力掩护之机，立即发起出击，使敌步兵在突然袭击下，阵脚大乱，被歼4000人，菲洛佩门赢得会战彻底胜利。

第二次世界大战时，德国法西斯疯狂侵略，企图吞并欧洲及世界。法西斯元帅曼施坦因率军闪击攻下波兰后，任德军A集团军群参谋长，筹划对抵抗法西斯的法、英、美等国联军作战。当时，在法西斯头子希特勒授意下，陆军总司令部拟制了侵略性的一厢情愿的"黄色进军计划"：以 B 集团军群辖 3 个集团军为主力，以荷兰、比利时北部为主要方向，击溃法、英、比、荷军队；以 A 集团军群辖 2 个集团军作为南翼掩护助攻，经比利时南部和卢森堡向前推进；以 C 集团军群辖 2 个集团军保障卢森堡至瑞士边界工事安全。曼施坦因对此作战计划进行推演后推断：该计划与一战时德国施利芬计划相似，英、法肯定早有防范，将增加进攻难度，达不成突然性；英、法军主力不会像一战时在其右翼主动发起攻击，而使德军右翼快速突进，一定对德军主力及担任主攻的右翼发起正面抗击，前景难料；B 集团军群的 43 个师突入比利时境内时，将遇到 20 个比军师、10 个荷军师的抗击，并很快遭到英、法军的反突击，很可能在全局上陷入被动。因此，曼施坦因建议对"黄色计划"作出重大修正：进攻重点放在 A 集团军群经阿登山地突然袭击，给 A 集团军群主攻方向增加 1 个集团军，另有 1 个集团军群作为后续攻击梯队，将阿登山地方向作为主攻方向，并增加装甲部队，使其突击具有突然性和决定性；继而向索姆河下游推进，切断英、法军后路，将比利时北翼英、法军全歼；预先防备敌人的反突击和在其纵深建立防线。曼施坦因不顾一些高级将领反对，设法直陈于上。按其构想的作战计划实施后，由于德军作战主攻方向和样式出乎英、法等军预料，法军指挥不力、消极，仅 44 天，荷、比、卢、法相继沦陷，法军死亡 6 万人、伤 30 万人。尽管德国法西斯在西线作战得手，但是世界反法西斯阵线正在建立，此后法西斯将遭到世界正义国家和世界人民的共同反对，失败是大势所趋。

（四）测其幽隐

《六韬》曰："必见其阳，观其阴，乃知其心；必见其外，观其内,乃知其意;必见其疏,又见其亲,乃知其情。"善于从强大声势中,窥测其裂痕间隙;从得意顺势中,窥测其严重失误;从惊人胜势中,窥测其潜伏危险;从静密之势中,窥测其诡谲变诈。《战国策》曰:"识乎微之为著者强。"善除患者,理于未生;善胜敌者,胜于无形。慎在于畏小,智在于治大。

由表及里 揣测潜图

兵者诡道也,将者权谋也。没有不诡诈的将军,为将者必有潜图。善测潜图者,必揣测法外之法,计外之计。彼本不欲战,却辞礼不屈,在于想慑止于我,我以强硬应之,反亡其胆;彼本无长算,却恃强固守,在于待机它图,我若休兵缓进,反乘其变。

战国时,宋国人墨子听说公输般为楚造云梯等器械准备攻宋,力劝公输般让楚王不要攻宋,公输般不听。墨子解下衣带比作宋城,以头巾比作宋国守城的士卒、器械,公输般演示攻城的器械及战术,九变而墨子九拒之。当公输般攻城器械用尽时,墨子的守备仍然有余。公输般说:"吾知所以攻子矣,吾不言。"墨子通过与其推演知道,若按此策作战,楚人必败,而其仍说有办法取胜,这种迹象表明,其策在攻城之法之外,所以墨子说:"吾知子所以攻吾,亦不言。"楚王问其中缘故,墨子说:"公输之意,不过杀臣而谓宋莫能守耳。然臣之弟子三百人,早已操臣守御之器,在宋城上而待楚寇矣,若杀臣,不能绝也。"楚计已穷,不再攻宋。

东汉初,隗嚣之将高峻拥精兵万人据守高平,刘秀派大将军耿弇率军攻城,一年未能攻拔。刘秀亲率大军讨伐,形成了以强攻弱的巨大声势。刘秀派寇恂招降,嘱其:"如若不降,引耿弇等五营击之。"寇恂至高平,高峻派军师皇甫文出见,辞礼不屈。寇恂揣测:

"皇甫文是高峻的心腹和军师，计策均由其出，其辞意不屈，必无降心，全之，则皇甫文得其计，杀之，则高峻必亡其胆[①]。"因此，寇恂不顾诸将劝谏，将皇甫文斩杀，令其副使归告高峻："军师无礼，已戮之。欲降即降，不欲，固守。"高峻惶恐，即日开城自降。

刘秀的前将军邓禹率兵大破更始将军十万之众，赤眉起义军虽入长安，但已失人心，邓禹军深得民心，名震关西。刘秀数次催促邓禹攻取长安，诸将也劝其乘势径攻长安。邓禹揣测："我众虽多而能战者少，前无可仰之积，后无转馈之资，而赤眉财富充实，锋锐不可当，但是缺乏宏图远略，无终日之计，财谷虽多，变故万端，很难坚守长安[②]。"据此，邓禹决定暂且休兵北道，就粮养士，待其弊出，然后进兵攻取。邓禹在长安外围进行小战，不顾刘秀催促犹执前意。数月之后，赤眉果如邓禹所料，出走扶风，邓禹率军进入长安。邓禹与延岑等战，因内部将领反叛和军士饥饿乏食，归附者离散，赤眉再次攻入长安。邓禹与赤眉军数次作战不利，过了2年才将其击败。

兵有深机　先觇后动

觇者，暗中察看。对敌故意暴露的破绽，违反常规的举动，看似莽撞的作为，若隐若现的布置，半进半退的引诱，一定要暗中察验，必能窥测敌人潜图阴计。

古罗马将领普布利科拉第四次当选执政官，率军对萨宾人和拉丁联盟作战。萨宾人决心用伏击战歼灭罗马军主力，在靠近罗马军的隐蔽低洼处，隐伏了2000人马，并派出诱兵，企图将罗马军引入

---

① 《后汉书》。
② 《后汉书》。

伏击圈。普布利科拉富有作战经验，不仅极重视掌握敌情，而且对情报要暗中察验。他从逃亡者获悉敌人伏兵的情况后推测：敌人的重点在伏击圈，其营地必定空虚，如果进行偷袭，敌人阵势必定大乱。他令一将率3000人，乘夜暗占领敌人伏兵附近的高地，监视敌伏兵；令一将率一部精骑，与萨宾人的诱兵发生接触，使其相信罗马人中计；他亲率主力去袭取敌军营地。在高地上的罗马兵力乘浓雾突袭了敌人的伏兵，精锐轻骑对敌人的诱兵发起攻击，普布利科拉则率军围攻敌人营地。三处战火突起，打得萨宾人措手不及，惊慌失措，溃不成军，被全歼。

日本战国时期武将武田晴信（武田信玄），在上田原和砥石城两次作战中，败于武将村上义清。他痛定思痛，吸取血的教训，开始谨慎地掌握敌情，探知敌将意图，尤其是其隐秘的图谋。他抓住村上义清因连胜而得意，在众多豪族纷纷投靠而放松戒备之机，令将军真田幸隆派族人混于豪族中，进入砥石城，并取得村上义清的信任。待村上义清率军出征时，真田幸隆率兵突至砥石城，不经血战，里应外合，夺取了村上义清的咽喉要害。武田晴信率大军征讨，村上诸镇皆破，村上义清逃往由长尾家统治的越后。越后武将长尾景虎借其5000兵马与武田作战，村上义清难挡武田兵锋，长尾景虎亲率8000兵力与武田晴信作战。武田晴信派三员将领带领分队，专事侦察，探明长尾军情：其麾下勇武犹如项羽再世，且数量占优，难于力胜，只宜智取。武田军坚守不战，持重待机。长尾景虎直攻武田在信浓的统治中心深志城，以图引诱武田晴信被动来战。武田识破其用意后，不仅未援深志城，反而乘其钝兵坚城之机，先直取长尾军长蛇阵的七寸荒砥城，再直取青柳以拖住长尾军，以便为武田军一部切断其退路争取时间。长尾景虎见势不妙，立即撤出攻城之军，率主力直攻武田军本阵盐田城。由于武田占据主动和兵力优势，以逸待劳，军阵严整，调度有方，长尾景虎难以破阵，又险些被围，于是停止交战，拔军返回。两者再战，武田策动豪族反叛并侵入长尾领地。两军交战，长尾军失利。长尾景虎让人送信给武田晴信，大意是：越中、能登发生动乱，为平息动乱想暂与武田休战，并望允许村上义清还住葛尾城。武田晴信与部将商议后认为，长尾景虎故意将急于撤军的破绽暴露出来，不合常理，难辨其真实意图，决定派人查验究竟。数日后，侦察者还报，越中根本没发生动乱，长尾景虎在其军欲退道路险要处埋下伏兵，以待武田追兵。武田并未中计，两军相持一段时间后，在交战中长尾军不利，整军退出战斗。因武田策反长尾所属豪族和蚕食其领地，双方再次交战。起初，长尾军攻势迅猛，长驱直入，并与武田军中属于村上义清的4名叛将取得联系，互通情报，并密谋在阵前倒戈，使武田全阵大乱，一举取胜。到将要交战之日，武田晴信见长尾景虎并不畏惧当面的铁桶阵势，甚至不惧将陷入死地的危险而摆出进攻姿态。武田晴信敏锐地感觉到，这种莽撞的打法完全不符合长尾景虎的风格，料想其必有所恃。他派出的侦察人员恰巧截获了内应叛将与长尾景虎联络的密信。武田晴信诛除内奸，调整阵势，长尾景虎一见有变，便取消交战。

预知敌情　虑必先事

预知敌情，动必制人。侦察敌方与观察己方，获取情报与分析情报，熟知己方与推断敌方，同样不可或缺。善战之将，从敌人兵力兵器部署的重心，推测敌人绝密的作战计划；从敌人预备兵力多寡，推测敌人秘而不宣的攻击规模和范围；从敌人突击力和火力配置情况，推断敌人秘密的攻击路线、方式和目标；从敌人制造假象和欺骗行动中，推测敌人准备突然动手的时机。虑必先事，则动于敌先。

苏联名将朱可夫在第二次世界大战苏德战场指挥库尔斯克会战中，表现了极强的指挥能力，特别是预料敌方意图、早于敌人采取行动的能力，使其他将领难以超越。1943年3月，斯大林格勒战役取胜后，苏联取得战略主动权，但是德军中央集团军群和南方集团军群，集结70个师90万人，在库尔斯克处于有利态势。朱可夫在组织周密的对敌侦察，掌握库尔斯克及其周边地区敌军全面情报，并进行充分讨论、研究和分析后，于4月8日向斯大林报告其推断：虽然德军预备兵力不足，很难再发动全面进攻，但可能在苏军中央方面军、沃罗涅日方面军及西南方面军较窄正面实施主要进攻，以便沿最近道路迂回莫斯科；德军可能分路从东北、东南迂回库尔斯克，并从西边实施辅助攻击，合围苏军6个集团军，再以主力前出苏军西南方面军翼侧和后方，最后从东南面突击迂回莫斯科，德军在重点突击地段可能集结15~16个坦克师2500辆坦克。据此，苏军应从预备队中抽调30个反坦克炮兵团，用于主要方向、重点地段，航空兵以密集突击协同步坦作战，打击敌主力突击集团；主要方向纵深配置强大预备队，以疲惫消耗敌人，打掉敌人坦克后，再投入预备队，转入全面反攻，围歼德军主力部队[①]。以上得到斯大林的批准。无巧不成书，1943年4月15日，即朱可夫推断德进攻意图7天后，法西斯头子希特勒批准下达的库尔斯克作战命令，与朱可夫的推断基本一致[②]。1943年5至6月，德军在库尔斯克方向集结50个精锐师，2700辆坦克和强击火炮，2000余架飞机，80万人。朱可夫决定一旦查明德军即将发动大规模进攻的征候，以预置的地面和空中火力，对德军进行先发覆盖性火力反准备，予以极大

---

① 《朱可夫元帅战争回忆录》，解放军出版社2003年版，第546~548页。
② [德]曼施坦因：《失去的胜利》，民主与建设出版社2015年版，第409页。

杀伤；在防御阶段与反攻阶段，不间断地进行火力打击和反突击。到开战时苏军133万人，兵力超过当面德军40%，火炮、迫击炮超过90%，坦克超过20%，飞机超过40%①。7月3日至8月23日，苏军适时进行炮火反准备，不仅大量杀伤德军，而且迫使敌推迟进攻，打乱了敌作战部署。苏军在有效防御、大量消耗德军主力后，发起全面反攻，歼灭德军50余万人，击溃敌30个精锐师，使敌损失1500辆坦克，3000门火炮，3700余架飞机②。此战，改变了苏德战场兵力对比，为苏军展开战略进攻创造了条件，实现了战争的根本转折，迫使德军转入战略防御。

（五）断算成败

丘吉尔说："如果对方认为自己没有胜算，便不会有战争。"敌懈我戒则力战，敌怯我勇则乘机，敌慢我快则速击。朱可夫元帅说："最终决定胜败命运的，不是直觉，不是抽象的理论，而是对军事战略规律的真正深刻了解，对武装斗争进程所有因素的了解。"对于志大能见机，外简而内明，用人唯良将，多识而果决，御兵使权一，勇敢有大略，临机善应变的将帅，稍有轻视，大祸必至。凡战，力全势遂，事简功多。

悉其甚短　深见其弊

政权腐朽，虽有众兵，触战必散；武备废弛，虽集大军，遇敌必溃。军心畏怯，虽欲备御，见敌必乱；包袱沉重，虽有精兵，战必不利；诸将有隙，虽有妙计，施之必败。

---

① 《朱可夫元帅战争回忆录》，解放军出版社2003年版，第584页。
② 《朱可夫元帅战争回忆录》，解放军出版社2003年版，第596页。

辽时，女真名将阿骨打（后为金太祖）精通作战，素有灭辽之志。阿骨打厉兵秣马、加紧准备攻辽之际，正是辽国出现前所未有危机之时：一是辽主骄矜，武备废弛。二是辽朝官吏、边将贪纵，不得人心，迫使异族反抗心重。三是辽军士卒恐惧女真军，军中传言："女真兵若满万，则不可敌。"阿骨打对此了如指掌，于是加紧准备攻辽。在发起进攻时，阿骨打令人刺探辽军情况，回报说："辽兵多，不知其数。"阿骨打认为，辽军刚刚调兵，不会聚集如此多的军队，于是令人再探。回报说："惟四院统军司与宁江州军及渤海800人有备。"阿骨打判断：辽军知女真即将举兵，正集诸路备御，只有不待其聚集大兵就先发制人，才能制人而无为人制。于是，阿骨打以2500人的精兵，果断发起攻辽作战。在宁江州初战中，女真的精骑及强弓锐箭发挥了重要作用，而且女真兵勇气和自信也与辽军形成鲜明对比，辽军一战大溃，相蹂践死者十有七八。初战大胜，更加坚定了阿骨打的信心，鸭子河一役，女真再次以少胜多，不仅杀得辽军崩溃，而且兵力发展过万，威震敌胆。此战取胜，阿骨打建金称帝，成为与辽并立的政权，势在取辽而代之。

北宋时，将军杨业为宋太宗赏识器重，任郑州刺史、代州兼三交驻泊兵马都部署，数次击败契丹，使之畏惧。契丹兵一见杨业军旌旗，便立即退去。宋军一些边将对杨业多有妒忌，暗中诬奏其短，宋太宗览奏而不问，封奏送与杨业。宋军奉命北征，忠武军节度使潘美为主将，杨业为副将，将领王侁、刘文裕护军。初期作战，宋军与契丹军各有胜负，宋军收复云、应、寰、朔四州。宋军奉命保护所收复四州之民迁徙于内地，而契丹十万之军再次攻陷寰州。杨业考虑：契丹兵强，而宋军保护边民迁徙等于背着沉重包袱作战，难以放开手脚，更难挡敌兵。因此，他建议最好不与契丹军作战，密令云州宋军先出，至应州阻隔契丹军，同时令朔州宋军直入山谷，以强弩列于谷口阻敌，再以精骑援于中路，既可保全边民，也不与契丹缠斗，还可完成朝廷交给的徙民任务。王侁、刘文裕认为：不必拥数万精兵而惧敌，宜直趋雁门北川中。杨业深知其策必败，与之力辩，二将诬蔑杨业号称无敌将军而不战，必有异志。杨业深知潘美对自己猜疑，一气之下，自告奋勇为先锋，准备以死明志。同时，他请求在陈家谷口设下伏兵，告之，如其转战至此而不救，将死无遗类。杨业经死战退兵至陈家谷口时，王侁因争功而领兵离开谷口，致使杨业寡不敌众，虽殊死战斗，仍重伤被俘，不食三日而死。宋太宗将潘美官降三级，王侁、刘文裕除名，杨业之名永垂青史，万古流芳。

　　明朝时，明署都督佥事、都督同知、总兵戚继光，既善于用兵，又善于治军，为一代名将。戚继光在与倭寇多次作战中，特别是从几次失利中认识到，浙江的卫所军不习战，难御倭寇，而金华、义乌军素彪悍。戚继光经请示朝廷，招募3000人的金、义之兵，教以刺法、阵法，精置以战舰、火器、兵械，专为对倭寇用兵及南方多泽地形量身打造，建成名闻天下的"戚家军"。凭借这支精锐之兵，戚继光在龙山、台州等地作战中，九战九捷。戚继光又率军剿灭浙江福建上万倭寇，收复大片被占地区。南方倭寇渐平，北方边患堪忧，戚继光出任都督同知，总理蓟州、昌平、保定三镇兵事。他接掌北方边防后，很快发现致命弱点：一是备多力分，不识步马之用，联络不畅，将门兵强、诸营兵弱，兵虽多犹少。二是恩威号令不行，军民人各一心，为将不能练，火器不能用，纪律不能严，器械不如寇，练法不实用。三是边兵仅习马战，不习山战、林战、谷战，难以适应蓟州之地平原广陌、半险半易、山谷仄隘之地形。四是蓟镇既有总兵、又设总理，事权分，诸将多观望，不利指挥。经朝廷审定，戚继光为总兵，全权指挥，在西起居庸关，东至山海关长城上，筑台3000座，绵延2000里，声势连接；又调浙东杀手、炮手3000人的精兵，改进战法、器械，以至节制精明、器械犀利，军容严整，诸寇不敢侵犯。他在镇16年，边备修防，其镇安然，继之者，效其成法，数十年边防无事。

究其大旨　推步事势

身处大变局之中，尤须对大势的走向有基本的推断，对大敌的特点有精准的估量，对彼我的优劣有清醒的识见，对应变的大计有深远的考虑。为帅者，最贵先事预谋，最忌临阵莫决。诸葛亮曰："欲思其利，必虑其害；欲思其成，必虑其败；仰高者不可忽其下，瞻前者不可忽其后[①]。"

清朝时，清湖广、两江、陕甘、云贵总督，民族英雄林则徐，才识过人，文武双全，治绩卓越，人乐为用。1840年，中国已面临列强侵入，封建王朝兴亡更替的历史轨迹已发生变化，但是清廷保守、腐败、无能，难以应付大变局。清宣宗令大臣议论禁止鸦片，林则徐建议：宜用重典，以免十年之后无可筹之款，无可用之兵。清宣宗诏其19次，任其为钦差大臣，赴广东查办鸦片，于是有虎门销烟之壮举，沉重打击了英国殖民主义者的嚣张气焰。林则徐料到英军必会报复，于是令提督关天培加强虎门各处岸防，增强门户炮台，严卡英国舰船必经的要害，严查贩烟。英国决心发动对中国的鸦片战争，由于准备充分，清军击走英国兵舰，六战六捷，给英军以沉重打击。然而，林则徐对英国等列强以炮舰逼迫清朝通商，进而将中国变为殖民地、瓜分中国的野心估计不足，英舰乘虚侵犯浙江，攻陷定海，劫掠宁波，林则徐上疏自请治罪。他疏中所奏，表露出对彼此的战略估计都有不周之处：一是对英军失于粤而滋扰于

---

① 《诸葛亮集》。

浙估计不足。二是认为英夷一切不得行，必帖耳俯首。三是对皇帝及清朝统治者抗战决心估计过高，密陈兵事不可中止，夷情无厌，威不能克，患无已时。四是推测清廷及皇帝仍会任其制夷，请戴罪赴浙，随营自效[①]。林则徐的疏奏未过一月，英国领事义律至天津，写信给总督琦善，告林则徐、邓廷桢。信至皇帝，其意开始动摇，诏责林则徐查办鸦片不善，以琦善代之，并议革林则徐之职，令其仍回广东备查问差委。及义律更加放肆，清宣宗发怒，授予林则徐四品卿衔，赴浙江镇海协防。由于琦善作祟，皇帝诏责林则徐在粤不能德威并用，夺其卿衔，遣戍伊犁。浙江、江南清军屡败，清廷与英国和议签约。此后，清宣宗任林则徐为陕甘总督、云贵总督、钦差大臣，再不许其办理夷务。

窥破事机　算定后战

凡远洋作战，战场区域大国的意向是作战结局的关键，也是双方优劣转变的决定性因素。兵不可玩，玩则无威；兵不妄动，动必算定。将以专制而成，兵以力全而功。在使己方后援源源不断的同时，使敌方孤立无援，胜负不言自明。

1971~1981年，阿根廷与英国围绕马尔维纳斯群岛（福兰克群岛）的主权争议不断，1982年3月~4月初，英国首相撒切尔为爆发战争做了两手准备：让美国向阿根廷施压，派1艘核动力潜艇增援在阿根廷方向的耐力号舰，并准备1艘核潜艇驶往阿根廷方向。当获悉阿根廷舰队已经出发，将攻占马尔维纳斯群岛的情报后，撒切尔要求做好夺回岛屿的作战准备，令海军参谋长组建由驱逐舰、巡防舰、登陆舰、支援舰组成的特混舰队，由皇家赫姆斯号舰和无

[①]《清史稿》。

敌号舰领率，48小时后（即4月2日）出发。撒切尔促请美国总统里根向阿根廷加尔铁里总统施压，并取得英内阁、下院、两党及民众基本一致的支持，并使西方主要国家停止向阿出售武器装备，采取防止苏联干预的措施。4月初至5月中旬，撒切尔考虑：英军要远出8000英里作战，加尔铁里过高地估计美国对其支持的程度，"美国的态度是左右结局的关键①"。撒切尔致电里根，使美国给英国交了底，即美国不能把英国和阿根廷等量齐观②。英海军在南大西洋作战一定会得到美军的支持，将立于不败之地。阿根廷进攻马尔维纳斯群岛的第三天，撒切尔成立"战时内阁"，包括2艘航母、11艘驱逐舰、3艘潜艇、两栖攻击舰等100多艘舰艇，陆战队第3突击旅、空降团、空军防炮团共2.5万人，逐次启航奔赴南大西洋③。撒切尔任命英国特混舰队总司令约翰·弗德豪在伦敦诺斯伍德基地指挥所指挥全盘战事，令约翰·伍德华海军少将担任海上作战指挥官指挥海战，令特混舰队副总司令、陆战队的摩尔中将指挥两栖夺岛之战。当英军潜艇已经抵达南大西洋指定海域，宣布从4月12日开始，在马尔维纳斯海域划出200海里的海上禁航区，也包括禁飞区，使阿军方受到的压力和限制进一步加大。撒切尔鉴于阿军"五月二十五"号航母及其舰载机一天可机动500英里，随行护航舰携带法国先进飞鱼导弹，于是授权英国特遣舰队，可以发动先发制人的攻击。英潜艇发现阿方贝尔格拉诺将军号巡洋舰，沿用对"五月二十五"号航母打击授权，迅速将其击沉，阿方损失300多人。此战，对英阿战争具有决定性意义，战场主动权转入英军之手。阿方凭借法国飞鱼导弹，击沉英谢菲尔德号驱逐舰，40名英海军官兵阵

---

① 《撒切尔夫人回忆录》，远方出版社1997年版，第115页。
② 《撒切尔夫人回忆录》，远方出版社1997年版，第116页。
③ 《撒切尔夫人回忆录》，远方出版社1997年版，第117页。

亡，5月21日，撒切尔决定发起夺岛之战，迅速实现5000人登陆并建立滩头阵地的作战目标。正当英军登岛作战的紧要关头，阿军击沉击伤英国多艘舰船，撒切尔不干预军方决心和作战指挥。英军经激战夺占马尔维纳斯群岛，阿军投降。

（六）暗于知敌

探察敌人比想象敌人好一百倍。孙子曰："贤将动而胜人，成功出于众者，先知也，先知必取于知敌之情者也[①]。"

任性率意　志满则亏

轻敌而侥幸是作战的大忌，海战尤其如此。作战构想志气越高，越忌忽略己方将领将构想实现的能力；作战计划图谋越大，越怕低估敌方将领抵御的才干。对一国发动侵略战争时，只看到政权混乱无能，而未看到民众反侵略的意志；只看到其国力较弱，而未看到其他大国的干预，就会陷入不能自拔的泥潭。

法国拿破仑时代，法军统帅拿破仑掌握法国军政大权后，图谋征服英国。当时，英国海军上将康沃利斯的舰队在海上机动作战，将领基思的舰队守卫英吉利海峡。康沃利斯舰队拦截了法国大西洋舰队，使其主力受困于英国舰队。在9个月时间里，法国失去了3位海军将领，在舰队组建、基地设施、军港、海岸炮台建造上都有很大欠账，与英海军、舰队及其制海权相比都处于很大劣势。而且，法国舰队指挥官维尔纳夫中将曾在埃及阿布基尔湾海战中未战先逃，置布吕埃斯舰队司令生死于不顾。拿破仑制订的海上作战计划，多

---

① 《孙子兵法》。

出于胸中的宏图大志，对英国海军的优势和将领的才干估计不足。拿破仑令法舰队驶往爱尔兰或加勒比海，威胁英占岛屿及海上贸易通道，以图将英国舰队主力引离英吉利海峡。然而，英国作为岛国，始终把保卫英吉利海峡作为海军及舰队的首要作战任务，始终在英吉利海峡保持强大舰队，并未随法军起舞。因此，当拿破仑想要进攻英国时，由于缺乏足够的海上力量支撑，法将维尔纳夫拖延、违命、迟缓以及法舰队士气低落和指挥不力，加上拿破仑5次变更计划，2次调整舰队主将职务，进攻英国本土极难实现。就在法军指挥混乱之际，英国舰队设法追上维尔纳夫舰队，图谋将其歼灭。当维尔纳夫舰队与英舰队遭遇时，14艘法舰对15艘英舰，英国舰队在特拉法加海战中重创法、西联合舰队，英将纳尔逊阵亡，法将维尔纳夫被俘。法国海军从此一蹶不振，拿破仑入侵英国的作战计划严重受挫。拿破仑与俄、普签订和约后，再次把矛头对准英国。由于不具备直接进攻英国本岛的条件，因此拿破仑想先拿下继续与英国通商的葡萄牙，再拿下西班牙，从而使整个欧洲大陆在法国操控下共同封锁英国。他觉得以法国的声威和实力拿下葡萄牙轻而易举；西班牙王室混乱无能，用兵易于得手。然而，他过于想当然了，因为他没有弄清法军在西班牙作战面临的主要抵抗力量是民众，从而将其军队置于极大险境之中。法军团5万人入侵葡萄牙，葡王室逃往巴西，法军放松警惕，未采取任何戒备措施，致使英军9000人在葡萄牙登陆，牵制和迟滞了法军行动。拿破仑急于夺取西班牙，其深远企图是占领直布罗陀海峡，控制地中海、北非、西西里、好望角，进军君士坦丁堡，摧毁英国的贸易，主宰欧洲及世界。而如此宏大的战略图谋，要有奥、俄军的帮助，要有西班牙民众的支持，这无异于与虎谋皮。拿破仑重点与西班牙贵族和将领斗争，忽略了普通民众对法军侵略的反抗。随着法军11万人大举入侵，西班牙军队及王室一击即溃，但很快爆发了马德里反抗法军的民众武装起义，数百名法军被杀死。接着，西班牙3个地方的法国军事长官被刺杀，多地发生民众暴动，起义很快蔓延到整个西班牙，而且西班牙请求英国出兵援助。法将杜邦的军队2.3万人在遭受惨重损失后投降。至此，拿破仑仍未将西班牙损失当回事，决定绝不退却。法将朱诺的军队2.6万人被前来增援的英军击败，被逐出葡萄牙。拿破仑一方面让俄国牵制奥地利，而俄国并不真心帮助；一方面征召8万新兵，用新增的兵力加入侵略西班牙大军，总兵力达30万人。尽管法军攻占马德里，英军已增至2.5万人，人民反抗并未减弱，法军损失了7.5万人，考虑到奥地利乘机而动，欧洲各地不稳，法国国内出现密谋推翻拿破仑政权的迹象，拿破仑再难夺回西班牙。拿破仑在西班牙深陷泥潭，是其最终败给反法联盟的重要原因之一。

先入为主　多率胸臆

先入为主，则忽于察验敌情；以己度人，则疏于预防意外；一厢情愿，则盲于敌人对策；墨守成规，则懒于精算细算。凡不能精确掌握敌方主要方向、作战重心和攻击方式的将帅，多会满盘皆输。

第一次世界大战爆发前，法国元帅霞飞时任法军总司令，在组织拟制作战计划时，受到几个观念的影响：一是法国必须报普法战争中失去阿尔萨斯-洛林的一箭之仇。二是法俄同盟确定，一旦法德开战，俄军主力在2周内攻入东普鲁士，让德军陷入东西两线作战。三是法国高层要么不相信德国会粗野地破坏比利时中立，要么企图让德国先违背比利时中立协定，因此比利时方向不宜成为主要作战方向。此外，法军没有仔细收集德军在比利时方向动向的情报，没有深算细算德军如果从比利时方向发动进攻的攻击能力和推进速度，没有详审俄军东线兵力的作战能力、出动速度和德军东线兵力防御作战可能对西线德军进攻的实际影响，也没有推演德军一旦冒天下之大不韪，悍然由比利时攻入可能给法军及法国造成的威胁，而是一厢情愿地制订作战计划。其计划的核心是集中兵力，法军主力4个集团军沿法北部及法国与德国、卢森堡、比利时边境部署，1个集团军作预备队；当法军进入阵地后，可以攻入阿尔萨斯-洛林，留下2个集团军防备德军从比利时进入法国北部。此作战计划的主要进攻方向在洛林。实际上，由于德军进攻的主要方向是比利时，因此战争初期就将形成德法对攻的状态，由于德军攻击力更强，有可能快速威胁巴黎，法军进攻兵力很有可能要被迫撤回防御，因此法军的计划非常危险，可能在战争初期给法军带来巨大的不利。更有甚者，霞飞在大战前一年制订好第17号计划后，未经推演和征求意见，就由最高军事会议通过，据其改编军队，进行动员、运输、补给等准备，部队也按此计划进行战前训练、部署。而且，法国判断战争将持续半年，未做长期打算。而德军在阿尔萨斯—洛林方向，部署8个兵团32万人；在卢森堡、阿登山区部署11个兵团40万人；在比利时方向部署6个兵团70万人，重心恰恰在比利时方向。战争实践证明，作战计划上的失误，使法军在大战初期的几个战役中都遭到败绩，教训十分深刻。由于霞飞及时调整作战重心，才阻止了德军主力深入，使大战成为消耗战。法国陆军上将甘沫林，在第一次世界大战爆发之初，任法军总司令霞飞的作战处处长，协助霞飞调整作战重心和主要方向，出人意料地进行马恩河战役，扭转了整个战局。在凡尔登战役中，他深刻认识到，法军的坚固筑垒地域对重挫德军、消耗其有生力量、粉碎其速决战的关键作用。霞飞令法军全线构筑坚固筑垒地域、进行防守反击的战略战术给甘沫林留下了宝贵的军事遗产。第二次世界大战前，甘沫林任法国陆军总司令兼英法联军总指挥，对以坦克、飞机为核心的机械化战争理解不深，对新军事思想接受很慢，墨守成规，对德军已发生根本变化的打法缺乏研究，把赌注全部压在马其诺防线的坚固筑垒地域上，打算像一战那样大量消耗德军主力，再予以致命一击。殊不知，德军以坦克机械化部队为主的大纵深闪电突击，攻势极其迅猛，能直插对方防御纵深，对其主力迅速形成分割、围歼。因此，甘沫林的先验主义使法国付出了沉重代价。西线战争爆发后，德军以大量坦克、装甲部队，在飞机和空降兵配合下，绕过马其诺防线，通过荷兰、比利时，从阿登山区出其不意突入法境，闪击纵深，德军攻占巴黎，法国投降。甘沫林被解职后，被捕入狱，又被押往德国集中营，战后获释。

难而易之　大而化之

在信息化、网络化、智能化的时代，对敌人、敌情和敌将的判断，最忌传统化、笼统化和非技术化。高新技术革命的时代，对手不在大小众寡，而在于它与技术结合所具有的震撼世界的巨大能量。

2001年，拉姆斯菲尔德出任美国布什政府的国防部部长，对国防及国家安全形势进行评估时，就疏于敌情：一是认为苏联解体，美国独强，世界上没有美国的对手了。二是国防预算主要投入军事部署、导弹防御系统、国土安全、信息战投入和改进情报能力等常规军备。三是美国常规的陆、海、空部队主要对付地区性强国，充分发挥美国科学技术和工程上的优势，在火力的威力、精准和高效上做文章。四是复兴中的俄罗斯对美国仍是"树林中的熊"，仍有威胁，是头等大事。中国崛起对美亚太战略影响更大、更敏感，要帮助中国规划未来，既不示弱，也不将中国视为敌人[1]。显然，当时

---

[1] 以上参见：《拉姆斯菲尔德回忆录》，华文出版社2013年版，第202~236页。

美国高层并未弄清近在眼前的大敌是谁、在哪、将以何种方式袭击美国，将给美国造成多大危害，将给世界带来什么影响。2001年"9·11"恐袭爆发后，震惊美国及世界，尤其是美国一片混乱，措手不及。9月15日，美总统布什决定发动阿富汗战争。拉姆斯菲尔德虽然认为"阿富汗是绊倒20世纪最后一个帝国的石头①"，极力避免重蹈覆辙，要求美军主要使用强大海空火力和特种部队，并用小股精英部队负责处理目标，美军特种部队将与阿富汗北方联盟密切配合作战，但是他未能充分料到阿富汗战争的严重后果。12月初，美国地面部队及北方联盟部队攻占阿富汗各大城市，8000~1.2万名塔利班和基地组织人员被击毙，塔利班政权倒台，基地组织丧失巢穴，残余逃往深山。美军仅以死亡1人、受伤35人的代价，基本达到目标。然而，阿富汗反美战争仍然长期化，塔利班、基地组织及伊斯兰教武装力量仍使美军陷入泥潭。2001年11月至2003年，拉姆斯菲尔德拿出攻打伊拉克战争的计划：于万军之中取上将首级，闪击作战，快速兵临巴格达②。拉姆斯菲尔德并不担心伊战不胜，而是担心伊战之潜流。即使他对潜在危险有估计，仍忽略了伊朗及什叶派穆斯林武装力量利用战争势力壮大，对美国的严重后果，大而化之，缺乏应对。他通过国防部、参联会以及中央总部数十位军事筹划者的分析研究，对攻打伊拉克潜伏的危险作出预测：攻打伊拉克引起其他方向连锁反应，如伊朗、伊拉克使用大规模杀伤性武器攻击联军和以色列，导致重大伤亡；巴格达进攻战变成持久战，在伊拉克未找到大规模杀伤性武器，军事行动的理由令人怀疑；美国对伊拉克失控，伊拉克四分五裂，伊朗受益而对中东地区不利；后萨达姆时期成为美国未来10年沉重负担，伊拉克逊尼派、

---

① 以上参见：《拉姆斯菲尔德回忆录》，华文出版社2013年版，第262页。
② 《拉姆斯菲尔德回忆录》，华文出版社2013年版，第309页。

什叶派和库尔德人之间发生民族冲突；世界反对"先发制人"的反应，可能妨碍美国未来与其他国家一起处理共同关心问题的能力[①]。2003年3月20日~5月1日，仅用43天，美军及多国联军闪电般地歼灭了伊军主力，占领伊拉克，推翻了萨达姆政权。2003~2015年，美国死亡数千名军人，花费数万亿美元，伊拉克已破败不堪，民族冲突、恐怖袭击和ISIS组织发动的袭击不断；基地等恐怖组织在中东进一步壮大，分支众多，正向北非、南亚扩散；阿富汗塔利班力量重新壮大，美国在中东、北非策动的颜色革命，使这些国家社会动荡，经济凋敝，民族分裂，民不聊生，伊朗迅速壮大实力。伊朗、叙利亚、土耳其、俄罗斯在中东成为制约美国的重要力量。伊朗一跃成为地区大国，实际掌控了波斯湾海上重要通道。伊朗与中、俄以及欧盟一道共同抵制美国在伊核协议上的霸凌行为，使美国一超独霸时代彻底终结。

---

① 《拉姆斯菲尔德回忆录》，华文出版社2013年版，第342、343页。

二、居重御轻

任何情况下，任何时候，政治、政权、政治领袖都居重御轻，必能保证兵权、将领和指挥的高效、顺畅运转。兵权，兵权，无兵者无权。冯绲曰："善御者，必识六辔盈缩之势；善政者，必审官方控带之宜。"对大将的控御关系着大战的成败。唐太宗李世民与将领李靖推演秦晋淝水之战时，见秦军诸将皆败，唯秦将慕容垂一军独全；当秦主苻坚携千余败骑至慕容垂军营时，慕容垂之子劝其乘机杀掉苻坚，慕容垂未许。李世民认为，苻坚为慕容垂所陷，对其失去控御，致使几十万秦军败于几万晋军之手。所以，《六韬》曰："凡兵之道，莫贵乎一。"驾御大将，必有牵扯。将之所挥，莫不从移，将之所指，莫不前死。

（一）兵贵权一

政治掌控战争，政权掌控兵权，政治领导掌控军事指挥，政权高层掌握将领。权柄不一，兵难互起；将权不一，兵难整齐。将有威则胜，无威则败；将不重则谩，掣肘则误。兵贵独专而不制。曾国藩说："军尚朴实少心窍之人""能战之军不喜用善言之将"。得兵权者，在于得诸将之心，孚诸将之望，同诸将之利，用诸将之能，赏诸将之功，成诸将之名。用将尤不可轻率任意，将任久者易为专决。"志大奢侈之将不可专任，宜有以裁之①。"用将，重用与控御相得，授权与制约兼顾。以赏罚奖惩驾驭将领，以铁硬手段稳住军阵，以施恩安抚消弭反侧。

---

① 《晋纪·武帝》。

操于威柄　威立事遂

谋贵从时，行贵依威。执威权以镇诸将，一兵权以行奇计。越是兵行险策，越要威权专一；越是慑服诸将，越要谋善而止。

隋朝末年，将领李世民（后为唐太宗）挫败王世充之军，使之不敢复出、据城自守，以待窦建德军救援。窦建德率兵十余万来援，李世民军腹背受敌，诸将劝其退兵谷州以观形势。一般将帅，往往按多数将之议行事，而李世民既善用兵，也善于御将，尤其注重维护将帅权威。李世民明知必须力战，而不可退兵，在准备用威权的同时，为诸将分析道："王世充粮尽，内外离心，可不劳而坐收其弊，建德将骄卒惰，我当进据武牢，扼其襟要，若其冒险与我争锋，破之必矣；如其不战，旬日王世充当自溃，若不速进，敌入武牢，诸城新附，必不能守，二贼并力，将若之何！[①]"于是李世民以将帅的威权，令诸将以部分兵力围王世充，主力进兵武牢。窦建德率众进攻武牢，王世充部将郭士衡阵于其南，绵亘数里，诸将大惧。李世民仍以威权自持，力排众议，毫不退缩。他与数骑登高以觇敌情，并令诸将："贼起山东，未见大敌，今有轻我心，我按兵不出，彼必气衰，阵久卒饥，必将自退，追而击之，无往不克。[②]"窦建德列阵至中午，兵士饥倦，皆坐于阵列，争相饮水，李世民乘机击敌，所向披靡，生擒窦建德于阵中。王世充慑于胜势而请降，山东悉平。

---

① 《旧唐书》。
② 《旧唐书》。

执要事简　总揽权纲

战争越残酷，越用革命信仰、政治信念、革命纪律凝聚将士，则军队越拖不垮，打不烂，势不可当，战无不胜。兵权归一，将令不二。拿破仑说："虽得两员良将分兵各战，不如一名愚将统一指挥争取胜利。一个瘸脚的总司令胜过两个优秀的总司令[①]。"在大战中总揽权纲有六大要事：权力稳定集中，指挥体系畅通，侦察情报有效，知彼知己到位，作战决心果断，指挥能力高强。谋贵与众畅论，断贵早有独见，识贵以往知来，智贵以见知隐。执要则事简，达心则言略。

1940~1945年，第二次世界大战和苏联卫国战争期间，苏联统帅斯大林、总参将领及各方面军司令员在对战争、战略性战役的指挥过程中，总揽权纲，出色地进行了战略指挥。战争期间，苏共中央政治局委员组成国防委员会，苏共中央总书记斯大林担任国防委员会主席及全国武装力量最高统帅，集中掌握战争领导权和作战指挥权。一是国家大事，战争指导，重大政治、战略问题，由苏共中央政治局、斯大林决策，通过苏联最高苏维埃主席团、人民委员会、国防委员会和最高统帅部贯彻执行。二是决定重大作战问题，通过召开中央政治局委员和国防委员会委员联席会议，或者召开中央政治局和最高统帅部联席会议讨论研究，最重大的作战问题，由中央政治局、国防委员会和最高统帅部讨论决定。三是研究决定重要战略方向、方面军战略性战役重大问题，通常由最高统帅召集有关政治局委员，最高统帅部成员，总参谋部首长，方面军司令员、参谋长，有关总部及军兵种首长开会决策。由最高统帅或总参谋长签署命令，以及向各战略方向、各方面军派遣最高统帅部和总参代表贯

---

① 出自《拿破仑用兵语录》。

彻执行①。上述机制在莫斯科、斯大林格勒和库尔斯克等大会战取得的巨大战绩中，被证明极其有效。斯大林对重大的军事战略和战略性战役问题，依靠集体努力，尊重军事权威的意见②。斯大林依靠最高统帅部、各总部、各军兵种、各方面军、舰队、独立集团军、区舰队以及军、师、旅、团的军事指挥系统，保持指挥联络畅通，进行战略领导和指挥。他通过这个体系的有效运转，判断战争和军事行动的可能进程，并预见其发展，确定战争、战略性战役的企图和计划，以及战争各阶段、各战区的作战方法，对贯彻战略领导指挥的决心，实施全面的物质保障和组织保障③。对侦察情报进行比较核对，以判明敌人兵力配置及企图。尽可能多的敌军动向征候掌握，使出差错的可能性降到最小。特别重视接近敌军的前线最基层的情报，对敌方的潜力及资源密切注意，从而切实准确判断、知晓己方部队的作战能力。去除下级指挥员对情况的渲染。对己方在特定的政治、军事形势中所处位置作出准确判断。对战争及战略性战役的后装保障，作出准确真实的估计，定下战略或战略性战役决心。斯大林把高级将领的指挥能力作为决定性因素，他要求将帅除智力、意志力、洞察力、记忆力、精力、组织力外，还必须具备决断力，即以创造性、预见性及洞察力为基础，以作战的军事政治目的为出发点，以兵力兵器精确计算和反复推敲为依据，以政治、军事形势及政治、战略任务为约束，进行决断的能力。机智力，即为实现政治、战略及战役目的和任务，贯彻军事原则，根据每次战役的具体情况，敌我双方部队作战及将帅指挥的特点、用兵和选择方法、手段的能力④。应变力，即受军事形势制约，以手中兵力对军事形势实

---

① 《什捷缅科大将战争回忆录》，解放军出版社2003年版，第597页。
② 《什捷缅科大将战争回忆录》，解放军出版社2003年版，第598页。
③ 《什捷缅科大将战争回忆录》，解放军出版社2003年版，第598页。
④ 《什捷缅科大将战争回忆录》，解放军出版社2003年版，第734页。

施影响,掌握在复杂多变、充满矛盾、偶然性和不确定性的军事形势中,依靠巧妙用兵,使形势朝着有利于自己的方向发展的技巧和能力[1]。判断力,即了解敌情,根据有限和关键的情报,进行推测、判断、分析对比,去伪存真,正确判断敌人企图的能力。权衡力,即实时掌握各部队的真实作战能力,各级指挥员的能力,主要突击方向部队的主要指挥员的能力,及与敌方主要指挥员的对比如何。适应力,即善于利用地形地势,知晓运用便于大兵团行动与易使大兵团受到割裂的地形采取的战役措施的能力。择机力,即掌握时间的奥妙,选择转入进攻的时机,对进攻之敌实施反突击的时机把握的能力。协同力(联合力),即发挥所属部队的整体作战能力,特别掌握其中一些关键部位和环节的能力。控制力,即密切关注主要战场,主要防御或突击方向,主力兵团的作战进展和主要指挥员的作战指挥的能力。除上述能力外,斯大林还注重在指挥战争及战略性战役等大战,环境极其艰苦、危险、残酷、紧张和变化莫测条件下,必须具备几种特殊的本领、素质和才干:一是化繁为简。"在作战过程中,只有命令和执行命令,别的工作方法均不适用[2]。"二是去粗取精。对各方面的情况和需要掌握的数据,要能分出轻重缓急,把握要点,着眼变化,把握交战中的关键问题,并很快找到处置措施办法,有效地指挥作战。三是避免失误。要竭尽所能避免和减少致命的失误。作战中,越有自制力,越临危不惧,越是冷静敏锐、思想深入、判断周密的指挥员,越能避免或减少失误。四是预防意外。关键要加强侦察情报工作,预先考虑判断各种可能性,甚至判断不可能转化为可能的情况,对敌方潜力、秘密武器、季节突变、隐藏的奇兵、潜伏的危险隐患,有一个预先判断,及早采取预防措施,将可能避免出现大多数意外。五是军政兼优。非凡的统帅及高级将

---

[1] 《什捷缅科大将战争回忆录》,解放军出版社2003年版,第734、735页。
[2] 《什捷缅科大将战争回忆录》,解放军出版社2003年版,第744页。

领，既考虑军事因素，又考虑政治因素。六是灵活应变。当情况发生重要变化，要敢于放弃原来的决心，改变作战计划，不要被计划、教条、原则、条令及上面指示束缚手脚。七是不动声色。胜利时不骄傲，顺境时不得意，有利时不兴奋。特别是情况复杂、部队失利、形势严峻、处境危殆时，要尤其冷静、沉着，保持信心，不惊慌失措，迅速找到摆脱困境的办法，并善于发现敌人薄弱环节，出奇制胜。八是先见之明。将帅善于把握未来交战的基本内容及主要发展线索，由其想象出事态的发展趋势，并判断事态的最终结果。九是抓住要害。善于抓要害、关键、主要环节和决定性问题，是指挥大军进行大规模作战不可或缺的本领。

（二）威权独运

《太平阴经》曰："善用兵者，必重天下之权，制人者握权。"恩威相参，赏罚并用，然后可以为将御军。统帅者，爱与畏而已。

审贤择能　御将任势

《战国策》曰："内固其威，外重其权。"威势立，军自畏；赏罚明，将自服。威权御将是统军的奥妙。古人曰："用兵之事须大手笔人为之也。"临阵之将，必须用得其人，罢得其时。《尉缭子》曰："威在于不变，惠在于因时，除害在于敢断。"

1941年6月，苏联卫国战争爆发时，面对前所未有的大战、恶战，苏联统帅斯大林在用将上，尤其善于威权独运。1941-1942年，巴格拉米扬先后参与指挥罗斯托夫反攻和叶列茨进攻战役后，任西南方面军参谋长，辅佐西南方面军司令员铁木辛哥坚决贯彻斯大林的战略意图，在德军兵力、兵器都大大超过苏军的形势下，发动哈尔科夫进攻战役。由于西南方面军与南方面军协同作战出现失误，加之德军向西南方向大量增派预备队，铁木辛哥在不利条件下，不听巴格拉米扬的提醒和警告，为牵制更多德军使莫斯科方向减轻压力，仍不停止进攻，西南方面军遭到惨败，苏军被俘20万人[1]。面对重要战役的严重失败，斯大林果断解除巴格拉米扬西南方面军参谋长之职，将其降任第61集团军副司令员。

仅20天后，斯大林任其为在舍佩托夫、斯摩棱斯克和莫斯科会战中战功卓著的第16集团军司令员，统领3个军、7个师、7个旅。1943年，斯大林因巴格拉米扬指挥的第16集团军作战英勇，战功卓著，授称其近卫第16集团军，又授称其近卫第11集团军。近卫第11集团军在西南方面军编成内，参加库尔斯克会战中的奥廖尔战役并担任主攻。当巴格拉米扬针对作战方案提出了自己独立思考的建议时，斯大林不顾其他高级将领反对，坚定支持巴格拉米扬。斯大林说："看来巴格拉米扬说的有道理。依我看，应该同意他的建议。[2]"战役进程证明了巴格拉米扬战前的预见及计算，不仅使近卫第11集团军进攻避免受挫，而且歼灭德军10万人。斯大林亲自调巴格拉米扬的近卫第11集团军担任最高统帅预备队。其后，斯大林任命巴格拉米扬为波罗的海第1方面军司令员。

扶危定倾　负鼎据权[3]

有实力，兵权可失而复得；无实力，兵权可得而复失。戴高乐说："越孤立无援，越要攀上顶峰。"善据权者，大事独醒，遇事果敢，虑人所不虑，忧人所不忧，急人所不急，担人所不担。见时知势，乘机而为。

---

[1] 《赫鲁晓夫回忆录》，东方出版社1988年版，第269页。
[2] 《巴格拉米扬元帅战争回忆录》（下），解放军出版社2009年版，第165页。
[3] 负鼎据权：为拯救国家而掌握权力。

戴高乐是法国一代名将，他在法国面临极大危难之际，扶大厦之将倾，挽狂澜于既倒。1921~1927年，他任贝当元帅的幕僚，对一些重大问题独有其见，认为下一次战争将是坦克战、运动战，通过沙盘演习验证，高度机动的地面部队闪电式进攻，打得消极防御一方狼狈不堪。他调入总参谋部运输供给局和法军司令部任职，根据机械化战争的观点，创建机动装甲部队。最早提出法国的防御体制隐患重重，军事要塞并非仅仅是静止的工事[①]。戴高乐任第19轻型步兵营营长，晋升上校军衔。时任法国陆军总司令部步兵总监的马泰将军说："我现在派往第19步兵营的这位年轻人，是法国军队未来的大元帅[②]。"1932~1935年，戴高乐调最高国防委员会秘书处工作，又任第507装甲团上校团长，见战争危险正在迫近，法国举棋不定，软弱无力，军队崇尚空谈，陆军抱守消极防御战略，戴高乐写作《建立职业军》一书，主张组建一支机械化、装甲化机动突击部队。但法国政、军界高层顽固保守，正在丧失战略主动权，对主持军政的贝当元帅，戴高乐从前说："他可是个伟大的人啊！"后来他说："他以前可是个伟大的人啊[③]！"1939~1940年6月，戴高乐任法军第5军团战车队临时指挥官，第4装甲师准将师长，雷诺政府国防部副国务秘书及国防和陆军部副部长。德国闪击波兰后，戴高乐认为改变法国及法军的现状，必须从军政高层入手，尽快建立强大机械化装甲兵团，建立战略预备队，进行积极防御，掌握战略主动权。政、军高层虽然已组建2个和将建2个装甲师，然而每师所编120辆坦克，与戴高乐设计每师编500辆坦克的目标相差太远，且装甲师不独立机动作战，而是附属旧式军团，混编于普通编制之中，无法发挥其应有的机动突破作战能力。总理雷诺与国防部

---

① 萨米科恩：《戴高乐》，京华出版社2009年版，第31页。
② 萨米科恩：《戴高乐》，京华出版社2009年版，第34页。
③ 萨米科恩：《戴高乐》，京华出版社2009年版，第55页。

部长兼陆军部部长达拉第不和，戴高乐只好到前线部队任职，其战略主张无法变为政府和军队的决策。1940年5月，希特勒突然向西欧诸国发起闪击战，仅一周时间就突破马其诺防线，法军虽众却不堪一击，使法国首都巴黎面临累卵之危。戴高乐率军虽经顽强抗击，但是由于高层指挥混乱，缺乏坚固阵地和坦克装甲部队，反击显得苍白无力。戴高乐深深意识到，法军战略指挥形同虚设，败局难以挽回。6月5日，雷诺果断让戴高乐进入战时内阁，任国防部和陆军部副部长。当时，法国已弥漫着悲观和绝望情绪，失败已成定局。戴高乐建议撤掉准备投降的国防部参谋长、武装部队总司令魏刚的职务，并在法国一片混乱时，头脑极其冷静，通过手中的指挥权，采取了具有战略意义的紧急措施：着手拟制把部队、资源和后备物资运往北非的计划，以作法国失败后继续抵抗的准备。把处于港口、海上及外国的法国舰队，撤往北非海岸。加强与英国的同盟关系，把法国保存下来的生力军撤往英国，将英国作为反攻的基地。亲赴英国，建立与丘吉尔的关系，为日后合作创造条件。当法国投降已成定局时，他毅然飞往伦敦，指挥法国海外军队，继续组织抗击德国的战斗。1940年8月~1944年9月，法国贝当政府投降，成为德国的傀儡。他不顾法国"合法"政府被德、苏、美等国承认，毅然在英国组建法兰西民族委员会并任主席，号召法国人民拿起武器抵抗法西斯，立即成为反法西斯英雄和旗手。他迅速组建有陆、海人员组成的正规自由法国战斗队，得到英国政府的同意，具有了"合法性"。戴高乐领导非洲的法军及法属殖民地参加抗德战争，争取到英、美的支持，并领导法国人民地下抵抗运动，使之从小到大，从弱到强，从分散到集中。他指挥由英国训练的大批海、空军官兵，参加打击法西斯的战斗，指挥北非法军第1轻装师与德军隆美尔兵团作战。德国进攻苏联、日本偷袭珍珠港后，戴高乐不失时机，与苏、美建立战略联盟，与斯大林和罗斯福建立友好关系。戴高乐参加卡萨布兰卡会议，法军配合盟军收复西西里后，组建法兰西民族解放委员会并出任主席，在阿尔及利亚、摩洛哥、突尼斯等非洲地区行使法国主权。他协助盟军成功实施诺曼底登陆，说服罗斯福放弃法国"盟国军政府"方案，保住了法国的独立和主权，最终重返巴黎，建立戴高乐政府，成为民族英雄、一代名将和当之无愧的法国领袖。

（三）将道无私

揭傒斯曰："用人之道，当以心术为本。"事重不可轻用将。挟术自重之将，难以保全，不可专任。《六韬》曰："与人之利，急人之死，解人之难，救人之危，济人之急，天下归之。"

长于识人　唯公则明

凡用将须谨记：智均不能相使，力均不能相胜，权均不能相援。管子曰："上下不和，令乃不行①。"不偏私、不营利、不结党、不藏奸，则为将必公。

唐初，唐太宗评价主要将相时说："长孙无忌善于筹算，应对敏速，求之古人，亦当无比，兵机政术，或恐非其所长。高士廉涉猎古今，心术聪悟，所少者不能直言进谏。唐俭言辞俊利，善和解人，喜好喝酒，发言启齿，事朕三载，遂无一言论国家得失。杨师道性纯善，自无过失，而情实怯懦，未甚更事，急缓不可得力。马周见事敏速，性甚贞正，论量人物，直道而言，多所称意。褚遂良学问稍长，性亦坚正，竭尽忠诚，甚亲附于朕，譬如飞鸟依人，自加珍爱②。"正因为唐太宗作为皇帝和统帅鉴人无私唯公，因此才能广揽

---

① 《管子》。
② 《旧唐书》。

英雄,拔用英才,呈现贞观盛世。

南宋时,抗金名将岳飞正图大举,恰好奸相秦桧主和,因此不将王德、郦琼之军隶属于岳飞。宋高宗诏令都督府与张浚议事,张浚认为王德为两军所服,想任其为都统,同时让尚书吕祉督府参谋领之,征求岳飞意见。岳飞认为:"王德与郦琼素不相下,一旦擢之在上,则必争。吕祉不习军旅,恐不足服众。"张浚又问:"张宣抚如何?"岳飞认为:"其暴而无谋,尤为郦琼所不服。"张浚再问:"那只有杨沂中了!"岳飞认为:"杨沂中视王德与己相等,岂能驭此军。"张浚想以岳飞驭军,岳飞固辞。张浚无奈,以张宪摄军事。不久,郦琼叛变,张浚后悔。由此可见,岳飞善于识人。

安镇和靖　恰当即道

公正、正义是将领成就大事最可贵的品质。大敌当前,安内,以柔克刚;御外,以奇制正。当上将领的人,不一定是真正的掌权者;真正的掌权者,一定是操纵将领的人。越紧要危急,越集中大权。《武经总要》曰:"善用兵者,如携手而使人,人人不得已也。"

古希腊雅典将领阿里斯提德,很有才能和威望,宠辱不惊,维护正义,果敢英勇,不喜怒于形。波斯大流士企图吞并希腊,派军在马拉松登陆,大战一触即发。当时,雅典军由10名将领指挥,密蒂阿德和阿里斯提德分列第一、第二位。按雅典作战指挥惯例,将领要排班轮流指挥,难免互相掣肘,容易造成部队无所适从,不能专心对敌,影响指挥效率。阿里斯提德从大局出发,在轮到他指挥时,主动把权力交给密蒂阿德,并说服诸将,服从一位将领集中统一指挥。因此,在大战即将开始之前,密蒂阿德掌握了独一无二、不可分割的作战指挥权,诸将服从他指挥,唯其马首是瞻。在战争期间,他因提米斯托克利等人作祟而被放逐时,毫无怨言,不搞内斗内耗，维护大局稳定。当他被召回与提米斯托克利同为将领指挥作战时，全力维护其最高指挥权，宁愿当绿叶。因为战争，有些世家和富豪变得一贫如洗，准备聚众阴谋政变，不成功就投靠波斯人。他们的行为甚至影响到了军营，在军内外造成震动。作为首席执政官的阿里斯提德从大局出发，稳妥处置。他首先减少震荡面，既严厉追查，又适可而止，只逮捕8人，起诉其中2人，并暗中授意让2人从营地逃走。既震慑了阴谋作乱的人，也使内部更团结。

　　古希腊雅典将领提米斯托克利志向远大，足智多谋，具有战略眼光。在面临波斯军队进攻、要从速选举将领时，提米斯托克利见志大才疏、生性怯懦却野心勃勃的伊庇赛德想争取将领职位，深知如果让其掌握作战指挥权，雅典军队将一败涂地。因此，提米斯托克利私下花了很大一笔钱，买通伊庇赛德，并以转让相应权力为条件，使自己成为对波斯军作战的将领。提米斯托克利通过严惩雅典内部收受波斯人黄金的人，震慑了雅典人，消除各城邦内部斗争，共同对付波斯人。当提米斯托克利得知一些城邦惧敌畏敌甚至投敌时，率雅典军在海上与波斯人作战，并决心在阿特米修姆海峡与敌决战，从而激励希腊城邦。他放手让舰队主将尤里邦阿德指挥，充分发挥其作用。当舰队主将尤里邦阿德和舰长阿契特勒斯畏战时，提米斯托克利并未对其采用威势，而是用重金收买、安抚和结纳的办法，使之勇于指挥对波斯在狭窄海湾里的海战，最终取得了关键海战的胜利，保卫了雅典和希腊。

（四）潜构密图

　　曾国藩曰："自古英雄之主，所以除大恶，夷大难者，非潜移默夺，消患未然，则阳厚以毒，阴予以必不可之势。当其未发，固若有飞扬跋扈不可测之忧；及其发，则谈笑制之，不终朝而大难已定。岂既发而后图之哉？图于未发之先固已久矣。成祖既定天下，高煦阴怀异志，及封乐安，谓仁宗曰：'乐安近北京，既闻变告，可朝发而夕擒之。'已而果然。向使封之大国，予以名城险要，则方忧其滋蔓不暇，安能使之束手就缚，不血刃而克之旬日之间哉①！"

推惠施恩　智消反侧

力厚则军心固，推恩则诸将安。罚不讳强大，赏不私亲近。《三略》曰："良将怨己治人，推惠施恩。"大权骤弱之际，以怀柔之术安定诸将，或可消弭变乱；如稍一刚狠暴虐，或致割据四起，大局崩坏。

西汉时，刘邦称帝后封功臣二十余人，其余争功，未得行封。刘邦见诸将窃语，心有不安。张良献计："所封皆故人所爱，所诛皆平生仇怨，有些将领恐以过失及诛，有可能相聚谋反，不如取素所不快，计群臣所共知最甚者一人，先封以示群臣。"刘邦按张良之计，封曾背叛之将雍齿于汝地，群臣皆安，认为自己不会有患，诸将也安心不再议论了。刘邦去世时，吕后与审其食考虑，少主权力未稳，而诸将心常鞅鞅，恐天下不安，欲不发丧。郦高听说后劝吕后说："闻帝已崩，四日不发丧，欲诛诸将，诚如是，天下危矣。陈平、灌婴将10万守荥阳，樊哙、周勃将20万定燕、代，若闻帝崩，诸将皆诛，必连兵还乡，以攻关中，大臣内叛，诸将外反，亡可立待②！"吕后决定发丧，皇太子及群臣都至太上皇庙，于是内外安定。

唐秦王李世民率军多次作战取胜，引起皇太子李建成、齐王李元吉嫌忌，以图谋杀之。李世民先下手为强，在玄武门政变中杀掉

---

① [民国]蔡锷：《曾胡治兵语录》。成祖：明成祖朱棣；仁宗：明仁宗朱高炽；高煦：明汉王朱高煦。

② 《汉书》。

李建成和李元吉，李世民收用了太子李建成的洗马魏征，即位后，任魏征为谏议大夫。李世民闻河北州县李建成、李元吉的势力人心惶惶，思谋作乱，便派魏征去办此事。魏征当众释放原太子千牛、齐王护军等人，并宣布前东宫、齐王府旧人一律免罪，隐伏的祸难很快平息。

智略难测　徐剪渐除

　　枢相是将领沉浮的重要因素。为将者，成也枢相，败也枢相。外陋内险者，得权必定残贼。吴兢曰："夫任以权，虽疏必重；夺其势，虽亲必轻。"以暴虐权术治将者，报之在危难之时，祸起于肘腋之下。密知其谋，匿而不宣，顺随其意，兵不血刃，使之束手就擒。对反侧之将，不可骤除暴灭，宜先优抚之，待其势消，再一举剪除。

　　西汉景帝时，拜窦婴为将军，其荐用了爰盎、桑布诸名将贤士，及平七国之乱，窦婴受封魏其侯，诸将士宾客争相归附。尽管窦太后数次推荐魏其侯为丞相，汉景帝都未答应，而以卫绾为相。田蚡依仗王夫人，在汉景帝去世后封武安侯，势力坐大。田蚡本欲用事为丞相，以势倾魏其侯及诸将相，考虑到窦太后仍在，便不急于求成，先不争丞相，宁愿让魏其侯任相，自任太尉。待窦太后死，田蚡任丞相，天下吏士趋势利者皆去魏其侯而归武安侯。魏其侯失势后，结交将军灌夫，相引为重。田蚡先用请购魏其侯城南之田而激怒魏其侯、灌夫，又互揭各自阴事，灌夫当众戏辱田蚡，被田蚡找茬抓捕。魏其侯全力解救灌夫，正中田蚡下怀。他以二人招聚天下豪杰壮士欲有大功为由，以离间君臣，二人终被诛杀。

　　东汉末，董卓拜破虏将军，率兵3万讨伐先零羌，因不善战，为敌所围，粮食乏绝，进退逼急，便于所渡水中伪立鄢[①]，而潜从鄢

[①] 鄢：通堰、堤岸。

下过军,及敌来追,决水已深,敌不得渡,董卓得以率全军而还。董卓用兵诡诈,而其御下也是如此,则其败必至。汉灵帝去世,董卓拥兵自重,大将军何进召董卓率兵进京。他自知兵少,难治群雄,便虚张声势,夜间潜出而白天大张旗鼓而还,又让吕布杀其主丁原而并其兵,形成以西凉为骨干的乌合之军。何进被宦官杀掉,董卓操纵皇帝废立,独揽大权,顺之者昌,逆之者亡,暴虐残忍。袁绍等发义兵讨伐董卓,天下大乱。当时,朝中大臣阴谋策划除掉他。司徒王允策反其将吕布,吕布乘董卓不备,将其刺杀。他疯狂了仅6年时间,被其属下颠覆。

北朝时,北周九曲镇将梁士彦,为周武帝出生入死,立下平齐功绩。周宣帝即位后,梁士彦位高权重,为徐州总管、都督三十二州诸军事。当时,杨坚(后为隋文帝)为相,掌握着周朝大权并暗有称帝之心,深忌梁士彦功高权重。当梁士彦参与平定尉迟迥反叛后,杨坚暗中操纵,使梁士彦征还京师,闲居无事,实际解除其兵权。梁士彦自恃功高,心怀怨恨,与人密谋行刺或经略河北起事。梁士彦外甥裴通得知此谋,密报杨坚。杨坚不仅隐而不发,还授梁士彦晋州刺史,暗中观察动静,梁士彦毫无察觉戒备。当他奏请薛摩儿为长史时,杨坚很快就应允了。杨坚利用一次公卿朝谒之机,将梁士彦等逮捕,梁士彦死不认罪,在薛摩儿的指证下伏诛。

五代时,后晋侍卫亲军都指挥使杜重威,在后晋高祖时与叛将安重荣作战有功,但在契丹入寇时闭城自守,任其屠戮属州城邑未能出救,即使击败契丹,在其大溃时也违诸将之意不予追击。晋出帝即位后,契丹势强,杜重威在与之作战过程中已心怀异志,作战不坚决,并威逼诸将率10万军士乞降契丹,军士解甲大哭,声震原野。契丹拜杜重威为太傅,同时为防其有变,削夺其兵权,遣还邺镇。后汉高祖刘知远在位时,杜重威畏惧,起兵与后汉高祖作战,因食尽而请降。后汉高祖为稳定其军,不仅许降,还赦免其罪,拜检校太师,守太傅,兼中书令,但同时诛杀燕将张琏及杜重威的将吏,收编其兵众,让其归京师就任。后汉高祖病危时,嘱大臣善防杜重威,诸大臣在后汉高祖病逝后,将杜重威及其3个儿子诛杀。

明末,清领兵大将、和硕贝勒皇太极,早年即随其父努尔哈赤征战,对明军了如指掌,故多有胜功。皇太极率大军逼近明朝都城时,明思宗令兵部尚书、总督蓟辽军务洪承畴,率17万步骑迎战。皇太极根本没把洪承畴放在眼里,松山之战,洪承畴一败再败,皇太极乘乱歼其军5万人,诸将溃遁,洪承畴仅以残兵败将万余人幸存,在被围六月、兵疲食尽后,城破被俘,3000残余投降。皇太极想收用洪承畴,主要想为明将立个榜样,降者为用,便于收取关内、减少反抗,也便于日后利用汉将汉官统治。皇太极令军师范文程劝降洪承畴,当得知他惜其衣、必有不死之报时,亲自看望,赐以貂裘,洪承畴降清,皇太极对其赏赐无算。清诸将对皇太极过分重视洪承畴不快,皇太极告之,欲得中原,洪承畴正是一名向导。皇太极虽厚待洪承畴,但对其有猜防和限制的考虑与措施。他仅让洪承畴统领镶黄旗汉军,使之任何时候都无法与清军抗衡。清世祖即位,亲王多尔衮辅政,洪承畴被任为兵部尚书兼副都御史,同内院官佐同理机务,督任军务,招抚江南各省,再未让其将兵征战。而且,战事稍松,即将其调任翰林弘文院大学士,战事吃紧时,再令其任兵部尚书兼右副都御史。清圣祖玄烨一即位,洪承畴即被准许致仕,此后再未涉足兵事,直至去世。

操其两败　次第制之

两虎相斗,卞庄在后。后举者,动之于缓,示之以弱,暗中布置,后发制人。

西晋时,晋惠帝愚,贾后实际操纵大权,她既忌惮汝南王司马亮、太保卫瓘势力，也忌惮楚王卫将军司马玮的势力，见上述两股势力水火不容，密谋一举除去两股势力。贾后利用司马玮亲信长史公孙宏、舍人岐盛、将军李肇，矫诏称司马玮之命，诬告司马亮、卫瓘，使晋惠帝令淮南王、长沙王、成都王废掉司马亮和卫瓘。贾后连夜让人将诏书送司马玮，并以密诏不可泄露为由，阻止司马玮复奏，致使其矫诏召禁军，收捕司马亮、卫瓘而杀之。不久，贾后又操纵晋惠帝，以矫制害二公、图谋不轨之罪，将公孙宏等收捕诛杀。

五代时，后汉左卫大将军刘承祐即位为汉隐帝，内有将相苏逢吉、史弘肇、杨邠、郭威辅政，几人内斗严重；外有叛将王守贞、王景崇、赵思绾反叛。在极难控制局势的情况下，刘承祐先用郭威等将领平息叛乱，虽然打的是外敌，也削弱内将。继而乐见将相缠斗，相互消耗牵制，而不露声色。刘承祐在史弘肇等既失民心，又因残酷和骄矜与文官大臣相斗之时，暗中培植李业、后赞等人。尽管杨邠、史弘肇对这股势力有意加以抑制，他们仍然在隐帝刘承祐保护下隐蔽下来。随后，苏逢吉、杨邠与史弘肇矛盾激化，将相水火不容。刘承祐逐渐年长，以李业、郭允明、后赞、聂文进等为羽翼，开始谋划解决史弘肇等威震人主的问题。刘承祐借史弘肇、杨邠、王章等入朝之机，埋伏甲士数十人于广正殿内，突然擒杀史弘肇、杨邠，并诛其三族。刘承祐胜而不谨，轻率派使臣去杀外将郭威。郭威乘机起兵，追至开封城下，隐帝刘承祐为溃军所杀。郭威灭后汉建后周，称周太祖。

明镇朔大将军石亨为边将时，守大同、延安，并无大能大功。由于明英宗即位时年仅9岁，宦官王振等操纵政权，君弱臣强的局面形成。石亨与瓦剌主帅也先战于大同，战败后仅以单骑奔还。明英宗亲征战败被俘，郕王即位，为明代宗，于谦主事，推荐石亨为右都督、镇朔大将军。明英宗返回后，石亨见明代宗身体不行，与副都御史徐友贞、太监曹吉祥密谋迎立明英宗复位成功。徐友贞加兵部尚书，石亨晋爵忠国公，二人事权尽握。二人开始效仿王振操纵皇帝，然而他们大大打错了算盘。石亨诬杀于谦等有功之臣，构陷大臣，数兴大狱，内阁诸臣，斥逐略尽，使自家成为独大的势力。明英宗经过磨难，已经老成有谋，乐见其清除明代宗文武班底，借刀杀人，然后再择机除掉石、徐等权臣，最终由自己一人执掌天下。不久，石亨与徐友贞水火不容，必欲置对方于死地而后快。明英宗开始重用李贤、王翱等阁臣，而疏远石亨。当石亨告徐友贞怨望，明英宗令其下狱，免其死刑，诏其为民，用石亨之手废掉徐友贞。明英宗又抓住石亨之子石彪，令人保奏其镇大同之过，将石彪下狱，令石亨养病，夺其大权，又将其父子诛杀。而徐友贞在期盼皇帝复召中，了却了性命。

（五）御忌弛坏

冯统论及对大将制御时说："钟会才见有限，而高祖夸奖太过，嘉其谋猷，盛其名器，居以重势，委以大兵，故使钟会自谓莫无遗策，功在不赏，辀张跋扈，遂拘凶逆耳。向使太祖录其小能，节以大乱，抑之以势，纳之以执则，则祸无由而生，乱事无由而成矣[①]。"无辔而策，则马失道；无制而任，则将为乱。《兵志》曰："置兵所以止乱，及其弊也，适足为乱。"将权欲专，军法欲峻。

轻重任意　权分必殆

天下分崩，军忌分兵掠地；大战之际，将忌势重专委。将领窃权而姑息迁就，其军必乱。委将兵权，尤须详审慎行，稍一纵意，则

[①]《晋书》。辀张：专横。拘：固守。

悔之不及。御将最怕重任而不能制，外任而不能察，独任而不能信，大任而不能防。凡把险诈当忠良，把奸伪当敦厚者，必定赏罚不明，威令废弛，大乱必生。军中大将，只要挟势自重，必有大祸，尤须早防。

秦末，陈胜、吴广农民起义爆发，拥兵数十万，由荥阳西进攻打秦地，秦将章邯集中兵力顽强抵御陈胜大军。恰在决战关头，陈胜派遣攻略赵地的武臣自立为赵王，陈余为大将军，张耳为丞相。陈胜先是大怒，关押武臣等家室准备诛杀，蔡赐劝其不如因而立之，陈胜听从，遣使者贺赵而封张耳，催其率兵及早入关参战。赵王不仅不派兵西进，反而派部将韩广攻略燕地称王，陈胜分封魏王，田儋自立为齐王。陈胜军中又发生假借其令谋杀吴广、田臧败于章邯等事件，军内一片混乱，屡为章邯所乘，一败再败，诸将纷纷战死，陈胜被驾车人庄贾杀害，从兴起到灭亡仅180天。

西汉时，吕后病危，用赵王吕禄为上将军，掌握兵权，用吕王吕产为相国，掌握行政权。吕后临终前诫二吕曰："大臣恐为变，必据兵卫宫，毋为人所制①。"不仅吕后重用吕禄、吕产用非其人，吕禄也在最紧要关头用非其人，导致了悲惨的失败。吕禄、吕产一方面惧怕刘姓诸王及周勃、灌婴等刘邦旧将；另一方面当齐王发兵反诸吕时，派灌婴率兵出击。灌婴留兵荥阳，派使者与齐王及刘姓诸王联兵，以待吕氏之变共诛之。二吕未战即以大将重兵资敌。太尉周勃谋取吕禄所掌握的兵权，见吕禄极其信任郦寄，先挟持郦寄之父山东周侯郦高，让郦寄劝说吕禄返回封国，将兵权交与周勃，以平息刘姓诸王举兵之变。吕禄虽然犹豫，终究信任郦寄，从而放弃兵权，铸成难以挽回的大错。周勃掌握兵权后，联络刘姓诸王，控制皇帝，诛杀诸吕。

---

① 《汉书》。

东晋龙骧将军陶侃长于计谋,作战经验丰富,能力很强,打过不少胜仗。然而,他在驾驭部将上却显得不那么明智。他率军击败杜弢后,派参军王贡告捷于王敦,对其独自离军在外过于轻信,致使王贡矫陶侃之令,以杜曾为前锋大都护,进军斩杀伪荆州刺史王冲,大破其军,悉降其众。陶侃召杜曾不至,王贡也怕被治矫令之罪,发起兵变反叛,击退陶侃军。陶侃又未戒备部将张奕将叛,致使错过时机,为敌所败。

唐玄宗李隆基在国家承平已久、百姓小康的安稳形势下,居安不思危,和平而忘战,对手下重将失之于宽,失之于察,终于酿成巨大祸乱。藩将安禄山素骁勇、性狡黠,善贿赂讨好,以掩盖其不法之行和野心勃勃。他任平卢节度使后,凡入朝总要贿赂唐玄宗身边心腹之臣张利贞、席建侯、李林甫等,大臣并言其美,使唐玄宗更加亲宠信重安禄山。加之李林甫奸邪,架空唐玄宗,与安禄山结党营私,使安禄山对中枢情况了如指掌。安禄山见朝中武备松弛,毫无防备,在求得河东节度使后,开始阴有逆谋,外示御寇,内贮兵器,厚积粮谷,多蓄战马。他兼任平卢、范阳、河东三镇节度使,幕下军师、两京耳目、诸子重任,行间诸将云集,迅速形成政治、军事集团。对如此重大隐患,唐玄宗不闻不问。更有甚者,当杨国忠等大臣屡奏其必反时,唐玄宗派使察验,不料使臣也受其贿赂,盛言其忠,再有人言其反,唐玄宗必大怒。在安禄山最后一次拜谒唐玄宗后约半年,发兵反叛,酿成了唐朝极其严重的安史之乱,几乎使唐朝丧失政权。在安禄山率兵反叛,唐军连败之际,李隆基急任哥舒翰为兵马元帅,统领河陇、朔方藩兵及高仙芝旧部20万人,坚守潼关拒敌。在如此危险要紧之时,李隆基将军队主力交与哥舒翰统御,如同将唐朝政权命运交与大将,而对大将却毫无控御牵制之策,使其可以为所欲为。哥舒翰手下将领建议,留3万兵守潼关,率精锐兵力回诛杨国忠,以使安禄山失去清君侧的旗号和反叛理由,其叛自息。哥舒翰已许其计,有人暗中将其密谋报告杨国忠,杨国忠组建私人之军,另作它图。在大敌当前的危局中,李隆基威权旁落、将相自相残杀。哥舒翰考虑安禄山利在速战,而己方利在持久,决心坚守要隘不战;而杨国忠反复奏请李隆基令哥舒翰出战。在相继督责的情况下,哥舒翰勉强出战,兵败被俘,安禄山军长驱直入,李隆基逃亡。

嶷然不群　威而少恩

不听忠言,即使再有主见,也容易失误;违背众意,即使再有主意,也难以实施。将庸则军心易散,将疑则士气易泄。大战将临,而将领战意不决,必定动摇军心,衰减斗志。缺乏铁的手腕,则难以御军;没有硬的威权,则难以御将。尉缭子曰:"不祥在于恶闻己过。"

古希腊雅典将领尼基亚斯率军与叙拉古军作战。他从一开始就被众人推着走,为其指挥作战、驾驭将士埋下隐患。还未作战,他就与手下将领出现不协调。有的将领建议直取叙拉古,逼近城墙战斗;还有的将领主张先建立联盟,再向敌人进军。尼基亚斯根本不听,打算摆出和平姿态,巡航整个岛屿,展现强大军威,派一支小部队增援伊吉斯提。他违背将士意愿的打算,既表现出作战决心动摇,又使将士拿不到伊吉斯提许诺的战争费用补偿,因此使其军队士气和斗志大大削弱。其营地附近神庙贮有大量金银财宝,尼基亚斯制止部队占领,被叙拉古人抢占,致使军中埋怨情绪进一步滋长。叙拉古的援军强大,使尼基亚斯陷入困境。他向雅典请求援军,雅典援军到达后,尼基亚斯否决了援军将领迅速发起攻击的建议,取拖延时间之策,遭到手下将士抵制。在匆忙发起进攻之后,因混乱被敌人打得大败,损失2000多人。此后,由于叙拉古兵力强大,一再阻击雅典军回撤。经过苦战,尼基亚斯远征军全军覆灭。

古马其顿将领尤蒙尼斯曾为亚历山大大帝的幕僚，随军出征作战，任为将领。尤蒙尼斯与将领李昂纳都斯发生矛盾，独自率领部分马其顿兵力潜回领地卡帕多西亚任总督，拥有6500人的骑兵部队，成为马其顿军的对手。当他成为卡帕多西亚军队主将时，有的部将不服，且畏惧马其顿军将领，使其内部存在隐忧。他平定了手下一些将领的反叛，使少数叛将逃往马其顿一方。当叛将引着马其顿将领率军来战时，尤蒙尼斯尽力不让将士知道敌人是马其顿军，造成与叛军作战的假象，用当地兵力猛袭叛将之军，使手下马其顿部队被蒙在鼓里。此战，既杀死了叛将，也杀死了马其顿主将，然而大胜反使其内部矛盾加剧。因为，马其顿宣判尤蒙尼斯死刑，并发动对其进攻，致使尤蒙尼斯手下的几员将领与其发生争执。尽管他好言相劝，在三天内支付所有官兵的欠饷和粮食，并分享战利品，他手下"银盾军"的将领仍成立了针对尤蒙尼斯的阴谋组织，准备择机杀掉他。尤蒙尼斯得到情报后，虽作了一些准备，但大敌当前仍以战事为主。"银盾军"将领与马其顿将领达成秘密交易，将尤蒙尼斯绑缚交与马其顿军，尤蒙尼斯被杀害。

重事轻用　托非其才

为帅重在得将。大敌当前，最忌重用庸将；大战关头，最忌大将怀私。凡兵，深陷则斗，先退则溃。兵临险境，须重用任势之将。与大敌争胜，须罢无能，废无用，罚庸怯，塞私门。桓宽曰："刑一而正百，杀一而慎万。"

俄国沙皇尼古拉二世也是俄军统帅，即位时才26岁。日俄战争时（1904~1905年），尼古拉二世轻视日本，战争准备严重不足，所用陆军将领库罗帕特金谨小慎微，消极避战，又受俄远东总督遥控，将9万兵力分为三部分，企图阻击日军集团式进攻，实属一厢情愿。

即使俄军再次投入兵力，仍难挡日军攻势，损失9万人，太平洋舰队被歼灭。战争失败引发国内工人罢工、农民起义，当尼古拉二世颁布戒严法，强力镇压人民时，军队将领以兵力绵延分布于西伯利亚铁路为由，使戒严法无法实行，迫使尼古拉二世妥协，承认民选的合法性。战争失败对国内政权稳定、军权执掌、高级将领使用，以及军内派别和国内政治力量分化，都有重要影响。尼古拉二世对国防委员会、陆军部、总参谋部建了又撤或分了又合，在机构上打转转，而对陆军大臣苏霍姆利诺夫委以实权，使其在军中结党营私，使军中传统派与改革派、禁卫军与作战部队军官之争愈演愈烈，为权力失控和军队倒戈埋下隐患。更有甚者，1914年第一次世界大战爆发时，尼古拉二世未让苏霍姆利诺夫指挥俄军，而是让其远房表兄尼古拉大公指挥俄军。尼古拉大公与苏霍姆利诺夫严重不和，主要通过总参谋长庸才雅努什凯维奇指挥作战。实际上尼古拉二世和尼古拉大公都被高级将领架空了，实权分由苏霍姆利诺夫和雅努什凯维奇掌握。随着连年战争，俄国内反对势力逐步壮大起来，罢工、起义不断，难民达到600万人。尽管尼古拉二世自任总司令，对最高军事机构大换班，也未能真正控制高级将领。大战进行3年，国内各种矛盾总爆发，甚至部队发生兵变，拒绝镇压民众，将领们也违抗命令，迫其交权，尼古拉二世政权倒台。

1914年第一次世界大战爆发时，法国将领郎勒扎克任法国最高战争委员会委员，第5集团军司令。按照法军总司令霞飞的部署，第5集团军处于法军整个攻势线的最左端，侧翼暴露。如果德军由比利时方向发动主攻，其极易被德军迂回包抄。西线战役打响后，郎勒扎克见德军攻击列日，认为这是德军清除西进道路的先兆，如果按法军总司令霞飞第5集团军向东北方向阿登地区发起攻击的指令，等于为德军迂回提供了方便，而一旦其迂回过来，法军将有被围歼的巨大危险。郎勒扎克既多次提醒霞飞，又建议第5集团军向北移动，以防御德军右翼进攻。当时，即使看到了法军战前战争计划失误，造成左翼薄弱，难挡德军主攻兵力，但想做大的调整改变已不可能。因此，第5集团军只能按此兵势，拼死节节抗击，争取时间，消耗德军，而绝不能争谁的见识高低和谁的处置对错。朗勒扎克得到向北防御指令后，就地防御德军2个集团军进攻，由于损失较大，德军第3集团军有突袭法军侧后的趋势。朗勒扎克感觉法军全线崩溃，第5集团军正面、左右两翼三面受敌，于是擅自下达了撤退命令。这一行动不仅影响了法军士气，造成大溃败局面，而且造成英军侧翼暴露，被迫撤退，损失8000人，从而对法军可靠性丧失了信心。霞飞为第6集团军防御争取时间，严令朗勒扎克回头发起反击。朗勒扎克认为其命令愚蠢至极，准备拒绝执行。霞飞直奔其指挥所，以枪毙相威胁，朗勒扎克才发起反击，法军第5集团军艰难守住了阵地。很快，霞飞解除了朗勒扎克的职务。

三、举要治繁

善张其目者引其纲。军兴势成，将任威立。凡宏图大举，特别讲究利用威势和机遇。摧坚难为功，摧朽易为力。顺势者，如顺风扬帆；逆势者，如逆水行舟。云厚者，雨必猛；弓劲者，箭必远；兵强者，势必盛。乘一总万，简约为上；以顺攻逆，顺势奉时。

（一）规略宏阔

大事当与智者相议。大将之法，在于抓住所有因素中的决定因素，着眼决定问题，得出关键结论，掌握独门技能，把握贯通要领。图旋转乾坤之伟业，须厚结豪杰英俊；干掀天揭地之大事，须精选栋梁之材。如果看似已做好举大事的准备，那是因为之前有过深思熟虑，深入研究和深刻反省，以及对可能发生的大事有大致的预见。在面对未预料到的环境和情况时，并不能指望顿悟似的急智摆脱危境，只有认真思考，预先准备，才能安然渡过难关。丘吉尔说："真正的天才，在于能够在充满模糊、危险并相互矛盾的环境中找到正确的方向。"

执其大要　善引其纲

善张其目者引其纲。军兴成势，将任立威。面临百年不遇的举国大战，大军统帅必须始终扭住战略指挥、民心士气、战略要害、战略布署、主力会战、战后安全六大决定性战略问题，毫不放松。行计务实施，运巧必防损，立谋虑中变，命将杜违制。粟裕说："指挥员的指挥艺术和部队士气是作战胜负的决定因素。"

1941年6月,希特勒已在苏联边境地区集结190个师550万兵力,3712辆坦克,4950架飞机,4.7万门火炮,处于随时发动突击的作战状态。尽管苏联增兵至500万人,向边境地区派出50万兵力,组建29个机械化军,但由于苏联统帅斯大林为延缓战争爆发时间,不想刺激德国,边境部队并未完全做好战斗准备,根本无法制止德军进攻。6月22日,希特勒对苏发动大规模闪击战。斯大林在指挥战争过程中,始终提纲挈领,抓住关键、要害和最有决定意义的战略问题,果断作出重大战略决策。一是加强战略指挥。战争爆发后,斯大林迅速下达还击突入敌军的命令,立即建立西北、西方、西南、南方方面军,并以最危急的西南、西方方面军为战略重点方向,任命作战指挥能力最强的朱可夫和沙波什尼科夫去西南和西方方向,以统帅部代表名义进行指挥和督战。斯大林坐镇总参谋部,以瓦图京为助手,成立苏军统帅部。几天时间,德军侵入苏联领土150~200公里,苏联损失巨大。斯大林建立国防委员会并出任主席,将全国转入战时轨道。7月至8月,斯大林为切实加强战略指挥,自己兼任国防人民委员、苏联武装部队最高统帅,集党政军大权于一身。采纳朱可夫的建议,确立战略方针,即在通往莫斯科的道路上,建立纵深梯次防御,拖垮敌人,将其阻止在某一个防御地区,然后集中必要的兵力组织反攻。二是奖惩极其严明。斯大林撤掉作战不利的西方面军司令员巴甫洛夫,将一些作战失利的指挥员送交军事法庭。解除西北方面军司令员库兹涅佐夫上将的职务,由第8集团军司令员索宾尼科夫少将接任,瓦图京任参谋长。发布极其严厉的第207号命令。1941年8月16日,凡退却、逃跑、投降、背叛者就地枪决,对投降者家属取消优待,英勇果敢者予以提升①。斯大林以列宁、普列汉诺夫、别林斯基、车尔尼雪夫斯基、普希金、托尔斯泰、格林卡、柴可夫斯基、高尔基、契诃

---

① 沃尔科戈诺夫:《胜利与悲剧》第2卷,第213页。

夫、谢切诺夫、巴甫洛夫、列宾、苏里科夫、涅夫斯基、顿斯科伊、米宁、波扎尔斯基、苏斯洛夫、库图佐夫等激励俄罗斯民族战斗精神，以各种等级勋章、奖励鼓舞军队英勇作战。斯大林格外重视战略要害坚守。明斯克失守，斯大林将西方面军多数指挥员法办。斯摩棱斯克经坚守16天后失守，斯大林怒不可遏，西方面军司令员铁木辛哥被解职。当斯大林听说朱可夫要放弃基辅时，甚至怒斥他胡说八道，解除其苏军总参谋长职务。斯大林不惜以被歼60万人的代价，坚守基辅50多天，大量消耗德军，迟滞其进攻，使其闪击战破产。三是坚决打赢决定性会战。1941年9月至1942年5月，希特勒调集80个师的兵力，准备攻占莫斯科。苏军防线被突破，60万苏军被围困于维亚济马地区，几次突围均未成功。斯大林任命朱可夫为西方面军司令员，在德军距莫斯科100公里时，仍坚持留在莫斯科并参加纪念十月革命胜利24周年阅兵，经顽强抵抗和阻击，德军进攻势头变弱，疲惫虚弱，严寒已致使其战斗和非战斗减员大幅增加，苏军乘机发动反攻，重创德军主力，把其向西击退100~300公里，解除其对莫斯科的包围，德军惨败使不可战胜的神话破灭。英国向苏联贷款1000万英镑，英、美决定每月向苏联提供400架飞机、500辆坦克及大量战争物资，美国向苏联提供10亿美元无息贷款；美、英、苏、中等26个国家建立反法西斯联盟，斯大林指挥斯大林格勒战役，苏军共歼灭德军150万人主力部队，一举掌握战略主动权，由战略防御转入战略进攻，战争转折点出现。1943年初至1945年初，苏军不仅收复被德占领国土和地区，而且歼灭德军主力约375万兵力，德国失败已成定局。斯大林主导战后格局，确定1944年5月开辟欧洲第二战场，发起"霸王"战役，分割德国，波兰东部地区割让给苏联，消灭德国武装力量；乘机解放东欧地区，建立共产党政权，为建立社会主义阵营打下基础；斯大林令远东苏军60个师，消灭日本关东军。

欲主先从　欲速先缓

有宏图者，先见己之瑕；善解斗者，见机而徐图；临大敌者，先稳己之阵。救人者必先自救，安外者必先安内，为主者必先为从。正确判断时机，恰当运用兵力，巧妙利用制衡，暗中规划军队。富有远见的将领，善于把握战争创造的机遇，用最短时间使军队进入世界先进行列。凡宏图大举，欲主先客，欲速先缓，欲远先近，欲外先内。卡尔大公说："战略是正确判断时机，在能取得最大效果的时候使用主力[①]。"

1918年，美军将领潘兴任美国远征军司令，率军跨洋参加第一次世界大战。潘兴上任伊始，遇到了很大困难：国内动员及兵员补充非常迟缓，参谋部不健全；军械、火炮、飞机奇缺，特别是航空兵极度薄弱；英、法联军彼此猜忌，美国50万军队混编入英、法军队；要经过3000~6000英里越洋航运，德国潜艇活动猖狂，法国各港口、铁路、兵站已被其占领；德军作战准备充分，装备精良，指挥统一高效，战斗力较强。潘兴认为如果美军有闪失就将陷入"进退维谷，非特无以救人，亦且无以自救"的境地[②]。因此，潘兴用征兵制而不用志愿兵制，避免纪律松弛、内部不和和难以指挥的问题，精选参谋长、参谋人员及各部队主要指挥官，编设16个教导营，严格训练，作为编建更多部队的骨干力量；大部分防御工事的建筑原料及劳工都取自于国内，建立独立自由的交通线；选用法国6个仅能停泊小号船只，不在德军封锁防线内和未被占用的港口，作为美军越洋作战先期的落脚点；选择亚贡森林至伏士基山岭之线，作为美军机动作战的地带，既可截击德军重要资源来源和其东西间交通线，也可保障美军在尚未形成作战能力或立足未稳时，占据有利地

---

① 《论资产阶级军事科学》，军事科学出版社1985年版，第35页。
② 潘兴：《我之世界大战经验》，商务印书馆1936年版，第83页。

势。每月平均有27万美军运抵欧洲,潘兴不急于打仗,安外先安内,他敦促美国政府及陆军部协调欧洲盟国,获得更多的英国航运和协约国装备,将援欧美军作战师增至80个师。不惧与陆军参谋长马奇闹翻,有意与之争夺美国陆军战时指挥权,并促陆军部部长贝克使马奇的掣肘被消除;打掉海军部关于海军陆战队独立成军的主张,使之融入远征军;尽量处理好远征军中20万黑人部队与协约国及远征军白人部队的关系;试用野战机动式作战方法,一反英、法军"堑壕战"打法,主张并试行大集团进攻战术,在强大炮火支援下,突破德军防线。面对服务后勤的士兵、平民和囚徒组成的百万勤务大军,成立独立的供应勤务司令部。美军5.8万人的航空兵部队,共45个作战中队,1500名飞行员,约740架作战飞机,潘兴赋予其侦察和掌握制空权的任务,在稳妥安全基础上,积累实战经验和减少损失伤亡[1]。在德军大举进攻面前,潘兴逐次投入美军部队,待德军力量消耗、攻势减弱、即将出现战争转折时,再集中投入美军,给德军致命一击。在德军第一次攻势中,潘兴果断投入美军4个师。马恩河反攻时,潘兴指挥美军8~15个师,独立或配合作战,连战连捷,为美军打大规模现代化战争开了先河。参加第一次世界大战的美军共130余万人,5万人阵亡,20万人负伤,非战斗死亡5.7万人,比协约国军队死亡800万人少得多得多,美国消耗的战争经费仅占协约国的五分之一[2]。美军付出的代价相对较小,而获得的回报较大:拉动美国工业及贸易快速增长,美国更加强大;美军从一支落后的军队,通过参加一场大规模的工业化战争,一跃成为一支以专业技术著称的现代国家军队,练就了陆海空联合作战和远洋投送保障的世界强军。美国向控制世界政治、经济、军事主导权和世界海权迈出了决定性的一步,成

---

[1] 阿伦米利特:《美国陆军史》,军事科学出版社1989年版,第357页。
[2] 阿伦米利特:《美国陆军史》,军事科学出版社1989年版,第363页。

为其扩张史上的一个极其重要的转折点。

深虑大计　颇有干艺

指挥大战，必见其利不忘其害，论大计不惜小费，顾大局而不谋私利。战略指挥必须牢牢抓住战略机遇、能战之将和战略方针三件大事。大将中的大将，必定要有果断的支配力、需求的感知力和轻重的判断力。识深者言必简，计定者行必果。

美国五星上将马歇尔早年受到美军名将潘兴的赏识和培养，第二次世界大战为其战略才能施展提供了舞台和机遇。1938~1939年，马歇尔作出重大战略判断：英、法实行绥靖主义，难以阻止战争爆发，不管德、意、日胜，还是英、法、苏胜，胜者都将是美国面临的劲敌，美国绝不会置身大战之外。同时，他对美军及美国战争准备的现状有深重担忧：在未来战争中担当主角的陆军，每年得到的3亿美元军费，与需要几百亿美元准备战争相比，反差令人难以置信；美军只有陆军航空兵，而无独立空军；海军无法远离本土基地作战，除战列舰比日本多5艘外，航空母舰、巡洋舰、驱逐舰、潜艇都比日本少。大战爆发时，马歇尔升任陆军参谋长，由准将越过数十位将军晋升四星上将。在马歇尔等人的不懈努力下，1940~1941年6月，美国实行紧急状态，提高正规陆、海军战备等级，通过"两洋海军"法案，将海军作战舰队吨位增加1倍，航空兵扩充至84个大队、7800架作战飞机。陆军增至129万人，计划增加至870万人，213个师（半数为装甲师或摩托化师），隶属陆军的航空兵增至6.4万架飞机、239个战斗飞行大队（半数为轰炸机）。① 1941年12月，日本海军偷袭珍珠港，太平洋

---

① 以上参见阿伦·米利特：《美国军事史》，解放军出版社2014年版，第335—337页。

战争爆发，美国正式投入第二次世界大战。马歇尔首先抓住参战及制胜的决定性因素即高级将领，使美军一开始就有很强的作战指挥能力。把有实战经验，才华出众，坚决果断，指挥有方，善于带兵的第3集团军参谋艾森豪威尔、第2装甲师师长巴顿，放在优先晋升将军名单和重要岗位上。让麦克阿瑟脱离菲律宾险地，到澳大利亚建立反攻基地。他不惜拨款1000万美元，动用海军及航空兵力量，偷越日军封锁线，将麦克阿瑟救到澳大利亚。重用提拔霍奇斯、辛普森、卢卡斯、史密斯、克拉克、艾伦、布莱德雷、阿诺、魏德迈等将领。马歇尔任美国参谋长联席会议主席，英美参谋长联合委员会主要成员，美国总统军事顾问。他坚决维护罗斯福总统"先欧后亚"的战略方针，支持罗斯福总统将最先进的轰炸机支援英国。在美国参战12个月内，把美国陆军从150万人，扩大到战争结束时的539.7万人（73个现役师和167个战斗飞行大队）。[①]主持制定1943年横渡英吉利海峡的作战计划，服从罗斯福任命艾森豪威尔指挥诺曼底战役。顾全大局，不争名、不争利、不争功。

备急未急　一案多功

善喻者，以一言明数理；善战者，以一案应多变。凡事必知其难，凡战必计其险。拟定作战计划，着眼最大威胁、最大规模、最大困难、最大危险、最大意外，其他则不在话下。精明的作战计划，必有能应对多种可能的准备，完成多种任务的预案，消除多重威胁的手段，应付多种意外的措施。刘向曰："谋先事则昌，事先谋则亡。"[②]防乱于未乱，备急于未急。

美国四星上将施瓦茨柯普夫善于周密计划，并应对多种情况和意外，

[①] ［英］伦纳德·莫斯利：《马歇尔传》，时代文艺出版社2000年版，第112页。
[②] 《说苑》。

尽可能使作战计划符合战场实际，全力组织指挥实施。1983年施瓦茨柯普夫任美军第24机械化步兵师师长、美军入侵格林纳达部队顾问。美军入侵格林纳达旨在推翻军事执政团，解救数百名美国学生人质；部队包括第82空降师，特种作战部队，第1游骑兵营，由海军将领指挥。① 离实施作战行动不到20小时，他在参加由大西洋总部司令麦克唐纳海军上将召开的作战计划讨论会时，发现作战计划存在严重问题：海军高级将领排斥陆军将领参与计划制定；对多山的丛林地形了解不够，对岛上数千名武装人员，包括800名受过训练、拥有武装的古巴建筑工人，作出不会参加战斗的评估。对登陆海滩、机场条件、海况地形等情况掌握毫无把握，而且极其缺乏应对意外的准备。作战计划一经付诸实施，各种问题接踵而至：海滩不能登陆，伞兵受到意外的防空炮火射击，古巴建筑工人投入战斗，特种作战部队很快陷入包围；海军与陆军协同发生困难，部队遭受意外伤亡。施瓦茨柯普夫指挥地面部队，在海军航空兵支援下，调整特种部队登陆地点，控制要点、解救首府被围特种部队队员和人质。1988~1989年，施瓦茨柯普夫任美军中央指挥部司令，晋升上将，开始拟定新的作战计划。他判断：苏联已被阿富汗战争消耗得疲惫不堪，内部矛盾尖锐，主要针对与苏联争夺伊朗油田控制权的重点已经过时，中央指挥部及其部队，将主要面临边界战、内战、部落战、宗教战等多种威胁；② 美军在中东最大的威胁是拥有世界第四大陆军的伊拉克及其指挥者萨达姆·侯赛因，只要制定出对伊军的完备作战计划，其他多种威胁就不在话下了。他取得了国防部部长切尼的支持，使中央指挥部新的作战计划得以通过。1990年7月至8月，施瓦茨柯普夫见伊军装甲车、直升机、浮桥装备就在相关部队旁边，立即作出判断，"伊拉克有意玩真的了"。③ 他立即与国防部、国家安全委员会、参联会及

---

① 《施瓦茨柯普夫将军自传》，上海译文出版社1995年版，第319页。
② 《施瓦茨柯普夫将军自传》，上海译文出版社1995年版，第371—372页。
③ 《施瓦茨柯普夫将军自传》，上海译文出版社1995年版，第380页。

白宫，开始就重大问题商讨决策，并制定应急计划包括作战计划。针对伊军入侵科威特的重点是鲁迈拉油田和布比延岛，详细拟制海、空攻击伊拉克重要战略目标计划的同时，拟制包括派地面部队保卫沙特的作战计划。① 伊军入侵科威特后，他提出动用空、海军对伊进行惩罚性打击的建议，与参联会主席鲍威尔设定一条保卫沙特红线的建议，均被总统布什采纳。他针对伊军63个师及作战特点和能力，后勤能力不强和指挥控制系统过于集中于萨达姆等问题，提出空中、海上攻击行动计划和派遣地面部队的防御计划。切尼、鲍威尔、布什赞同其计划。该计划一搭两用：以保卫沙特为名派兵带有正当性、防御性和威慑性，可根据需要确定集兵的数质量；一旦兵力集结到相当规模，可以择机对侵科伊军以致命打击。所以，作战计划攻防兼顾，战和两便，一举两得。而其更深刻、更宏阔的含义在于，通过帮助科威特，打击伊拉克，拿下了沙特，美军可以在阿拉伯国家实现军事存在，从而震慑住伊朗、叙利亚，策应了以色列，把整个中东地区主导权掌握在自己手中。接下来的海湾战争的部署、作战实践证明，施瓦茨柯普夫的作战计划，具有有效性和可行性，带来了很大战果。之后，美国借口伊拉克有大规模杀伤性武器，进兵伊拉克，推翻萨达姆政权，又使叙利亚陷入内战，使利比亚卡扎菲政权倒台。

窥斑见豹　知微见著

深入钻研，独立思考，窥破未知领域链条上的关键环节，从而发现新的时代战争及新的作战方式的全貌，并牵引军事领域创新变革。通过掌握新军事技术革命、先进关键技术装备这一关键要素，探索出新战略战术、新作战理念和新作战样式。抓住具有战略意义的新式武器装备功能及潜能，进而对整个战争形态、作战样式、军队结构、战略战术以及军事革命一系列重大问题作出深刻认识和理论概括。一个现实的关键的

---

① 《施瓦茨柯普夫将军自传》，上海译文出版社1995年版，第331—332页。

战略问题研究，一旦与战争理论、作战指导、国家命运、社会变革等重大问题相联系，并回答其中要旨，那么将对国运和世界未来产生重大而深远的影响。能窥见新作战方式萌芽的将军，一定具有深识远见。即使职位不高的将领，只要站立点极高，思考点极深，就会形成博大精深的思想。谁能抓住所有重大战略问题的交汇点、枢纽点和决定点，谁就掌握了解答全局、全面和全体问题的密码和钥匙。

英国将军富勒参加过英布战争，善于钻研重大军事问题，深入研究拿破仑战争，概括了6项军事原则。他在参加第一次世界大战时，从坦克集火力、机动力和防护力于一体，敏锐地窥见了机械化战争的萌芽。他任英军坦克部队参谋长，参加索姆河战役，并在康布雷战役中创新坦克作战运用方法。他发挥坦克特长，去掉炮火准备环节，以坦克集群在前发起冲击，一天内突破德军防线6公里，既减少了伤亡，又取得了较大战果。第一次世界大战后，他抓住坦克作战运用这一关键环节，探索出机械化部队的特点和战术，进而探索出机械化军队及其作战在现代战争中的地位、作用和运用原则，窥破了大工业时代作战方式必将发生根本性变化，预见了未来战争将集中使用坦克实施深远纵深快速突击的作战样式。由于英国是海权国家，军队重视海上作战，他的思想和见识，受到军中传统保守势力的压制、排斥。然而，具有先见之明的德国，很快接受了他的观点，并悄悄进入德军作战准备。比如，他的如下观点都被德国用于了第二次世界大战：未来战争主要是机械化战争，战争是陆海空一体化联合的机械化战争；进攻比防御拥有更大优势，战争不宣而战，动员时间短，战争效率高；机械化战争主要发生在人口稠密、坦克部队较多、机械化程度高的欧洲发达地区；打击主要目标是首脑机关、重兵集团、通信和后方补给基地；夺取战场主动权斗争异常激烈，机动与时间因素格外重要。富勒对军事历史、军事科学、战争理论、机械化战争、战争指导、军队建设都提出了一系列主张，有大量著作问世，证明他极有先见之明。

意大利将军杜黑精通军事工程技术和作战指挥，第一次世界大战前几年，通过飞机侦察及传递信息功能，敏锐地认识到武装飞机是一种独特的军事手段。他从飞机在战场上空不易遭到防御火力毁伤和具有对地面、海面攻击的能力，发现作战飞机具有引起作战样式改变的巨大潜能。他抓住一种具有全局意义的新武器装备的技战术功能这一要害、关键问题，进而对整个作战样式、战争形态、军队结构、战略战术以及军事革命等一系列重大问题作了深刻认识。比如，战场将成为立体性的，在陆海空域进行作战；将出现与陆海军并列的空军，空中作战对地面、海上作战影响甚大；空中纵深打击不必在意地面防线限制，制空权与制海权、制陆权一样具有决定性。他任航空营营长，竭力鼓吹制空权理论，受到保守势力排挤，被撤职。第一次世界大战一年后，他任米兰步兵师参谋长，建议组建一支由500架轰炸机组成的航空队，轰炸奥地利军队后方，未被采纳。因批评意大利陆军高层被判处1年监禁。一战意大利战败后，意军高层反省杜黑主张的正确性，任其为陆军部航空处主任，不久辞职。一战后，其制空权理论被官方承认，出任航空部部长。

美国海军将军马汉的军衔虽然止于海军少将，但是其创立的海军战略理论和海上力量运用学说，使其进入军事历史、军事战略和军事理论家的行列，堪比军队指挥大战的将帅。他在安纳波利斯海军学院研读，在海军中服役，足迹遍布世界多个海洋强国，对研究海洋、海军、海权产生了极大兴趣。他的深入思考研究，在纽波特海军军事学院任教时得到进一步深化。他把海军战略理论放入战争理论中进行研究，把海上力量运用与克劳塞维茨战争力量运用、拿破仑陆上作战理论以及约米尼战争艺术指导理论一并进行深入研究，抓住了其中最有决定意义的海权问题，并取得了新的重大突破。海权问题一旦被他牢牢抓住，海洋控制、海军发展、海上舰队作战运用、海洋战略通道及要害争夺、海上贸易发展等一系列重大问题都迎刃而解。不仅如此，他通过海权问题，进一步辐射到海权对国家政治、经济、军事，特别是海外扩张、抢占市场、社会革命和变革，发动和赢得战争等重要方面。海权的争夺和掌握所具有对一国命运以至世界未来的深远意义，被马汉研究得淋漓尽致。当时，有帝国扩张野心的国家，如英国、日本、德国都将马汉海权理论奉为至宝。19世纪末至20世纪初，美国为适应垄断资本主义向海外扩张的需要，不仅将其视为金科玉律，而且很快付诸实施。美国建立强大舰队，进行美西战争，夺取西属殖民地古巴和新加坡；开凿巴拿马运河，并对其绝对控制，相继占领关岛、菲律宾、夏威夷；为进而控制亚太地区、中国巨大市场打牢基础。美国运用马汉理论，向与英国争夺世界海上霸权，进而争取全球霸权的方向迅速发展。由此可见，马汉军事上的地位、作用，之于美军战功赫赫的将帅有过之而无不及。

（二）极智精能

曾国藩曰："为将之道，法立令行，整备严肃为先[①]。"得士者昌，失士者亡。天下之要，人才而已。以兵权控制政权，以将领控制军队，以实战提升军力，以御敌加快发展，以狠劲培养作风，以组织控御将领，以严惩慑军，以重赏励气。

师于强将　默沉浑深

古人云："笃实可当大事""猛将必发于卒伍，良相必起于州部"。取法于名将，悟道于实战。突然遇敌的处置能力，是指挥处置的核心；紧急情况的应变本领，是灵活指挥的关键。事无远虑，必有危机。《武经总要》曰："温良实长，用心无两，见贤进之，行法不枉，此百万人之将也。"

1915~1937年，朱可夫早年在沙俄军队参加第一次世界大战，

---

① ［民国］蔡锷：《曾胡用兵语录》。

后又参加苏俄红军，20多年由士兵当上军长，时年41岁，成为苏军最年轻的高级指挥员。他在骑兵第1师第4团，参加国内战争东线作战时，所在师曾归名将伏龙芝指挥，与名将夏伯阳师并肩作战；在独立骑兵第14旅中任排长、连长时，朱可夫的部队由名将图哈切夫斯基指挥。朱可夫向有实战指挥经验的师团指挥员学习作战指挥，并在团长职位上熟练掌握指挥方法，每天挤出三四个小时阅读军事历史、战术、战役理论等书籍。国内战争时的名将布柳赫尔，对朱可夫团进行战备突击检查。朱可夫团保持了很高战备水平，临机紧急处置到位。朱可夫最重视按实战要求的野外战术训练，还特别注意培养指挥员战术素养。红军参谋长叶戈罗夫视察部队时，对朱可夫比较欣赏。朱可夫按其嘱重点学习研究战役理论，警惕头号敌人德国，他深入研究部队使用、兵团组织、武器装备及作战方法，实施纵深战役、战斗的基本原则。着重培养指挥员的战术素养，把战术训练作为各级指挥员训练和实战的基本因素；注重野外复杂条件下战斗组织和实施，特别注重提高指挥员紧急突发情况处置、灵活指挥部队的本领，使之善于准确判断情况，定下决心后简短扼要下达作战命令，检查执行情况等。他平时就注重培养指挥员和参谋人员，掌握突然遇敌时指挥处置的能力，即"在马鞍上指挥"的本领；努力培养指挥员善于隐蔽部队行动，以突然对敌进行突击的能力；注意培养指挥员切实做到战斗准备充分，侦察仔细，判断准确，隐蔽伪装，欺诈诡谲等。朱可夫先后任骑兵第3、第6军军长，白俄罗斯军区副司令员，他培养的一批优秀的具有实战指挥能力的指挥员，成为反法西斯战争中难得的将才和指挥骨干。

事必中要　晓练精能

　　管子曰："得人者，卑而不可胜。"强将手下必出麟角。事不必烦，必直指要害。马基雅维利说:"要设法训练部队适应、熟悉、摸透新的敌人。①"

美国海军上将尼米兹,作为年轻海军军官时,就十分注重提高自己的实战指挥素质和能力,把世界海上强劲对手作为研究、训练、作战的目标。他早就把日本海军作为潜在敌人潜心研究。日、俄爆发对马海战,日海军以损失3艘鱼雷艇和伤亡700人的代价,使俄舰队损失24艘战舰,伤亡逾万人,舰队司令被俘,舰队覆灭。尼米兹认真研究这次海战,觉察到,日海军舰艇的装甲、航速及火炮的威力、射速,以及指挥上明显优于俄舰队,日海军采取"分而歼之"的战术。1909—1929年,尼米兹潜心研究"潜艇防御和进攻技术",以日本海军为假想敌,制定横跨太平洋的作战方案,吸取日德兰海战经验教训,设计"环形编队方案",使火力集中,指挥灵便,队形改变高效,便于机动,为避免潜艇袭击,舰队可以迅速驶向相反航向或向一侧机动。由于方案经过实战检验,为此后航母编队和特混舰队作战奠定了基础,成为对付日、德海军的有效办法。1931—1940年,第一次世界大战已经爆发,尼米兹推断,美、日海上必有一战,海战将是以攻占太平洋岛屿为目的的连续水陆两栖作战。1941年初,尼米兹任太平洋舰队司令,通过情报及长期对日本海军的研究推测:日本为确保向南进攻的翼侧,很可能先占领菲律宾、新加坡、香港及关岛;战争很可能在未曾预料的时候突然爆发;美军太平洋舰队以3艘航母对日海军10艘航母,日海军很可能先发制人打击美太平洋舰队及其基地;②即使日本海军冒险开战,也只能取得局部和暂时的胜利,日本海军的失败是必然结果。1941年12月7日,日本舰

---

① 《管子》。
② 以上参见约翰逊·柯贝尔:《尼米兹》,京华出版社2008年版,第51—53页。

队偷袭珍珠港，太平洋战争爆发，尼米兹任美军太平洋舰队总司令，指挥对日海战。日军迅速入侵菲律宾、关岛、泰国，进逼新加坡和东印度群岛，攻占威克岛，控制爪哇海。随着日军咄咄逼进的气势，使美国至澳大利亚的海上运输线，以致中途岛、珍珠港基地受到的威胁越来越大。

1942年1月，尼米兹决定以航母为中心筹划陆、海、空联合作战，以空制海、以空制陆，组成第1特混舰队担任主攻，以航母轰炸机攻击为主，袭击马绍尔群岛日军设施，击毁日军2艘潜艇、1艘轻巡洋舰、1艘轻型航母。日本联合舰队司令山本五十六，妄图使中途岛成为第二个珍珠港。尼米兹通过情报判断：5月初，日海军将攻占珊瑚海的莫尔兹比港基地，切断美、澳海上供应线。他指挥2个特混舰队，争取主动，出其不意，以损失1艘航母的代价，击沉、击伤日军2艘航母和数艘舰艇。

珊瑚海之战后，尼米兹立即加强中途岛防务及与珍珠港的海底电缆通信，20艘潜艇在中途岛周围布置3条弧形巡逻线，作战飞机增加到120架。循着日海军正集结兵力、目标可能是中途岛的情报，他令情报部门以诱骗的办法，破译了日军电报中频繁出现的"AF"专指中途岛。尼米兹获悉日军夺占中途岛的企图、兵力部署、进攻路线和作战时间。尽管日海军舰队有10艘航母，但是兵力分散，而美军只有三四艘航母，却能集中兵力，埋伏在日舰队主力的必经之道，以损失1艘航母、1艘驱逐舰、307人和150架飞机的代价，换来日舰队损失4艘航母、1艘重型巡洋舰、1艘战列舰、2艘驱逐舰、322架飞机和3500人的战果[①]。

---

① 约翰逊·柯贝尔：《尼米兹》，京华出版社2008年版，第122、128页。

（三）廓开大计

禁暴平乱务必顺应人心，一统天下务必把握大势，首创大业务必收揽英雄，削平割据务必制伏首恶。才识过人者，必致远大；审中机会者，必能制人。时势人情既去，不可为而为，鲜有济者。曾国藩曰："能战，虽失算亦胜；不能战，虽胜亦败[①]。"

英武大志　务悦民心

群雄逐鹿天下之际，谁能顺应民心而为，谁就抓住了拯救天下的缰绳，取得了正义的政治旗号，占据了收揽天下英雄豪杰的正统和威势地位。名正则势遂，正义的政治旗号，可以动员凝聚力量；正统的政治地位，可以号令瞰制天下。欲得民心者，以宽厚施恩为上，以剽悍祸贼为下。救万民之命者，天下不足平定。以正统维系人心，以正朔顺从民望；以善征战慑服群雄，以挟天子号令诸侯。正朔难犯，民附难伐。义师起事，直入心脏之地，速据正朔之位，号令天下，诸事必顺；如抱定一隅，徒成寇贼，兵众必散，大势必去。有安天下之志，能屈节下士，深结英俊，则大事必举。

秦末，天下大乱，刘邦率众反秦起义后，深知秦法苛严、丧失人心，遂以宽厚与秦之苛法对立，收买人心。刘邦杀沛令起事时，高呼"天下苦秦久矣"！刘邦虽晚于项羽起事，但很快以宽厚名于天下，楚怀王及诸将认为项羽是"剽悍祸贼"，刘邦是"宽大长者"。刘邦以宽大矫秦苛严，深得人心。刘邦待士宽厚大度，郦食其等情愿归顺。刘邦攻城略地，约降封守，所过不掠，诸城闻风而降。以宽容大度不杀秦王，封珍宝财物，约法三章，秦民大喜；又施恩德、

---

① ［民国］蔡锷：《曾胡用兵语录》。

赐民爵，行仁义，捐诸侯，灭项羽，终得建立西汉王朝。其以宽厚行事，一举抓住天下大势、天下人心，其顺应民心、顺应天下大势的本事，当时无人能及。

王莽末年，邓禹随刘秀起兵，在商议平定天下大计时，邓禹建议：平定天下要在用威德加于海内，延揽英雄，救万民之命，务悦民心，立高祖之业。刘秀按计行事，根本区别于赤眉、青犊、更始等起义军，超然于志在财帛、争用威力、朝夕自快之上，顺应了天下大势民心，从而越战越强。邓禹作战时，师行有纪，民众望风以迎，降者日以千数，百姓感悦，名震关西，辅佐刘秀取得天下。

东汉末，天下大乱，群雄并起，曹操据兖州击破黄巾、控制青州后，获悉汉献帝自河东还洛阳，打算奉迎天子立都许昌。荀彧议道："汉天子维系天下人心，想要遂匡天下之志，必顺民望。奉迎天子以都许，既可从民望，服雄杰，至英俊，以顺讨逆，此千载一时，至大至要之事[①]。"曹操至洛阳、奉迎天子立都许昌，受拜大将军，获得了挟天子以令诸侯的政治优势。荀攸、钟繇、郭嘉等英俊相继归于曹操。刘备在新野时，按徐庶指点，亲往隆中拜访诸葛亮。诸葛亮抓住天下主要势力及其互动的特点，推断出天下大势，从而指出刘备进取的大计。他指出，曹操力克袁绍，以弱胜强，挟天子而令诸侯；孙权据有江东，已历三世，国险而民附、贤能为之用；刘备汉室之胄，信义著于四海，总揽英雄、思贤若渴，巴蜀用武之国，刘璋不能守，天下大势必是曹、孙、刘三足鼎立。为刘备计，不与曹操争锋，以孙权为援，占据荆蜀，待天下有变，兵出宛洛、秦川，逐鹿中原，全争天下[②]。刘备按计从事，天下果然进入三足鼎立的三国时代。

隋末天下大乱，豪杰并起。李世民素有安天下之志，善见天下大势，

---

① 《三国志》。
② 《诸葛武侯集》。

料知隋朝必亡。于是，他推才养士，结纳豪杰，延揽英雄，以效法刘邦之事。长孙敬德、刘弘基、刘文静等不仅帮助李世民共举大事，而且将其所知豪杰引荐给李世民，使其比其他反隋割据势力更早、更快、更多地延揽了天下英豪，更先一步形成雄厚的军事、政治集团，掌握了全局的主动权，为取得天下打下了坚实基础，为在历次作战中占据先机创造了有利条件。李渊、李世民起兵反隋后，军至霍邑，久雨粮尽，极端困难，李渊欲退回太原。李世民考虑：义师为天下起事，宜直入咸阳，号令天下，则诸事必顺；若还守一城，不仅成为贼寇，兵众必散，而且早晚被诸割据势力所剿灭，而其他势力早晚必将进至咸阳、号令天下，如此大事去矣①。在他苦劝之下，李渊决定西进咸阳。在西进途中，李世民奋死战斗，斩杀宋老生，进泾阳，克长安，据咸阳，被册封为秦王。李世民棋争一着局全活，为控制全局，削平各割据势力，建立唐朝创造了决定性条件。

才识明断　深明世势

能见大势者，可与议大计。天下大势，历来由能支配和左右局势的诸势力关系及趋势而定。诸强并立，则混战不止；一强两弱，则联弱抑强；两强称雄，则天下必分。不能齐力，则强弱易势；形分势散，则所备皆急；叛者颇多，则险势不守；人情俱失，则大势去矣。

三国时，鲁肃归顺东吴孙权，拜横江将军。起初，他为孙权分析天下大势时，已得出汉室不可复兴、曹操不可猝除、孙权鼎足江东的重大判断②。以此为据，在巩固江东问题上，他建议孙权剿黄祖、伐刘表、据荆楚。在应对曹操大举南进时，力促刘备、孙权联合抗曹。当文武百官劝孙权降曹时，他力劝孙权发兵抗曹，不图假王之

---

① 《旧唐书》。
② 《三国志》。

安,而建帝王霸业。当刘备请求都督荆州、文武百官反对时,只有鲁肃劝孙权借予刘备,维护联刘抗曹的大局。当曹操听说孙权将土地借予刘备时,作书之笔落于地上。孙权登基称帝,深知鲁肃明于世势。

西晋武帝即位时,拜羊祜为中军将军、卫将军,都督荆州诸军事,以实现其灭吴之志。羊祜在加紧准备的同时,建议晋武帝:"谋之虽多,决之欲独,吴虽有长江天险,但因晋吴轻重不齐,强弱异势,智士不能谋,险阻不可守;孙皓残暴,与下多忌,名臣重将不复自信,叛者颇多,将疑于朝,士困于野,兵临之际,必不能齐力致死;若引梁益之兵,水陆俱下,荆楚之众进临江陵、平南、豫州,直指夏口、徐、扬、青、兖,并向秣陵,吴必形分势散,所备皆急①。"羊祜不仅让晋武帝明白了千载难逢之机,还推荐了水军将领王濬、大将杜预。晋武帝按计决断,羊祜去世两年后,晋灭吴。

东晋时,骠骑将军司马元显西伐荆州刺史桓玄,派镇北将军刘牢之为前锋,刘裕参其军事。刘牢之暗中与桓玄讲和,刘裕劝其未听。及桓玄杀司马元显、任刘牢之为会稽内史、削其兵权时,他才明白祸及自身了,与刘裕商议举事。刘裕告之:"以劲卒数万望风降服,彼新得志,威震天下,三军人情,都已去矣②。"刘牢之见大势已去,自缢而死。刘裕抓住人情、士气、军威等关键因素,与桓玄这个主要对手全争天下。刘裕预料,桓玄正是矫情任算之日,必用自己,并以卿事之,所以要隐忍待机。当桓玄为楚王时,谋求篡位,刘裕欣然赞同;及桓玄篡帝位,刘裕为其平定关陇,并乘其篡逆而丧失人心之际,收集义徒,以顺讨逆,与争天下。因举事泄露,桓玄急防刘裕。桓玄未能抓住刘裕立足未稳的时机,也未能听从桓谦"亟遣兵击之"的建议,不敢迎击,自挫兵气,使刘裕速进200里,如入无人之境。刘裕率

---

① 《晋书》。
② 《晋书》。

锐卒，初战即斩杀桓玄骁将吴甫之、皇甫敷，不仅大挫敌兵士气，而且使桓玄愈加畏惧，慌忙以2万兵力拒敌，刘裕军以一当百，锐不可当，再战而胜，桓玄军土崩瓦解，不可收拾。

（四）稳持重心

丘吉尔说："在命运的锁链上，一次只把握一个环节[①]。"大匠不斫，大庖不豆，大勇不计，大兵不寇。势险节短之军，用决定性手段，在决定性时刻，造成决定性优势，打击决定性目标，取得决定性胜利。荀子曰："主好要则百事举，主好详则百事荒[②]。"

颖悟有谋　足恃其能

抓住决定性作战手段，并胜过敌人，就抓住了对全局有决定意义的关键问题。在决定性作战手段上，见识越早，具备越快，使用越精，越能在战争上捷足先登，致敌于措手不及。具备决定性作战手段，采用最尖端技术，制定最有效战术，超出最强防御能力，指派最有才干将领驾驭，就会形成无法战胜的威力，抢占较长时期的作战先机，并取得关键性战役胜利。

英国革命时，英国统帅克伦威尔精通马术，钻研作战，善于以强力手段解决问题。在与王党军作战过程中，克伦威尔敏锐地认识到，至关重要的是骑兵部队要胜过对手。因此，他迅速组建骑兵部队，在激战中，步兵部队被打散，唯有其骑兵部队发挥了中流砥柱的作用。在格基瑟姆、盖恩斯伯勒、温斯比作战中，其骑兵部队大显身手，威震王党军。在马斯顿草原之战中，他指挥国会军左翼骑兵，在中

---

① [英]温斯顿·丘吉尔：《第二次世界大战回忆录》。
② 《荀子》。

央和右翼被王党军击溃的严峻形势下，克伦威尔率骑兵迅速击败王党军左翼骑兵，紧接着打垮了正在迂回苏格兰国会军侧背的敌人步兵，使整个战局为之一变，王党军死伤1.2万人，6000人狼狈溃逃。此后，克伦威尔以其骑兵部队为骨干，组建了2.2万人的模范新军。他率军在内斯比战役中歼灭了王党军主力，又在普雷斯顿战役中，歼灭了支持王党的苏格兰军主力，进而征服苏格兰。他还凭借对军权、军队的掌握，强力解散国会，远征牙买加，夺占敦刻尔克，并向掌握制海权和海外扩张方向发展。

朝鲜水师将领李舜臣精通兵家权谋，对日本从海上侵犯朝鲜早有预料，对海战决定朝鲜命运的重要性早有认识，对打赢海战的决定性手段战舰和舰队早有准备。他集中精力提高舰船的海战威力和舰队作战能力，借助朝鲜自古造船技术先进的条件，在"龟船"已有威力基础上，将船身覆以铁板，使敌人无法焚烧；板上装有铁锥刀，使敌人无法靠近；船首龙头装有硫黄焰硝，用烟幕迷惑敌人；船周72个炮眼、20个橹，攻守进退自如，犹如海上作战堡垒。李舜臣这种"装甲战舰"的威力强于当时日本舰船，其舰队海上作战占有得天独厚的优势。而日本海军并未在意，没将其放在眼里。日本的丰臣秀吉以16万陆军、3.4万海军攻入朝鲜，占领汉城，朝鲜军队在陆地作战大败，而李舜臣指挥海战，一天内击沉日军舰船44艘，海战取得大胜。1598年，李舜臣指挥朝鲜水师，在中国水师配合下，与日本海军进行海战，共击毁日海军舰船400余艘。尽管朝鲜陆战难挡日军进攻，而海战在李舜臣指挥下，屡挫日本海军，使之望而却步，连连失败。虽然李舜臣在海战中阵亡，但是在世界海战史上留下浓墨重彩的一笔。

数中有术　无不如计

《淮南子》曰："德均则众胜寡，力敌则智胜愚，势等则有数胜无数。"数中有术，术中有数。重大战略和作战问题，一旦关系国运，就一定是战争和作战的重心。马汉说："制海权是民族强盛、繁荣的主要因素。"① 对作为海洋国家的英国来说，制海权永远是其战争和作战的重心。时刻加强海战指挥中枢，积极找到制敌的有效途径；以海战保卫海权，以海战赢得政权。得要害者，军心必固；据海权者，兵势必盛。

1939年第二次世界大战爆发前，英国统帅丘吉尔反对张伯伦的绥靖政策。大战爆发后，他任海军大臣，不仅重视兵力之数，更重视用兵之术，在这方面大大高于对方。丘吉尔十分清楚，海权、海军和海战与作为岛国的英国命运紧密相关，大战的胜负归根到底取决于海战的胜负。为此，他首要加强海军指挥中枢：将一战任海军大臣时就结交的一批海军高级军官，使用到关键指挥岗位；设立作战室和军事专家组成的"经计处"，及时收集分析情报，咨询重要战略问题；抓紧视察海军基地和舰队，根据英国海军实力强于德国，而舰艇旧于德海军的实际，确定预防德国潜艇及飞机袭击英国舰队的思路，并督促海军部队执行。9月至10月，英国无畏号航母、皇家橡树号战列舰，被德国军舰或潜艇击沉，1300名海军官兵阵亡。英国海军及海战受到重挫，但并未使丘吉尔消沉，反而使其更加振作，扭住海权、海战、海军这个重心，迅速找到克敌制胜的办法途径：造成强大抗战和复仇的舆论氛围，扩充海军，建立商船护航和武装商船自卫制度，做好进行一场残酷、大规模、艰苦作战及计谋、战略、战术、科学、技术全面较量的准备，从而在人心士气上收到了意想不到的效果；调动海军顶级专家，研究找到对付德国磁性水雷的办法，研制出军舰及商船预防水雷的装置，大大降低英国军舰、商船的毁伤率，为与德国海军进行决定性海战打下良好基础；令海军采取搜索追踪战术打击德舰。当英舰发现德少量舰艇活动时，以数倍

---

① [美]马汉：《海权论》。

于敌的舰艇跟踪搜索，将其逼入死角加以击沉。12月，英3艘巡洋舰用此战术，击沉德海军施佩伯爵号战舰，鼓舞了英国军民的士气。大战爆发后，德军闪击丹麦、挪威，英军陆地作战失利；相反在丘吉尔指挥下，英海军在纳尔维克湾海战中，出其不意地击沉数艘德舰；英国沃斯帕特号战列舰，击沉8艘停泊在纳尔维克湾的德海军驱逐舰，削弱了德国海军，取得了带有决定性的胜利。丘吉尔取代张伯伦任英国首相，他在大战伊始就经营海军、海战、海权和海上贸易，与世界海洋大国美国，建立并保持海上贸易，为英美联盟打下基础；保持英国海军舰队和海战优势，有利于控制英吉利海峡，守住本土最要害的屏障，确保英国不被德国占领；通过海战挫败德国海军，使之对英国本土望洋兴叹，无奈之下转以陆上作战为主，东向进攻苏联。英国通过获得喘息时间，重整旗鼓，组建反法西斯联军，在德苏两败俱伤时，收拾残局。

1940年6至12月，丘吉尔已稳定了英国本土防御，决心在北非这块必争之地打击德、意军队的嚣张气焰，巩固地中海的航路，保证制海权，既为支援不断线，也为将来反攻创造条件。丘吉尔令驻埃及英军部队，趁意军不备，发起突袭，连胜意军，俘虏几百名意军官兵，包括1名将军。他又令驻埃英军部队大胆切断意军海岸公路，适时发起西迪巴拉尼战役，连续进攻，使意军节节败退，被俘3万人，布克和西迪巴拉尼周围的全部海滨地区被英军掌握。此战，鼓舞了英国军民的士气，使美国对英国另眼相看，沉重地打击了意军嚣张气焰，使之处于恐惧、被动和挨打的境地。英军达成控制地中海航道的战略目标，整个埃及为英军掌握。1941年1月至6月，英军在北非得势，引来德军"沙漠之狐"隆美尔军。隆美尔乘英军换防和轻敌之机，利用装甲战车优势，对穆尔祖赫发起突然袭击，英军溃不成军，德军向南挺进720公里，占领梅尔沙隘道。丘吉尔利用英国海军优势，果断命令海军地中海舰队司令坎宁安上将，摧毁的黎波里港，以保护亚历山大港，阻止德军控制北非海上通道。英地中海舰队数艘战列舰、巡洋舰及驱逐舰突然抵近的黎波里附近海面，炮击40多分钟，使德军措手不及；指挥英地中海舰队航空母舰，击沉意大利"圣乔治号"等2艘巡洋舰，打击了德、意军的气焰，控制了地中海制海权，为下一步地中海作战创造了有利条件。英、德争夺大西洋制海权及航路的作战不可避免。德海军沙恩霍斯特号、格奈泽瑙号战列舰，在2个月内击沉22艘舰船，并隐藏于布勒斯特，加上德国新造战列舰俾斯麦号投入战斗，成为英海军心腹大患。俾斯麦号满载排水量5万吨，成为德海军为首的舰只。俾斯麦号在卑尔根海峡海战中，击沉英海军胡德号主力舰，舰上1500名官兵和1名海军中将阵亡。丘吉尔决定亲自指挥击沉俾斯麦号的海上行动，给德国海军士气一个致命打击。丘吉尔发现俾斯麦号未返回本国，而是向错误的西南方向行驶，决定抓住战机。他一方面令英威尔士亲王号等几艘巡洋舰，尾随俾斯麦号死咬不放；一方面迅速调集罗德尼号、拉未伊号、复仇号巡洋舰，从不同方向及海域对俾斯麦号进行包抄。英国皇家方舟号航母的舰载机，谢菲尔德号巡洋舰也投入战斗。在皇家方舟号、谢菲尔德号、罗德尼号、多塞特郡号强大打击下，"俾斯麦"号被击沉，2000名德军官兵，包括1名海军上将被歼灭。丘吉尔对全国宣布击沉俾斯麦号的喜讯，极大鼓舞了士气，使英国海军牢牢掌握了大西洋制海权，极大打击了德国海军嚣张气焰，保护了航道安全，使德国海军一蹶不振，再难有进攻英国本土的机会。

不欲小察　专执精要

　　为大将者，不欲小智，苛碎无大体。指挥大战，抓住作战计划的关键环节，扭住首战取胜的决定因素，用好实施战役的核心将领，处置大国关系中的微妙变化。善将兵者，抓住枢要，敢于冒险；不邀虚誉，不求过望；不避艰险，不搞亲疏；不徇私枉法，不以势矜人。以强大动力激励部队，以机智勇敢战胜敌人。古人曰："决胜于一战，必先有必胜之谋，然后审时观衅，乘机而发。"

　　1943年12月，第二次世界大战进行到第4年时，美国五星上将艾森豪威尔任盟军最高司令，指挥盟军开辟欧洲第二战场，在法国登陆和进攻德国西部的作战行动，即"霸王"行动。当时，盟军288万人（其中美军153.3万人），1.1万架作战飞机，近7000艘作战舰艇；对西线德军58个师，160架战斗机、近500艘作战舰艇。① 指挥大军作战，艾森豪威尔始终抓住战役全局中的关键要害问题，决定性因素，来把握大局，稳操胜算。1943年12月至1944年5月，艾森豪威尔把拟制作战计划的具体任务交给参谋长史密斯，他则牢牢抓住作战计划中的几个关键环节：一是首次突击的强度。不因登陆艇有限而人为限制登陆开始时的兵力及攻击正面宽度，首次登陆突击兵力增至5个师；二是空中优势和制空权。以辞职相要挟，取得直接指挥盟军轰炸机部队和美国战略空军的全权；三是迅速控制要害。考虑到英军主将蒙哥马利曾击败过隆美尔，采纳其迅速楔入纵深，控制战略要地卡昂等建议。② "霸王"行动决定欧洲战场成败，而登陆行动决定"霸王"行动成败。难怪希特勒说："破坏敌人登陆的企图要比西线任何一个单纯局部性的决定更有意义。在整个战

---

① 《苏联军事百科全书·军事历史》下，战士出版社1982年版，第799页。
② 以上参见罗伯特·丹沃：《艾森豪威尔》，京华出版社2008年版，第155页。

争进程中,这是唯一的关键因素。"① 为使首战即登陆作战取得决定性战果,艾森豪威尔抓住3个决定性因素:一是精选登陆点。考虑到康坦丁半岛地形狭窄,不易展开兵力向纵深发展进攻;加莱距英国海港较远,且德军重点设防,结果难料;诺曼底地势开阔,可同时展开26~30个师,距英港口较近,德军兵力薄弱,登陆易于成功。决定在诺曼底登陆,作战代号"海王星",登陆时间定在1944年6月初;二是用诡诈欺骗。顺着德军高层关于盟军将在加莱登陆的判断,发出大量虚假信息,故意让德军截获。在多佛尔建立假油料码头,每向诺曼底投掷1吨炸弹,就要向加莱投掷2吨炸弹,为制造假象损失8000人和1300架飞机②;让巴顿出现在伦敦,指挥"第1集团军",使敌人确信其判断是正确的,从而使其把重兵部署在错误方向;三是确定进攻日。由于气候急剧恶化,关于是否如期进攻问题,形成尖锐分歧。6月4日,艾森豪威尔考虑到,天气太差会使空中优势大打折扣,决定推迟24小时发起进攻。当晚,气象官报告6月5日至6日有36小时可供飞机作战的天气,艾森豪威尔果断决定6月6日6时发起登陆作战,以使像绷得紧紧的弹簧一样强大军队的能量,能在最佳时机瞬间释放,而不使之松懈下来。6月4日至5日,德军认为,由于天气太差,盟军在半个月之内不会登陆,放松了戒备。6月6日,盟军大规模登陆作战发起后,德军未能组织起强大反击,第一天10个师登陆成功,第二天已有17.6万盟军登陆法国。而希特勒不许隆美尔由加莱派部队增援诺曼底,再次错过在滩头阵地反击的时机,盟军向纵深推进已势不可挡。艾森豪威尔坐镇中枢,主要抓住几个核心将领,指挥控制作战进程。一是制约蒙哥马利。蒙哥马利指挥的英第2集团军,进攻卡昂推进缓慢,步步为营。鉴于卡昂是两军必争之地,不尽快攻下卡昂,已前出的美军将遭受重

---

① 罗伯特·丹沃:《艾森豪威尔》,京华出版社2008年版,第156页。
② 罗伯特·丹沃:《艾森豪威尔》,京华出版社2008年版,第159页。

大伤亡，蒙哥马利握有盟军地面部队指挥权，指挥英、美、加3个集团军，艾森豪威尔在反复劝说、鼓励、催促无效的情况下，以要求解除其职务为要挟，终于使其勉强攻克卡昂。二是依靠美军将领。鉴于美军已死伤6.2万人，死亡近1万人，英军蒙哥马利行动迟缓，决定采纳美将布莱德雷提出的以航空兵饱和轰炸开辟通路即"眼镜蛇"行动计划，以加快进攻节奏，减少伤亡，破解僵局。7月25日至31日，美第1集团军发起攻击，动用1500架重型轰炸机，380架轻型轰炸机，550架战斗轰炸机，对德军阵地进行地毯式轰炸，投弹4700吨，歼灭德1个装甲师，近1000名德军毙命，士气大伤，美军迅速推进60公里，德军防线崩溃，诺曼底登陆战出现重要转折点。三是掌握作战指挥权。艾森豪威尔为使美国及美军掌握欧洲大陆战争主导权，于8月1日果断组建美第3集团军，由美将巴顿指挥；组成第12集团军群，由美将布莱德雷任司令，指挥美第1、第3集团军。从此，艾森豪威尔不仅接过盟军地面部队指挥权，而且使美军在加强力量、成为远胜英军军事力量的同时，握有战争主导权及盟军指挥权。巴顿不负重托，在1个月作战中，推进650公里，解放200万平方公里的土地，毙伤俘虏德军14万人，美军仅伤亡4万人，比英、加军组成的第21集团军伤亡少一半。①1944年8月末，法西斯德国大势已去，世界将出现德、意、日法西斯灭亡，美、苏、中、英、法并立的趋势。艾森豪威尔在处理军事问题时，考虑国际政治因素。当丘吉尔及英国高级将领企图拖延战争，让苏、德消耗，乘机获取巴尔干，要求艾森豪威尔在攻占巴黎后，放弃进攻法国南部的"龙骑兵"计划时，艾森豪威尔则考虑需要扶植法国，打败德国，制衡英国，获得欧洲事务政治主导权和战争主动权，与罗斯福等一起拒绝丘吉尔的多次要求，"龙骑兵"计划如期实施。盟军迅

---

① 参见罗伯特·丹沃:《艾森豪威尔》京华出版社2008年版，第205页。

速攻下具有战略意义的土伦港、马赛港及里昂等地。1945年3月28日，正当盟军进攻柏林的紧要关头，艾森豪威尔命令盟军特别是英军，改变进攻柏林的计划，让蒙哥马利把部分部队还给布莱德雷指挥，只负责保护其向莱比锡进攻。这使英国人大惑不解且十分恼怒，然而艾森豪威尔协调美国高层直至罗斯福，决不改变不进攻柏林的战略决定。他的主要战略考虑是：一是按罗斯福与斯大林签订的《雅尔塔协定》，即使盟军占领柏林，也要将其交予苏联。二是苏联100万兵力已距柏林50公里，而盟军则距柏林400公里。三是预计美军进攻柏林将付出10万人代价，夺取一个象征性目标，得不偿失。四是避免美苏直接对抗，在欧洲造成苏联与德、英、法等西方国家对立，反使其有求美国在战后世界格局中处于主导、有利地位。

势险节短　重力核心

克劳塞维茨说："最好的战略是首先在总兵力，然后在决定性地点上始终保持十分强大的力量。"①兵力运用有利于打击重力核心，打击重力核心的部队优先部署到位，准确掌握敌人重力核心要害目标，对敌重力核心态势变化应急处置，对敌重力核心实施决定性打击。攻击重力核心的关键在于，压倒性优势，先发制人，首次打击即是决定性打击，用决定性手段，在决定性时刻，造就决定性打击。重力核心的实质在于，防御一方要保存反击能力而进攻一方要在首次打击中摧毁对方的反击能力。毁灭性打击重力核心的条件不外乎：准确的情报，有利的地形，好打的敌军，强大的联盟，雄厚的资金，优秀的将领，立体的火力。施瓦茨柯普夫说："与野心勃勃、实力尚存的敌人达成和解，是巨大的祸事。"②

---

① [德]克劳塞维茨：《战争论》。
② [美]施瓦茨柯普夫：《施瓦茨柯普夫自传》。

1988~1989年，美四星上将施瓦茨柯普夫任美军中央指挥部司令，负责指挥中东方向的军事行动，已把伊拉克作为威胁最大假想敌，伊军入侵科威特。施瓦茨柯普夫提出以保卫沙特为名派遣地面部队，针对伊军指挥高度集权于萨达姆本人，用海空火力攻击伊军总部、精锐兵力和武器系统等重力核心。①施瓦茨柯普夫建议派最能攻击伊重力核心的兵力：数百架战略或战斗轰炸机，2个航母战斗群，空降部队、特种部队、陆战部队、机械化步兵部队。②这些部队与伊军极不对称，伊军的武力相比不值一提，这是其作战无法抵抗的根本力量。打击敌人重力核心，首先在重力核心上要胜过敌人。为顺利部署兵力，接掌中央指挥部辖区内陆、海、空部队指挥权，令航母战斗群准备对伊实施海上禁运，进入战区的空军部队进入警戒状态，协调沙特、埃及等国，确保机场、港口、苏伊士运河有利美军机动。施瓦茨柯普夫与参谋班子研究拟定对伊军重力核心打击目标清单，重点瘫痪其军事力量，攻击萨达姆的指挥枢纽，攻击伊军防空设施、机场、导弹库、军火厂、武器实验室、炼油厂、桥梁和道路；重点攻击科境内伊军苏制防空导弹系统，雷达控制的高射炮，地面部队50%的战斗力；用B-52轰炸机对伊共和国卫队进行持续轰炸。③施瓦茨柯普夫的计划得到参联会主席鲍威尔默认，即在空中摧毁伊军地面部队50%战斗力后，采取正面牵制，装甲部队乘虚侧翼迂回包抄夹击，将敌逼向海岸，以最快速度、最小代价、最高效率、最出其不意的地面攻击取得胜利。1991年1月7日，美军开始对伊军实施空中打击，并发起全面攻击。施瓦茨柯普夫作为前线总指挥指挥实施了这次作战。一是空军特种作战直升机攻击沙伊边境预警雷达，

---

① 《施瓦茨柯普夫将军自传》，上海译文出版社1995年版，第382—389页。
② 《施瓦茨柯普夫将军自传》，上海译文出版社1995年版，第390页。
③ 以上参见：《施瓦茨柯普夫将军自传》，上海译文出版社1995年版，第413—415页。

F-15战斗轰炸机炸毁伊军前线指控中心，打开进入伊境的空中走廊。然后，数以百计的飞机与战斧巡航导弹轮番交替攻击伊境内目标，轰炸巴格达。通过850次空中攻击任务，240个目标多被摧毁，取得震撼效果。二是伊拉克向以色列发射飞毛腿导弹，施瓦茨柯普夫一方面协调美高层尽力压以色列不采取军事行动；另一方面通过轰炸飞毛腿发射台架，爱国者反导弹拦截，伊反击能力仅14天基本被美军瓦解。三是1月下旬，伊军第5机械化师向哈夫吉的沙特军发动"阻滞性攻击"，美军出动飞机与直升机，发动空中攻击，使伊军坦克装甲车毁损极其严重，溃不成军。四是1991年2月23日至28日，地面战发起前一天，施瓦茨柯普夫与7位师长直接通话，地面进攻发起日，坐镇作战室指挥。由于地面作战伴随强大海、空火力打击，不仅迅速收复科威特，而且击毁伊军坦克3847辆，装甲运兵车1450辆，火炮2917门，伊军43个师中仅有5~7个师仍有攻击能力，被俘8.6万人。①

（五）量宜处要

有时看似十分复杂的事情，办起来费时费力，还有很大风险，然而若抓住关键人物，用得其人，事得其法，反而头头是道，迎刃而解。将有干略，以一治百。寻着线索，不必纠缠不休；扼住要害，不必四处用兵；用得其将，不必事事躬亲；抢得先机，不必被动应付。《六韬》曰："事莫大于必克，用莫大于玄默，动莫神于不意，谋莫善于不识。"

不烦而治　尽其兵要

欲全争天下，必与国士无双者计事。重将不可轻任。用当一员大

---

① 《施瓦茨柯普夫将军自传》，上海译文出版社1995年版，第426页。

将，可省十万雄兵。小将治事，大将治将，善治将者，不烦而事治。治乱如理乱绳，急则乱上加乱，缓则便宜而治。繁者治末，简者治本。在战局扑朔迷离、瞬息万变的情势中，大将必须抓住决定双方作战成败命运的决定性因素，把重兵投向主要方向，扼控战略要害瞰制全局，稳操战略主动权。在决定性问题上，泰山崩于前而不动摇。《军谶》曰："贤者所适，其前无敌。"

  楚汉战争时，刘邦在汉中为王，滕公在治韩信之罪时，壮其貌，释而不斩，并向刘邦推荐了韩信，刘邦并未在意，随便任其为治粟都尉。韩信数次与萧何相语，萧何认为他是难得的人才。当韩信见不受重用、弃汉而去时，萧何将其追回。萧何对汉王说："诸将易得，韩信国士无双，王必欲长王汉中，无所事信；必欲争天下，非信无所与计事者①。"刘邦使韩信由治粟都尉，越过多级，超越群将，拜为大将，果然如萧何之言，韩信助刘邦取得天下，建立西汉王朝。

  刘邦初定天下，尉他平定南越后称王，刘邦令陆贾招降。陆贾对尉他说刘邦平定四海自有天命，并以发兵10万征讨和掘烧其先人坟墓、夷灭其宗族相威胁；同时，针对尉他自负的特点，适当与之拉近关系，终于使之心悦诚服，以南越称臣奉汉。陆贾仅以一身省却十万雄兵而平定南越。后来，吕后专权，封诸吕为王，诸吕擅权，欲挟持少主，危害刘氏。右丞相陈平很忧虑，问计于陆贾。陆贾说："天下安，注意相；天下危，注意将②。"并建议其深结太尉周勃，危急之时用其平定危难。陈平用其计，深结周勃。及吕后死，吕氏谋益衰，陈平、周勃诛诸吕，汉朝天下安定。

  汉文帝时，大将周勃与谋士陈平分任左、右丞相。一次汉文帝问周勃，天下的一年决狱、钱谷出入是多少？周勃不能答，汗出沾

---

① 《汉书》。
② 《汉书》。

背，愧不能对。汉文帝又问陈平，陈平对曰："上述问题可问廷尉和治粟内史。"汉文帝反问陈平："丞相所主者何事？"陈平对曰："丞相主要佐天子外镇四方诸侯，内亲附百姓，使卿大夫各任其职。"汉文帝称善。

汉宣帝时，渤海邻近诸郡盗贼并起，即使朝廷派出重臣也不能制伏。经御史推荐，汉宣帝任龚遂为渤海太守负责平盗。他认为，盗事的源头是民困于饥寒而吏不恤，应以安抚为上，招乱民犹治乱绳，不可急躁，缓之便宜从事，然后可治。龚遂至渤海界，郡中听说新太守至，发兵奉迎，龚遂都将其遣还，令属县悉数罢免逐捕盗贼的官吏，宣布凡持锄钩田器者皆为良民，官吏不得过问，凡持兵器者皆为盗贼。郡中很快安静下来，盗贼无心作乱，随即解散，丢掉兵器拿起钩锄，盗贼自平。龚遂开仓济贫，选用良吏，多加安抚，郡中大定。

三国时，张郃起初在袁绍手下任中郎将，官渡之战中，曹操袭击袁绍乌巢补给重地，张郃建议引兵急救乌巢这一决定胜负的粮食囤积地，否则大势必去；郭图则认为，应急攻曹操大营，张郃认为其营必固，若攻之不拔，军粮被毁，必为敌所擒。袁绍不听张郃之计，决定以轻骑救乌巢，以重兵攻其大营。结果曹操焚烧乌巢粮草，袁军不战自乱，曹操大胜，袁绍从此走向失败。

张郃归降曹操，在曹操手下任偏将军、平狄将军、荡寇将军，屡立战功。张郃与蜀将马谡对阵街亭，利用其依阻南山、不下据城的失误，断绝其水源，大破其军；又与诸葛亮对阵，抓住其粮少而不能持久的问题，不劳征战，其兵自退。

魏国由陈留王曹奂主政时，准备发起灭蜀作战。曹奂考虑，诸葛亮之后，姜维使民力疲弊，致使民心不附，并弱攻昧，平定蜀国的时机已至；而蜀国所恃赖者，唯姜维而已，他远离其国，成为孤军，易于攻取。基于上述考虑，曹奂令征西将军邓艾督率诸军，趋甘松、沓中，以取姜维；雍州刺史诸葛结督军趋武都、高楼，与之成首尾夹击之势，制伏姜维后，东西并进，扫平巴蜀。按此计而行，果使姜维俯首，刘禅降于邓艾，蜀汉为魏所灭。

西晋时，吴国西陵步阐据城反叛并降晋，吴将陆抗派兵平叛，对西陵围而不攻。他考虑到，西陵势固粮足，很难迅速攻破，如果城未破而晋援兵又至，将表里受难。当晋车骑将军羊祜率军攻向江陵时，陆抗考虑到，即使江陵丧失，晋军也不能守，如果西陵有失，必定引发南山群夷扰动，局面将难以收拾，决定扭住西陵这个决定性要点。当时，晋将羊祜至当阳，徐胤至建平，杨肇至西陵，陆抗果断让张咸守建平，让孙督御羊祜，留朱琬拒徐胤，自率主力赴西陵与杨肇对阵。陆抗不仅抓住了西陵，而且在西陵之战中造成了兵力优势，一战大败杨肇后，羊祜等军皆退。

东晋简文帝病重时，谢安任侍中，迁吏部尚书、中护军，桓温任征西大将军。简文帝去世，桓温借口谒陵，带重兵将移除晋室。谢安一眼识破晋室存亡安危的关键是使桓温不轻举妄动。他曾做过桓温的司马，关系甚好，深知桓温宽容有度量。因此，当桓温召谢安、王坦之，欲于就座杀害之时，谢安认为晋祚存亡，在此一行。他见桓温告之："安闻诸位有道、守在四邻，明公何须壁后置人邪？"谢安捅破其谋，直慑其心，使之怀疑晋室有备，未敢轻举妄动。谢安化解了巨大危机。

谢安先后任中书监、骠骑将军、录尚书事，都督扬、豫、徐、兖、青、幽州之军事。苻坚率几十万大军伐晋，谢安照样下棋、游涉，因为他指授将帅各当其任，谢玄等果然大破苻坚。谢安任都督十五州军事，位极人臣，加上谢玄功高勋著，桓氏将领势大隐患随时可能爆发。在极其复杂形势下，谢安头脑极其清醒，既防止谢氏为朝廷所疑，又防止桓氏势力坐大，特别是防止骁猛有功的桓石虔据于形胜之地，成难制之势，决定不许谢玄接替桓冲以据荆、江二州，以桓石民为荆州，桓伊于中流，桓石虔为豫州，即以三桓据三州，彼此无怨，各得所任，一举稳定形势。

南宋时，岳飞见金人立伪帝刘豫于河南，意在中原，以汉人对汉人，以便金人休兵观衅，坐收渔利。因此，汉人的团结、收揽各地将领、不失时机地打击金人，不使有喘息时机，成为所有问题的关键。岳飞建议皇帝："以其提兵趋京、洛，据河阳、陕府、潼关，以号召五路叛将，叛将退还，遣王师前进，彼必弃汴而走河北，京畿、陕右可以尽复，然后分兵睿、滑，经略两河，如此刘豫可擒，金人可灭，为社稷长久之计①。"宋高宗同意并委以岳飞重任。

清兵部尚书曾国藩指挥湘军与太平军作战，极善扼控要害以掌控全局。太平军攻克武汉，进袭荆襄。武昌处南昌、九江、安庆及金陵上游，是战略全局要害中的要害。因此，罗泽南极力劝说曾国藩考虑东南大局要害在武昌，与其俱困于南昌，不如夺取武昌要害，走活大局。曾国藩用其计，甚至置南昌兵力单薄无援于不顾，派胡林翼军驰援湖北，放罗泽南军夺取武昌，自己分屯要地以拒石达开军，待援兵逐渐会集。而援湖北之军，在连失塔齐布、罗泽南两员大将的情况下，仍攻下武昌，直下九江，使战略主动权和顺流而下的优势，牢牢掌握在自己手中。至此，曾国藩考虑，如再进一步控制景德与安庆，就掌握了金陵的门户，太平军将插翅难飞。他指挥湘军重点攻景德、围安庆，而置太平军在皖南攻陷广德、袭破杭州，连得常州、苏州于不顾。当有人惧怕太平军在江浙的攻势，建议请撤安庆之围以应急时，曾国藩坚定回答："安庆一军为克金陵之张本，不可动也""无故退军，兵家所忌②。"湘军终于攻克景德、安庆，使攻破金陵的作战行动胜算增加。曾国藩加太子少保衔，节制江苏、安徽、江西、浙江四省。

① 《宋史》。
② 《清史稿》。

化繁为简　直指要害

抓住关键，则化繁为简；先敌据要，则反客为主；敏捷机智，则变难为易；直趋要害，则瞰制全局。能扼要害者，敌必就我范围。敌烦琐，我以至简应之；敌势张，我以要害制之。

清湖南巡抚，四川总督、湘军主要将领骆秉章，深受曾国藩赏识。湘军与太平军在湘南、湘北激战，收复湘南各城后，武昌再次被太平军夺取。湘军在平息广东、广西、贵州起义军的同时，准备再次夺取武昌。当时，湖北总督杨霈奏请湘军将领胡林翼，欲渡江上扼汉川，以固荆襄。骆秉章对此大不以为然，上奏直言："东南是大局关键所在，而荆州是长江及东南之门户，扼敌北上，必固荆襄，欲保荆襄必守武汉，孤军深入汉川不仅危险，而且于武汉要害及东南大局有百害而无一利[①]。"清文宗令胡林翼不去汉川，而与援军合取武汉。后来证明，控制长江上游战略要点，不烦兵而制敌，对整个战争全局具有决定意义。

骆秉章到四川就任总督时，聚众起事之众至十余万，分据四十余县。平定四川时，骆秉章从不轻易使用他的湘军劲勇精锐，而是整顿地方，扶植民团，调用土司之兵，分而制之，使其无立足之地，将其各个击破。他抓住借用以当地人制当地人这一要害，采取大军围剿与各地分剿相结合，迅速平定了四川境内各路起事之众。太平军将领石达开三路入川，并未深知骆秉章的毒招。骆秉章调土司兵分防，又调民团兵截击分散于十余县的太平军。石达开被迫渡金沙江，为湘军所扼，至大渡河水涨，又为土司兵所扼，粮道被断，又连扑两河，都无法渡河，粮尽兵疲，势穷力竭，杀马采树以充饥。

---

① 《清史稿》。

石达开军在湘军和土司兵合力攻击下,所余七八千人退避,又为土司兵所阻。石达开在万般无奈之下乞降,解散4000人,余兵被诛杀,石达开押解至成都被杀害。

势求奇险　一当两便

《魏武帝集》曰:"军以奇计为谋,兵以绝智为主。"以着眼全局筹划战役,以有利便捷拟制计划,以一当两便部署兵力,以预判预置随机应变。居于次要地位,不必计较,只要精心运筹,或许反次为主。兵贵因敌制形,量力布署。战役部署、两手准备;战役突击,快打快进;战役转折,迅速应变。在主要方向形成优势兵力,可以应付多个方向变化。

1945年4月第二次世界大战进行到第6年,苏联统帅斯大林鉴于美、英联军特别是蒙哥马利集团企图在苏军之前夺取柏林,于是令白俄罗斯第1方面军司令员朱可夫攻占柏林,乌克兰第1方面军司令员科涅夫在柏林以南进攻,协助攻占柏林。科涅夫在筹划辅助攻占柏林行动时,考虑到两个特殊重要因素:一是其右翼在柏林以南且离柏林很近,可能出现向柏林实施机动和突击的有利态势。二是斯大林在作战地图上用铅笔标注两个方面军分界线时,画到位于柏林东南60公里的吕本就突然停住了。科涅夫推断,这意味着到时哪个方面军进攻快,哪个方面军就可先攻占柏林,而不事先死板规定。基于上述考虑,科涅夫在筹划进攻柏林战役时,既保证完成辅助进攻的任务,又预做以其右翼直接抢占柏林的准备,即做一当两便的部署。科涅夫在拟定作战计划时,增加了"拟以方面军右翼部分兵力协助白俄罗斯第1方面军攻占柏林市""拟以1个加强坦克军配属近卫第3集团军的1个步兵师,从南面冲击柏林"的内容[①]。乌

---

①　《科涅夫元帅战争录》,解放军出版社2005年版,第270页。

克兰第1方面军只有以最快速度突破并向纵深推进,才能既辅助白俄罗斯第1方面军进攻柏林,也能在条件允许时,先于其他方面军攻入柏林,使苏军争取战略主动。为此,科涅夫实施时间更长的炮火准备,用航空兵在390公里范围内施放烟幕,以坦克集团军实施迅速而深远的推进,不待架设桥梁,直接搭乘坦克强渡普雷河,不进行争夺支撑点的缠斗,采取迂回机动,减少兵力、兵器消耗,为迅速夺取柏林而战。部队迅速渡过普雷河后,离柏林只有25公里的措森近在咫尺。乌克兰第1方面军已造成率先攻占柏林的极为有利的态势。科涅夫巧妙请示斯大林,他可以用2个集团军直攻柏林,强大兵力已接近德军总参谋部大本营所在地措森,斯大林果断决定,令科涅夫把坦克集团军转向柏林[①],其第3、第4集团军转攻柏林。经过几天迅猛异常突进,科涅夫部队突破德军防御,推进60公里,拿下德军总参大本营所在地措森,进抵柏林外围防御围郭,切断了德军维斯瓦集团军和中央集团军的联系,其战线被分割为两部分。科涅夫指挥3个集团军,面对困兽犹斗、垂死挣扎的德军反扑,勇猛战斗,发起争夺柏林的作战。科涅夫方面军首先发起进攻柏林,为朱可夫方面军进攻柏林创造了条件,两军夹攻柏林导致德军最后防御体系迅速崩溃,最后一个重兵集团被歼灭。5月2日,苏军攻克柏林,德军投降。

1944年2月至6月,科涅夫任乌克兰第1方面军司令员时,率军在利沃夫方向深深楔入德军防线,隔开了德军北、南两个乌克兰集团军群,按苏联最高统帅部决心,担负击溃并消灭德军北乌克兰集团军群的重要任务。当时,德北乌克兰集团军群集结有40多个师共90万人,900辆坦克,6300门火炮,700架飞机。德军科韦利、利沃夫、斯坦尼斯拉夫方向共10个师为预备队。苏军乌克兰第1方

---

① 《科涅夫元帅战争回忆录》,解放军出版社2005年版,第285页。

面军120万人，1.6万门火炮，2050辆坦克和自行火炮，3250架作战飞机①。科涅夫在兵力、兵器占优势情况下，决定先声夺人，势求奇险，一举取胜。科涅夫研究情报发现：德军见乌克兰第1方面军已在利沃夫方向深深楔入，判断当面苏军必定在此发动主攻，因此在把23个坦克师中的10个坦克师，集中在利沃夫方向；苏军当面敌人防御纵深内，有四通八达的公路网，便于德军快速机动预备队对重点方向进行快速驰援；德军建立了由3个地带构成的40~50公里的纵深防御梯次配置。科涅夫针对敌人防御特点和士气低落的情况，决心果断实施两个强大突击，在相距60~70公里的利沃夫和卢茨克两个方向突破德军正面，击溃德军北乌克兰集团军群。这种布署，尽管两个拳手打人，但是既有利于在兵势上压倒敌人，使之只有招架之功，而无还手之力，也反常用兵，奇谲布署，绝对出乎德军预料，又预防了潜在危险发生。为此，他在卢茨克方向集中6个师，4个坦克机械化军；在利沃夫方向集中7个师，4个坦克机械化军，加上方面军预备队1个集团军和1个军，共129万人，形成突击兵器比德军多两三倍的较大优势②。科涅夫的战役设想，受到斯大林的质疑，认为应集中于一个主要方向实施突击。科涅夫以防止德军机动和避免强攻德军坚固防御、密集集团和强大支撑点，以最快的速度和最高的效率围歼德军主力等理由说服了斯大林，并表示敢于承担战役后果的责任。为确有把握取胜，科涅夫在战役布署上做到势不可挡和万无一失：将56个师用于两个主要突击方向，28个师用于其他方向及做预备队；战役密度平均6公里1个师，而德军1个师占据正面宽达10~15公里。在突破地段，苏军每个师仅占1.1公里；突击力量编为2个梯队，增强持续进攻力，将2050辆坦克

---

① 《科涅夫元帅战争回忆录》，解放军出版社2005年版，第202、第204页。
② 《科涅夫元帅战争回忆录》，解放军出版社2005年版，第203、204页。

和自行火炮的90%用于主要突击方向；在主要方向突击地段形成对敌绝对优势，作战人员比敌多4倍，炮兵多5~6倍，坦克和自行火炮多2~3倍；储备了3.3万个火炮和迫击炮弹药基数。7月中旬至8月底，在卢茨克方向，苏军仅用5天就突破德军防御25~30公里，进入突破口。在利沃夫方向，苏军仅用6天就突破防御，推进20公里，合围德军8个师。苏军很快又击溃敌8个师，并切断利沃夫德军主力的后路，将德方北乌克兰集团军群分割，德军开始溃退，使苏军在主要突击方向推进200~220公里，完成进攻战役任务，取得了重大胜利。

（六）自失大要

凡见之于小而未留意大者，大事必坏。执事于轻，必失其要。刘秀曰："用功于远，以忘近患，谓之失斗[①]。"轻虑浅谋，祸必不去；见利忘害，难必不久；抓小放大，败必旋踵。地广则兵亏，备多则力分。

以高自恃　驭失其辔[②]

凡不能以决定性力量对付主要敌人，控制主要方向、部位，抓住决定性时机者，必定自失大要，为敌人所乘。《孔丛子》曰："无辔而策，则马失道。"抓住战争中决定性的战略问题，如果忽视特定战争的特殊规律所决定的决定性战略问题，就如同驾驭烈马而失其辔一样。将帅在把握战争重大问题上，最怕自以为是，顽固固执，不听劝谏，不知权变，一意孤行。处大事者，一着不顺则处处不顺。

古罗马将领庞培野心勃勃，且善于投机钻营，然而在把握大事

---

① 《后汉书》。
② 辔：驭马的缰绳。

上，搞政治投机，争取夺利，虽控制政权，但不得民心，同时，缺乏高瞻远瞩，提纲挈要的能力。庞培在马略和苏拉争权的内战中，见苏拉势盛，便委身投靠，受到器重。苏拉独裁后，他抛弃妻子，迎娶苏拉之女，以趋炎附势。他能力一般，要么因为对手较弱，要么因为对手撤退，取得了表面上的大胜，而在征战西西里岛、非洲、西班牙、斯巴达克斯时，则难以取胜。苏拉失势后，庞培拉拢民主派，当选执政官，与恺撒、克拉苏结成"三头联盟"。他为讨好恺撒，迎娶其14岁的女儿，随着恺撒实力及威望提高，庞培与之对立尖锐，克拉苏死后，战争难以避免。元老院与庞培结盟共同对付恺撒，庞培成为唯一执政官后，除了其发动战争为3个人权力，而不具有正义性，在两个将对战争全局起决定意义的重大问题上出现严重失误：一是进行战争准备没有瞄准主要敌人；二是把握战争全局时没有抓住决定性部位。离公开决裂和处于战争状态还有3年时，庞培执掌大权，没有设法削弱恺撒和乘其未准备好时争取主动，而是为讨好贵族，镇压平民暴动，反对官员受贿，忙于阻止恺撒延长高卢总督任期这件不可能做到的事情，使恺撒加紧准备兵马，作战有了难得时机。直到战争一触即发，恺撒准备率军直逼罗马的前10天，庞培和元老院在宣布进入紧急状态时，才开始在意大利招募新兵、组建新的军团，并开始清除恺撒的拥护者。当恺撒率军神速逼近罗马时，庞培的征兵工作尚未完成，匆忙急促之下，不组织任何防御和阻击，仓皇逃往巴尔干，极其轻易地放弃了具有决定意义的罗马这一政治、经济、军事中心。一日之间，使恺撒成为实际的罗马之王，而自己成为罗马之寇。恺撒迅速占领意大利，巩固政权，壮大军力，肃清西班牙等地庞培的势力，使庞培避于罗马东方行省一隅。尽管庞培手握11个军团，7000骑兵，600艘战船，但是已经丧失名义、人心和士气，其军队战斗意志大减。庞培依靠数量优势，在两次非决定性战役中击败恺撒，但是在决定性战役的骑兵对决中，恺撒的伏兵起到了关键作用，庞培彻底失败，在逃往埃及后，被埃及国王的侍从刺杀。

拿破仑帝国时期，法国刚开始发动的战争具有防御性、革命性，随着战争的深入而逐渐转变为进攻性、争霸性，因此不得人心，缺乏正义性，成为欧洲多国的敌人。当时法国统帅拿破仑把主攻放在欧洲大陆，对英国实行大陆封锁，见俄国不顾其大陆封锁令，向英国开放港口，与法国对着干，自知不制服俄国，终难制服英国，因此战争不可避免。拿破仑发动征俄战争具有侵略性，必定遭到俄国和欧洲各国反对。法军的61万兵力中，外国部队占一半多，法军占近一半，其中45万法军精锐，由拿破仑亲自率领作为前锋，俄军45万兵力中的21万人为第一梯队，法军部队2倍于俄军第一梯队。拿破仑如此排兵布阵，恰恰表明他内心深处的企图，即迅速寻歼俄军主力，再迫使俄国签订和约，使之屈服。他这样想是基于对俄军主力作战能力弱于法军的准确判断，抓住了征俄作战至关重要和决定性问题，因此他对此坚定不移，不管别人如何劝说，都始终丝毫不加改变。然而，打仗是双方的事，俄国也认识到了这个问题，因此企图极力避免主力决战，与法军在广阔国土上周旋，将其拖垮后，再予以致命一击。如此一来，征俄作战最重要的问题就不再是主力决战了，对法军来说，主要问题是如何战胜深入俄国后的生存困难了。然而，拿破仑并未在恰当时机作出改变。进入俄境第4天，主力决战期望落空，俄国坚壁清野，法军补给发生很大困难，损失1万匹马。当拿破仑收到俄皇请和的信件后，认为俄国人恐惧了，更加不顾一切地寻求与俄军决战。拿破仑大军继续深入，经常遇到浓密森林，交错的河流，无边无际的沼泽地，没有道路的跋涉，俄军部队和人民武装的骚扰袭击，围歼俄军主力计划一次又一次落空。随后，拿破仑军陷入被动和疲于应付的境地，气候恶劣，迷失方向，疲惫不堪，士气低落，疾病减员，大量装备毁坏，缺食少药，15万匹马生病受伤使其炮兵部队难以机动，20%士兵开小差，法军未战先损。拿破仑仍不听诸将劝谏，硬着头皮继续深入，向莫斯科推进。而其越深入，补给线就越薄弱，越陷入死地，到达维切布斯克时，法军已经减员10万人。在斯摩棱斯克，法军歼灭俄军1.4万人，大大增加了拿破仑攻入莫斯科、签订和约的信心，向死亡之路继续深入。开战近3个月，拿破仑率军到达博罗迪诺时，仅握有13万兵力。博罗迪诺离莫斯科仅27英里，是保住莫斯科的最后一个城市要塞，拿破仑判断俄军必在此与法军决战。拿破仑决定集中兵力、火力突破俄军中路，速将其10.6万人基本歼灭。大大出乎拿破仑的预料，俄军主将库图佐夫指挥俄军进行强有力的正面反攻，而且攻势逐渐加强，迫使法军用上了后备兵力。当法军再次发起攻击后，俄军主力乘夜有序撤出战场，不知所向。法军损失4万人，伤亡48名将领，俄军损失5万人，但主力保存完好。拿破仑进入莫斯科空城后，30万城市居民基本撤离。由于有人故意纵火，消防设备被毁坏，莫斯科被大火所毁，拿破仑被迫退出。当他再次返回莫斯科后，决定在此过冬。拿破仑在供给军需严重缺乏，运送军火的马匹奇缺，伤兵数量巨大，过冬装备严重不足，士气低落，官兵厌战，作战能力大降的情况下，与俄皇议和，遭到拒绝，加上俄军主力已接近莫斯科，法国内部政权不稳，西班牙战事不利，英将威灵顿咄咄逼人等，拿破仑被迫率10万人撤军。法军沿途不断遭到俄国军民袭扰、打击和追击，法军逃出俄国时仅剩4.3万人。拿破仑征俄失败表明，他已无力战胜英、俄两个敌国，引起欧洲多米诺骨牌效应的形势出现，拿破仑帝国已注定了崩溃瓦解的命运。

志大才短　重事轻为

政权腐败，吏治必定废弛。国家吏治腐败一旦蔓延至军队，必定造成军队高层用将腐败，而军队用人腐败一旦遭遇大敌，必定由于关键要害岗位将领群体庸碌无能、腐化堕落，从而使军队作战能力和军心士气大打折扣而一败涂地。军队主力是作战的一切。宁愿失去一些地盘，而不失去军队主力；宁愿发动一些反击，而不进行单纯防御。用将上的失误是最大的失误，重点上的失策是致命的失策。

俄国统帅、沙皇尼古拉二世即位前13年中，其祖父和父亲两任沙皇遇刺或暴病身亡，政权、最高权力和军权变弱。尼古拉二世即位时才26岁，对军中高级将领的熟悉和使用如同一张白纸，而他却要统帅俄军进行具有帝国主义争霸性质的日俄战争和第一次世界大战。更糟的是，他不在意收揽将才，对军队高层用将和关键作战用将一窍不通，以致没有抓住战争全局最关键的要素——将领，不仅输掉了战争，而且丧失了政权和皇位。当时，他使用的陆军大臣苏霍姆利诺夫娶了比自己小30岁的女人，贪污受贿，虚报冒领，献媚逢迎，保守固执，拒绝改革，争权夺利，把军队当成私人武装，用人主要靠地位和靠山，真正人才用不起来，直到第一次世界大战进行近2年时，才因屡遭败绩被解职。尼古拉二世将自己远房表兄任命为俄军总司令，虽然其比较谨慎，有作战经验，但对大战没有深刻认识，处置不及时，指挥不力。尼古拉二世借重的总参谋长雅努什凯维奇，既无指挥大战经验，也不熟悉全面情况，不到1年即被免去职务。大战中，东普鲁士方向是专对德、奥军队的主要方向，由俄西北方面军司令吉林斯基指挥俄第1、第2集团军在此方向对德军东线主力作战。他制订第19号作战计划，雄心勃勃，但是完全不顾俄军能力和对手作战特点。俄2个集团军进入东普鲁士时，他的指挥所离战场300公里，只是一味催促2个集团军快速向东普鲁士推进，而对德军作战行动若明若暗，对德军准备围歼俄第2集团军的行动毫无察觉，一无所知。俄第2集团军被歼灭后，他又向集团军司令推卸责任，被解除职务。俄第1集团军司令莱宁坎普，老是臆断和猜测德军意图和行动,打了胜仗反而停顿下来,想当然地认为德军向北撤退,而并不急于与第2集团军会合,导致第2集团军被德军歼灭。他畏敌如虎,丢下部队逃回俄国,被解除职务后作退职处理。俄第2集团军司令萨姆索诺夫,临战受任,将不知兵,兵不知将,对作战区域情况不熟悉,指挥大兵团作战经验极其缺乏。他未能抓住2个集团军靠拢会合以便集中兵力对敌这一决定性问题,对敌人动向及行动缺乏情报侦察,对德军的口袋阵毫无察觉,遇到德军突袭不能临机处置,未能抓住撤退或反击的时机,因此被德军的绞索越勒越紧,直至全军覆没。萨姆索诺夫不想当俘虏,自杀阵亡。尼古拉二世用将之失,首先导致东普鲁士方向大败,为俄国在一战中失败和国内革命制造了条件,预示了其战败和失位的结局。

波兰元帅斯米格雷在第二次世界大战爆发前,任波军总司令,手握100万军队,其中已展开24个师、8个骑兵旅,56个民防大队,407架作战飞机。波军面对德军62个师160万人、2000架飞机,其中坦克摩托化师11个。德军企图打闪击战,用坦克机械化部队迅速突破分割,一举围歼波军主力,灭亡波兰。波军面临如此强敌,具有决定意义的大事是动员民众,举国反击侵略,保存军队主力,与之周旋,打破闪击战,争取英法俄等国军事支援。如果波军主力被速歼,战争将速决。而斯米格雷秉承第一次世界大战的阵地防御战思想,对德国依靠强大装甲兵团快速突入纵深作战的打法没有深入研究和对策,未能利用5条河流防御,以迟滞德军装甲部队进攻,不愿放弃重要工业区和农业区以保存军队主力,采取大范围构筑工事体系,形成巨大弧形防御,并将战略预备队置于其后。波军如此作战部署,最大的危险是置军队主力于十分危险的境地,正中德军下怀。战争一开始,德军即对波兰21个机场、交通枢纽、指挥机构进行毁灭性打击,坦克和摩托化部队在航空兵支援下,迅速突破防线,

4个波兰集团军遭重创,德军突入其纵深后,迅速包围波军主力部队。被围波军陆续被歼,华沙陷落。德军仅用30天,使波军死亡6.63万人,伤13.37万人,被俘42万人,主力被歼灭,波兰灭亡。

谋虑短浅　小难当大

不能用陆权的战略战术去套海权的战略战术,没有海权而急于海战之军,十有九败。在海权问题上,没有投机取巧的空间,欲速则不达。拿破仑对此深有感触地说:"对于海军不可操之过急,它是一支极其复杂的军队[①]。"战略上以小对大,战役上必须以大对小,始终抓住主要战略方向,集中兵力,歼灭对方主力。以小博大者,尤其必须逐次歼灭对方主力部队,在这一重大且具有决定性问题上,一有犹豫和动摇,必定大势去矣。打仗,如果在关键时机处理不好占领地盘与歼灭主力的关系,就会犯分散兵力、贻误战机的致命错误。

德国法西斯准备发动大战,是非正义的帝国主义侵略战争、争霸战争,从一开始即注定了其必定失败的命运。德国法西斯海军元帅邓尼茨精通潜艇作战,有实战经验,掌握潜艇攻击新战术,善于利用暗夜作战。第二次世界大战爆发前几年,邓尼茨任海军首席潜艇官,以最快速度发展了一支独立作战的潜艇部队,成为德国海军的撒手锏。在德国不掌握海权、海上力量大大逊于英美的态势下,急于用潜艇打击英美运输线及商船,神出鬼没,让人防不胜防。开战仅3个月,他就击沉舰船224艘;第二年击沉330艘,最多1个月击沉63艘商船;第三年击沉2400余艘舰船,在海上造成了极大恐怖。但是,邓尼茨并未抓住海战的关键,对制海权在海军、海战、海上贸易的决定性作用缺乏重视和运用,形成了海上作战潜艇的单

---

① 《拿破仑用兵语录》。

打独斗。英美海军牢牢掌握了制海权,全面加强反潜措施,水面强大的护航舰队和严密的空中、海上监视网建立起来,新型雷达和反潜深水炸弹投入实战。以上措施使德国潜艇损失数量不断增加,被迫逐渐退出大西洋。尽管邓尼茨运用潜艇给盟军海上通道及补给以沉重打击,但是德国始终未能取得海权和海上优势,也永远无法战胜英美,这是邓尼茨和德国最大的悲剧和宿命。

德国法西斯军元帅古德里安,在第二次世界大战进攻苏联时,任第2装甲集群司令,隶属中央集团军群。当时,德军迅速突破后,北方集团军群向列宁格勒推进,中央集团军群向斯摩棱斯克推进,为进攻莫斯科扫清道路,南方集团军群向基辅方向推进,苏军则依托城市及筑垒地域实施战略防御。经60多天突进,古德里安率部接近莫斯科的门户斯摩棱斯克时,希特勒召集将领会商下一步作战行动。古德里安明知希特勒倾向进攻基辅而非莫斯科,仍向希特勒建议:一是兵指莫斯科很有可能歼灭已遭重创的俄军主力,这是战争的关键;二是攻取莫斯科最重要的政治中心和工业区,会给苏联精神上造成极大震撼,使世界瞠目,消灭苏军主力,夺取莫斯科后,取得乌克兰工业区则易如反掌;三是占领莫斯科交通枢纽,苏联无法从北向南调动兵力;而德军中央集团军改向西南作战,如再向莫斯科转用兵力则要往返900公里,耗时费力,而且战争可能被拖入恶劣季节,会给打击莫斯科造成极大困难和贻误战机。而法西斯头子希特勒固执地认为德国国力小于俄国,不能支持长期战争,当年法国拿破仑即使拿下莫斯科,还是一败涂地,克里米亚是俄国对付罗马尼亚油田的航空母舰,必须铲除,将军们对军事经济一窍不通,因此他决定,基辅是下一个战略目标。德军南方集团军群对基辅方向主攻,中央集团军群由斯摩棱斯克地域向南攻击,古德里安第2坦克集群就在其中。经过近80天激烈攻防,苏军基辅防御战役严重失利,基辅、哈尔科夫、顿巴斯、克里米亚丧失,西南门户洞开。战争充满偶然性，尽管苏军防御损失严重，但由于希特勒将进攻莫斯科方向的主力中央集团军群用于基辅方向，使德军向莫斯科方向进攻受到迟滞，给予了苏联向莫斯科方向集中预备队和建立坚固防御的宝贵时间。离古德里安提出一鼓作气攻取莫斯科的建议过去30多天，苏联已进入深秋的9月，希特勒决定转攻西方向进取莫斯科，而中央集团军群最快要在10月初转入进攻，以避免冬季作战，在入冬前占领莫斯科。苏军利用莫斯科以西750公里正面和300公里纵深的梯次多道防御地带，进行顽强阻击，使德军进攻莫斯科严重受挫，被迫转入防御，并被拖入严冬。由于德军对酷寒严冬准备不足和苏军拼死抗击，并发动反攻，200多天的莫斯科会战，德军损失惨重，闪击战破产，士气大挫，攻势由盛到衰。希特勒免去德陆军总司令布劳希奇、中央集团军群司令博克和第2装甲集群司令古德里安之职。他们成为希特勒重大错误的替死鬼。

四、去疑果决

凡作重大决断，以见识为首，只要看透强弱之形、分合之势、成败之机、敌我之谋，就可果决速断。将帅能否果决明断，与其见识、胆略和器局有很大关系。素来投机钻营、见利忘义、猜疑甚重之将，很难在重大生死关头作出正确的决断。善断之将，对敌人有精准的分析判断，对大计已成竹在胸，时机一到，看似临机而断，实则大势早已了然于心。果决的奥妙在于英明，英明的奥妙在于先见。处事迟疑，非智；临难不决，非勇。时至不疑，势至不迟，人心至不失，则大事可成，大业可兴。吴起说："果者，临敌不怀身[①]。"情势既得，在断不在疑。

（一）断之在厉

举诛暴禁乱之兵，即使风险再大，也不可犹豫迟疑；执千载一时之机，即使众寡悬殊，也要速决立断。拿破仑说："将领犹豫不决，其军虽强犹弱[②]。"人心所向，众望所归，大势所趋，即是天赐良机，必决勿疑。古人说："祸在须臾，先起者不受其咎。""倘时可乘，何待再计！"越危急，越有胆量则越能冷静，也就越能果决。《晋书》曰："大事宜时定，不然变生。"迟疑不可以应敌，迟缓不可以断事。打仗有六七成把握，不妨当机立断。

[①] 《吴子》。
[②] 《拿破仑用兵语录》。

胆略过人　谋而能断

　　以智不能解两难，以义决之，可立解。迟疑与决断都要付出代价，决断代价小，则立断。大智大勇者，能断大事。怯阵者迟疑，勇斗者果决。大敌当前，多谋善断之将，不唯能慑敌，亦能安内。大战之际，先退者败。以民族大义为重之将，置个人生死于度外，必能作出千古一断。

　　明兵部尚书于谦是扶明朝于危亡的将领，在大事上极其善断。明英宗受宦官王振操纵，瓦剌大举南侵，王振挟明英宗亲征，发生土木之变，明英宗被俘，王振被乱兵所杀。瓦剌企图乘胜夺取明朝政权，明朝陷入空前危机之中。郕王（后为明代宗）监国，与群臣议战守，于谦十分坚决地反对南迁之议，认为京师为天下根本，一动则大事必去，将成为第二个南宋，郕王果断决定坚守京城。当时，京师劲甲精骑俱损于土木之变，所余疲兵不足 10 万人，人心震恐，于谦果断急调河南、山东、南京之军，及江北诸府运粮军急赴京师，兵众渐集，人心稍安。郕王难以镇住大臣，大臣与王振党羽争斗，朝班大乱，郕王畏惧，欲起而离去，于谦果断制止郕王，不惧危险稳住朝廷。于谦等大臣考虑国家安危，果断奏请皇太后立郕王为帝，一举瓦解瓦剌利用明英宗要挟朝廷的企图。于谦尽快加强边防，选任将领，控守九门要地，完善器甲，储备粮草，募集民兵，准备迎敌。当瓦剌挟明英宗直逼京师时，有人建议敛兵坚壁，以疲敌师，于谦果断决策，决不示弱，以 20 万人列阵九门之外，亲自严法督战。瓦剌首领也先起先预料，其军一到，京师可旦夕而破，及见明军严阵以待，其意稍沮，及邀明廷不允，交战又不利，知终难得志，战意渐失，恐王师大至，后路被断，于是拥明英宗而西，明军诸将追击，取胜而还。

时至必果　事近必决

善断者先人，后则为人所制。丘吉尔说："事端距离越近则越果断，犹豫不决将一事无成。"兵以义兴，以哀胜。具有非凡胆略的将帅，敢于作出过人的决断。

美国海军五星上将哈尔西素有海上蛮牛的绰号，主张攻击精神，在参加第一次世界大战时，受到时任海军助理部长后为美国总统罗斯福的赏识。第二次世界大战时，美国珍珠港海军基地遇袭后，许多高级将领主张消极避战，哈尔西则力促罗斯福、尼米兹不失时机，立即对日本进行反击，以免士气受到打击。在罗斯福作出战略决策后，他果断率2艘航母，冒着极大危险，穿过日本海军严密布防的海域，向马绍尔群岛和吉尔伯特群岛发动一系列突袭，打得日军措手不及，鼓舞了美军士气。

在执行罗斯福用航母对日本东京进行战略轰炸的决策时，他既考虑到，此计对日本精神士气打击力、震撼力极大，具有战略意义和国际意义；也考虑到，轰炸机作战半径有限，航母即使再努力，轰炸机作战与返航也有极大风险，甚至飞行员都可能牺牲生命，任务是否完成也很难预料。哈尔西在十分危急和紧急的关头，迅速作出甘愿承担巨大风险和责任的决定，果断执行最艰难、最危险的重大战略任务。他周密计划、精心准备、严格保密，挑选优秀飞行员和指挥员，抱定必死信念，义无反顾地执行任务。当2个航母编队距东京不到650英里时，被一艘日本巡逻艇发现，比原定轰炸机升空距离多出100英里。千钧一发之际，哈尔西果断决定，飞机立即起飞轰炸日本。执行攻击东京任务完成，尽管美海军付出了代价，但是对日本产生了极大震撼，并极大鼓舞了美国军民士气。

（二）权机立决

萧衍曰："凡敌犹豫之际，宜急往逼之，使之计无所出，势不得暴[1]。"敌犹豫不决时，敌调整部署时，敌立足未稳时，敌消极固守时，皆为战机，立决勿疑。决定生死之计，义无反顾；把握千载之机，当机立断；指挥决胜之战，果敢勇决。

临危敢断　决力取之

怯战而迟疑者，必为敌所乘；畏敌而避战者，必为我所刑。孤军深入，敢于死战求生；千钧一发，敢于疾进速攻。速决者，利于乘机；勇斗者，利于建功。畏敌畏战者，狐疑不决；昧于目前者，贻误战机。临危敢拼死者，反有生机。对骄躁轻敌之军，亟攻勿疑；对立足未稳之军，速战必利。事所当为，断之在早。

南朝梁武帝拜陈霸先为直阁将军。李贲联结数州反叛，梁武帝令孙冏、卢子雄率兵平叛，二人迟疑不进，都被诛杀。陈霸先虽仅精兵3000人，却卷甲兼行，速战速决，频战屡决。陈霸先与杨瞟、萧勃率兵平叛，萧勃顾及将士畏惧远役，与杨瞟表露出犹豫缓进的意思，陈霸先严厉斥其不顾大计、干扰军心。于是，陈霸先果断勒兵鼓行而进，军至交州，王贲拥兵数万，先于江口立城栅以拒陈军，受挫后又立寨，以舰船充塞湖中。在将士畏惮之际，陈霸先告诫全军：师老兵疲，深入敌腹，前有强敌，后无援军，只有乘其人情未固，立足未稳，拼死一战，才可死中求生。陈霸先决计死战，不顾江水暴涨七丈，水流迅急，亲率所部乘流疾进，将士鼓噪俱前，敌军大溃，

---

[1] 《梁书》。萧衍为梁武帝。

李贲兵败身死。

南朝时,陈朝征北大将军吴明彻率军与北齐军作战,进逼寿春,北齐将军王琳拒守失利,退据相国城及金城。吴明彻率军奋力攻城,又以淝水灌城,城中被潮湿困扰,多患疾病,死伤已达六七成之多。正在相持紧要之际,北齐大将皮景和率数十万众来援,离寿春30里驻军不进。吴明彻抓住这一极其短暂而难得的间隙,与诸将议道:"兵贵神速,而彼结营不进,自挫其锋,其不敢战之意已明。"于是,他立即决断,四面急攻其城,城中震恐,一鼓而擒王琳,北齐将皮景和惧战而遁走。

元朝名将铁木真(后为元太祖)灭汪罕后,与乃蛮酋长太阳罕矛盾激化,两虎相争势在难免。当时,乃蛮强大,且未把铁木真放在眼里。铁木真召集文武商议时,群臣认为马瘦时节,不宜大战,宜待秋季为妥;皇弟则认为,事所当为,断之在早,马瘦根本不是理由。铁木真认为,乃蛮骄纵,以大欺小,轻视我军,我辈义当同死,乘其不备而攻之,必能成功,决定与乃蛮一战。乃蛮兵多将广,兵势颇盛,战前蒙古有一弱马偶然惊入乃蛮营中,太阳罕见后,认为蒙古战马瘦弱如此,颇为轻敌。铁木真令将激其出战,太阳罕怒而跃马索战,两军交战,太阳罕被蒙古兵擒杀,其余诸部皆溃,夜走绝险,坠崖死者不可胜计,余众皆降。

严毅沉果　独决怀抱

犹豫为兵家大忌。除死无大祸,退而必死,进或可生,果决速进,或可转祸为福,成就大事。为将,永远不做敌人期望做的事,敌人越阻止、破坏、干扰的事,越要果决坚定地做,不能丝毫犹豫动摇。越是在战略形势发生急剧变化之时,越不能犹豫迟疑;越是在外敌相斗两败俱伤之时,越不给其喘息之机;越是在敌人立足未稳、出现失误之时,越不能贻误战机。

五代时,后唐李亶(即李嗣源)为天平军节度使、蕃汉马步军副都总管,能征善战,屡建战功。李亶为李克用养子,后唐庄宗李存勖是李克用亲子。后唐庄宗李存勖好战骄矜,疑忌功臣,宠信宦官,民不聊生,怨声载道。在作战中,将军石敬瑭(后为后晋高祖)助李亶脱险,受到器重信任。赵在礼发动叛乱,李亶奉后唐庄宗李存勖之令讨伐,至魏地发生兵变,李亶打算自归于后唐庄宗,讲明自己并未反叛。石敬瑭劝道:"岂有军变于外、上将独无事者乎!犹豫为兵家大忌,不如速行,先制夷门这一天下要害之地,以成大事①。"李亶迅速作出重大决断,依计而行,令石敬瑭率精骑三百为前锋,李亶随后率军入汴,击败后唐庄宗军,唐庄宗遇弑,李亶入立,为后唐明宗,拜石敬瑭为保义军节度使兼六军诸卫副使。

北宋侍御使、知谏院、观察使、成德军节度使王素,以坚毅果敢著称。原州蒋偕建议构筑大堡,宣抚使听从。建筑大堡期间,敌人伺间腰击,未能筑成。蒋偕请罪归死,王素认为,如果将蒋偕治罪,则正中敌人之计,宜责蒋偕毕力自效。总管狄青认为,如果蒋偕再往,必定再次失败,不宜派往。王素说:"蒋偕败,则总管行,总管败,素即行矣。"狄青不敢复言,蒋偕筑城成功而还。

王素知渭州,正宴于堂上,边民传呼敌寇侵至,并惊慌入城。诸将认为,奸人必混入边民之中入城,恐为内应,宜拒之入内。王素认为,若拒之东去,关中必摇,我在此,敌必不敢犯我,此必有奸人释放谣言。于是他下令:"敢称寇至者斩!"很快,负责侦察的骑兵从西而来,证实传言不实,诸将皆服其明断。

明朝末年,清奉命大将军和硕睿亲王多尔衮,文武双全,果敢

---

① 《北史》。

善断。清太宗皇太极突然病故，未及指定皇位继承人，有贵族主张拥立和硕睿亲王多尔衮，围绕皇位继承问题清廷斗争激烈。多尔衮等考虑明朝亡在旦夕，清有入主中原千载难逢的机遇，内部斗争将使明廷获得喘息之机，因此果断决定，以皇太极年仅6岁的第九子福临即位，而以和硕郑亲王济而哈朗和多尔衮辅政。大局刚定，多罗郡王阿达礼、固山贝子硕托谋立多尔衮为帝，代善和多尔衮极其果断地诛杀阿达礼、硕托，大局遂定。当军师范文程提出乘机入定中原时，多尔衮没有丝毫犹豫，以最快速度发兵进逼山海关。当明将吴三桂致书乞师攻打李自成起义军时，多尔衮疾驰赴战。清军主力至山海关时，吴三桂献关出迎，清军主力不费吹灰之力，不损一兵一卒获得垂涎已久的山海关，燕师门户洞开。当李自成亲自率20万兵马，自北山横亘至海，准备迎战清军时，多尔衮看出其兵力分散的破绽，于是乘大风骤起、扬沙蔽天，以精兵突击起义军阵尾，令吴三桂兵在右翼攻击，李自成军对出乎意料的突击未有防备，其阵大乱，其军大溃，清军乘胜追奔起义军40余里，并紧追李自成直趋燕京。当清军进入明朝腹地后，多尔衮果断决策，禁止杀无辜、掠财物、焚房舍，不入民舍，归顺官吏进秩，军民免迁徙，百姓安居如故，明诸王来归不夺其爵，为明帝发丧厚葬。因此，明民大悦，明官归降，燕京大定，而李自成军很快便无立足之地了。

（三）好谋善断

两军对决，退者先败。善断者，集众人之智，取万全之策，用劲猛之锐。《三略》曰："将拒谏则英雄散，策不从则谋士叛，善恶同则功臣倦。"为将，短于从善则危，迟于独决则殆。智莫大于去疑，事莫大于无悔。

去疑宜速　算成后定

伏兵必隐，疑兵必张；机动必匿，佯动必扬。善识真伪，利于速决。当对方的对策和行动令人疑虑重重时，只要迅速判断出其真实意图，以及推测出其在特定态势中所能采取的最佳对策，则疑虑自解，必能果断应之。事发突然，准备仓促，先做最坏打算，再果断争取生机，若稍有迟疑，必错失良机。

三国时，曹休在曹操手下任骑都尉，后拜中领军，领军将军。刘备派遣其将吴兰屯兵下辩，曹操令曹洪、曹休攻打。刘备见曹军进攻下辩，派遣张飞屯兵固山，摆出要断曹军后路的架势。曹军众议狐疑，曹休认为："如果刘备、张飞真要断我后路，本当伏兵潜行，如今却先张声势，正表明其没有能力断我后路。宜及张飞未集结完毕，急速击吴兰，吴兰败，张飞自走[①]。"曹洪、曹休去除疑虑，果断决计，曹军攻击吴兰，大破其军，张飞果然撤走。

南朝时，宋朝冠军将军萧道成（后为齐高帝）屡建战功，位高权重，引起宋明帝刘彧猜忌。于是，他派冠军将军吴喜率兵3000人，持银壶酒封赐萧道成。银壶酒有赐死之用，无故赐酒令萧道成产生疑虑。冷静下来，萧道成判断：宋明帝正诛除诸弟，骨肉相害，正是用人之际，必是试之有无二心。萧道成果断戎衣出迎吴喜，将酒一饮而尽，使宋明帝猜忌稍释。宋明帝征萧道成还于京师，部下力劝勿往。萧道成认为："其内部自相残杀，太子稚弱，作身后计；惟应速发，事缓见疑，且祸难将兴，正是用武之机[②]。"萧道成果断进京，毫不迟疑，进京后拜散骑常侍，太子左卫率，颇见重用。宋明

---

① 《三国志》。
② 《南齐书》。

帝去世，遗诏拜萧道成右卫将军，领卫尉，与野心勃勃的江州刺史王休范作战。萧道成判断，其居上流，必定吸取以往居上游谋逆之将因延缓覆败的教训，而取乘人不备、轻兵急下之策。他果断下决心，集中兵力坚守官掖、东府、石头，待敌千里孤军，后无补给，求战不得，自然瓦解而后胜之。中书舍人孙千龄与王休范有密约，建议萧道成派军据梁山、鲁显之间，萧道成亲自进据南州。萧道成正色驳斥，表示决不屈曲相从，军令不可改易。经过激战，王休范兵败身死。

辽朝宿直将军、殿前副检点、节度使、招讨使耶律仁先，有智略，善谋断。皇太弟耶律重元谋逆，辽道宗密令耶律仁先将其抓捕，未及动手，耶律重元兵犯帷宫。辽道宗想速去南院、北院，耶律仁先认为："若舍随从而行，敌必蹑其后；且南、北大王之心犹未可知[①]。"在面临重大决断的紧要关头，耶律仁先之子劝其不应违背皇帝意旨。耶律仁先大怒，击其首，辽道宗见其意坚定，去疑果决，决定将御敌之事悉委于耶律仁先。耶律仁先令手下环车为营，拆行马，作兵杖，率官属近侍30余骑列阵御敌。同时，他派人速调离其最近的萧塔剌所部之兵增援，火速调集诸军平叛。耶律仁先率30精骑与敌交战，敌众多降，南院枢密官涅鲁古中箭坠马被擒，耶律重元负伤而退。当耶律重元率2000余人再犯行宫时，萧塔剌援兵恰好赶到，内外夹击，敌众奔溃，追杀20余里，耶律重元仅与数骑遁去。

慎于察验　事有奇断

多数将领一般看重作战层面的问题，而少数城府极深的将领却能看破作战层面掩盖的政治层面的问题，从而果断放弃作战的机会

---

① 《辽史》。

而获取政治机会。在万分紧急的生死关头，立即作出正确的重大决断，看似非常临机和奇谲，实则它始终遵循着基本作战思路，就像在茫茫大海中夜航，始终有灯塔引领，而在航行中作出临机的决断。断疑在于察验，用将在于去疑。战略要求必须做，战役即使再艰险，也要果断去做；战役效果不大，战略效果巨大，即使付出较大牺牲，也要果断去做。

日本战国时期，武将丰臣秀吉在奉织田信长之令向西扩张，率兵围困高松城即将攻下之际，考虑到为避免功高震主，急邀织田信长前来助战，让其收取连下数城之功。不料，因织田信长令武将明智光秀隶属于丰臣秀吉作战，引起光秀怨恨，突袭并杀死织田信长及数十部将，准备接掌大权，织田家内部大乱。正面对高松城守军及敌4万援军的丰臣秀吉，半夜惊闻织田信长遇害噩耗。他极其冷静地召集身边几员亲信密商，深刻意识到自己正处于能否夺取织田家大权及日本天下的最紧要关头；夺取细田家大权是所有问题的关键，作战胜与败已成次要问题了。于是，丰臣秀吉极其果断决定：出其不意击败明智光秀。他立即着手与毛利家议和，以尽快摆脱前方战事，指派得力将领为先锋，先头行动，以精锐之师迅速进于畿内，使明智光秀措手不及。丰臣秀吉以割让因幡、备中、备后、美作、伯耆五地为条件，与毛利家达成协议。当毛利诸将见秀吉军趋捷径、弃辎重、决堤坝，正纳闷不解时，织田信长遇害消息刚至，考虑到有协议，伐丧不义和泥沼难行，遂决定不做追击。秀吉以5天行军200公里速度，以3.6万兵力突至，对明智光秀1.6万军形成绝对优势。在决定性会战中，丰臣秀吉凭借绝对优势兵力，抢占制高点天王山，仅用3天时间，便将明智光秀本阵击败，光秀剖腹自杀；又用3日，几乎将明智光秀势力诛除殆尽。此后，丰臣秀吉实际掌控了织田家实权，一统天下。

拿破仑战争后期，法国发动的战争性质已变，不得人心，引发欧洲多国起兵反抗。普鲁士元帅布吕歇尔虽然已经73岁高龄，在拿破仑复出后，依然率普军会同反法联军继续对法军作战，当时，联军中普军13万人，英军9.2万人，俄军16.8万人，奥军22.5万人，瑞军3.7万人，意军6万人，共71.9万人进攻法国，而拿破仑法军仅有18万人，兵力对比悬殊。但是，此一时彼一时，拿破仑军队大不如前，将领之间嫌隙加深，一些部队行动迟缓，还有叛变投敌的，对其作战带来较大消极影响。而布吕歇尔指挥的4个军团的普军，集中统一，团结一致，灵活快速，与之形成鲜明对比。同时，指挥英军的主将威灵顿作战经验丰富，对付法军颇有一手。拿破仑则对布吕歇尔和威灵顿等手下败将不屑一顾。而布吕歇尔则注重保持与威灵顿的及时联络，并注意收拢部队，随时准备机动，预防拿破仑各个击破。拿破仑很快发现，很难再有集中兵力攻其一点的机会了。威灵顿英军与布吕歇尔普军会合后，约定一方遭到攻击时，另一方一定增援。拿破仑先集中火力、兵力打击普军，普军凭借兵力优势激烈抵抗，双方激战惨烈。布吕歇尔的战马被击中，摔下马时失去知觉，普军损失近2万人，法军损失1万多人。普军有序撤退，并于途中与3万援军会合，重新组成一支生力军。法军与英军激烈交战，由于威灵顿兵力厚实且援兵不断，法军再难打出歼灭战。在布吕歇尔尚未恢复知觉时，普军副司令兼参谋长格奈泽瑙因英军未能及时增援，决定向东退到列日和德意志边境，而不向北撤到瓦弗（滑铁卢附近），如此将远离英军。恰巧布吕歇尔清醒后，考虑到要挫败法军，普英两军必须靠拢作战，果断决定改向瓦弗退却。威灵顿军虽然小胜，见失去普军策应，为联合普军作战果断令部队向滑铁卢圣杰安山村退却，此处离瓦弗仅10英里，两军迅速会合于滑铁卢附近，占据有利地形，准备充分，以逸待劳，以众待寡。在滑铁卢战役中，拿破仑企图先速胜威灵顿,当两军激烈交战后,普军大部队正赶向战场,拿破仑过于自信,在战局即将转折时刻,错过了撤出战斗的时机。经过激战和混战,法军崩溃,拿破仑最终失败的命运注定了。

(四) 当断不断

凡轻敌、昏暗、挟私、拒谏者,多为狐疑寡断之将。将忌狐疑不决于前,而悔恨不及于后。把决定命运的大事当作小事,把决定成败的机遇当作常事的将领,绝不会英明果断。古人曰:"天与不取,反受其咎;时至不行,反受其殃;当断不断,反遭其败。"偶然得来,必偶然失去。无雄才大略却担大任者,必不能当机决断,旋得旋失,理所当然。作重大决断,有深识勇略,当机立决者,为上;虽无大识大勇,而善用贤能良计奇谋而速断者,为中;无雄才大略,不听高才之谏,犹豫迟回,优柔寡断者,为下。

志锐器小　心迟寡断

断而缓行,等于无断。关系生死存亡的决断受制于人,不仅拖延时日,难以施行,而且易于泄密,反为人所制。兵机已至而狐疑寡断者,鼠辈难成大事。犹豫迟疑既错失良机,又为敌人制造机会,其最深刻的原因是未能看透事情的本质和敌人的真意。

东汉桓帝去世,汉灵帝即位,君弱臣强。窦武迎立刘宏为汉灵帝有功,受拜大将军,既辅朝政。他与太傅陈蕃考虑宦官尾大不掉,密谋诛除宦官之首曹节、王甫等。于是,他们重用尹勋、刘瑜、冯述于军政要津,大征前朝废黜大臣列于朝廷,一时间,天下雄俊望风归附,莫不延颈企踵,思奋其智力。这引起宦官势力的警觉,阴谋除掉窦武,待机而动。窦武、陈蕃看到宦官势力的威胁,但在清除这股势力时，优柔迟缓，请求太后允许斥罢宦官，悉数诛废。太后不允许尽废宦官，只允许诛除中常侍管霸、苏康。如此，宦官中要害人物并未诛除，反而惊动了宦官势力，促使其先发制人，拼死一战。正当窦武再次排兵布阵，密奏收捕宦官之际，宦官恐尽数被诛，纠集心腹壮健，发起诛讨窦武的武力行动。宦官曹节、王甫乘势挟持控制汉灵帝及太后，名正言顺地发号施令，下诏捕杀窦武。窦武驰入军营拒捕，宦官以皇帝名义调动军队，诛杀窦武，尽夷其族。

东汉献帝时，董卓操纵国柄作乱，奋武将军曹操与诸路反董势力联盟，袁绍为盟主。当时，董卓屯留洛阳，迁徙天子都于长安，而反董联盟的袁绍、张邈、刘岱、桥瑁、袁术、孔伷、袁遗、韩复诸路兵马已逼近洛阳。曹操看到了重大时机，但对袁绍的狐疑寡断十分不满。他大胆献计："举义兵以诛暴乱，大众已合，诸君何疑！董卓未能倚王室之重，据二周之险，东向以临天下，则成难治之势，其计不及此，为天亡之时，一战可定天下，机不可失[①]。"袁绍未听，张邈引兵与董卓之将作战失利，曹操险些阵亡。军至酸枣，联盟诸军十万之众，日置酒高会，不图进取，又不听曹操据孟津、成皋、敖仓险要，入武关、震三辅，以顺诛逆、立定天下的建议，不能作出决断。曹操已知鼠辈不成大事，开始拉起自己的军队，屯于河内，以观形势，见机而动。袁绍号称车骑将军攫取冀州，怀有兼并天下之志，但是他往往在重大时机、紧要关头心缓迟疑。他虽不称意所立天子，仍派郭图出使入朝。当郭图劝袁绍尽快奉迎天子建都于邺，他却感情用事，对挟天子以令诸侯之利没有深入领会，拒绝郭图建议。结果，把天赐良机拱手让与曹操，使之奉迎天子建都于许，尽收河南之地，关中皆附于曹操。当曹操假天子之名任其为太尉、转任大将军时，袁绍在接受的同时，准备攻打许昌。当袁绍兼并青、幽、

[①] 《后汉书》。

并三州后，准备令其子各据一州时，沮授劝他，如果以自己儿子各据一州，必为祸始。袁绍并未理解分裂、内斗以及让外姓豪杰失意的隐患，肥水不流外人田，令长子袁谭掌青州，二子袁熙掌幽州，外甥高干掌并州，据四州之地，兵众数十万。曹操征讨刘备，后方空虚，田丰劝袁绍偷袭其后，袁绍以儿子有疾而加以拒绝，错失良机。在官渡之战中，袁绍以强对弱，以饱待饥，以主待客，而不知充分利用有利条件，拒绝沮授、田丰"宜待持久，旷以日月"及防止曹军抄袭粮储的建议，正中曹操下怀，在决定性会战中为曹军所破，再难东山再起。

北魏孝明帝时，尔朱荣因作战有功授游击将军，封傅陵郡公。魏明帝突然去世，尔朱荣顿生操纵废立之心。他拥立魏孝庄帝即位后，授大将军，督中外诸军事，任尚书令、大权在握。他先诛杀文武百官、王公贵族2000多人，再挟持魏孝庄帝让人起草禅位诏书，当众宣布要做皇帝。不久，占卜言其没有做皇帝的命，他便犹豫起来，并向魏孝庄帝忏悔谢罪，又因迁都之事反复犹豫不决，在朝中要害安插亲信，将女儿册封为皇后，才带兵返回晋阳。魏孝庄帝利用喘息之机，暗中培植势力，周围聚拢了一些大臣武将。割据势力平定后，尔朱荣在加九锡和迁都问题上与魏孝庄帝矛盾尖锐，孝庄帝暗中策划除掉尔朱荣。尔朱荣即使听到皇帝要密谋对付他的情报，也不在意，认为其必不能反。尽管尔朱荣对魏孝庄帝不屑一顾，仍准备将其身边心腹文武换掉或撤掉。魏孝庄帝正是利用与尔朱荣商议人事之机，埋伏刀斧手，亲手将其斩杀。尔朱荣死时，手上有几份启奏，都为魏孝庄帝左右去留人名，非其心腹悉将除去。魏孝庄帝说："竖子！若过今日，便不可制。"尔朱荣一再犹豫迟疑，自失其机，教训何其深刻。

隋文帝杨坚在北周时迁骠骑大将军，取北周而代之，建立隋朝，立长子杨勇为皇太子。当时，晋王杨广，大臣张衡、宇文述、杨素一党，联结皇后伺机窃取大权。隋文帝对此并未戒察，对杨勇奢侈不满，对百官朝贺杨勇十分计较，对与杨勇关系密切的大臣疏远猜疑，这就给杨广集团乘隙挑拨离间制造了机会。晋王杨广先是阴察太子杨勇专擅内政的罪过，挑拨皇后与杨广的关系，然后极尽讨好皇后之能事，使皇后产生废太子之意；见时机正在成熟时，开始与张衡等谋划夺宗之计。宇文述、杨素一方面促使皇后推动废太子，另一方面盛言太子不才，制造舆论。杨素还向隋文帝进谗言，指责杨勇有怨望，恐有他变，愿深防察，致使隋文帝更加猜忌杨勇。杨广、杨素又收买太子幸臣姬威，使其过失外漏。隋文帝不听大臣苦谏，决意废掉太子杨勇，立晋王杨广为太子。及隋文帝寝疾将死，皇太子杨广奸乱宫闱，隋文帝才哀叹"枉费我儿"。

矜伐过实　犹豫迟回

在复杂局面之中，各种势力暗自运作，极难控制和预料，自以为能左右者，疏于识破奸人伪装，最容易因迟缓而错过销祸于未然的时机。遇骑虎之势，最宜两害相权取其轻，早做决断；处是非之地，最忌成为众矢之的，迟疑不退。

南朝时，宋朝领军将军谢晦聪明过人，善于赋诗，然而长期任太尉主簿、侍中，很少参加实战，缺乏带兵作战的经验。谢晦与徐羡之、傅亮受宋武帝刘裕遗诏辅政，不仅将少帝废掉，而且将其杀害，扶立宋文帝即位后，又谋划徐、傅控制朝廷中枢，谢晦、檀道济拥重兵控制上流，足制朝廷。因此，他们轻视宋文帝，予其喘息之机。谢晦虽集精兵3万人，但是没有正当政治旗号，军士以逆谋顺，难成大事。谢晦认为在军事上可以控御檀道济，未能果断行动，没想到宋文帝乘机策反檀道济。檀道济大兵一到，谢晦军不战自溃，谢晦乘船逃往江陵，后又携七骑逃出江陵，为宋将到彦之擒获，被宋文帝诛杀。

南朝齐取代宋后，齐左卫将军江祏是齐明帝的堂弟，为其所亲重，恩如亲兄弟，以外戚亲要势冠当时，即使皇后之弟刘暄有事也要请江祏周旋。江祏任高权重之时，矜伐用事，甚至获取诸王名书好物，不忌财利。齐明帝病重时，让江祏等辅政。东昏侯即位后，江祏任侍中、中书令、尚书左仆射。当时刘暄也位高权重，为辅政大臣，对东昏侯想亲政之意能够顺从，而与江祏产生矛盾。当东昏侯乱来时，刘暄想推立建安王萧宝寅，并与辅政大臣始安王萧遥光密谋。萧遥光反道认为自身年长，本当立为帝王，试探江祏。其弟江祀认为少主难保，劝江祏立萧遥光为帝。由于刘暄坚决反对立萧遥光，江祏迟疑，久拖不能决。萧遥光派人刺杀刘暄未遂，刘暄反向东昏帝告发江祏之谋，东昏帝令人将江祏兄弟抓捕诛杀。

唐朝中期，节度使安禄山自范阳入奏，大臣张九龄说："乱幽州者，是人也！"其后，安禄山从张守珪作战失利，张久龄判定："守珪军令若行，禄山不宜免死，请斩之。"唐玄宗李隆基怜惜其勇猛，令其免职留用。张九龄力劝，将其诛之。唐玄宗认为，不能与王夷甫预识石勒心怀异志相提并论。后来，安禄山发动安史之乱，唐玄宗避难至蜀，悔恨不从张九龄之劝，派人到张九龄墓前祭奠。

五代时，后唐兵部尚书郭崇韬随唐庄宗李存勖征战，屡建战功，助其灭后梁，拜侍中、威德军节度使、枢密使，位高权重。唐庄宗统一黄河流域及灭蜀后，骄傲自矜，疑忌功臣，宠信宦官，高层利益关系发生微妙变化。唐庄宗见郭崇韬位兼将相，便任宦官马绍宏与其俱为中门使，互相牵制。唐庄宗又想让二人均任枢密使，而郭崇韬设法使张居翰为枢密使，虽然压制住了宦官势力，但引起马绍宏等宦官势力怨望及唐庄宗内心不快。由于政事不佳、宦官侧目，郭崇韬忧惧,对故人子弟露出避之中枢、归守镇阳、以免大祸之意。故人子弟劝其:"骑虎者,势不得下,权位已隆,而人多怨嫉,一旦失势,无法自安!若提议立刘皇后,尽力便民,然后退而乞身,帝若不允退,如此外有避权之名,而内有中宫之助,又为天下悦,虽有谗问,岂可动摇①!"郭崇韬并未深算唐庄宗的猜忌及用宦官抑制功臣的意图,劝使唐庄宗策立刘皇后。郭崇韬请还枢密使,唐庄宗不许。宦官知郭崇韬持财严谨,故意劝说唐庄宗建高楼避暑,果然,郭崇韬竭力谏止建楼,由是谗间愈入。河南县令罗贯执法严明,不避权贵,为郭崇韬器重赏识。罗贯因太后归葬道路不修而得罪唐庄宗,又因不阿权贵得罪河南尹张全义及其后台刘皇后。唐庄宗要杀罗贯,郭崇韬力谏,被斥搞朋党,罗贯被杀,而唐庄宗等不再信任郭崇韬。唐庄宗任郭崇韬为招讨使入蜀,魏王李继岌是皇储,为其副将。郭崇韬收受蜀人贿赂,又言李继岌伐蜀后当为太子,必尽去宦官。唐庄宗派宦官向延嗣慰劳其军伐蜀之功,郭崇韬对其冷淡无礼。向延嗣向唐庄宗告发郭崇韬收受贿赂,怀有异志,将危魏王。唐庄宗派宦官马彦珪前往观察动静,刘皇后授意其矫诏令魏王将郭崇韬及其五子诛杀。

辽国兵马大元帅耶律延禧少年得志,6岁封梁王,加太尉,16岁总北南院枢密使,加尚书令,任兵马大元帅,27岁即皇帝位。当时,虽然金、夏等部落仍向辽朝朝贡称臣,但已逐渐强大,且辽朝内部矛盾积重难返,对周边控制力已不如前,耶律延禧对此并未重视。五国首领前来朝贡,耶律延禧与其会于混同江钓鱼,女真酋长阿骨打等也在列。在"头鱼宴"上,酒至半酣,耶律延禧令诸酋长依次起舞,唯独女真酋长阿骨打以不能跳舞为由推辞,尽管令之再三,他也未能从命。事后,耶律延禧密与枢密使萧奉先商议,认为阿骨

---

① 《旧五代史》。

打在宴上意气雄豪,顾视不常,可借以边事将其诛除。萧奉先认为:"粗人不知礼义,无大过而杀之,恐伤人心,假使其真有异志,也没什么能为①。"耶律延禧联想到阿骨打之弟、侄等随从其打猎时,能呼鹿、刺虎、搏熊,可为己用,便不再谋议诛杀阿骨打之事。阿骨打自混同江宴归后,心疑辽帝猜疑自己,因此预先统一女真部落,做起兵准备,并多次称疾不奉诏至辽。在准备充分之后,阿骨打果然起兵,并经过多次战役,终于灭辽。

素乏遥图　畏慎狐疑

有大智识之将,大势早在胸中,天下将变,即起而应之,毫不犹豫。而智识甚短之将,大势已变在眼前,犹不能识,狐疑不决,以致于后时丧机,悔之晚矣。志大而智小,色厉而胆薄,猜忌而少威,见迟而反复之将,越是面临重大抉择,越是犹豫狐疑,越易贻误战机。

秦末,秦将章邯与楚将领项羽相持,当时秦相赵高于朝中用事,嫉妒章邯,使其进退两难;加上有人以书信劝其避功高不赏、拥兵自重之祸,宜与诸侯为从,约其攻秦,分王之地,南面称孤。章邯狐疑,暗中派人到项羽营中,想要签约,又犹豫不决。签约未成之际,项羽派军日夜引兵进三户,军漳南,与秦军作战,再破秦军。章邯错过了时机。汉将韩信连续下西河,虏魏王,攻破赵地,威震天下。齐人蒯通深知,天下权时在韩信。便劝韩信:"楚汉相争已成相持胶着之势,刘邦、项羽两主之命悬于足下,足下为汉则汉胜,为楚则楚胜,莫若两利而俱有之,三分天下,鼎足而据,以齐地并立天下,天与弗取,反受其咎,时至不行,反受其殃。"②韩信犹豫,不想对

---

① 《辽史》。
② 《汉书》。

汉王向利背义。蒯通劝道:"功成名而身死亡,野兽尽而猎狗烹,勇略震主者身危,功盖天下者不赏。"韩信仍犹豫,不忍背义,又自以为功多,终未听蒯通。汉王夺取天下,坐稳江山后,始终疑忌韩信。韩信乘陈豨反叛之机欲谋反关中,吕后用萧何之计,诱杀韩信。韩信临死前叹道:"悔不用蒯通之言,死于女子之手。"

东汉献帝时,刘表几经作战,据有荆州,地方数千里,带甲十余万。袁绍与曹操战于官渡,刘表既不帮袁,也不帮曹,欲保江汉间,以观天下之变。从事中郎韩嵩,别驾刘先劝道:"要么起乘其弊,要么善择所从,不可坐而观望,两怨集于自身,曹必胜袁,不如依附于曹,行万全之策。"① 刘表既狐疑不决,派使观望,又疑使者暗与曹通,终未用其计。曹操决定征讨刘表,兵未至而刘表病死。刘表死后,其子刘琮为嗣,韩嵩等劝刘琮:"曹操名不正言不顺,挟天子以令诸侯,即使联结刘备也无胜算,不如归降曹操。"曹操率军到达襄阳,刘琮举州降曹,拜青州刺史,封列侯。

曹操与袁绍起事时就了解其志大而智小,色厉而内胆薄,猜忌而少威,兵多而分画不明,将骄而政令不一,土地虽广、粮食虽丰,必为人所败。曹操在与谋士商议先打刘备还是先打袁绍时,认为刘备必为后患,袁绍虽有大志,而见事迟,必不动。曹军果断东击刘备,刘备被破,袁绍终未出兵。曹操率军救援白马之围,荀攸献计说:"今兵少不敌,分其势乃可。公到延津,若将渡兵向其后者,绍必西应之,然后轻兵袭白马,掩其不备,颜良可擒也。"② 曹操按计而行,大破袁绍军,斩其大将颜良、文丑。

西晋时,陆机是三国时期吴国大将陆逊的孙子、大司马陆抗的儿子。晋灭吴后,陆机投靠晋成都王司马颖,与之起兵讨伐晋长沙

---

① 《三国志》。
② 《三国志》。

王之军，任后将军、河北大都督，督北中郎将王粹、冠军牵秀等诸军20余万人。陆机任将犹豫，认为"三世为将，道家所忌"，坚持辞让大都督，以平解王粹等将的怨气，司马颖不许。有人劝其再次辞让，陆机考虑司马颖会认为自己首鼠两端，反会速遭祸害，以乐毅功败垂成提醒司马颖，对司马颖抱有幻想，勉强率军出战。结果，陆机先遭司马颖亲宠的小都督纵兵大掠，再遭其长史挑拨离间，"陆机将反"之语遍于军营，后遭司马颖部将群起抗命，出师大败，最终为司马颖杀害。

心怯自用　迟缓则殆

心然之计，而不能力行，观望拖延，徘徊不定，反授机于人，坐以待毙。凡决断之际，最忌轻敌侥幸，最贵稳重万全。外迟重寡言，似有器量，而实无智识，必不能早断大事，及其反悔，已时过境迁了。大敌挟迫迫在眉睫，咄咄逼人，在战与和、硬与软、刚与柔以及军事与政治重大问题决断上，犹豫反复，迟疑拖延，反复无常，必给敌人胆怯、懦弱、无能的强烈信号，反使之更加肆无忌惮，形势将急转直下。

西汉末，隗嚣最初在王莽国师处为士，王莽兵败，他与宗族等起兵应汉，被推为上将军，拥兵十万，据有陇西、武都、金城、武威、张掖、酒泉、敦煌。他不听劝告，投靠刘玄，任右将军、御史大夫，后与诸将背叛刘玄，险些被诛杀，携数十骑奔归天水。隗嚣复聚其众，据故地、助汉兵击赤眉，受命为西州上将军。他又助汉击吕鲔、公孙述，刘秀对其厚礼相待，并打算以隗嚣军击灭公逊述，隗嚣没有果断决策归于东汉，而以力弱和刘文伯牵制为由推脱，不去攻蜀。刘秀看出其欲持两端，保存实力，不愿天下统一，预留后路。刘秀许以封爵让隗入朝，隗托辞不就之际，游士长者建议他以天水为基，收取秦地，封住函谷关，蓄养士马，据隘自守，旷日持久，待四方之变，以成王霸之业。隗嚣心然其计，而未力行，游士长者离去。当关东悉平，刘秀以优厚待遇招收隗嚣，而以大兵攻伐蜀地公孙述。隗嚣又以白水险阻、栈道绝败为由婉拒，刘秀深知其终不为用，暗中准备出兵讨伐。当刘秀派兵讨伐隗嚣时，他又称臣于公孙述，联兵抗汉。当刘秀率兵亲征，隗嚣的大将13人、属县16座、众十余万全都降汉。隗嚣再无战力，衰败不止，其死后残余势力瓦解。

东汉灵帝时，何进为大将军，借助中军校尉等除掉了企图诛杀何进的上军校尉蹇硕。何进与袁绍密谋，收取统领禁兵之权和诛除宦官。如此关系生死存亡的大事，二人极其缺乏刚断，绕了一个大弯子，想通过太后实现企图，不断受到太后阻挠，形成僵局。袁绍建议多召四方猛将及诸豪杰，使其引兵向京城，以胁迫太后。这实际上又绕了一个大弯子，主薄陈琳劝道："不可失皇威兵要，大兵聚会，强者为雄，倒持干戈，授人以柄，功必不成，只为乱阶。"①何进不听，执意引外兵挟制太后。何进召前将军董卓统西凉兵马屯关中上林苑，又使王匡、桥瑁、丁原率兵逼近京城。正在何进、袁绍与太后僵持之时，宦官趁机先发制人，诛杀何进。随后，何进部将报复宦官，宦官挟持皇帝、太后，宫廷陷入混乱。袁绍率兵杀宦官2000余人，董卓率兵废帝、迫杀太后，汉室自此败乱。

隋末，窦建德自称将军，乘乱世起事，聚众数万人。他用兵作战表现出战术上精明而战略上犹豫的特点。他曾与高士达制造假嫌隙，高士达以房获妇人假作窦建德之妻而杀之，装得天衣无缝，使隋将郭绚深信不疑，通过诈投隋军，里应外合大破隋军。在与隋将杨义臣作战时，窦建德预料杨义臣善于用兵，远道来袭，其锋难当，

---

① 《三国志》。

宜先避其锐，待其疲倦而击，高士达不听，兵败身死。由于窦建德早有准备，得以免祸，东山再起，拥兵十余万人。他以示弱的办法使隋将薛世雄不备，袭而胜之。此后，窦建德击破宇文化及，兵势益盛。秦王李世民与王世充两军交战近2年，王世充军形势不利，为防止唇亡齿寒，窦建德决心联王世充以拒李世民，并解王世充之围。虽然窦建德拥兵十余万，李世民遣精兵抄其粮运，窦军死伤较多，数次失利，人情危骇，将士思归心切。面对复杂形势，凌敬进向窦建德献计："速悉兵渡河，攻取河阳，逾太行，入上党，趋壶口，慑蒲津，收河东之地，既入无人之境，也拓土得兵，又使王世充之围自解。"①窦建德犹豫之际，王世充的使臣暗中贿赂诸将，使之劝说窦建德与李世民战。窦建德正想采纳，凌敬进坚决阻止，窦建德发怒，将其赶出；窦妻劝其听从凌敬进之计。窦建德以为女子不知大计，不可失信于王世充，于是悉兵进逼武牢。正中唐军下怀，李世民率精骑先诱窦建德军轻进，继而驰骑深入其纵深，窦建德受伤被俘，其军大乱而溃，窦建德被押斩于长安。王世充成为孤军后，不久被李世民击败。

元末，割据将领张士诚率军与元军作战，攻克平江、湖州、淞江、常州诸路。起义军将领朱元璋率军攻克集庆，派使臣杨宪与之联合。张士诚有眼不识泰山，扣押使节并派兵攻打镇江，而朱元璋派兵攻打常州。张士诚在败兵折将后向朱元璋求和，许以输粟20万石，黄金500两，白金300斤。朱元璋以放回杨宪，以输粟50万石抬高要价，使张士诚求和不成。数次败于朱元璋后，张士诚见势不利，决定降元，据杭州，在求爵未许之下，自立为吴王，据地2000余里，带甲数十万。张士诚在大敌四布形势下，偏安东南，歌舞升平，日渐奢纵，不理军务，其将即使丧师失地，仍复用为将，错过了进取和改善形

---

① 《旧唐书》。

势的良机。朱元璋击败陈友谅，又数次击败张士诚军，率军进攻平江，围困张士诚军，两军相持数月。朱元璋送信或派人劝其归降，并许以万户侯之封，张士诚犹豫迟延不决。在城破突围中，张士诚败军折将，兵众散走，终以自缢了结了性命。方国珍虽然割据一方，首鼠两端，犹豫观望，及朱元璋破平江，果断决断，情愿归降，受到宽厚对待，寿终于广西行省左丞位上。

清宣宗旻宁，是中国清朝与英国殖民者进行鸦片战争的统帅。清宣宗起初把英国殖民者向中国贩卖鸦片，当成对中国危害严重的走私贩私，因此当林则徐查获烟贩、收缴烟具时，给予嘉奖。他令林则徐为钦差大臣，对其查获烟土、暂缓议断互市的行动和建议，都给予嘉许赞同，但是对英国殖民者妄图将中国变为殖民地的极深战略企图并未深究，像对待一般外国一样，令林则徐以禁贩鸦片的檄文晓谕英国及各国在粤洋商。英兵船侵入广东海港，林则徐率军将其击走，停其贸易，清宣宗对清英武装冲突以及英国殖民者借机入侵并无深刻认识，特别是对英国殖民者用炮舰挟迫清廷进行不平等贸易，进而逐步蚕食、瓜分中国主权的政治、经济和战略企图没有看透，因此在战与和的重大战略抉择上，迟疑反复，出尔反尔，以致于错过了遏制英国及列强瓜分中国野心于初起的时机。林则徐击毁载烟英船，英舰侵入浙江，攻陷定海，清宣宗夺浙江提督铣廷彪之职。英舰侵犯浙江乍甫口、福建厦门，清宣宗夺浙江巡抚乌尔恭额之职，令伊里布为钦差大臣，赴浙江剿办，以裕谦署两江总督。英国殖民者在挟迫清廷初步奏效之时，以兵船在天津口外驻泊，既进一步威胁京畿，又请琦善递信诉屈，诱迫清廷让步，清宣宗让琦善接收信函，正中英国殖民者下怀，给予其极其强烈的信息，即在英国殖民者挟迫下，清廷可以让步，此例一开，遗患无穷。林则徐奏请继续捕获贩烟人犯，清宣宗谕以空言搪塞并切责之，令钦差大

四、去疑果决

臣伊里布等，英国人如投递书信即接收驰奏。以邵甲名署浙江巡抚，英舰入侵厦门被击走，清宣宗命琦善为钦差大臣查办，并谕沿海防守要隘，洋船停泊外洋勿问，切责未及时递交英国人书信的裕谦，林则徐、邓廷桢革职遣戍，琦善署两广总督。清宣宗与英国签订《穿鼻条约》，答应割让香港、赔烟款。清宣宗虽然又派奕山等开赴广州准备与英军作战，在屡屡失败和英国炮舰政策威逼下，与英国签订丧权辱国的《南京条约》。从此，中国沦为半殖民地半封建社会，不仅英国人得寸进尺，其他列强也趁火打劫，与美国的《望厦条约》，与法国的《黄埔条约》接踵而至。在整个过程中，清宣宗在战与和上多次犹豫反复，频繁调换主要官员，多次查办有功之将，反复无常，使两江、两广、浙江主要文武官员无所适从，给英国殖民者以可乘之机，以致清朝从此崩坏，列强步步进逼，为清廷在列强侵略和人民反抗中覆灭，打开了缺口，一溃而不可收。

模棱两可　事疑无功

蒯彻曰："智诚知之，决弗敢行，百事之祸也。智者，决之断也；疑者，事之害也①。"属将、专家慑于权威，出于私欲或讨好奉迎，不能说出自己真实的意见，只说将帅想听到的，而把其不想听到的情况隐瞒起来，如果将帅据此作出决断，将十分危险，甚至会错过取胜的机会。军中无戏言，任何时候都要成为信条。正义的作战，决心必定果决；非正义的作战，将士战心不定，士气不高。以逆伐顺，难有功名。

法国海军将领布吕埃斯曾任舰队司令，奉法国督政府之命随拿破仑远征埃及。他出身贵族，在法国大革命中受到冲击，家人和朋

---

① 《汉书》。

友因贵族血统被杀，自己也被当成嫌疑分子在军中效力。因此，他在军中，小心翼翼，诚惶诚恐，上不敢对拿破仑有半点不敬，下不敢对手下严格执纪，即使在作战问题上也得过且过，息事宁人。当拿破仑征战亚历山大时，命令布吕埃斯暂泊阿布基尔湾，除非遇到实力强大的军队，条件允许时再泊亚历山大港。实际上，法国舰队只有进入亚历山大港，才能得到陆岸火力支援，才能避免遭受英舰队毁灭性打击。停泊亚历山大港还是继续留在阿布基尔湾，是决定法国舰队命运的抉择，况且英国舰队正虎视眈眈，待机而动。布吕埃斯婉转地报告拿破仑，即使亚历山大港水深测量不令人满意，舰队也不能停在阿布基尔湾，因为法舰队不堪一击；同时又献媚地表示，当前没有可供选择的锚位，不想离开拿破仑，想对拿破仑陆上行动有所支援。由于拿破仑默认了布吕埃斯的模棱两可的意见，法军错过了脱离阿布基尔湾的最佳时机。在整整30天的时间里，布吕埃斯舰队装卸物资，补充给养，3000人离舰住院或在岸上打井找淡水，很多人受到疟疾的折磨。布吕埃斯既没有任何防御作战准备，也没有力主离开危险水域，却给予英国舰队充足的侦察、准备和机动的时间。英舰队机动700英里后突然出现，英将纳尔逊用两侧或首尾夹击战术，各个击破法舰，13艘法舰中旗舰爆炸，1艘被自己炮火击毁，9艘投降，4艘逃脱。布吕埃斯受重伤直至战死，法舰队基本覆没。很快，海战的失败影响到陆战，英国舰队封锁了亚历山大港，使法军陆地作战发生困难，拿破仑对布吕埃斯优柔寡断未予把关，自食其果。

美国南北战争时的将领罗伯特·爱德华·李曾参加美墨战争，出任西点军校校长，颇有功绩、名声和地位。南北战争前夕，总统林肯有意任李将军为联邦军司令，并授意国防部长正式提议。在这一重大抉择面前，李将军一方面在政见上反对南方脱离联邦，认为分裂国家就是背叛；另一方面在感情上又不想背叛自己的出生地弗吉尼亚，不想率联邦军打击南方的同盟军。因此，他在左右为难下加入联盟国，指挥南方军队。他在与麦克莱伦将军作战时，虽挫伤对手，但自身伤亡惨重，并败退弗吉尼亚。在钱瑟勒斯维尔之战中，李将军以少对多，成功分割联邦军团，取得胜利，但折损杰克森将军。当李将军主动向北方发起进攻时，内部协调不利，部属未能积极进攻，迫使其后撤。格兰特将军掌握北方联邦军后，李将军难挡其攻势，在败退后被围，陷入险境。当李将军再度被围困后，被迫投降。战后，李将军申请特赦未准，后来才被总统特赦，宅第被没收，与妻子居住于娘家，担任华盛顿学院校长。

五、避实击虚

善为将者,观虚则进,见实则慎;乘间趋隙,审虚击瑕。李筌曰:"善用兵者,以虚为实;善破敌者,以实为虚。"[①] 以阴夺阳,以险攻易。兵指空虚是颠扑不破的作战原则,识虚实之势者无不胜。制人之术,避长攻短;制敌之术,避实击虚。善乘虚者,制敌于分隔之时,胜敌于气衰之际。敌锐我避,敌躁我诱,敌劳我耗,敌惰我击。敌示之虚,必为其实,我反其意而动,可以实击虚。善用兵者,出其所必趋,攻其所必救,害其所必爱。执坚者实,钝坚者虚;穷兵者虚,蓄锐者实。

(一) 乘间捣虚

联弱攻强,则强者弱;以实攻虚,则实者虚。李靖曰:"奇正所以致敌之虚实也。敌实则我必以正,敌虚则我必为奇。"[②] 兵贵乘其猝不及防。打其举棋不定,打其迟疑不决,打其调整变更,打其士气不振,打其立足不稳,打其间歇停顿。乘间在速,捣虚在疾。善乘间者,攻其将合未合,打其欲稳未稳。

善审虚实 罕有能预

判断敌人虚实,不只从其兵力多寡、地势利害、兵势锐钝来判断,更重要的要从其作战真实意图来判断。当敌人故意留出兵力薄弱之处诱我来攻时,薄弱处并非为虚;当敌人预料我将乘其空虚且已有所准备时,空虚处恐已为实;当敌人未料我将攻其兵多之地时,兵多之地实已为虚。已知敌之虚实,而佯攻其实,则虚处更虚,且可

---

① 《十一家注孙子》。
② 《李卫公兵法》。

出其不意。欲虚先实，欲藏先露，欲擒先纵。击虚而实者虚，则攻之；击虚而实者仍实，则避之。

唐朝名将李靖是善于把握用兵虚实的高手，尤其寻策之精深确有过人之处。辅公祏反叛，兵据丹阳，其将冯惠亮率3万兵力屯于当涂，陈正通率2万兵力屯于青林，自梁山连锁以断江道，筑城为守，延展十余里，为犄角之势。诸将分析兵势认为："敌陈正通部劲兵连栅，意在不战而疲老我师，若避实击虚，直取丹阳，空其巢穴，则其将冯惠亮不战自降。"李靖不同意他们的判断，认为："冯、陈二军虽精，而辅公祏所率之兵也是劲锐，可保石头城牢不可拔，我若攻之，留不得志，退有所忌，腹背受敌，计非百全；且冯惠亮、陈正通身经百战，并非怯于野斗，如今持重，一定是辅公祏定立的计算，如果我出其不意，挑攻冯惠亮的当涂，必能破之，惠亮拔，公祏必成擒。"①李靖之策既避开了陈正通的坚栅，也避开了辅公祏的坚城，还利用了陈正通、辅公祏坚阵以待唐军而不轻动的算计，可以乘其不备、其余两敌未动，而速克敌并动摇敌整个防御。主帅赵郡王李孝恭听从其计，李靖率水陆并进，经苦战，杀伤敌人万余人，攻入当涂、冯惠亮逃遁；又速攻丹阳，辅公祏出走被擒获，江南平定。唐太宗将李靖比作韩信、白起、卫青、霍去病。

元朝名将伯颜用兵变化莫测。伯颜率军大举伐南宋，军至汉水北岸，宋军在南岸筑新城、横铁绳、锁战舰、树木桩，遍设守御之具。伯颜不为一城一地得失，顺流而下，破沙洋、新城、复州，令诸将不得入城、严守渡江之期、使宋将难料其实。伯颜率军至汉口，蒙汉兵10万骑布于江北，两军各以万艘战舰相拒，宋大将王达、夏贵等分据要害。伯颜已看出，由夏贵防守的沙芜口南岸一旦被破，其全局必坏，却三日连攻由王达防守的阳罗堡，并扬言要在汉口渡江，

---

① 《旧唐书》。

吸引了夏贵兵力往汉口,而暗中令将率3000铁骑,泛舟直取上流,捣其虚弱,出其不意袭取南岸,夏贵手足无措,麾下数千人先遁,斩溺者不可数计。伯颜乘胜大破阳罗堡、斩杀王达,宋军数十万众死伤殆尽。伯颜令军勿追夏贵,以便让其替元军宣传。鄂州、贵州、蕲州、江州、安庆及沿江诸郡望风归降。宋大臣贾似道以孙虎臣、夏贵为将,率军13万人、号称百万抗拒元军,夏贵见元军势盛,估计不可敌挡,先行逃遁,贾似道仓皇失措,鸣金收兵,全军败溃,宋朝大势已去,元军灭宋只是时间问题了。

明朝大将军徐达按朱元璋指挥,率军平齐鲁,扫河洛、克潼关,元大将扩廓贴木儿在河南按兵观望,李思齐奔凤翔,张思道奔鹿城,元帝在元大都。敌人分成几大股,虽然惊魂未定,但仍有战斗力,很难马上将其消灭。徐达建议朱元璋:"在其四处援军未至之时,乘虚直捣其都城,使其四面之军丧失根据,运命全衰,收取不战而有、不战而胜之效。"朱元璋准许后,徐达率军迅速攻下元大都、扩廓贴木儿出雁门,企图由居庸关救援元都,徐达乘其远出,避其军锋,乘虚袭其根据太原,诱其回援。扩廓贴木儿被迫回救太原。徐达乘其立足未稳,以精兵突袭其营,尽降其众,扩廓仅以十八骑遁去,太原、大同及山西悉平。徐达以胜势,使张思道不战而逃,李思齐不战而降,尽定陕西之地。

思虑精密　乘其间歇

当敌人意识到,在整个战局中自己出现了薄弱环节,为迅速消除之,并防止为敌所乘,就必须进行阵势及兵力部署的调整变更,善于乘间捣隙的将军,就会利用这个间隙打敌一个猝不及防和措手不及。从敌人薄弱环节预料其部署调整,从敌部署调整判断其真实意图,从其进攻间歇筹划自己的攻击行动。

第二次世界大战的苏德战场中,朱可夫是苏军中极其具有指挥大兵团作战能力和经验的高级指挥员,其乘敌之虚而把握有利战机的能力尤为突出。1941年7月,德军以闪击战攻占莫斯科的企图落空后,秘密制定"台风"进攻战役计划:主力集中于斯摩棱斯克以东,由中央集团军群实施主要突击,歼灭苏军西方面军、预备队方面军和布良斯克方面军,尔后以强大集群快速从北面和南面包抄并攻占莫斯科。德军中央集团军群辖3个集团军,3个坦克集群,共74个师180万人,坦克1700辆,火炮1.4万门,飞机1390架。朱可夫分析敌情、研究作战态势时注意到:德军仍有强大攻击力和突击力,但想要在所有战略方向上实施突击已力不从心;德军中央集团军群右翼有被苏军中央方面军及与之毗连的西南方面军突击的危险,从而使德军中央集团军群侧后受到很大威胁;德军南方集团军群在基辅以南多处进逼第聂伯河,主要集团正力图占领基辅东南的克列缅丘格地区。朱可夫作出判断:德军在大规模进攻莫斯科之前,必定会出现一个短暂的间歇期。因为德军不敢置中央集团军群危险的右翼于不顾,必将在消除此威胁、具备足够数量和质量的突击兵力后,再放手进攻莫斯科。此外,德军北方集团军群势必在短期内夺占列宁格勒,消除其左翼威胁,从东北方向实施迂回、同芬军会合后,再进攻莫斯科。①7月下旬,朱可夫对所有情况进一步验证并对苏军兵力兵器反复衡量和计算后,向斯大林建议:乘德军可能出现间歇短暂时机,从速在苏军中央方面军和西南方面军翼侧,加强3个集团军,派一经验丰富的将领指挥;放弃基辅,并在西部方向组织反突击,夺回叶利尼亚突出部,控制德军进攻莫斯科的桥头堡。斯大林对乘敌间歇预先采取行动表示认可,但是对放弃基辅断然拒绝,并决定由朱可夫指挥夺取叶利尼亚突出部的作战。斯大林打算利用

---

① 《朱可夫元帅战争回忆录》,解放军出版社2003年版,第348页。

基辅和列宁格勒阻滞消耗德军主力，减缓其迂回包抄莫斯科的压力，同时以夺回叶利尼亚预先制约、阻滞德军中央集团军群直插莫斯科，制造有利战略防御态势，对于保卫莫斯科，把敌人拖入冬季具有极其重大的战略意义。朱可夫准确理解斯大林战略意图，充分认清叶利尼亚反突击战役的战略意义，在战役指挥上，抓住几个关键环节。一是切实掌握敌情。朱可夫在熟悉方面军主要将领和4个集团军作战能力的基础上，亲自到前线的第24集团军，勘察地形，视察阵地前沿，同一线指挥员研究情况。他发现，德军已把叶利尼亚建成筑垒地域，坦克、火炮都有掩体，敌火力配系未全部查明，决定增调2~3个师和炮兵部队，战役准备至少需要10~12天，预计8月中下旬发起战役。二是采取达成突然性的措施。严密进行战役筹划和隐蔽准备，以常用的防御方式掩盖变更兵力兵器部署。三是找到突破防御的有效办法。朱可夫利用俘虏口供、叶利尼亚附近地区苏联军民情报和部队的周密侦察，搞清了叶利尼亚德军的防御配系及战术：德军以居民点为支撑，互相策应形成防御体系，其弱点是纵深防御差，经不住猛烈炮火打击。据此，周密制定了炮兵、航空兵火力突击计划。8月30日，苏军发起叶利尼亚战役。经过充分的炮火准备，果断发起进攻，迅速突破敌防御，歼敌4.7万人，打乱了德军正在合围基辅苏军的行动，牵制了德军战略进攻，实现了斯大林的战略意图。

（二）打其虚弱

《孙子兵法》曰："形人而我无形，则我专而敌分；我专为一，敌分为十，是以十攻其一也。"打其疲惫胆虚，打其内讧内斗，打其薄弱空虚，打其迷惑错觉，打其兵分势散，打其孤立无援，打其骄狂冒进，打其力弱麻痹，打其疲惫不堪。

避其锋芒　机谋深险

　　补给盈缺是一支军队实虚强弱转变的决定因素，而补给线的长短安危是补给盈缺的决定因素。坚壁清野，焦土抗击，截击补给，持续袭扰，不断消耗，表面上是使敌人补给缺乏、中断，实质是不用大战而使敌大量非战斗减员，士气低落，作战能力大降，使强者变弱，而后胜之。因此，在补给问题上中招的将领和军队，十有九败。

　　俄国统帅、沙皇彼得，见瑞典国王、统帅查理击败波兰后得意而骄，便知瑞俄必有一战。彼得考虑避其锋芒，待其疲惫虚弱时再与其决战。因此，他在波兰东部实行焦土政策，使瑞典军的前进基地补给困难，展开各种防御准备，重点是莫斯科和彼得堡，以主力引诱瑞典军进入不利地域和不利时机决战，以一部骑兵尾追袭扰，使之不得安宁。彼得实际上为查理布下了一个天大的陷阱。瑞典军队对此种风险估计不足，在进往莫斯科的道路上，为彼得军的一些中小作战骚扰、消耗和疲惫，但没有伤筋动骨。在戈洛夫钦瑞典军付出代价而击败俄军。俄军通过撤退引诱瑞军继续深入，把战争拖得越久越好。瑞军逐渐显现变弱的迹象：补给严重困难，死伤士兵难以补充，不断被袭扰士气低落，逃亡士兵开始增加，被派去收集补给将领的部队被俄军击败，大量补给被收缴，哥萨克的援兵也被彼得击败。查理不得不在极端不利状态下与彼得决战了，查理像输了钱的赌徒，想借再赌一把捞回所有损失，因此急于与彼得一决生死。而彼得偏偏不急于求战，继续后撤。俄国的严冬对瑞军造成了很大的损失，使瑞军忍饥挨饿受冻，沮丧不堪，而俄军士气旺盛，养精蓄锐，处于最佳状态。第二年春天，在波尔塔战役中，俄军大败瑞军，并发动追击，查理几乎全军覆灭，冒死逃回瑞典。

权敌审将　据情筹策

《国语》曰："谋必素见成事而后履之。"虚实为用可扭转乾坤。攻实则实者虚，攻弱则弱者强。找准敌人的弱处，以与敌不对称的手段，对准敌人致命弱点，发起决定性打击，以最突然、最快捷、最简约、最把握的办法，决战决胜。

1944年1月至5月，第二次世界大战中，美军集团军群司令布莱德雷统率参加诺曼底登陆战役地面部队主力，善于随机应变，发挥美军独特优势。盟军在筹划作战过程中，有几个因素对地面部队作战影响甚大，而美军对此估计不足。一是两个空降师在犹他海滩纵深空降，与地面部队抢滩登陆协同很难。二是海滩之后的灌木围田、林间田地对地面进攻造成的阻力很大。三是美军航空兵重点压制德国空军于地面，对德防御部队实施的战术轰炸效果有限。四是盟军实施欺骗，把德军防御重点引到加莱方向，但敌大量装甲部队迅速机动至诺曼底、给地面部队进攻带来严重困难。1944年6月至7月，布莱德雷率部发起抢滩登陆，诺曼底登陆作战正式打响。2.4万名伞兵突然出现在"大西洋壁垒"后面，支援登陆地面部队的中型轰炸机360~480架，加上舰炮火力，给德军造成较大伤亡，比较顺利地实施了抢滩登陆。德军迅速调动三四个精锐装甲师，在战线纵深投入诺曼底方向战斗。英军地面部队在卡昂受阻后，德军猛烈反击，并用装甲部队进行固守，建立防线，阻止盟军已登陆的部队。特别是德军7个师包括装甲步兵、空降、步兵师，对布莱德雷所部造成重大威胁。布莱德雷以地对地为主，正好撞上了德军的长处，部队受到德军精锐装甲部队的阻击，双方反复缠斗，互有伤亡，美军艰难向康斯坦丁半岛和瑟堡进攻。美军动用500架飞机进行密集轰炸，用舰炮压制德军炮兵，3个师经激战，攻占瑟堡，尽管歼灭德军3.6万人，美军也损失2.5万人。① 布莱德雷指挥4个军12个师，向东迂回行动，企图与蒙哥马利英军形成南北夹击，一举歼灭该敌。由于对德军装甲部队防御强度估计不足，侦察不够，发起进攻仓促，天气恶劣、难以发挥空军优势和影响部队机动，"灌木围田"严重阻碍装甲部队进攻，即使布莱德雷换掉1名军长、2名师长，1名副师长，也未能扭转进攻受挫的局面。7月10日，布莱德雷痛定思痛，穷极思变，考虑避实击虚，避长击短，以不对称的空中优势，即以空对地为主对付德军地面部队。他提出动用2500架飞机，对德军装甲部队、指挥枢纽、通信设施，进行饱和式、地毯式、瘫痪式空中打击，在德军防御体系崩溃后，集中4个军，在圣洛地区的狭窄地段上，实施正面攻击，将德军从科蒙到海岸之间的防线一举摧毁，即代号"眼镜蛇"的作战计划。7月25日，布莱德雷指挥总攻，2430架飞机向德军地面部队投下4000吨炸弹和燃烧弹，尽管误伤美军500余人，包括一名中将，但是给予德军装甲部队指挥所、通信枢纽、坦克及重型装备，以及大量地面部队包括3个空降团以毁灭性打击，德军防御基本被瘫痪。美军地面部队进攻如摧枯拉朽，一举突破，迅速推进60公里。"眼镜蛇"行动收到奇效，成为诺曼底战役的重要转折点。

（三）避锐击惰

出其意急，击其心懈，打其气惰与在敌行进之间、未列阵之间、未经准备之间突然发起攻击有异曲同工之效。其锋不可当而可以挫，其众不可敌可以扰。择地而守，与之消耗；相机而走，与之周旋；坚壁高垒，与之持久；待敌疲怠，与之决战。善治气者，慑其气，夺其志，乘其怠，击其衰。

---

① 克莱尔·布莱尔：《布莱德雷》，京华出版社2008年版，第150页。

出其意怠　待懈而击

敌实而避，敌懈而击。示弱使之骄纵轻敌，坚壁使之分兵抄掠，连败使之气懈意怠，出奇使之措手不及。善战者，避其锋锐而击其气衰。敌实且锐，我深沟高垒使之顿挫，而击其疲困；敌精且悍，我深藏不露使之无用，而出其空虚。控制敌人的根据，调动敌人疲于奔命，成为好打之敌。

隋末将军王世充用兵诡谲，在率万余人与孟让10万多兵力作战时，建立五栅，相持坚守，不与之交战，并以老弱病残示弱于敌。孟让嘲笑王世充是文法小吏，不会领兵，料定必能轻易取之。孟让见百姓坚壁，野无所掠，粮草渐缺，坚栅阻挡，不能南进，便分兵围五栅。王世充每日派兵攻击围敌，佯装失败，走退入栅，如此反复数日，使敌更加轻视其兵。孟让一方面分兵于南方抄掠，另一方面留兵仍围其栅。王世充知其懈怠，不出栅列阵，于营中平灶撤幕，设置方阵，四面外向，毁栅而出。由于王世充出其不意，奋力而击，大破孟让之军，杀万余人，俘十余万人，孟让仅以数十骑逃遁。

隋末李世民任元帅率兵征讨薛仁杲时，见敌十万人之军兵锋甚锐，便取实而虚之的战策，与之相持，坚守深沟高垒，60多天不与之战。尽管薛军数来挑战，李世民始终不为所动，以挫其锋。李世民待其粮尽，士气已衰，亲率大军，出其不意，迅速出击，四面合围敌军，薛仁杲请降。次年，宋金刚攻略河东之地，兵锋甚锐，李世民鉴于太原为唐之根本，河东殷实，具有不可估量的战略意义，便率精兵3万人，与宋金刚军相持。李世民认为，宋金刚悬军千里，深入重地，精兵骁将皆在于此，刘武周据太原，专倚宋金刚，士卒虽众，内实空虚。李世民率军迅击之，使之大败。

唐肃宗时，元帅广平王行军司马李泌辅佐平定安史之乱。唐肃宗问大计于李泌，答道："叛贼贵于掠夺金帛子女，悉送范阳老窝，有苟得之心而无定天下之计，华人为其用者仅数人，其余皆胁制偷合；今令李光弼守太原、出井陉，郭子仪取冯翊、入河东，则史思明、张忠志不敢离范阳、常山，安守忠、田乾真不敢离长安，是以三地禁其四将；令郭子仪不取华，使叛贼得通关中，其北守范阳、西救长安，奔命数千里，其不过一年两敝，我以逸待劳，来避其锋，去剪其疲，以所征之兵会扶凤，与太原、朔方军合击敌人，攻取范阳，贼失巢穴，必死于河南诸将之手。"①唐肃宗按其计而行，果不出其所料。

　　五代时，后唐八营都知兵马使（后为吴王）杨行密，果敢有威，善于用兵。杨行密以数千兵力与毕师铎数万兵力作战，佯败避其锋芒，造成敌人兵饥，并乘敌人入营收集军资之机，反兵突击敌人，大败敌军。杨行密乘胜攻占扬州后，不仅城内饥民相杀而食，而且敌秦宗权、秦宗衡、秦彦及毕师铎部合兵会势之际，秦宗衡的偏将孙儒反叛，并与诸将有内斗之势。杨行密抓住机会，先整治高骈旧部诸将手下持两端、因强弱、择向背的动摇不稳的问题，将海陵镇使高霸诱召擒杀，并其兵数千人。当孙儒杀掉秦彦、毕师铎进攻杨行密时，仍避其锋，走庐州，并攻袭秦彦部将所守且较为虚弱的宣州，孙儒率军号称50万人，进攻宣州，杨行密打算弃城而走铜官，部将载反规及刘威建议："敌不仅气锐而且兵多，避之必定兵败为其所擒，而背城坚栅，与之持久，待其疲弊可一战而胜。"杨行密按计行事，相持较久后，孙儒军出现饥饿少食状态，又发生大疫，杨行密乘机攻击，羌人首领孙儒大败，被擒杀。

　　北宋经略安抚使、招讨使范仲淹，治军严明，智勇超于常人，

---

①《新唐书》。

为宋代名将。范仲淹知延州,羌人首领赵元昊依恃契丹入边侵掠,双方对峙。范仲淹避实击虚,首先,避免以至弱对至强,一改宋军官卑者率兵最少且最先出击的惯例,采取量敌众寡、择人而出的办法,为避实击虚创造条件。其次,不盲目执行诏令,谏言朝廷不必在塞外大寒、大旱暴露的正月对敌作战,而是待春季,敌马疲人饥,我边备渐修、敌已惮其气的时机,要么以实击虚,要么据要害按兵以观其隙,可以处处主动,在敌人易被制服的情况下动作。宋仁宗按其筹划行事,羌汉之民,相踵归业,赵元昊被迫与之约和。范仲淹善于识破敌之虚实,便宜行事。范仲淹作战时,料到要地敌必来争,密派属将先据其地,然后引兵随之,在诸将还没明白过来时,大顺城已经筑成。敌人发觉,以3万骑兵来战,忽然败退。范仲淹识破敌人是佯败,戒勿追敌,不久发现果有敌人伏兵。范仲淹率军据守大顺城,敌不敢来犯,寇略渐少。

后发制人　蓄盈待竭

兵忌久暴,兵无后继者败。战争必不可免,而越最后参战,越能争取准备时间,越能使敌人尽量消耗,越能获得更多外援支持,增强经济实力,改善战略形势,建立缓冲地带,加强军事力量,增加战胜敌人的把握。善于治力者,既善于消灭敌人有生力量,又善于耗尽敌人后备力量;既打敌人的实力,又打敌人的潜力。穷兵黩武像暴雨,来得快,去得也快;政治优势像大海,取之不尽,用之不竭。

早在1926年,苏联统帅斯大林就得出重要结论:帝国主义发展不平衡加剧,必然导致战争。[①]1931~1941年,斯大林作出重要论断:苏联比先进国家落后50~100年,落后就要挨打,必须用10年时间,

---

① 《斯大林全集》第9卷,人民出版社1954年版,第95—96页。

以布尔什维克的速度走完这段距离。①苏联卫国战争爆发,斯大林争取了10年时间。在准备战争及指导战争中,斯大林都善于蓄盈待竭,既消灭敌人,又耗尽敌人。斯大林认为,尽管战争不可避免,但越晚加入,争取越多的准备时间,对苏联越有利。他曾说:"如果战争一旦爆发,我们不应该坐着不动,我们必须行动,但我们是最后行动。"②最后行动还有一个很大的好处,就是让帝国主义国家之间尽量消耗,待其精疲力竭时,收拾残局,费力少而见效多。斯大林经过努力,与十几个国家建交或缔结互不侵犯条约;加入国联,与意大利缔结友好、互不侵犯条约。营造国际和平环境的实质是,加快国内经济实力增长,积蓄战争需要的实力和潜力。苏联二五计划实施,飞机、汽车、化工、仪器仪表、电力、重型机器等新建改建大型国有企业1.1万多家,工业增长120%,工业总产值超过德、英、法,跃居欧洲第一位,世界第二位。③苏联成为世界级的工业强国,为打赢即将到来的战争,打下了坚实物质基础。1938年3月,希特勒咄咄逼人,英、法实行绥靖政策,斯大林作出判断:英、法不过是施延时间,企图祸水东引。斯大林迅速采取措施,随即展开与德国实质性谈判。8月23日,苏、德签订互不侵犯条约,为期10年,使苏联挫败祸水东引的图谋,推迟参战的时间,赢得了战争准备时间。1939年9月至1941年6月,德军进攻波兰,英、法对德宣战后,西线战事爆发。在德国与英、法大拼杀、大消耗的过程中,苏联乘机快速增强实力,为将要到来的战争做好充分准备。一是苏联占领波兰东部,夺取芬兰4.1万平方公里土地,吞并立陶宛、拉脱维亚、爱沙尼亚,占领罗马尼亚北部领土,使苏联边界从波罗的海沿岸到喀尔巴阡山,向西增加47万平方公里、2300万人。二是苏

---

① 《斯大林全集》第13卷,人民出版社1954年版,第37—38页。
② 《斯大林全集》第7卷,人民出版社1954年版,第14页。
③ 《斯大林传》,人民日报出版社2009年版,第233页。

联军费占国家预算43.4%，国防工业及重工业企业延长劳动时间，取消休息日。在西部边境构筑防御工事及机场，调集6个集团军加强西部防御。征兵年龄由21岁降为18岁，延长服役期，武装力量由194万人增至420万人。将50万预备役人员派往边境地区，决定组建29个机械化军。三是暂停反德，消除希特勒对苏联的疑虑，签订苏日中立条约，稳住日本，专心对德。1940年7月至1941年6月，德军在拟制对苏联作战计划的同时，竭力制造集中力量进攻西线的假象。希特勒作出判断：苏联想使不可避免的战争晚一些爆发。因此，他决定吸取拿破仑的教训，不待西线战事结束，在来年入冬前拿下莫斯科。为此，希特勒集结了190个师550万人，以装甲部队为主闪击苏联。1941~1945年，斯大林领导指挥苏联军民，进行了莫斯科保卫战、斯大林格勒战役等著名战役，极大消耗了德国有生力量，以致于其机动作战兵力逐渐枯竭，士气衰落，苏联以盈待竭，彻底击败法西斯德国，赢得了卫国战争的彻底胜利。

（四）抄其顾爱

《武备集要》曰："善用兵者，攻其爱，敌必从；捣其虚，敌必随；多其方，敌必分；疑其事，敌必备。"对敌人作战有决定意义的虚弱且要害之地，必是其顾爱必争之地，一旦我全力加以控制，就会带动全局，使敌人被动以致失败。

多有智略　拊背扼喉

以控制要害咽喉之地，控制全局；以袭取补给根据之地，消其斗志；以示之畏战怯战之形，使之懈怠。两军相持不下，胶着疲惫，情见势竭，先出奇而趋其空虚且要害之军，必能握持形势转变之枢机，而司敌之命。

宋兰州录事参军、知安肃军张叔夜,遇敌少用力而善于智取,以乘敌人之隙。他驻守的金城郡,地处极边,恃河为固,每年一遇冰冻期,必严兵以备,将士不解甲要数月之久,即便如此也难挡羌人大举入寇。他决定求守要地,以点制面。张叔夜鉴于灭都是羌人入寇时的集结地,其五路之兵的汇集点,每次出兵到此之后才议兵所向,便控制此地建为西安州,一举瞰制其五路之兵,使兰州诸地无羌人入侵之患。宋江军转略十郡,官军莫当其锋。张叔夜令人侦察得知,其径趋海边,据十余艘巨船,载装其资用补给。于是,他令死士千人伏于近城,同时藏勇士于旁。及两军交兵,勇士举火烧其巨船。宋江军听说后,皆无斗志,而张叔夜伏兵乘机攻击,宋江军大溃,副帅被擒,宋江投降。山东农民聚众势大人多,张叔夜力不能敌,遂行缓兵之计,用旧时赦免之文传至郡内。聚众农民听说后稍有懈怠,张叔夜又故意示之以闲暇,而无剿灭之意,并谕以恩旨。就在聚众农民狐疑相持、犹豫不决之际,张叔夜突然发兵5000人,乘其惰而攻击,其军大溃,损失数千人。

辽将耶律图鲁窘每议大事,均合辽太宗之意,受到器重。辽太宗讨伐石重贵,耶律图鲁窘随行,后晋将杜重威拥十余万众与之相拒,双方力战数日,辽军不能进。辽太宗考虑,两军争渡,人困马乏,没有好的办法,诸将顺其意,请求暂缓进兵,以为后图,辽太宗将要听从。耶律图鲁窘力排众议,厉色进谏,认为:"怀扩大疆土之志,如若中路而止,势必引致敌人乘势进占属邑,争战不已,则国无宁日,且无进取之期;宜乘彼步、我骑之长,攻汉人足力弱而行缓之短,选轻兵锐骑绝其饷道,必能立克敌军。"[①]辽太宗大悦,于是派兵塞其饷道,数出师以牵绕其势。当时,杜重威30万兵力作战,辽将高

---

① 《辽史》。

模翰认为:"军法在正不在多,以多凌少,不义必败"。高模翰以麾下300人逆战,杀其先锋梁汉璋,余敌败走。杜重威率兵卷土重来,高模翰驱兵英锐无敌,如鹰逐兔,后晋军大败,杜重威降辽。

明兵部主事、右佥都御史王守仁(后创立阳明学),大事极其清醒,敢于机断行事,机智应对突变和意想不到的巨大危险。明武宗时,宁王突然在江西南昌反叛,王守仁立即改变行动,急趋吉安征调勤王兵力,在最短时间内合兵16万人。王守仁先写信给伪相李士实、刘养正,叙其归国之诚,又故意泄露,宁王果然生疑,反间计起到了迟滞叛军行动的作用。宁王率6万人,出兵袭取九江、安庆。王守仁早料宁王可能顺流而下,直取南京,准备乘虚直捣南昌,除其根据。及宁王出九江、安庆,王守仁见南昌兵少空虚,大喜,断然否决趋救安庆之议,避免了腹背受敌的危势,决定乘其精锐悉出,守备空虚,以新集锐气,直破南昌,南昌破,敌必回军自救,则逆击其于湖中,必获大胜。[1] 当宁王兵逼近南京时,京师诸大臣震惧,兵部尚书王琼认为,王守仁安居南昌上游,必能擒贼。王守仁果然在叛军回救南昌时,大破其军,俘获宁王。

击其未料　攻其不守

避实击虚的精意在于,以最早的预料、最快捷的行动,乘敌未备之机,抢先占据能抑制敌人长处、弥补我之短处的要害之地,从而一举掌握作战全局的主动权,以相对优势兵力战胜敌人。打击敌国海上贸易比打击敌军舰队对国运更有震撼力。

古罗马将领苏拉率领罗马军队进攻雅典,虽然他的军队比雅典强,却未直接攻击设防的坚城,而是通过侦察,发现雅典人疏于戒备的路径和城墙,乘虚而上,打开了攻城突破口,以至于攻破整个

---

[1] 《明史》。

城市。雅典援兵11万人迅速赶到，而其主要力量是骑兵和战车，而苏拉的兵力比雅典人要少得多，因此为其所藐视，况且战地恰是平原，对雅典军有利。然而雅典军是乌合之众，纪律松弛，四处抢劫掠夺，真正能战者并不多。苏拉正面列阵，与敌对峙之时，已令一将率精锐力量，乘敌人戒备不严，从敌无法通视的小径，夺取了休姆山旁的高地，居高临下袭击了休姆山守敌，歼灭3000人。休姆山制高点的争取，使苏拉在平原作战有了依托和观察点，同时使敌人产生了恐慌情绪。苏拉以最快速度抓住难得机遇，尽全速发起冲锋。其中奥妙在于，罗马军将以最快速度冲越两阵之间的空地，使以战车为主的敌军丧失加速疾驰以发挥巨大冲力的空间，从而不仅丧失了战车的优势，而且限制了战阵中作战的灵活性。罗马军队在抢得先机后，猛烈攻杀，充分发挥了投射武器的威力，将敌军打得四处散逃，赢得了会战决定性胜利。

英国海军将领布莱克精通海军、海战和海洋，善于创新，具有政治、战略眼光，深受克伦威尔器重。第一次英荷战争时，双方争夺海上霸权十分激烈，布莱克任英国舰队司令，与荷海军进行作战。当时，英舰队与荷舰队比，常常处于劣势，总是以少对多。在多佛尔海战中，英舰队以25艘战舰对荷舰队42艘，未能取胜。在邓来尼斯海战中，英舰队以42艘对荷78艘战舰，战败并损失战舰11艘。在波特兰海战中，英舰70艘对荷舰80艘，毁伤荷舰11艘。由此可见，英国海军与荷舰队硬碰硬，实对实，并未取得压倒性胜利。布莱克既把眼光盯在海战上，也放眼整个海洋、海权和海上贸易上。他分析认为，海上贸易和海上渔业是荷兰的命脉，也是其战略上的最薄弱环节，以英舰队对其进行打击，不仅易于得手，而且会处于主动，调动荷舰队，打击其经济命脉，还可对战争全局产生重大影响，包括打击荷兰军队的士气和民心。布莱克率舰队在英法海峡、北方海域等重要贸易航线和渔场，拦截和洗劫荷兰商船和船队，还进入波罗的海破坏荷兰与北欧的贸易,骚扰、封锁荷兰海岸。布莱克这一手,使荷兰海外贸易锐减,财力枯竭,工厂倒闭,农村荒芜,被迫与英缔结和约,结束战争。

俄国海军上将乌沙科夫奉行集中全力攻击敌人部分兵力,出其不意打乱敌人阵势,利用弱点争取主动的战术,曾在刻赤海峡以33艘对土耳其海军54艘舰船作战,在加特齐海面以37艘对土耳其海军45艘舰船作战,都取得了海战胜利。在卡利克亚角的罗密里海岸,土耳其海军两支舰队兵力雄厚,没把较弱的俄国海军舰队当回事。乌沙科夫亲率俄舰队突然出现在卡利克亚角海域,排成整齐的队形,从东北向西南航行,当土耳其舰队前来迎战时,俄舰队出其不意地掉转航向,向土舰队背后插去,打乱了土舰队的阵势,经过4小时海战,土舰队在损失严重的情况下,乘夜色撤出,避免了被全歼的噩运。乌沙科夫还率舰队和海军陆战队,乘虚进入地中海,执行封锁、登陆、摧毁要塞的任务,掩护了苏沃洛夫军的陆上作战行动,开了俄军陆海联合作战的先河。

(五)致人者实

致人者,以实待虚;致于人者,以虚就实。孙子曰:"凡先处战地而待敌者佚,后处战地而趋战者劳。故善战者,致人而不致于人。"① 致人的本质是掌握主动权,组织自己的力量,调动敌人的力量,令其就我范围,在关键时节和关键地域形成优势,以实击虚,胜于易胜。李靖说:"用兵,无过于'致人而不致于人'。"②

---

① 《孙子兵法》。
② 《李卫公兵法》。

致敌自至　乘其益弊

故意制造军事危机，使之反复御备消耗，由实变虚，然后乘弊击之。以实击虚，用力省而见功多。孙子曰："能使敌人自至者，利之也；能使敌人不得至者，害之也。"① 攻其必救，调动敌人，打其动中，以实击虚。

隋左领军大将军高颎，有文武大略，隋文帝与之商议取陈国之策。他认为："在陈收稻时节，隋征招士马，声言掩袭，迫其屯兵御守，从而废其农时；陈一聚兵，隋便解甲，如此反复再三，不唯消耗其军力士气，而且使之麻痹懈怠，为我制造突袭之机；陈国多竹茅，所有积蓄皆易燃烧，密遣人因风纵火毁之，待其修立，再次烧之，不出数年其财力俱尽。"② 隋文帝按其计行事，陈国益敝。晋王杨广为主将，高颎辅之，一举乘敝灭陈。

北宋名将曹彬之后曹玮，任宣徽南院使镇戎军时，出战小捷，敌军引去。他考虑到敌军兵力、士气都未受到致命打击，不仅不予追击，反驱所掠牛羊辎重，缓缓而还。同时，他暗中派人侦察敌军动向。敌军去数十里，听闻曹玮驱牛羊而师不整，还军袭击。曹玮愈缓行，到达有利地势，止兵以待敌。敌军将至近，曹玮使人通报，不欲乘人怠，少息决战。敌方苦于疲劳，欣然应允。敌人因速行数十里后突然休息，士卒疲软、锐气全失，曹玮鼓军而进，一战大破敌军。

清总督、湘军将领胡林翼深通兵法，善于用兵，尤其善于虚实之用。湘军会攻武汉5个月相持不下，胡林翼军因强攻损失水陆士卒3000余人，丧失将领罗泽南、周得魁百余人，李续宾中弹坠马。

---

① 《孙子兵法》。
② 《隋书》。

伤亡既众，朝廷催促攻城又急，胡林翼大胆奏陈清文宗："顿兵坚城，情见事绌，自禁仰攻，分兵咸、蒲以取义宁，四战皆捷；宜分水师以清下游，直达九江，两路兵分扼武昌南北两路，然后围歼敌由九江、兴国来援之兵。"① 清文宗准其避实击虚之奏后，胡林翼果然大破敌九江来援之兵，歼其数千人，又旬日内获20余次胜利，收复武昌，降4000人。夺取武汉后，得知武汉曾三次易手，城虚难守，因此建议清文宗采取措施，加强武汉防务，虚而实之。他主要考虑："荆襄为南北关键，武汉为荆襄咽喉，武汉有警，则邻疆俱震，必须尽快整顿湖北军纪、军务，去除弄虚作假之弊；加强武汉陆师、水师各8000人和2000人，加紧战前训练，防兵更番迭代，使士气常新、军行必利；整治武汉官吏，整顿治安，使敌无立足之地。"清文宗准奏实行。由于武汉防御加强，太平军再难夺取，进而湘军夺取了九江、安庆上游诸战略要害，使太平军困于东南一隅，再难攻取上游，其失败的命运也就注定了。

先处战地　以逸待劳

孙子曰："凡先处战地而待敌者佚，后处战地而趋战者劳。"② 佚者为实，而劳者力虚，所以以逸待劳者胜。在战略上，抓住敌人兵力空虚分散的时机出手；在战役上，创造先处战地以据地势的条件制敌；在战术上，咬住强弩之末疲惫不堪的敌人缠斗。

奥地利军将领查理大公虽然谨慎持重，但是敢于与威震欧洲、不可一世的法军统帅拿破仑作战。当时，法军大量兵力被牵制在西班牙，英国乘机在西班牙打击法军，法军兵力分散在欧洲多地，不仅中欧兵力空虚，而且大多为新兵，炮兵力量薄弱；法国国内厌战

---

① 《清史稿》。
② 《孙子兵法》。

情绪上升，欧洲多国对法军占领不满，普鲁士反法决心强烈。奥地利决心乘法国在中欧兵力虚弱之机，发起攻击，使拿破仑的危机进一步加深，并报奥斯特里茨之役一箭之仇。拿破仑预料奥军与上次作战一样不堪一击，决心以11万人，在其援兵未到之前，以迅雷不及掩耳之势击败查理大公，进占维也纳。尽管奥军兵力占优，查理大公仍持重作战，在数次交锋后有序撤退。与拿破仑所料正相反，查理大公利用城镇及山地固守消耗法军，把作战拖延下去。一个月后，尽管拿破仑攻入维也纳，但是受到很大消耗，伤亡惨重，奥军主力不仅未被歼灭，反而合为一股，战斗力加强，与法军作旷日持久的周旋。拿破仑则急于寻求对奥军主力决战，渡过多瑙河的3万法军，被暴涨的洪水阻隔，而无法与主力会合。查理大公抓住时机，以9万奥军对其发起攻击，给法军造成很大杀伤，因法军迅速增兵，奥军未能歼灭3万法军。在法军犹豫不进时，查理大公对其发起攻击，给法军造成较大伤亡。开战3个月后，拿破仑仍未消灭奥军主力，而法军已经疲惫，伤病员增多，战斗力减弱。拿破仑14万人对查理大公13万人进行了瓦格拉姆战役，查理大公依托高地、河流阵地，准备消耗法军，以逸待劳，并乘法军出现失误后，对其进行围歼。而拿破仑声东击西、出其不意地打击奥军，使其阵线发生混乱。查理大公决定以主力防御，并按计划诱使法军继续深入，将其拖入陷阱。双方发生激烈的拉锯战，法军消耗较大，奥军终于难挡法军强大攻势，被迫撤退。法军疲惫地连追击都难以发起，在无法打成歼灭战而打成消耗战下取得了胜利。奥军死亡3.2万人，被俘7500人、747名军官（包括4名将军）。法军伤亡3.25万人，被俘7000人，死伤1866名军官（包括30多名将军）。尽管法奥签订和约，奥国战败割地、赔款、限制军队数量15万人以下，但是拿破仑作战已大不如前，法军不可战胜的神话已经破灭，奥军作战激发了普、俄、英军对法作战的信心，埋下了拿破仑最终败在反法联盟手下的祸根。

（六）坚锐勿攻

孙子曰："无邀正正之旗，勿击堂堂之阵""军有所不击，城有所不攻，地有所不争，君命有所不受""锐卒勿攻"。[①] 虚实之用的本质是作战主动权的得失。不知虚实之用，不可以为将。以实击虚，顺势必锐；以虚攻实，逆势必钝。

躁于攻取　击坚则虚

从战略上看时机难得，值得一战，然而在作战上以虚对实，击坚攻锐，一旦作战失利，战略机遇仍然不能把握。所以，既能在战略上乘虚，又能在作战上乘虚才能大胜。

东汉末，董卓迁天子于长安，自留屯洛阳。曹操建议袁绍及诸将，董卓未据二周之险，东向以临天下，却焚烧宫室，劫迁天子，海内震动，不知所归，此天亡之时，一战而天下定，不可错失良机。曹操遂引兵西，将据成皋，陈留太守张邈遣将分兵随曹操。一方面由于兵少且诸侯并未齐力响应，出兵仓猝，孤军作战；另一方面董卓将强兵精，早有实备，曹军与之作战不利，士卒死伤甚多。曹操为流矢所中，所乘战马被创，其从弟曹洪以所乘之马救之，得以遁去。3年之后，吕布攻鄄城不能下，西屯濮阳。曹操认为："吕布刚得一州，不能据东平，断亢父、泰山之道，乘险截击，而屯濮阳，知其无能为也。"曹操率军攻击濮阳，未能击其虚弱，反被吕布以主待客，以骑兵神速攻击曹操最薄弱之部，即由黄巾军乞降者刚组成之"青州兵"，青州兵一触即奔逃，曹军阵乱，曹操驰突火出，坠马并烧伤左手掌，部将扶其上马遁去，诸将与曹操皆惧，又相持百余日，各引去。

[①] 《孙子兵法》。

隋末，行军元帅李密在起事之初便识度深刻。隋炀帝亲伐高丽，隋将杨玄感乘机起事，企图废帝，以李密为谋主。李密为其谋划道："鉴于隋炀帝率军远在千里之外的辽地，南有大海、北有胡戎之患，如果乘虚长驱入蓟，直扼其咽喉，使其后退无路，待粮尽，一战可擒，此为上计。掩其不备，乘其空虚，西入长安四塞之地，天府之国，据险临之，万全之势，此为中计。若随近逐便，先向东都，顿兵坚城，胜负难料，此为下计。"①杨玄感坚持用其下计，落入四战之地的洛阳，使隋炀帝借其顿兵坚城，被牵制之机，迅速调集大兵围攻。杨玄感在隋兵越打越多后，又分兵拒敌，在势穷力竭之际才向关中转移，但是为时已晚，途中兵败被杀。

唐僖宗时，黄巢领导农民起义，自称冲天大将军。当时，年岁凶荒，民不聊生，百姓于水火之中，官僚腐败，官逼民反；唐僖宗以幼主临朝，大权旁落，朝中相互掣肘，迭相矛盾，结党营私，奸人横行，贤豪忌愤，天下离心。黄巢起义军正是乘唐朝腐败虚弱而起大事，很短时间内，聚众十余万人，不少地方为其席卷而下，官军难以敌挡。黄巢率军攻下湖、湘、交、广，还未稳固，即图朝廷空虚的南海之地，并作为永久根据。由于染上疫病，其兵众死亡十有三四，黄巢在众人劝说下，以图北上发展。由于越往北，唐朝统治力量特别是军队越强，黄巢作出了与前正好相反的战略决策，即由避实击虚向避虚击实转变了。其军入湖、湘、江、浙，直逼广陵，渡淮河，占洛阳，攻陕虢，取潼关，陷华州，攻克京师长安。虽然一路势不可挡，但是很快就面临灭顶之灾。仅三四十天，唐朝唐弘夫之师、王重荣之师、王处存之师、拓拔思恭之师、郑畋之师、朱牧之师以及忠武之师、诸侯勤王之师四面俱全，黄巢军陷入四面重围。在寡不敌众、缺粮少食、人心思散的极端不利情况下，黄巢军虽英勇作战，仍屡战屡败，

---

① 《隋书》。

最终兵败身死。

临事宜惧　战不可易

不在敌人利于发挥长处时与之交战，不在敌人擅长作战的地方与之作战，不落入敌人擅长的打法及计谋，就是避实击虚。

五代时，后唐内外蕃汉马步军都指挥使周德威善于将兵，多谋善战。梁将王景仁率7万兵力击赵，唐庄宗、周德威往救。周德威考虑："晋兵少，梁兵甚锐，赵人能城守而不能野战，我利在骑兵，善于平川旷野，今我军于河上，迫敌卧营门，非用长之地，且梁若得舟渡河，我必败，不如退以待之。"唐庄宗本想乘势急击，在周德威、张承业反复劝说下，同意其策。唐庄宗从俘获梁兵得知，其正准备舟船，以袭其后，令军退却。周德威仅以数千兵挑战，激怒王景仁，使之转斗数十里、横亘六七里，进入平原地势。两军对阵之际，唐庄宗想急攻，周德威建议，乘其人马俱饥、将退之时而击之。唐庄宗依策而行，见梁军尘起即发起攻击，梁军大败、横尸数十里。唐庄宗、周德威率3万人趋汴州，黎明突遇梁军。周德威建议："梁军父母妻子尽在汴州，家国系此一举；我以深入之兵，当必死之战，宜以计胜，难与力争；我军先至，粮草营栅完备，宜以逸待劳，按军不动，以骑军扰敌，使其营栅不得成、粮草不暇给，因其劳乏而乘，必可取胜。"唐庄宗不听，轻率出战，兵已接战，唐军驰入梁阵，梁败军犯唐辎重，惊走入周德威军，梁军乘周德威军混乱，将周德威父子击杀。

辽副元帅突吕不颇有作战经验，对虚实把握有独到之处。皇子尧骨为大元帅，突吕不为副帅，率兵攻略燕赵之地。辽军连克平州、曲阳、北平，进至易州。易州军民抵御辽军，严阵以待。易州人出降，告诉辽将，城中人已无斗志。大元帅尧骨下令准备攻城之具，拿下易州。突吕不考虑："辽师远来，已人马疲惫，势不可久留，宜速还军。"实际上，辽军骑兵强，利野战，而不利于攻城，尽管有情报说城中人无斗志，但并未放弃城池，也无投降之意，贸然攻城，自耗其力，一旦顿兵坚城，援兵救至，辽军将死无葬身之地。所以，尧骨采纳了突吕不的建议，不许恋战，在连战连胜后，主动撤军。回朝后，尧骨将突吕不的谋划告诉辽太祖，太祖大悦，厚加赏赐。辽太祖每有大战，都让突吕不随大元帅出征，屡建战功，加特进检校太尉。

急切偏执　就人者虚

坚锐者，不唯城坚援足，而且将士有必死之心，死战之气。所以，钝坚者虚，攻锐者挫。作战，最忌予敌以机动的自由，而钝坚者不仅颇费时日，消耗战力和斗志，而且给敌人机动的时间，使自己陷入危殆之地。力量不足尤忌分散兵力，兵力锋锐尤忌舍长就短。刺激对手使之变实，不如迷惑对手使之变虚；在敌人变实之际动手，不如在敌人变虚时行动。

日本战国时期武将武田晴信，在上原田之战中被村上义清军打败，一直耿耿于怀，寻机一雪前耻。他不顾刚与小笠原军作战数月，兵疲马乏，立即发动了与村上的作战。他如此急切，甚至对敌情未作周密慎重地判断和分析，想当然地认为，可以迅速拿下村上城池的咽喉要害砥石城，一旦城破，其余将望风而降，完全低估了砥石城守的坚实程度、村上主力的救援速度和己方的虚弱程度，原想以实击虚，实际上是以虚击实。当时，砥石城虽只有500守军，而且村上义清2000余人正被高梨正赖军牵制在中野小馆城下，距砥石城有几天的路程，但是砥石城地势险峻，四座小城互为犄角，形成坚固要塞，守军多亲身经历武田残忍暴虐迫害，仇恨使之拼死而守，毫无畏惧和侥幸贪生之心。武田晴信果然围攻砥石城月余不下，顿兵坚城，士气大挫。武田令人断绝城中水源，城中守军借中国智慧，以白米洗马，故意让武田军人看见，以为城中饮水充裕，不仅士气更加受挫，而且无计可施。就在攻守相持胶着之际，村上义清与高梨正赖复好，使其迅速腾出手来，其精骑以最快速度抵达砥石城外围，武田立即处于被内外夹击之中，被迫撤退。由于武田军连续作战、精疲力竭，士气低落，战心不固，已成虚弱之军，因此被村上精锐之军打得土崩瓦解，死伤1200余人，横田彦十郎等部将折损数员，武田军遭到惨败。

德国海军元帅蒂尔皮茨在舰队和德军高层都担任过重要职务，对英国海军、舰队及海上霸权深有认识，对发展德国海军有极大野心和抱负。然而，第一次世界大战前，德海军与英海军相比，无论在数量，作战经验、战略战术和制海权掌控上，德国都大大落后于英国、而此种落后绝非短时期内可以赶上。在这种情况下，蒂尔皮茨野心过大，急于求成，想尽快与英舰队一比高低的指导思想，极其容易导致实对实、硬碰硬和大起大落的后果。在第一次世界大战爆发前15年，作为德国海军大臣的蒂尔皮茨，确立了为了争夺制海权必须摧毁敌方舰队的理念：认为只有在海洋发动战略进攻，才能有效地进行海战，为此需要有对敌三分之一优势的海上力量。在此种理念指导下，德国出台迅速扩充海军法案，短期内建立一支包括38艘战列舰和20艘装甲巡洋舰的大舰队，矛头直指英国舰队。一方面德海军舰艇少于英舰队，另一方面蒂尔皮茨急速发展海军，又激起了英国急速扩充海军，反而使德海军更难获得海上优势。当时，英国面对德国海上挑战，决定德国每建造一艘战列舰，英国将建造两艘，因为如果作为陆上最强的德国又拥有制海权，那么英吉利海峡的天然屏障将不复存在，英国将面临灭亡的危险。到第一次世界大战时，德国主力战舰29艘，而英国主力战舰49艘，德国未能根本扭转海上力量劣势的地位。但是,蒂尔皮茨之后的将领却继承了他海上作战的基本思想,仍不惜与英主力舰队硬碰硬,甚至在日德兰海战中企图歼灭英舰队主力,实际上打了实对实、硬碰硬的消耗战,德舰队在优劣、众寡对比悬殊的情况下,险些被英舰队歼灭。尽管德舰队也击沉击伤一些英舰,但是不仅未获得制海权,而且舰队龟缩德国海岸,进行专守防御了。

法西斯德国发动第二次世界大战,企图以帝国主义战争瓜分世界,侵入苏联,遭到苏联、美国、中国、英国等国发动正义战争,消灭法西斯。法西斯德国元帅曼施坦因在斯大林格勒会战时,任德军顿河集团军司令。当时,希特勒考虑兵力兵器不足,决定采取先南后北,逐次进攻方针,斯大林格勒就成为其南翼主攻的关键环节。曼施坦因认为,希特勒在筹划南线进攻时,犯了两个严重错误:一是在机动和预备作战兵力已显不足的情况下,仍抱有过大企图,过多占领地盘,战线过广,使有限兵力进一步分散,致使防线出现300公里的缺口,为苏军纵深强大战略预备队创造了乘虚而入的良机。二是将德第6集团军和第4装甲集团军这种用于突击的尖刀部队,用于攻取坚固阵地防御的斯大林格勒,而将纵深翼侧保障任务交与罗马尼亚第3集团军等兵力较弱的部队。一方面会使德军突击部队由实变虚,另一方面使苏军有乘虚反攻之机。曼斯坦因就任司令不久,德第6集团军7个军20个师30万人,即被苏军包围,而苏军恰恰是由罗马尼亚第3集团军处突破的。德第6集团军请求乘苏军包围圈尚未稳固及早进行突围作战,遭希特勒断然拒绝。作为负责第6集团军作战的曼施坦因主张立即突围,并予以解救,同时防止A集团军群被切断退路。曼施坦因向陆军总参谋长报告后,希特勒不允许后撤,仍抱定其寸土不让的决心。苏军凭借四道防御圈及筑垒工事,实施坚固阵地及城市防御,大量消耗德军有生力量,与德军每个街区、每个楼房、每层楼反复争夺。德军向斯大林格勒投入50个师,进攻

4个月,死伤近70万人,仍未达成战略企图。而苏军越战越勇,兵力越战越多,集结了110.6万人,对德第6集团军和第4装甲集团军合围后,歼灭德军新组建的2个突击集团,打破其解围行动,接着全歼德军被围集团。斯大林格勒会战,德军损失150万人,占其苏德战场总兵力的四分之一,2500名军官、24名将军被俘。斯大林格勒会战成为第二次世界大战转折点,德国从此丧失了战略主动权。

六、图难于易

《太平阴经》曰："太上用计谋，其次用人事，其下用战伐。"敌隙已现，事忌太甚，兵忌过迫。只要能举起深得人心的政治旗号，就可以聚集本不可能聚集的巨大力量，制造本不可能制造的宏大声势，建立本不可能建立的丰功伟业，收揽本不可能收揽的英雄豪杰。敌人之谋，初有萌兆，潜运以攻之，用力既少，胜之于易。去其战心，则其势自散。梅尧臣曰："见于著，则胜于艰；见于微，则胜于易[1]。"斗者乘于气，谋者运于心。事以简为上，言以简为当。攻难则易者难，攻易则难者易。鹰隼一击，百鸟无以争其势；猛虎一奋，万兽无以争其威。能得时势，才半而功倍。得法则易，得机则便。老子曰："图难于易，为大于细[2]。"欲难先易，以易为难。先易则难者易，先难则易者难。

（一）先声夺人

梁武帝萧衍曰："征讨未必须实力，所声威耳[3]。"凡敌军心动摇，士气衰落，将士未附，惊惧畏战，人心厌战，则攻心为上，兵不血刃，以声威屈之。声威夺人好似雄鹰滑翔，虽不用力，仍可翱翔高天。兵贵先声而后实。姜太公曰："得众人之心以图无道，则不战而知胜矣；以贤伐不肖，则不卜而知吉矣。"

---

[1] 《十一家注孙子》。
[2] 《道德经》。
[3] 《梁书》。

勇均角智　夺人之心

《后汉书》曰："苍蝇之飞，不过数步，即托骥尾，得以绝群。"善在人心士气上用心着力者，会将不可能或是极难做到的事情，做得让人瞠目结舌。名正则言顺，言顺则心齐，心齐则力聚，力聚则势遂。夺人之心，致人之意，无非利害制之。能使彼按我之意而为，因为彼看到了利益；能使彼不按其意而为，因为彼看到了祸害。天下分崩之际，政治安抚、政治分化、政治旗号、政治手腕的巧妙运用，可使人心归附，必甚少用兵而成大功。

秦末，陈胜、吴广起义反秦时，就抓住了"天下苦秦久矣"，秦二世谋杀公子扶苏，已大失天下百姓之心这一致命问题。陈胜深知楚将项燕深得楚人爱戴，于是以公子扶苏、项燕为名，以顺应民心，陈胜立为王，号为张楚。陈胜军在很短时间内，聚集战车千辆，士卒数十万。贾谊认为，陈胜一个穷家子弟、佣耕的农民、流徙之徒，才能不及中人，非有孔、墨之贤，揭竿而起，天下响应，以致秦朝朝不保夕，就是因为他顺应了人心，夺人之心。当时，蒯通已窥破天下大势，秦亡而诸侯纷起必不可免。他说范阳令："之前之所以在范阳作威作福，以苛法治之，因为民众畏惧秦法；今天下大乱，秦法不施，武信君攻击范阳，范阳民众必争相杀你，范阳难守，不如降武信君，转祸为福①。"范阳令遣蒯通往说武信君。蒯通说武信君："不必动兵而略地下城，收降厚待范阳令，使之荣华富贵，为燕、赵诸城作出示范，使之纷纷效法，可不战而夺人之城。"武信君照计行事，不战而下三十余城。可见，人心已盼秦灭。

三国时，曹仁在曹操手下任议郎督骑，随其破袁术，攻陶谦，

---

① 《史记》。

征吕布，有勇略，多有战功。曹操与袁绍相持于官渡，袁绍派遣刘备收取许昌以南诸县，当地多有响应，曹操忧虑后方不稳，左右为难。曹仁认为："许昌以南，心知曹军为袁绍所牵制而不能相救，刘备又以强兵临之，叛归袁绍刘备也是迫不得已；刘备统领的是袁绍兵马，未真心归附，不能得其用，乘其有隙，从速加以攻击，必能破敌[①]。"曹操采纳，并派曹仁统领精骑攻击刘备，刘备败逃后，曹仁收复诸叛县。曹操平定河北后，兵围壶关，下令："拔城，皆坑之！"结果，攻城连月不下。曹仁认为："围城必示以活门，使无战心，不可示之必死，人自为守，而致死伤重而守日久。"曹操采纳，果然城降。曹仁拜征南将军，守樊城与关羽作战。关羽收降曹将于禁后，曹仁在极其严峻形势下，率数千人马守樊城。当时，汉水暴溢，水及城不没者数板，关羽军围城数重，外内断绝，粮草将尽，救兵不至，城守危在旦夕。曹仁全力激励将士，示以必死，将士皆有死战之志。由于其死战，徐晃救兵外击关羽，水亦稍减，曹仁率军突围，关羽退去。

唐左金吾卫大将军李晟是理乱的能将。唐德宗时，叛将朱泚占据京城，李怀光反叛于渭桥，河南、汴、郑也有反叛，李晟内无货财，外无转输，以孤军抗众敌，稍有不慎，不仅难于平叛，反而有被消灭的危险。李晟在以忠义感人，收揽休颜等五路豪杰，使军威大振、锐气不衰的基础上，不与敌拼消耗，斗智斗勇，夺人夺心。他发现李怀光恐惧，先是致书信攻心策反，继而将其军中原为自己神策军的部将孟涉、段威策反过来，从而使李怀光军元气大伤，逐渐走向瓦解。他在与朱泚作战过程中，也是从人心上下手，从根本上瓦解敌人，费力少而见功多。他在京畿重地鼓励耕桑，既解民众宿兵旷时之弊，又使军不乏食，深得百姓之心，还使朱泚难有久立之地。朱泚利用李晟及

---

① 《三国志》。

其军吏家属俱在京城，派人至李晟军中动摇军心，李晟立斩之，并与军士同甘苦，安定军心，奋激士气，其军没有离叛者。当李晟得到朱泚众叛亲离、有可灭之势的情报后，否定了诸将先攻外城，由外及里的计策，决定不扰百姓，不坏集市，不与敌人格斗，直趋苑中，击其心腹。攻城初战胜利后，李晟乘其伤败，人心已失，战心不固，乘胜扑灭，大破朱泚军，敌军逃遁，李晟收复京城。

清领兵大将（后为清太宗）皇太极，不仅善用兵，还颇有政治谋略。当时，明廷腐败，不得人心，李自成农民起义军已势不可挡，清军不断蚕食明土，明边已难固守。他亲率大军征伐明朝，为安抚收揽人心，制定约法："拒者戮，降者勿扰，俘获之人父母妻子勿使离散，勿奸淫妇女，勿夺人衣服，勿毁庐舍器皿，勿伐果木，勿酗酒，违者罪无赦①。"由于颇得人心，其军顺利攻克遵化等要害关口，五战五捷，多名明将投降。当他得知蒙古兵害民后，下令："凡贝勒大臣掠夺归降城堡财物者斩，擅杀降民者抵罪，强取民物计所取倍偿之。"清兵攻下顺义，进至通州，晓谕民众："清只恨明朝庇护叶赫，只想以河东、河西之地忠顺守边，与民休息，而明朝不许，是明君好逞干戈，明君杀明民。"清军打出反明旗号，直逼燕京。在两军对阵作战之间，皇太极派已降的明王太监携信与明议和，并故意令两将耳语，透露与明将袁崇焕有密约，让两名被俘的明朝太监偷听到。两名太监被放回后，将密语奏告明帝，袁崇焕被下狱，终被冤杀，致使明朝再无大将可用了。诸将两次劝皇太极攻城，为保存良将劲卒，他决定不强攻坚城，而以夺人之心为上，所以其军所到之处，无人能挡，终于夺取明朝天下。

---

① 《清史稿》。

才练明达　威声制人

势大压人，重压之下，恐有内变。敌已成惊弓之鸟，不烦用兵；敌已现内斗之势，缓之以乘。李荃曰："夫兵得其势，则怯者勇；失其势，则勇者怯。兵法无定，惟因势而成也①。"故威势已布，敌人夺气，可不战而降。敌有所恃则不惧，夺其所恃，即夺其心，可不战而屈人之兵。

三国时，曹操击败袁绍大军之后，率军北征三郡乌丸，因袁绍之子袁尚、袁熙逃奔乌丸，与蹋顿、辽西单于、右北平单于数万骑会兵抵挡曹军。曹军乘战胜之威，纵兵击敌，斩蹋顿及名王以下，降者20余万口。辽东单于等与袁尚、袁熙数千骑奔往辽东。当时，辽东太守公孙康已成惊弓之鸟，当有人劝曹操征伐辽东时，他认为，公孙康会斩送尚、熙首级，不烦用兵。不久，公孙康果然斩送袁尚、袁熙，诸将问其缘故，曹操曰："彼素畏尚等，吾急之则并力，缓之则自相图，其势然也②。"公孙康知道，抵挡大军必败，死路一条，而杀袁二子，反可立功，保全自己，是一条生路。势所必然，曹操按兵未动，给公孙康时间去做此事，其心领神会不必说出。

南齐末年，宁朔将军、行雍州事萧衍准备全争天下。为把本来极难的大事做得容易一些，在战略上，他利用南齐六贵争权，主昏臣庸；在战术上，他把攻心、威声等手段运用得极为熟练，以较少实力取得极大功绩。他以攻心为上，离间前来袭取襄阳的巴西太守刘山阳与行事萧颖胄，使之相互残杀，而不费刀兵夺取荆州、襄阳。萧衍兵至竟陵、汉口，逼近郢城。诸将欲并军围郢，分兵袭取西阳、武昌，萧衍决计："固据汉口，以保后路安稳，打通雍、荆，控制

---

① 《十一家注孙子》。
② 《三国志》。

秦梁，粮运资储，联络数州；紧围郢城，郢城既拔，必席卷沿流，不必分兵夺据他城，徒费兵力而不能坚守①。"萧衍率军按计而行，形成了威声，郢、鲁二城夺气，相继请降。郢城一破，萧衍再无大战，顺取天下，建立梁朝。

  元朝名将伯颜率大军发起灭宋之役，他深知南宋在政治上已失人心，但有长江天险可以防御，跨越长江天险是很难之事，因此宋朝人心所维系者仅长江天险而已，一旦天险无存，其心必溃，心溃则兵自溃，因此蒙古利于不战而屈人之兵。伯颜在与宋军相拒汉口时，佯攻北岸城镇，奇兵潜行上游40里，出其不意夺取南岸，对宋军形成夹击之势，夺取了长江天险，歼守军近10万人，使接下来的作战变得容易了。伯颜凭借长江天险与之共有和战胜的威势，胁迫其属州归降。当宋大将夏贵逃逸，诸将欲追擒时，伯颜故纵其归，以夏贵代元宣传其威，果然放州、黄州、蕲州、江州、安庆等地不战而降，宋朝军心士气正在崩坏。伯颜战胜贾似道十几万兵马后，江东诸郡、淮西滁州诸郡相继归降。当元帝诏令待秋天再大举攻宋时，伯颜奏请："宋人已失天险，我已扼其咽喉，不可纵敌，使其有喘息之机②。"元帝准奏后，伯颜率军出镇江，会师临安。虽然在常州受到抵抗，但宋军终因难挡其锋而败。宋军都统制刘师勇变换服装单骑逃奔平江，诸将请追之，伯颜说："勿追，刘师勇所过，城守者胆落矣。"破平江、无锡之后，宋使求降。至嘉兴，宋使奉上传国玉玺，宋朝灭亡。

（二）伐于端始

  偶樵曰："舍近而图远，劳而无功；舍远以图近，逸而有终。"打

---

① 《梁书》。
② 《元史》。

其将决而未决，将战而未战，将聚而未聚，将合而未合，将稳而未稳。先揣其意，明而顺之，暗中布置，出其不意，突然动作，必可挫其始谋。在敌人还未进入攻击准备时，先发制人；在敌人尚未完成作战部署时，发起突击；在敌人正在调整转换时，攻其不备。曹操曰："敌始有谋，伐之易也[1]。"

处置机速　挫其始谋

挫其始谋，在于夺取主动。敌始有谋，正欲为之，我先其行动，反为其主，在其失去凭据和错乱之际，将其击败。如果任其而为，则步步为人所制。必有一战，则在敌将战未战之时动手，使之惊惧而不及谋，故战速则利大，战迟则害大。识破其诈，窥破其意，则可先敌布置，使之顾虑重重，而放弃预谋，这是挫其始谋最好的方法。

东汉初，光武帝刘秀手下征西大将军邓禹与叛将隗嚣作战不利，敌将王元、王巡率2万余人攻下陇地，王巡进取栒邑。汉将冯异发兵欲先据栒邑。诸将认为："敌兵盛而新乘胜，不宜与争，宜止军便地，徐思方略。"冯异认为："敌军临境，乘其利势，遂欲深入，若得栒邑，三辅动摇，令人忧虑，今先据之，可以逸待劳，敌难与我争[2]。"冯异潜往闭城，偃旗息鼓，未被王巡察觉，王巡军驰赴栒邑，冯异军乘其不意击之，王巡军惊乱奔走，追击数十里，大破之。隗嚣等部亦被破，大势已去。

三国时期，魏文帝新执朝权，恐怕方镇有异议，派贾充去镇将诸葛诞处阴察其变。贾充以禅代事试之，诸葛诞表示贾充这种说法很荒唐，若洛中有难，当赴效死。贾充返回报告魏文帝："诸葛诞在扬州，威名夙著，能得人力，观其规略必反，如果令其还朝为官，

[1] 《魏武侯集》。
[2] 《后汉书》。

反速而事小；否则事迟而祸大①。"魏文帝任诸葛诞为司空，其果然反叛。魏文帝听从贾充之计，针对楚兵轻而锐的特点，深沟高垒以逼其城，使之手足无措，果然不战而克。

北朝时，北魏柱国大将军尔朱荣能征善战，颇有权谋，领精骑七千与葛荣数十万兵众作战。他采取正攻奇袭的方法，正兵与疑兵的布置使敌不测，从而大破敌军，于阵中生擒葛荣，余众悉降。尔朱荣在处理几十万降众时，并不急于求成，没有马上将其分割，先打消其疑惧，防止其再次结聚为患。尔朱荣让人布告降众各部："各从其愿，亲属相随，居止任意。"于是，降众群情喜悦，很快原先的部伍被打乱、分散，不成队伍。数十万众，一朝散尽。尔朱荣待其行出百里之外，便派兵分道押领，随遇安置，各得其宜；然后拔其将校，量才授用，分统其兵，形成可为所用新的队伍。新降附者都安心为其效力，众人叹服尔朱荣处分机速，智高一筹。北魏骠骑大将军宇文泰（后为北周太祖），足智多谋，极善用兵，与北齐高祖高欢可谓棋逢对手，将遇良才，狭路相逢。宇文泰克取秦、陇后，辅佐魏帝与高欢作战。宇文泰见高欢遣将韩轨率兵万人进据蒲坂，深知高欢智不足而诈有余，其声言欲西，而其意在入洛，预先令秦州刺史骆超率轻骑千余赴洛。在预料高欢意图基础上，宇文泰安排寇洛率马步万余自泾州向东，王黑率甲士万人先据华州。如果高欢西来，有王黑据险抗拒阻滞；如果高欢入洛，寇洛即袭汾晋，而宇文泰率军直赴京邑。如此布置，使其进有内顾之忧，退有被追击之虞，处于两难、被动地位，必无胜算。宇文泰引兵自高平至弘农，高欢稍逼京邑，而魏帝屯河桥，令将镇武牢之势。宇文泰见势断定："高欢数日行八九百里，为兵家之忌，必须乘便击之，而魏帝计不及此，缘津据守，长河万里，实难守御，一处得渡，大事去矣。"于是，

---

① 《三国志》。

宇文泰紧急处置，命一将速趋并州，一将率精骑赴洛阳，迎魏帝入关。宇文泰迅速化解了一场危机，为战胜高欢制造了有利条件。

　　唐朝名将郭子仪奋力平息安史之乱时，率数万人南攻赵郡，杀敌4000人后还常山，史思明率数万兵尾随其军。行至行唐，郭子仪用精兵连续两次破敌，然后趋常阳坚守。安禄山见仗已打到关键时刻，给史思明增加精锐之兵，以增强其军战斗力，志在必得。与前几次作战相比，郭子仪面临了更难打之敌。然而，郭子仪身经百战，富有经验，认为："史思明等依恃加兵，必会轻我，其心不固，反易战胜①。"他抓住战机，杀一部将以殉，激励士气，使之殊死战斗，于是将敌军击破，斩杀2000人，俘虏500人，随后，他率军昼夜捣其营，使敌人不得休整，士气更加衰落，乘势斩杀敌4万人，获人马以万计。唐左金吾卫大将军李晟善于用兵，其才能超于同代将领。起初，凤翔镇守李抱玉令李晟率5000兵力，以解吐蕃攻灵州之围。李晟筹算，5000兵力以众则不足，以谋则太多，而以千人疾出大震关，直趋临洮，控制秦堡，焚其积蓄补给，擒获守将慕容谷钟，吐蕃遂解灵州之围而去。之后，节度使马璘与吐蕃在盐仓战败，李晟乘吐蕃得胜而骄之际，突然横击吐蕃之军，解救马璘于乱兵之中，反败为胜。田悦反叛，率兵围攻临洺，李晟与河东骑将李自良、李奉国等合击田悦。在诸军皆退的不利情势下，李晟出人意料渡洺水，乘兵而济，出其不意，横击田悦之军，大破其军。王武俊对朝廷赏薄而有怨气，田悦乘机与之联手，王武俊攻赵州。李晟乘其立足未稳，自魏州引军而北，径趋赵州，王武俊闻风解围而去。

　　元末，上护军、诚意伯刘基佐定天下，料事如神，遇有急难，勇气奋发，计划立定，人莫能测。刘基归于朱元璋，被问及征取天下之计时说："张士诚只顾自守，不足为虑，陈友谅劫主胁下，名

---

① 《新唐书》。

号不正,地据上游,其心无日忘我,宜先图之,陈氏灭,张氏势孤,一举可定,然后北向中原,王业可成①。"及陈友谅攻占太平,刘基建议乘其骄兵深入,伏兵邀取。朱元璋按计行事,大破陈友谅。陈友谅逃奔武昌,龙兴守将胡美派其子以勿遣散其部属为条件请降,朱元璋正犹豫之际,刘基从其后蹋胡床,朱元璋顿悟,许其条件,胡美投降,带动了江西诸郡皆为朱元璋所有。朱元璋要亲援安丰,刘基认为:"汉、吴将伺隙而动,若援正中其下怀,不如不动。"朱元璋未听,陈友谅果然乘机围困都。朱元璋自率将士救援洪都,被迫与陈友谅战于鄱阳湖,激战之中,幸亏朱元璋听从刘基换船建议,转船及时,否则将与原先其所乘之船一同被炮击毁。朱元璋说:"不听君言,几失计。"朱元璋称帝后,营建中都,又锐意灭元大将扩廓帖木儿。刘基提醒:"凤阳虽为皇帝之乡,但并非建都之地;扩廓帖木儿未可轻视。"朱元璋并未在意,结果明将徐达在定西为扩廓帖木儿打得惨败,损失数万人不说,扩廓竟走沙漠,成为巨大边患,朱元璋悔不听刘基之言。

见其萌兆 以快打慢

在敌人企图刚刚露出征兆时,就敏锐地将其捕捉;在敌人刚刚着手实施其企图时,就已完成攻击部署;在敌人作战部署还未到位时,就已发起出其不意的攻击。这种攻击,即使兵力不多,也会立即造成敌人阵势的混乱,措手不及,甚至发生溃败。关键在于,早见萌兆,早知敌意,早握精兵,早敌行动。执要者简,握机者速。在次要方向占优和占先,不是真正的优势和迅速;在主要方向占优和占先,才是真正的优势和迅速。以进行和谈为由,迟滞分化对手;以履行条约为名,进行排兵布阵。

---

① 《明史》。

古希腊底比斯将领佩洛皮达斯，在率领底比斯军与斯巴达军进行了几次非决定性交战取胜后，信心、勇气和士气都高于对手，对接下来的作战非常有利，尽管斯巴达军实力仍强。当佩洛皮达斯发现一部斯巴达部队比较薄弱时，率一部骑兵，准备乘其无备袭取之。正当其接近敌人时，获悉斯巴达的增援部队正快速赶来，佩洛皮达斯又因河水暴涨，通行困难，正沿唯一通道撤退时，恰与斯巴达军遭遇。在以弱对强突然遭遇的紧急关头，有人畏惧地说："糟了！我们落入敌手了。"而佩洛皮达斯则说："怎么不是敌人落入我手！"他没有一丝犹豫，立即将骑兵后卫用作前锋，把300人的骑兵编成密集队形，乘敌人尚未布阵、立足未稳之机，集中一点发起冲锋。在佩洛皮达斯重点攻击下，斯巴达队长被杀、方阵被突破，在死伤严重下，丧失斗志，整个阵势动摇，攻击很快变成了追击，斯巴达军大败而逃。在琉克特拉会战中，佩洛皮达斯企图分割斯巴达军的右翼，并集中兵力将其歼灭。这一企图被斯巴达军发觉，立即将右翼向外延伸，企图利用兵力优势歼灭底比斯军左翼。佩洛皮达斯极其敏锐地察觉斯巴达军的企图，乘其战斗序列调整未到位之时，亲率300人，迅速发起战斗，一举造成其阵列混乱，难以按计划调整，且其敏捷狂暴的攻击，使斯巴达人士气和斗志受到打击，败退逃走。

法兰西第一共和国执政、法军统帅拿破仑，在任"意大利方面军"司令时，击败奥萨联军后，与奥军主力对决。当时，拿破仑军有1万余人的部队围困曼图亚，奥将维尔姆泽卒兵数万进行坚守；奥将阿尔文齐率4.5万人准备向曼图亚移动，与之合为一股，而拿破仑总共手握3.4万兵力。拿破仑连续接到奥军阿尔文齐部在3个地点发起行动的报告，拿破仑经过仔细分析断定，其意图是尽快与维尔姆泽会合，形成里应外合的兵力优势。拿破仑抓住战局中最关键问题，尽快采取行动，坚决阻止奥军会合，以求将其各个击破。他令部队连夜快速行军，不顾山路难行，于凌晨到达沃利，与当地法军会合，兵力达到2.3万人，形成对当面1.2万奥军援军的兵力优势。拿破仑发起攻击后，双方激烈对抗，奥军派一部迂回法军后路，以期切断法军之间联络，使之因顾忌后路而动摇正面攻势。拿破仑不为所动，只派半个旅的兵力袭扰其迂回部队，主力攻势未减，奥军难挡攻势，精疲力竭，援兵被阻，大势已去。拿破仑见主要战场奥军败局已定，派将领率兵继续作战，自己则率精兵驰援曼图亚，部队虽然极度疲劳，仍给奥军极大意外。拿破仑迅速击溃外围奥军，奥军突围失败，维尔姆泽投降，而沃利方向奥军败逃，整个战局出现了决定性改变，拿破仑胜券在握。此后，拿破仑率2万精兵，乘势进军维也纳。在援军加强后，法军一路取胜，奥地利被迫和谈。拿破仑取得奥斯特里茨战役胜利后，乘势瓦解反法联盟。他在压制奥地利的同时，一面与英、俄谈判，一面向普鲁士扩张，巩固已占德意志西部和中部地区，建立莱茵同盟。他明知德意志西部和南部16个国家加入莱茵同盟，使存在了1000年的"神圣罗马帝国"名存实亡，必定激起奥地利和普鲁士的震怒，也使法普签订的和约名存实亡，同时激起奥、普、俄联合对法，因此他决定在其联手之前，迅速出手击败三者的中心环节普鲁士。显然，速度和时间将决定胜负。普鲁士行动较慢，而拿破仑则行动极快。莱茵同盟一成立，拿破仑为抢占作战先机，采取了三大行动：一是即令部队驻到起枢纽作用的德意志各大公国，等于预先部署部队到了前进基地。二是令陆军部迅速募兵5万人，并令部队接到命令后一小时内进入战前准备状态。三是在维尔兹堡建立作战指挥部，并将部队开到了最前线。在俄国刚拒绝与法国签订和约，而普鲁士还停留于对莱茵联盟的谴责时，拿破仑军已在进军普鲁士的路上了。拿破仑10万人对未准备好的普军11.5万人。法军一路寻找普军作战，首先对遭遇的8500名普军发起攻击，使之措手不及，大败而逃。法军追击普军，使普军十分被动，不敢决战，法军在耶拿之战中歼灭普军1万人，普军向魏玛方向撤退。拿破仑实行追击，进入柏林，几部普军被迫投降。耶拿和奥尔斯塔特战役，普军死亡失踪者达 3.5 万人，被俘和受伤者达 10 万人，普鲁士被迫投降和谈。

（三）战以气胜

《司马法》曰："战以力久，以气胜。"以必死的战斗气势弥补兵力兵器劣势，以民族精神造成的磅礴气势压倒敌人疯狂的攻势。轻者重之端，小者大之源，故堤溃蚁穴，气泄针芒。越是作战的决定关头，越要沉住最后一口气，保持最后一股劲，否则将大局崩坏。信仰和觉悟决定士气。师出有名，士气必厉；将严势劲，其兵必锐。

沉毅善谋　以战励气

军队越困难，越围绕作战找对策，越用作战取胜克服困难。作战越困难，越从最易取胜处入手，越从最能振士气处用力，越从最快取得战果处作战。乘隙向虚是摆脱一切危局的绝招，消灭敌人是解决所有难题的关键。作战从易处突破，胜利大小并非至要，至要是提振士气，形成气势，使敌人恐惧畏战。

法兰西第一共和国执政、法军统帅拿破仑，在意大利战役任法国意大利方面军总司令时，面临极大的困难局面：由于督政府腐败，其军 3.7 万人缺吃少穿、纪律涣散，士气低落，军心不稳；军官资历较老，不愿服从年轻司令官，军官之间不和；必须跨越的阿尔卑斯山及克服在海岸巡逻的英舰炮火阻击；面对 5.2 万人的奥地利和皮埃蒙特联军，处于兵力劣势。拿破仑用带领将士打入天下最富庶的平原提振士气，激励战斗意志；边打仗边解决财源和军需，边使将士获得财富和改善条件，使人人奋勇作战；打击敌人则先切断其联络,先吃掉较小、较弱的敌人,立即取得战果,然后再各个击破敌人。奥萨联军将兵力分为3个部分,正中拿破仑下怀。他首先以近万兵力包围2000人的萨丁军部队,攻占几个重镇,奥军败逃,法军乘势发起追击,歼敌6000人,俘获万人,缴获大量辎重军需,萨丁国王求和、退出奥国联军,而奥军已成惊弓之鸟、士气大落。在对奥军作战时,拿破仑以一部佯装主力,牵制奥军主力,而亲率法军主力,出其不意地攻击奥军背后空虚的米兰,神速攻下洛迪,奥军败逃。拿破仑使原本极其困难的作战,变得相对容易了。拿破仑军事天才得到了初步显露,感觉到自己已不是普通的将军,而是决定人民命运的人物。但是,作战又面临了极大危险及困难:法军围攻曼图亚,不仅要塞坚固、地形险要,而且坚守曼图亚与增援而来的奥军5万多人里应外合,而拿破仑经平原作战损失1万人,加上严寒疾病减员至1.7万人,9000人继续围攻曼图亚,另外8000人机动作战,尽管奥军也伤亡1.7万人,奥军仍占优势,拿破仑有陷入四面被围的危险。祸不单行,在一次遭遇战中,法军又损失1000人。拿破仑极其冷静地留少量兵力坚守维洛纳,亲率主力乘夜隐蔽机动至阿尔科拉和维拉诺瓦之间,出其不意地出现在敌人薄弱的后路并适时发起攻击。经激战,歼灭奥军7000人,彻底打乱了奥军阵势,使之溃败,扭转了危局。

夺气在将　战乘于气

志在必夺的气势,可以弥补兵力兵器的劣势,可以压制住敌人的嚣张气焰,可以激励将士的战斗意志。越是在敌人大兵压境、黑云压城城欲摧的严峻局面下,越敢于发起反突击,越有利制造气势;越是在敌人疯狂进攻的危险局面下,越勇于争夺要点,越有利于稳定军心。尉缭子曰:"战在于治气,气实则斗,气夺则走。"

法西斯德国发动对苏联的侵略战争，苏联军民在斯大林及苏共领导下，奋起抵御法西斯进攻。1941年9月，在列宁格勒、基辅两个方向德军进攻受阻。为避开冬季，希特勒企图以最快速度，集中兵力由西方向直突并一举攻占莫斯科，打垮苏联军民斗志和士气。德军中央集团军群75个师180万人，对苏军16个集团军125万人，德军火炮、坦克和飞机比苏军多1倍。苏联统帅斯大林面对极其严峻危急的形势，清醒认识到，保卫莫斯科不仅会歼灭德军主力，而且会打破德军闪击战不可战胜的"神话"，极大鼓舞苏联军民的士气，会产生不可估量的精神力量，因此在组织纵深梯次坚固防御的同时，力求造成磅礴气势以压倒德军。斯大林深知，莫斯科是苏联及世界反法西斯的中心，牵一发而动全身，其失守可能引发重要城市要点接连丧失和苏军主力全线败退的局面，可能造成民族精神和士气低落而一发不可救。因此，斯大林下力造成与莫斯科共存亡的气势。10月初，斯大林在德军部分突破防御，进至维亚济马地区，大量苏军部队被合围的严峻形势下，选派在列宁格勒保卫战中击败德军的名将朱可夫，担任西方面军司令员，震慑敌胆。斯大林从最高统帅预备队和其他方面军，为西方面军补充14个步兵师、16个坦克旅和40多个炮兵团等部队，新组建4个集团军；在莫斯科市组建12个民兵师，几十万市民参加构筑环绕莫斯科城区的坚固防御工事；斯大林寸步不离莫斯科，并使莫斯科军民及全军指战员都知道，斯大林就在莫斯科，全国、全军都在保卫首都，使苏军民士气大振。苏联军民战斗精神形成的磅礴气势，使德军官兵心知肚明，攻下莫斯科比登天还难，在士气上已输了一筹。苏军民士气百倍，必死防御，以逸待劳，以近待远，以勇待怯，德军部队疲惫，士气低落，官兵厌战，攻势已衰，拖入严寒，胜败之形已见。10月至11月，苏军经过激烈战斗和顽强阻击，德军攻势受挫，被迫变更部署，调集51个师兵力，企图通过猛烈突击，击溃并合围苏军，攻占莫斯科。斯大林及时判明德军企图，不顾朱可夫的反对，决定在极端困难危险下，先敌发起一次局部反突击，打乱德军突击。斯大林的重大决策，出其不意，有利于提振士气，争取时间，组建部队，加强补给和城防，极其具有战略意义。斯大林决定，照常在莫斯科举行十月革命庆祝活动，举行阅兵式，将士们从莫斯科红场开赴前线，对于巩固苏联军民的士气起到巨大作用。当德军发动突击、缓慢逼近莫斯科时，斯大林为稳住军心，不离莫斯科半步，并采取坚决措施稳住军心，振奋士气。当斯大林听说莫斯科郊区的杰多沃被敌人占领后，认为一个不大的要点失守，也可能会对莫斯科防御产生严重影响，特别是怕引起恐慌，气泄针芒，引发气势的衰败，因此令朱可夫亲自前往组织夺回。当朱可夫表示杰多沃只是个村落，并表示方面军司令员没有必要亲自前往时，斯大林大发雷霆，朱可夫只好亲自率军前往夺回。11月底至12月初，苏军经顽强防御和多次反突击，终于阻止德军进攻，德军死伤15.5万余人，士气严重受挫。希特勒一怒之下，撤掉陆军总司令、中央集团军群司令、坦克集团军司令等多名元帅或将军的职务，使德军士气低落雪上加霜。斯大林果断决定，不待德军喘息及调兵遣将，立即组织一次大规模反攻。这次大规模反攻，是在苏军受到很大损失，兵力兵器严重不足的状态下举行的，虽不致给德军主力以致命性、歼灭性打击，却会乘苏军取胜的气势，一鼓作气，彻底打乱德军各个战线的部署，使之再难发起全线进攻。1941年12月至1942年2月，苏军发动迅猛的大规模反攻，德军被击退100~350公里，死伤50万人，军心士气动摇。反攻使苏联军民士气大振，为实现战争根本转折奠定了基础。

（四）事简则捷

作战，以少而精，要而简，刚而狠，奇而速为妙。善以精兵出奇而袭取要害者,其策至简,其战至速,其功至著。顺势乘时,事半功倍。在最容易成事的时机果断而行,用最省力便宜的办法顺势而为。兵贵便行、策贵捷利,令贵简明。疾速之兵便于乘机。马基雅维利说:"在运动中作战的本领,迫敌在于我有利的态势下作战的能耐,是作战极为重要、决定其他方面的能力①。"乘时投隙,苟得乍获。不四面树敌,不首尾俱危,就是最大的简便快捷。扼要则事简,居高则捷利。

兵有深机　内察形便

以兵犯险则难,顺流而下则易;打其有戒则难,攻其无备则易;代人受兵则难,坐观两斗则易;攻坚破锐则难,避坚攻瑕则易;用失其长则难,用得其长则易;悖于兵机则难,乘于兵机则易。岳飞曰:"兵何常,雇用之何如耳②。"用兵善审机,不常即方略。善乘其隙,不战而取。

西晋武帝采纳羊祜灭吴及重用大将杜预的建议,拜杜预为镇南大将军,都督荆州诸军事,负责指挥平吴之战。当时,吴国已到末期,呈崩溃之势,军事上唯长江天险未破。杜预突破吴长江天险用了最简便快捷的办法,即通过控制上游要害,以上制下,而不必强攻天险,使其长江防线失效引发全线崩溃。他先乘吴将张政不备,袭取要害西陵,又见吴上流兵力不足,决定从上游下手,控制要害。杜预遣将率众循江西上,攻克诸城邑,稳控上流诸要害;又派将渡江夺取乐乡、巴山要害,使吴将震恐。杜预进逼江陵,平定上流,流湘以南至于交、广、吴诸州郡望风归降。杜预一鼓作气,势如破竹,迅速平定吴国。

---

① [意]马基雅维利:《兵法》,商务印书馆2012年版,第22页。
② 《宋史》。

东晋安帝司马德宗手下大将刘裕进攻后秦帝姚泓,水军自淮、泗水进入清水,欲溯河而上,借道于北魏。魏太宗与群臣商议,多数大臣认为:"函谷关一夫当关人薄戈,万夫不得进,刘裕很难入关,扬言伐姚,意或难测,宜先发军断河中流,勿令西过。"崔浩认为:"刘裕乘姚岑死、其子劣之机出兵,其意必欲入关,劲躁之人,不顾后患,必与姚泓形成二虎相斗之势。若塞其西跨,刘裕必上岸北侵,则姚氏无事而我受敌;当前蠕蠕南侵,民食又乏,不可发军。发军赴南则北寇进击,若其救北则东州复危,如此北魏将难上加难,图难于易,瞰制各方,莫如假之水道,纵裕西入,然后兴兵塞其东归之路,所谓卞庄刺虎,两得之势也。假如刘裕胜,必谢我假道之恩;假如姚泓胜,亦不失救邻之名。纵使刘裕得关中,悬远难守,彼不能守,终为我物。今不劳兵马,坐观成败,斗两虎而收长久之利①。"魏太宗不听,遣将长孙嵩发兵拒之,战于畔城,为刘裕将领朱超所败,多有伤亡,魏太宗悔不用崔浩之计。魏太宗听说刘裕死讯,图取洛阳。崔浩认为:"乘袭丧伐之为不义,其党未离,兵临其境,必相率拒战,并无必胜把握,不如缓之,待其强臣争权,变难发生,然后兵不劳而收淮北之地②。"魏太宗执意攻伐东晋,在先攻城还是先略地的决策上,崔浩认为:"攻坚城不克,挫损军势,敌援再来,我怠彼锐,危殆之道,不如分兵略地,至淮为限。"魏太宗仍执意攻城,攻取滑台,顿兵坚城而不拔,迫使魏太宗亲自南巡。

南宋高宗时,伪齐派将李成挟金兵入侵襄阳等六州,朝廷同意岳飞关于襄阳六州为恢复中原根本之见,令其平乱收复失地。岳飞率军直趋襄阳,李成迎战,其兵左临襄江。岳飞笑曰:"步兵利险阻,骑兵利平旷。成左列骑江岸,右列步平地,虽十万众何为③!"岳飞

---

① 《魏书》。
② 《魏书》。
③ 《宋史》。

令王贵以长枪步卒击其骑兵,令牛皋以骑兵击其步卒。两军交战,敌马应声而毙,其后之骑都拥入江水,步卒死者无数,李成夜遁,岳飞克复襄阳。岳飞与金将金兀术军作战时,见其精锐都披重甲,用皮绳相连,三人一组,称其为拐子马。岳飞令步卒以麻札刀入阵,不仰视,专砍马足。由于拐子马相连,一马仆地,其余二马不行,官军奋击,大败金兵。金兀术哀叹曰:"自海上起兵,皆以此胜,今已矣。"

清军机大臣、浙闽、陕甘总督左宗棠多有智略,刚峻果敢,颇识兵机。他组建楚军与太平军作战,在浙策应700里,指挥若定,在定浙、皖、闽、粤等地上,多建功劳。因西捻进入陕西,与回军合势,众数至百万,朝廷令左宗棠任陕甘总督平定叛乱。西北叛众不仅数量大,而且善骑战,地处偏远,条件恶劣,加上左军只有1.2万人,困难重重。左宗棠先购入相当于捻军而优于回军的北方良马,习练马队,兼备双轮炮车,以当地官军为援,屯田以为军粮久远之规,由近及远,逐步肃清,保持馈运之道常通,师行无阻。捻军一见炮车,不战而奔,左军在乾州歼陕回军3万人,教饥民及降众17万人耕作屯田。左军由陕进至西宁,西宁回人归顺,进而平定甘肃回兵,陕甘悉靖。既平关陇,朝廷罢西征,专力海防的议论兴起,李鸿章尤其力主。左宗棠考虑,塞外回人首领帕夏据有北路伊犁诸城,英国人助其另立为国,用以捍蔽俄国,俄国借口以回人扰其边境,引兵驱逐回人而攻取伊犁,而且扬言攻取乌鲁木齐。左宗棠考虑:"如果不乘时收复国家旧所失地,而割弃使另立为国,是坐自遗患。英俄并我土地仍重挫国威,不如乘时乘势挫败英俄阴图[①]。"在军机大臣文祥支持下,朝廷决策左军出塞,不罢兵,授左宗棠钦差大臣。他先易后难,先英后俄,攻取乌鲁木齐、达坂城、托克逊城、吐鲁番,

---

① 《清史稿》。

降回兵万余人，回人首领帕夏自杀。左宗棠乘俄土战争，收取南疆东四城、西四城。之后，他建议朝廷，看透俄国包藏祸心，先与之谈议，委婉而用机，再决之以战阵，坚忍而求胜。他准备以4万人马攻取伊犁，造成威势，俄国虽增兵固守，并以舰船在海上震慑清廷，终因被左军兵威所慑，被迫与清廷达成和议，交还伊犁。

兵势险峻　急疾捷先

应对险峻急剧之变，以便捷方式快速机动，以现实状态快速指挥，以灵活处置快速进退。乘取破竹之势，战役筹划着眼最大限度缩短准备时间，战役布署着眼最快速度完成分割包围，战役实施着眼最小阻力快速机动到位。用兵择人任势，布署以险迅疾速为本。王崑绳曰："势者，先声而夺人之心，疾用则得，缓用则失[①]。"

1941年6月，苏联卫国战争爆发时，元帅科涅夫任西方面军第19集团军司令员，德军在其防御方向快速突破。面对突变形势，科涅夫以其丰富的指挥经验和能力，以快字当头，抢占先机，从被动中争取主动，创造了战争史上的奇迹。战争突然爆发，第一时间科涅夫下达战斗命令，进入指挥所，使部队迅速处于战斗准备状态。在收到上级强行军赶赴基辅命令后，他立即随第一梯队快速抵达基辅，迅速组织城市防御。在集团军主力已接近基辅筑垒地域时，接到上级解西方面军之急的新命令，紧急向斯摩棱斯克方向机动并组织战斗。科涅夫为以最快速度完成机动并投入战斗，不拟制铁路运输计划，各部队在最近装载站装载，第一批装载的部队指挥机关及几个师、保障分队，着眼于迅速投入战斗，即使遇到空袭、受到损失，也保证快速机动展开。由于敌人破坏，一些部队被迫改变卸载地点，到达顺序及地点发生变化。科涅夫因地制宜地集中部队，按照部队

---

① [清]王崑绳：《兵论》。

现实状态，指挥已到达部队迅速投入战斗，使其他部队边会合边投入战斗，并适时组织部队从不同方向，对敌人进行突击。科涅夫在开设集团军指挥所的同时，及时到西方面军指挥所，掌握情况、受领任务，建立联系。科涅夫按令亲赴维捷布斯克，查明当地5个师的现时状况。在途中，他指挥紧急疏通交通，将撤出维捷布斯克的装备、零散人员、打散的部队和地方人员，就地编成营、连战斗单位，并指挥刚开到的1个师，展开夺取维捷布斯克的战斗，由于打击突然，德军被迫撤出该市。科涅夫指挥第19集团军部队投入斯摩棱斯克会战。尽管德军兵力兵器占有很大优势，他指挥部队冲击或退却，及时收拢整编部队，始终避免部队被优势德军围歼。科涅夫在残酷的遭遇战中，迅速处置突发情况，不间断指挥部队，使所属的集团军机关、直属通信团，第25、第34军和第220师等部队大都退却到沃波河沿岸，与编入第19集团军的第24、第16、第30集团军各一部，构成绵亘的作战正面，初步稳定了防御，为下一阶段作战抢得先机，为最高统帅部调动预备队，进行反突击争取了时间和条件。8月8日，科涅夫在稳定战线的基础上，指挥部队攻占亚尔采沃、霍夫希纳，歼敌数千人，击毁敌100多辆坦克，在叶利尼亚地区展开了进攻行动。第19集团军率先发动进攻作战，为苏军树立了必胜信心，提高了士气。此战，使斯大林开始重视科涅夫。

日本关东军新组建16个师团、14个旅团，以75万人的部队防御苏军进攻[①]。考虑到急剧变化的战争形势与美、英争夺亚太地区控制权、主动权，确保苏军控制蒙古、朝鲜、中国大连港、旅顺海军基地及日本北方岛屿，斯大林要求华西列夫斯基元帅率领苏军远东方面军，歼灭关东军。1945年2月至8月，华西列夫斯基遵斯大林"最大限度地缩短对日作战的准备时间"之嘱[②]，作出把兵力集中在

---

① 《中国人民解放军战史》第二卷，军事科学出版社1987年版，第495、496页。
② 《华西列夫斯基元帅战争回忆录》，解放军出版社2003年版，第490页。

阿穆尔河（中国黑龙江）沿岸和滨海地区的打算，估计必要的物资，用英军提供的汽车，迅速由西线向远东运送13.6万节车皮的部队和物资，部队达100万人①；远东快速隐蔽展开18个集团军（包括坦克、防空集团军），2个战役集群，4个独立航空兵军，太平洋舰队、阿穆尔河（中国黑龙江）区舰队，大大缩短了作战准备时间。华西列夫斯基充分考虑到中国东北地势恰似鸡头，便于苏军从西、北、东、南4个方向同时发动进攻，特别适合陆海空联合作战和多方向快速分割包围；日本关东军第1方面军10个师又1个旅沿中苏东部边境一字排开，第3方面军8个师5个旅在中蒙边境一线展开，第17方面军9个师部署在朝鲜各海港地区，便于苏军主力一部由中蒙边境直插长春、平壤，迅速造成对日本关东军的分割包围和破竹之势，使战局急转直下，促成关东军迅速崩溃瓦解。为加强战役布署，华西列夫斯基使用善于突破防御作战的3个集团军强攻关东军的筑垒地域，拖住并歼灭其主力，为进行分割包围的部队创造条件，用快速机动能力强的集团军完成快速穿插任务。快速机动到位。1945年7月30日，远东苏军总指挥部成立，华西列夫斯基任司令员，所有集结部队编成外贝加尔方面军，远东第1、第2方面军，太平洋舰队。为迅速实施战役，华西列夫斯基通过训令，向各方面军部署任务，专程抵达赤塔，勘察外贝加尔方面军主要地段，检验了部队，与集团军和军的首长及师长们一起研究情况和面临的任务，根据现实情况对原定计划作出重大修改，大大缩短训令中规定的各部队完成基本任务的时限，特别是担任迂回包抄部队机动及攻击的时间比原先缩短近50%。他还组织诸军兵种联合演习及战前训练。8月9日至18日，华西列夫斯基指挥大军实施战役，以迅猛不可挡之势攻击关东军整个防御体系。苏军远东第1方面军5个集团军，对关东军3

① 《华西列夫斯基元帅战争回忆录》，解放军出版社2003年版，第494页。

个集团军及其筑垒地域发起大规模突击，迅猛突破防御，一周左右突破200~300多公里，占领哈尔滨、吉林、平壤。太平洋舰队登陆夺取关东军赖以同日本取得海上联系的朝鲜北部海岸的海军基地清津，歼灭日守军3000余人。苏军远东第2方面军与海军1个区舰队及航空兵联合作战，使用3个集团军对关东军第4集团军，采取陆上突破与河岸登陆、舰对岸火力支援相结合方式，迅速突破关东军防御，占领佳木斯、宝清。苏军外贝加尔方面军4个集团军，攻击中国东北西部关东军主力，翻越大兴安岭，仅4天就机动400公里，仅10天就攻占沈阳、长春，切断关东军南逃退路，占领张家口、承德，切断关东军与华北日军联系。苏军由西向东机动9000~1.2万公里，穿过山地、原始森林、沙漠，实施远距离快速机动，陆海空军联合作战，在每个决定性方向都保持强大优势，快速突击的坦克、机械化及骑兵部队，使日寇难以抵挡，迅速打破其整个防御体系。美国向日本广岛、长崎投放原子弹后，日本政府宣布投降，关东军停止军事行动，向苏军投降。

（五）宁曲勿直

越图谋远大，越讲究轻重缓急；越制服大敌，越把握难易远近。攻坚则难、乘瑕则易；单打则难，多助则易；远征则难，蚕食则易；用力则难，用智则易。形胜在我，势穷在敌。《尉缭子》曰："兵者，以武为植，以文为种。"基广则难倾，根深则难拔。

欲难先易　去其藩蔽

去其藩蔽，其势必孤，其心必惧，其阵必摇，其谋必挫。制一敌而余敌惊惧，拔一城而余城摇动，皆因失屏蔽之故。去其羽翼，以实击虚,速战速决,务在必克。策反其将与去其联盟同样是断其手足,即所谓弱敌而我益强。善战者,陷敌于兵孤援绝,屏蔽尽除之地。先打志骄轻躁之敌,后打器小图近之敌;先打零散势单之敌,后打并力一隅之敌;先打羽翼藩蔽之敌,后打势孤援绝之敌。

王莽末年,各路义军俱起,刘玄败落后,来歙投归刘秀,与之共商收降隗嚣之策。来歙先往说服隗嚣未果,又随将军祭尊袭略阳,因隗嚣猛攻,几乎破城,多亏刘秀大军援至,隗嚣退兵。来歙上奏刘秀:"公孙述以隗嚣的天水、陇西为藩蔽,今其已失藩蔽,智计已穷,宜益选兵马,储积资粮;今西州新破,兵人疲饿,若招以财谷,则其众可集,国家虽用度不足,然有不得已①。"刘秀采纳其策,大转粮道,招兵买马,汇集大军,以冯异、耿弇等为将,击破公孙述,隗嚣以孙述为藩蔽,公孙述既破,隗嚣同党见大势不妙,多降刘秀,隗嚣大势已去。刘秀即皇帝位,拜耿弇为建威大将军率兵讨伐张步。张步屯兵于剧,令其弟张蓝率精兵2万人守西安,诸郡太守合兵万余人守临淄,二城相距40里;耿弇军集结于画中,居于二城之间。经过侦察,耿弇得知西安城小而坚,张蓝兵又精,临淄名虽大,而容易攻取,便放出话来,五日后攻打西安。耿弇考虑:"若先攻西安,必顿兵坚城死伤必多,迫使张蓝与临淄合势,加之我深入敌地,后无转输,旬日之间不战而困。而西安听说要受到攻击,必日夜为备,则出其不意突然攻打临淄,临淄易拔,则西安孤,张蓝必因张步陷绝地弃城而走,我必举西安②。"耿弇与诸将攻打临淄城,半日即拔临淄,张蓝果因恐惧弃城奔剧。

唐初,李世民任元帅,与薛仁杲十万大军对峙,李世民据城而守,薛军数次挑战世民。60余日后,李世民乘薛军缺粮气衰,引兵出战,

---

① 《后汉书》。
② 《后汉书》。

击败薛将宗罗睺,并率数十骑追击,直趋薛仁杲城下。薛仁杲大惧,闭城据守,李世民大军继至,合围其城。次日一早,薛仁杲请降。本来很难打的仗,被李世民打得很容易,诸将疑问:"薛仁杲保有坚城,我又无攻具,轻骑腾逐,不待步兵,径薄城下,成疑不克,而克下之,何也?"李世民曰:"此以权道迫之,使其计不暇发,以故克也。宗罗睺恃往年之胜,兼复养锐日久,见吾不出,意在相轻,今喜吾出,悉兵来战,虽击破之,擒杀益少,若不急蹑,还走投城,仁杲收抚之,则便未可得矣,且其兵众皆陇西人,一败溃退,不及回顾,败归陇外,则仁杲之城空虚,我军随而迫之,所以惧而降也。此可谓成算,诸君尽不见耶①?"诸将叹服。

南宋时,岳飞率军平定水寇时认为:"以陆师攻水师为难,以水寇攻水寇则易。水战我短彼长,以所短攻所长,所以难。若因敌将用兵,夺其手足之助,离其腹心之托,使孤立,而后以王师乘之,破之必矣②。"岳飞至鼎州,黄佐招降了敌水师将领杨钦,岳飞厚遇。杨钦被遣归湖中,服说余端,刘诜等归降。岳飞令其攻入湖中,掩袭敌营,降其众数万。敌水师将领杨幺浮舟湖中,以轮激水,其行如飞,舟船迎之必碎。岳飞伐君山之木为巨筏,塞堵港汊,又以腐木乱草浮上流而下,择水浅处,诱敌来追,则草木壅积,船轮被阻无法行进,岳飞速发兵击敌,敌奔港中,为巨筏所拒,岳军乘筏,举巨木撞其船,其船尽坏,杨幺被俘,岳飞获船千余艘。

元朝统帅成吉思汗素有雄才大略,虽然志向远大,但是却从易处入手。扎木合联结13个部落前来围剿,成吉思汗见寡不敌众,便不做硬碰硬的对战,在稍加抗击后退兵,保存实力,转而对其分化瓦解,去其藩蔽,使一些部落归顺。他在统一蒙古各部时,为扩大实力,甚至与金军及王汗军联兵,在其孤立无援后,击败了扎木合

---

① 《旧唐书》。
② 《宋史》。

纠集的11个部落联军。成吉思汗攻灭塔塔儿四部、力量壮大后，引起王汗的猜忌。王汗凭借兵力优势对成吉思汗发动突袭，成吉思汗率军在首战获胜后，为摆脱敌众我寡的不利态势，主动后撤以骄敌，待王汗骄怠不备时，乘夜发动突然袭击，王汗军大败，只身逃脱，被乃蛮人捕杀。其后，成吉思汗乘势攻灭乃蛮等百余部落，统一了蒙古五大部落，成为蒙古大汗。他对西夏的作战，不与其进行堂堂之战，不急于速灭，通过6次出兵，直插其腹地，疲而困之，使其主力屡屡受到重创，迫其投降。金朝与蒙古元朝同样擅长骑兵作战，金将骁勇善战，成吉思汗决不单从作战入手，而是巧妙利用宋、金矛盾和金朝内部矛盾，联多打少，联此击彼，即使敌人相互消耗，也去其藩蔽。他还由近及远，由弱及强地向西扩张，一直打到里海、中亚、印度、俄罗斯等地。他在病重临死时，告诫子孙，利用宋金矛盾，借道宋朝，联宋灭金。其子孙按其遗志，先后灭金、南宋，建立元朝和横跨欧亚的大帝国。

　　元末，起义军统帅朱元璋（后为明太祖）有雄才大略，能征善战，乘时应运。朱元璋决定发动灭元之战时，诸将劝其直捣元都，取破竹之势而胜。朱元璋考虑："元都建国百年，守备必固，虎据河南、关陇的扩廓帖木儿、李思齐、张思道等元将百战之余，急则并力一隅，难于速下，如果孤军深入，补给被断、援兵四集，为危亡之道；宜先取山东，撤敌屏蔽；次取河洛，破其藩篱、再取燕都，拔其根本；然后西征，秦、陇席卷①。"朱元璋几十万大军按大计而进，仅用9个月，夺取元大都，元朝灭亡大势已定。

兵不轻行　谋无再计

　　在对手已成强弩之末时投入战争，在对手已经两败俱伤时收拾残

---

① 《明史》。

局，在对手已经百废待兴时建立威势。不干则已，干则一劳永逸；不斗则已，斗则一决胜负；不战则已，战则一网打尽。用国际联盟掌控天下，用海权体系遏制对手，用海外贸易增强实力，用世界市场振兴经济。善于运用联盟的力量，费力少而见功多、代价小而收效久。斯普鲁恩斯认为："首先攻击易处，便于一系列作战得手。"

1933~1941年，罗斯福就任并连任美国总统，作为美军统帅，他较早预见到新的世界大战难以避免。为对付日本威胁，罗斯福推动国会通过了10年建造115万吨的海军扩建法，美、英、法订立共同使用港口协定，不与日本续签通商航海条例。援助中国蒋介石政府抗日，消耗日本军力。1941年12月7日，日本偷袭珍珠港，还袭击马来西亚、香港、关岛、菲律宾群岛、中途岛，太平洋战争爆发。罗斯福重用马歇尔、欧内特金、亨利阿诺德、威廉莱希上将，艾森豪威尔、尼米兹、麦克阿瑟等将军，还委任一批能干的战区司令。罗斯福认为，没有日本，德国能够生存，但如果打垮德国，日本就存活不了多久①。所以，为了彻底打击日本，他决定先打败希特勒。罗斯福强令轰炸机从航空母舰起飞，轰炸日本东京，震慑日本。动员能制造近30万架飞机、7万艘舰艇、8万辆坦克、1400万吨弹药的力量，动员1200万人的军队及340万人的海军和海军陆战队②。以图用绝对优势力量消灭法西斯。1942年末至1943年初，罗斯福决定：结束战争的唯一条件是无条件，而非第一次世界战似的谈判停战或单独媾和③。即使决定先消灭德国法西斯，也不轻易与德军交战，而是多用间接措施，在决定性时机给其致命一击。美英联军首先消除德国潜艇的威胁，确保大西洋的交通安全；除禁止使用巨额耗费外，尽力援助苏联，并以此作为有利可图的投资；攻占西西

---

① 爱德华雷利：《罗斯福》，京华出版社2008年版，第181页。
② 爱德华雷利：《罗斯福》，京华出版社2008年版，第183页。
③ 爱德华雷利：《罗斯福》，京华出版社2008年版，第211页。

里岛，迫使意大利退出战争，减轻德军对苏军的压力；加强对德本土轰炸，为横渡英吉利海峡集结力量；在太平洋及远东击退日本进犯，支援中国抗战；美、英既保存了实力，让苏联和中国与德国、日本拼消耗，又抢先为战后取得有利地位而排兵布署。特别值得注意的是，罗斯福在卡萨布兰卡会议上，设法促成法国的季劳德与戴高乐的会面，不经意之间把未来法国主要人物拉到自己一边，为战后主导欧洲预做准备。1943年11月，在罗斯福主持下，德黑兰会议达成协议：1944年6月1日，美英联军由艾森豪威尔指挥，在西欧开辟第二战场，苏军在德国投降后对日作战，消灭日本关东军，中国反攻，美、英在亚太力量向日本本土进攻。因此，德黑兰会议确定的战略计划，是一个将法西斯一网打尽的计划。1944年年末，在世界各大战场盟军都节节胜利，德、意、日法西斯灭亡在即的形势下，罗斯福第4次当选美国总统。美国不仅取得西方世界的领袖地位，而且控制了欧洲和整个西方势力范围，又与中国蒋介石政府关系密切，成为最大赢家。罗斯福与斯大林、丘吉尔一道构建了维持世界长期和平的新框架、新秩序，美英还构建了遏制苏联社会主义国际势力基础，使美国在二战后初期、冷战时期、苏联解体后时期，占尽了战略优势。

美国海军上将斯普鲁恩斯心智能力过人，素有"将军中的将军"之称。太平洋战争的中途岛海战时，他指挥第16特混舰队，出色完成作战任务。美军转守为攻后，他担任中太平洋舰队司令。美军参联会主张首先进攻马绍尔群岛，斯普鲁恩斯考虑到："马绍尔群岛设防更为坚固，美国任何基地对马绍尔群岛的侦察、支援十分困难，应先攻击较为容易得手的吉尔伯特群岛；而进攻吉尔伯特群岛第一个目标，应是相对容易的马金岛，而非地形险恶、防守严密的瑙鲁岛；首先攻击易处，便于一系列作战得手。"参联会采纳其建议后，美军比较顺利地攻占马绍尔群岛，而未付出多大代价。他创造了整个太平洋战争中"成本最低而收效最高"的战役。他率第5舰队和第5两栖编队，执行攻取马里亚纳群岛的任务。在美军开始登陆塞班岛，准备对关岛进攻时，日本舰队向美军快速靠近，企图与岛上的日军配合，岛海夹击美军。斯普鲁恩斯当机立断，在海上以舰队迎战日舰队之前，下令炸毁较容易毁伤的关岛机场，先打破其岛上配合，专力对付日舰队。日舰载机起飞飞机338架次，被美军击落297架，损失惨重。日舰队战斗力大挫后，美军迅速攻下塞班岛、提安尼岛、关岛，稳控了马里亚纳群岛。此后，他又建议改变攻取难度太大的台湾岛，而攻取了较易的硫黄、冲绳岛。

（六）难事轻为

　　料成先料败，料易先料难，料利先料害，料速先料久。《军志》曰："知难而退。"处大事难事，徐图渐进比急功近利更稳妥；遇大战大敌，持重迂回比轻率径躁更有利。凡作战，易亦须当难，难须当更难。难事轻易而为之，则处处皆难；难事由易而为之，则处处皆易。凡轻战之将，其志也大，其才也疏，其败也速。

不识难易　轻战必殆

　　遇大敌万不可轻易，举大事万不可后时。刘颂曰："矫世救弊，自宜渐就肃清，譬如行舟，虽不横截迅流，然当渐靡（归顺）而往，稍向所趋，然后得济也。"立足不稳、战心不固、士众不附，而骄兵犯险者，死无葬身之地。

　　西晋愍帝拜刘琨为大将军，都督并、冀、幽三州诸军事，敌将石勒（后为后赵王）攻乐平，刘琨救援，认为士众新合，想因其锐以威逼石勒。箕澹献计说："新归顺的几十万兵马，久居荒裔，未习恩信,难以控御,宜先收鲜卑余谷,外抄胡人牛羊,再闭关守险,务农思土,使之感让后而用之①。"这是反客为主,使敌人由强变弱后再打击的计谋。刘琨未能采纳,率数万兵力犯险进攻。石勒先据险以挫其锋,再设伏袭击,使之大败。事情立即变得糟上加糟。由于自己力量不够,只得被迫接受幽州刺使鲜卑段匹磾联兵联姻的要求,而受制于人。随后,刘琨无意之中陷入段匹磾与其从弟末波之间的争斗,使段匹磾怀疑刘琨与末波密谋图己,乘其不备,将其扣留并杀害。

五代时,后晋将军安重荣善骑射,得民情,作战有功,晋高祖授其成德军节度使。他起于军伍,暴获富贵,见各朝藩将邅升大位,便觉取得天下是件很容易的事情,曾对人说:"天子,兵强马壮者当为之,宁有种耶!"他把做天子当成纯粹暴力、武力之事,甚至认为可凭刀箭而定天下。因此,他除了蓄聚亡命之徒,收买战马,飞扬跋扈以逞其志之外,没有做一件对取天下有利的事情。他怒杀部校,酷虐成性,无故怒杀契丹人,指斥晋高祖,密结契丹幽州将帅刘晞,与叛将安重进联结,夺取后晋政权没有任何名正言顺的政治旗号。他下决心起事后,大集境内饥民,虽然众至数万,但是皆为乌合之众,易聚易散,没有战斗力。在其向朝廷进攻之初,晋将杜重威阻击其于宗城。安重荣军刚一成列,其将赵彦之临阵叛变,造成其军大恐而退,杜重威乘机而击,一鼓而溃敌,安重荣仅率十余骑败逃,其余被杀或冻死者2万余人。杜重威攻破安重荣藏匿的牙城,将其斩杀。

兵不轻举　将不强为

机来勿失,时去勿往。敌人无备则速乘,敌人有备宜深藏。若敌

---

① 《晋书》。

人以逸待劳，以近待远，以险待易，以暗对明，战必极难取胜，宜持重待机。战略上从易处入手，战役上亦宜从易处入手，否则一旦战役胶着难下，战略必由易变难。打仗最怕勉强为之。躁动必失，骄敌必灭。

古希腊伊庇鲁斯名将、国王皮洛斯，率领 3 万精兵渡海远征，与罗马人作战。希军经历海上暴风骤雨、狂风巨浪，登陆时，仅有少量骑兵、2000 步卒和 2 头战象，使其远征作战变得难上加难。罗马军企图在皮洛斯盟邦大批联军增援之前将其击败。皮洛斯在得到塔伦屯军援助下，尽管实力仍处于劣势，决心乘罗马军立足未稳，先挫其锋锐。他抓住罗马人急于求战和轻视自己的心理，乘其半渡之机，突然发动攻击。他身先士卒，激励士气，拼死作战，罗马人被歼 5000 人，皮洛斯不仅取得初战胜利，而且与增援军队会合，在异邦站稳了脚跟。皮洛斯明知彻底战胜罗马人太难，便想以此次取胜迫使其进行有条件的和谈。当他的使节到达罗马后，被严词拒绝，而且罗马准备了更多兵力迎战。皮洛斯率军避开森林、河流及松软的地面，在平坦坚实地面，运用战象和投石手、弓箭手组成的强大阵势，使罗马人的步阵难以阻挡，罗马人失利，失败损失 3550 人。第三次会战，因为他在西西里作战中消耗了很大力量，几年中转战不停，兵困马乏，在萨姆奈与罗马军队再次较量时，仍处于劣势。皮洛斯不仅将有限兵力分为两部分，未能集中兵力对付敌人，而且亲率一部进攻早已占据有利地形，严阵以待的罗马军队。皮洛斯率军经过一夜行军，未经休整即投入了战斗，进攻早有准备的堂堂之阵，使其取胜难上加难。当其前锋受挫后，整个军队士气受到影响，加上惧怕罗马援军迅速赶到，急于求成，被敌人打得大败。他带领 8000 名步卒和 500 名骑兵回到伊庇鲁斯，完成了艰难的远征。

英国统帅丘吉尔，在第一次世界大战时任海军大臣，英、法、俄与德、奥、匈作战，而土耳其倒向德国。丘吉尔老谋深算，在法俄与德国在欧洲大陆上缠斗之时，不在陆上投入更多兵力，而在海上即达达尼尔海峡入手，既可援助俄、塞尔维亚，使黑海补给线和巴尔干战线建立起来，迫使土耳其退出战争和奥匈帝国崩溃，更深层次的用意，即进而控制君士坦丁堡，在战时和战后排除俄国人对此战略要害的染指。丘吉尔在战略上真是精明至极，但是在战役上却显得力不从心。他想利用希腊夺取达达尼尔海峡，而希腊反悔。他与英地中海舰队司令制定了以强大舰队进入马尔马拉海域，夺取达达尼尔海峡的作战方案，也取得了英国战时内阁同意，而且希腊、俄国同意，在英舰队攻占达达尼尔海峡时，分别出动6万和4.7万陆军进攻土耳其。在英陆军师配合未到位、德潜艇即将增援的态势下，丘吉尔力促海军单独进攻，由于准备不充分，情报不准和对土军应变措施未有预防，招致4艘战舰触雷，3艘沉没的严重失败。这一失败，虽然损失舰只不多，但都是主力舰，而且使舰队战斗力大打折扣，由于此次作战，舰队是决定因素，舰队基本瘫痪，等于失去了战役。因此，批评丘吉尔之声四起，有人要求他辞职。当获悉土耳其人缺乏弹药的情报后，丘吉尔力促再次发动进攻，以挽回上次损失及名望。而海军舰队要求陆军先清除岸上要害，陆军则要求海军火力支援，陆军不听海军指挥，在岸边战斗形成胶着，而海军舰队在岸上敌火力未拔除之前，不肯投入战斗；海军惧怕德潜艇，撤回了伊丽莎白女王号舰，使陆军极为不满，战斗陷入十分困难境地。又因党派之争和达达尼尔海峡作战失利，风口浪尖上的丘吉尔被解除海军大臣职务，出任不管部大臣。因对其责备声不断，他提出辞职，要求赴法作战，成为毛瑟团第6营中校营长。

七、险中求安

曾国藩曰："兵事至险，如赌乾坤于俄倾，无事不棘手难为，须冷静耐烦，寻着线索，或可险中求安①。"以奇谋密算脱险为谲，以上智高才平危为上。性情险躁、才非持重，暗于兵机，人情离怨者，遇险益险；临危能静，机智勇决，胸襟宽广，诡谲非常者，遇难呈祥。范蠡曰："时不至，不可强生；事不究，不可强战。"谋于要害，谋于远大。欲转危为安，宜弱示之强，怯示之勇、虚示之实，退示之进，舍示之取，柔示之刚，寡示之众。驱死地之兵，必如决堤以泄洪水；脱至险之境，必如脱兔使人不及。处危险之境，人心恐惧，纵则散，严则勇，激则厉，死战则安。险地勿留，危地速去。凡解兵事之险，首赖于实力，次赖于势利，再赖于权谋，后赖于交情。重任之将，不能沉深寡过，隐忍待机，却内构嫌隙，外授人柄，安危之变，寻当翻覆。受制于庸主，宜早谋退路，稍有迟疑，则悔之不及。唯诚直而不防变诈，危亡之道。能看见明面的危机，不算顶尖的精明；又能看到隐藏的险局，才算顶尖的精明。气运将更，求安反危；末世将变，求全反险。大将虽有奇才，稍一越权，危殆立至。外险不内耗，情危不势分。

（一）临危能定

临危不乱，处变不惊，指挥若定，全在能够看透危机中的生机因素，把握摆脱危机的突破方向，抓住处置危机的决定性问题，找到平息危机的出奇办法。越危急，越稳住阵脚；越紧要，越扭住根据。《淮南子》曰："将贵独见独知，见人所不见，知人所不知，谓之

---

① [民国]蔡锷：《曾国藩用兵语录》。

神明。"

深见将性　险地勿滞

　　兵于险地则惧，兵于亡地则斗。遇骄矜刚愎，无深谋大算之将，虽处险境，卑而惑之，诈而欺之，虽险犹安。敌将之不能，必有疏漏，我善加利用，可因机脱险。所以，临危能静之将，最利见机而动。善于从极其危险的局面中，觉察转危为安的因素，速加利用。

　　秦末，楚将项羽率40万大军进驻新丰鸿门，刘邦10万兵力驻于霸上，双方力量对比相差悬殊。范增劝项羽乘势急击刘邦。刘邦面临致命险境。刘邦的谋士张良曾救过项羽的叔父项伯的命。项伯听说项羽要攻杀刘邦，前来劝张良避祸，张良将项羽决策内情密报刘邦。刘邦盛情款待项伯并许诺与之联姻，请求项伯劝说项羽，项伯应诺并请其及早面谢项王。项伯回劝项羽，项羽决定不攻杀刘邦，刘邦到鸿门面谢项羽。项羽设宴款待刘邦，范增令项庄宴中舞剑，意在刘邦，项伯以身护之。刘邦的猛将樊哙闯入宴中，接近牵制项庄并威胁项羽，使其不能轻举妄动。刘邦乘隙以献玉为掩护，轻骑脱身。

　　东汉末，曹操军围攻张绣于穰县。刘表派兵救援张绣，欲断曹军后路。曹军腹背受敌，面临险境。曹操善于从险势中发现有利因素：曹军欲退，成为归师，兵法曰，归师勿遏，若张绣、刘表逼之甚急，曹军亡地求生、死地图存，必定死战，绝非张绣、刘表军所能敌。张绣见曹军退兵，果然来追，曹军不得进，连营稍前。曹操给荀彧信中说："贼来追吾，遏吾归师，而与吾死地战，虽同行数里，吾策之，到安众，破绣必矣①。"到安众，张绣与刘表合兵守险，曹军凿险为地道，悉过辎重，设奇兵。夜明时，敌谓曹操遁去，悉军来追，

---

①　《三国志》。

曹操出其不意，突发骑步夹攻敌军，大破而归。

东晋龙骧将军陶侃有勇有谋，能力超过同代之将，拥兵自重的王敦深忌其功。陶侃返回江陵，想与王敦道别，多人劝阻未从，果被王敦扣押。陶侃的佐吏及将士请求王敦放人，不许。陶侃手下将领不欲南行，西迎杜曾以拒荆州，而与陶侃有亲姻关系的将领周访屯兵豫章，在王敦周边虎视眈眈。王敦想杀掉陶，出而复回4次，犹豫不决。陶侃既正色责其不能决断，又深窥其对周访之忌惮，因此毫无惧色，并起身如厕。王敦左右乘机劝说："周访与陶侃如左右手，若杀陶侃，周访必应。"王敦便放弃了杀陶侃的念头，设宴为其饯行。陶侃乘夜脱离险境，到豫章见到周访说："非卿外援，我殆不免。"

险不失机　临危应猝

大险压来，奋勇者生，退避者死。凡迎险而勇为者，必有生机。脱险须从薄弱处用力，须众稳当处落脚，须从生机处用计。险中求安，临危应猝，非有中流砥柱的将帅不行。战争充满偶然性，危机蕴含多变性，要比敌预先准备一手，比敌多有一种长处，比敌多获一些援助，比敌先占一处要害，比敌早些识破诡计，最有利于转危为安，因祸为福。

法国元帅加利埃尼在极其险峻危急的关头，极其冷静，洞悉全局，沉着应对处置危机，扭转整个局势。第一次世界大战爆发后，德军长驱直入，巴黎陷入危险之中，法国陆军部长让加利埃尼负责保卫首都巴黎。一接受任命，他立即组建一个有3个兵团的第6集团军，被战争进程证明，是一个极其英明重大的战略决定，在决定性战役中，发挥了关键作用，对于打破德国速战速决进攻计划，具有决定性作用。加利埃尼在全力加强巴黎防御的同时，密切关注整个战局发展。当他获悉德军左翼 即法军右翼兵力对比发生有利于法军的变化，德第1集团军改变行军路线时,立即意识到战机突现。他迅速组织飞行侦察分队,密切掌握分析法军右翼反攻方面的情报和对策。侦察表明,德第1集团军分成6路,正向巴黎东南方向前进,其侧翼暴露。他果断决定对德军侧翼发起攻击,并力劝法军总司令霞飞改变缓攻和向塞纳河撤退的决心,在法军右翼发起全面反攻。法军发起马恩河战役,使德军闪击战破产。

(二)险地则谋

凡处险境,人心恐惧,既须谋敌,亦须谋己。谋己以稳定人心,消除恐惧,激励斗志,弥合分歧为首要;谋敌,以趋利避害,因势利导,诡异奇谲,兵不血刃,直趋要害为首要。大敌当前,勇者为安。不到万不得已,宁守勿走,宁战勿退,宁示强勿示弱、宁镇定勿惶惧,宁诡谲勿直率。迎难而上,犯险一搏,危中见奇,死战求生,反利于险中求安。军脱于险关键在军心,军心一垮,一切将无从谈起。势穷则变,路绝则奇,事急则诡,死地则战。险地勿滞,危地不留。曾国藩曰:"进取不在多少,要在大局无碍①。"大兵压境有静气,处置急务抓关键,遭遇危机保根本,陷入险地扼要害。在决定性问题上智高一筹,在致命问题上抢先一步。

详观事势　机深智诡

凡处险境、情势越险,则人心畏惧,只要能把将士引向脱险的方向,正奇诚诡不论。危险突来尚未暴发之际,以谋化解为上,以势应之为中,激之速发为下。智谋运用得恰到好处者,在大险面前冷静沉着得像无事一样,对情势和对手分析入微,判断精准,把利害算尽,

---

① [民国]蔡锷:《曾国藩用兵语录》。

因敌施策，并有智计失灵后的应对之法，后退之路，有所恃才能无所畏。越是在危险危急时刻，越要想着出奇制胜，稍一畏难畏险，必一溃而不可收。

东汉时，刘秀与王郎战于河北，将军王霸随从刘秀作战，兵至曲阳，得报王郎大军在后，兵众皆恐。当前军行至大河时，候骑还报："河水流急、无船，不可渡。"官属大惧。前有大河阻挡，后有大兵追击，刘秀军陷入险境。刘秀冷静沉着，令王霸速速前往查明情况。王霸明知渡河危险，但必须渡河，所以诡称："冰坚可渡。"官属皆喜，刘秀顺其意说："前面探报果然是胡说。"及至大军渡河时，河冰恰合，刘秀令王霸护渡，大军渡河未毕仅剩数骑时，河中冰解。事后刘秀说："安吾众得终免者，王霸之力，王霸权以济事，殆天瑞也。"

东汉末，荀彧任兖州牧、镇东将军，曹操的司马。曹操率军征讨陶谦，荀彧留守兖州。张邈、陈宫、吕布反于兖州，诸城响应。荀彧既率兵防备，又驰召东郡太守夏侯惇助守鄄城。当时，城内将吏多与张邈暗通，兵少将弱，人心疑惧，形势危殆。荀彧与夏侯惇夜诛谋叛者数十人，震慑军心，众心稍定。豫州刺史郭贡率数万之军突至城下，他与吕布同谋，众人畏惧。当郭贡约见荀彧时，夏侯惇等认为危险，劝其勿往。荀彧认为："郭贡与张邈平日并不密切，今突然前来，一定是计议未定，借机说之，即使不用，也可使其中立；若不往，反为其所疑，怒而成计，又树一敌①。"郭贡见荀彧如约会见，并无惧意，判断鄄城不易攻取，于是引兵离去。荀彧兵不血刃，力保鄄城，转危为安。曹操挟天子以令诸侯时，程昱迁振威将军，袁绍军将从黎阳南渡，程昱率700人守鄄城，处于袁绍十万大军必经之地，形势极其危险。曹操令人告诉程昱，将给其增兵2000人。

---

① 《三国志》。

程昱婉拒，认为："袁绍拥兵十万众，自以所向无前，见我兵少，必不轻易来攻；如加兵，反引其注意，经过时不可不攻，攻之必在我，与其引敌来攻，不如以静制动，或可使之不顾，徒损其势[1]。"果不出所料，袁绍听说程昱兵少，不值一攻，继续前进。事后，曹操称赞程昱有胆有识。

南北朝时，宋朝安北长史、沛郡太守张畅见识过人，能谋大事。北魏道武帝南征，宋江夏王、太尉、刘义恭镇守彭城，宋武帝率主力离彭城数十里。彭城面临大兵压境，兵多食少，难以持久，形势险峻。刘义恭打算弃彭城南归，而有人考虑到历城兵少食多，建议在众兵全力护佑之下，宋武帝及主力直趋历城或速奔郁州自海道还都。张畅认为："历城、郁州根本没有可去之理，彭城乏食，百姓都有走情，只是因为关口严固，很难离走，若一旦动脚，必定各自散走，将很难达至历城、郁州，彭城即使乏食也没有到非常窘迫的境地，如果弃彭城，就是舍万安之术而就危亡之道[2]。"宋武帝采纳张畅建议，宋军既稳定了军民之心，想办法收集粮食，又虎踞彭城，与魏军既武装对峙，也时常通好，相安无事。北朝时，北魏世祖讨伐赫连昌时，军师崔浩随行出谋划策，军至其城下，收兵佯退，赫连昌军鼓噪而前，展开阵势，两翼伸展。恰有风雨从东南来，扬沙昏暗。宦者赵倪建议："今风雨从贼后来，我向彼背，天不助人，将士饥渴，愿陛下摄骑避之，更待后日。"崔浩斥责说："千里制胜、一日之中岂得变易，贼前行不止，后已离绝，宜分军隐出，捲击不意，风道在人，岂有常也[3]。"魏世祖听从，分骑乘隙而奋击，敌军大溃。

五代时，后梁太祖朱全忠（初名朱温）曾被唐僖宗授左金吾卫大将军。他初在农民起义将领黄巢手下为东南行营先锋使、同州防御使。

---

[1]《三国志》。

[2]《宋书》。

[3]《魏书》。

当时，黄巢军攻陷京师，唐僖宗出逃在蜀，并召诸镇会兵讨伐黄巢。朱全忠在敌强我弱的形势下，数次为唐将王重荣所败，屡次求援兵于黄巢，军情都被黄巢的中尉孟楷抑而不通，致使朱军处于危险之中，如不迅速摆脱危机，将面临灭顶之灾。朱全忠与手下商议计策，谢瞳为其分析道："黄巢为草莽英雄，乘唐衰乱之隙而起，并非兴王业之主，不足与之共事；唐僖宗在蜀，诸镇之兵听其调遣，唐之德未厌于人；将军力战于外，而庸人制之于内，此为必败之势，不如背黄投唐，转危为安①！"朱全忠立杀黄巢监军严实，归降于唐，先后授任左金吾卫大将军、河中行营招讨副使，汴州刺使，定武军节度使等。朱全忠先后率兵击败黄巢之将，追击黄巢于郾城，数次击败黄巢之军，直至将其剿灭，受封吴兴郡王。后来，朱全忠建梁称帝。

南宋名将岳飞往往以弱对强，其军士往往难免产生惧敌情绪，他总是身先士卒，冲锋陷阵，甚至单骑冲入敌营，斩擒敌将，以壮士气，使将士随之奋死而战。岳家军刚击败金兵，夜屯石门山下，有人传言：金兵复至，军士皆惊，岳飞坚卧不动，以安军心，金兵终未来攻。他还利用敌人惧怕宋军的心理，在竹芦渡与金兵对峙，选派300精兵，各准备两束交叉绑在一起的柴草，在半夜把柴草点燃，金兵见火把众多，怀疑宋军援兵已到，惊溃而去。

睹危思变　智略奇谋

战争的偶然性决定战场中必定会出现机遇，所以越危险，越要善于寻找和抓住极其宝贵的机遇；越危急，越要善于加强和巩固极其致命的根据；越无路，越善于紧握和使用极其保底的手段。越紧急越抓紧要，越危险越求隐妥，越残酷越励士气，越黑暗越见光明。将能则军心自安。

---

① 《旧五代史》。

德意日法西斯发动第二次世界大战。1940年德军闪击西欧，迅速攻占荷、比、卢，突破法军防御。英国首相丘吉尔亲至法国接触其高层，判断法军将很快败退，英国将很快独自守卫英国本土。在万分危急的险境下，英国统帅丘吉尔大事能静，急处从宽，稳住全局，巧妙周旋，使英国度过最危急、最艰险、最致命的关头。5月末至6月初，德军坦克部队进抵距敦刻尔克港口约10公里的地区，大批盟军有被截断唯一退路的危险，趁希特勒令德军坦克部队暂停进攻的极其宝贵的间隙，丘吉尔决定尽力拉住法国，全力保卫英国。[1]他首先保存实力，将处于法国的英法联军部队撤往本岛，增强本岛陆海空力量，作为保卫本岛及将来反攻欧洲大陆的本钱。丘吉尔说："应付德军入侵大不列颠的最好办法，就是在半路上尽量淹死他们，对余下的人，他们一爬上岸，就敲他们的脑袋"。[2]英国在丘吉尔指挥下，实施"发电机"作战计划，以最短时间，集中大批舰船，在部分兵力抵御德军疯狂破坏干扰的掩护下，完成将33.8万盟军（其中20多万英军）撤到英国本岛，为日后守岛反攻集中了生力军。6月至8月，法军65个师难挡德军124个师的攻击，形势急转直下；意大利对法宣战，英国独撑危局。丘吉尔采取紧急措施，牢牢掌握海军、海权，确保英伦三岛安然无失。一是英海军夺取意大利在英国和外国港口、海上的一切舰船，使意大利无法从海上威胁英国，使德国有限的海军力量无法得到加强。二是拉住美国这个世界上最大的海洋、海军及海权国家，作长远打算，留下后手，为美军参战埋下了伏笔。三是在法国准备投降的关头，英军在极短时间内通过解除武装、截获、击沉或自动放弃等方式，实际控制了法国在英国、北非等港口的舰队，包括战列舰、巡洋舰、战列巡洋舰、驱逐舰、潜艇及小型舰船约300艘。四是深纳厚交沉着冷静、意志坚定、富有远见、临危不惧和处变不

---

[1] 丘吉尔向政府官员通令，1940年5月25日。
[2] 弗兰克·本福德：《丘吉尔》，京华出版社2008年版，第49页。

惊的法国戴高乐将军，为日后收复法国，加强同盟，号召法国人民对德作战创造了有利条件。由于法国贝当政府投降，德军大兵压境，准备进攻英国本土，英国处于被半包围的孤立状态，形势万分危急，面临生死存亡的关头。丘吉尔看到，德军登陆作战难度极大，而敌我空中作战和德国对英国轰炸，主要是心理、精神和意志之战，德国人企图通过征服英国人的意志来迫其投降。因此，只要英国人民奋死抵抗，决心战斗到最后一个人，死守英伦三岛，德国人也耐何不得，战事必有转机，英国必定转危为安。为此，丘吉尔采取了几个重要措施：首先，想尽办法发扬英国人民乐观而沉着的民族传统，坚定民族信心，靠全民的力量度过危机；其次，依赖世界独一无二的海军、海权、海峡和海防，筑建一道无法攻破的海上防线和心理防线；再次，反复争夺制空权，使德军作战飞机对英国舰队、港口、机场及中心城市的破坏，未起到决定性效果。德空军得势不得分的办法，虽然使英国中心城市、工业区和伦敦受到严重破坏，但是英国海、空军力量仍然保持了后劲，未受到致命损害，德国被迫搁置进攻英国本土的"海狮"作战计划。第四，是丘吉尔亲自到前线指挥空战，视察被炸地区，组织政府赔偿，激励士气。他的一系列行动，凝聚了人民、鼓舞了军队，英国上下更紧密地团结在政府周围顽强抗战，他的支持率达到88%。1941年7月至12月，英军通过空战，使德军空军损失1733架飞机，取得了空战胜利。

临危不乱　乘危用险

预备兵力精锐充足，最能应付意外险局。在兵处险境时敢于兵行险棋，最能出敌意外，也最能出奇制胜。在决定性方向和局部握有兵力优势，就可掌握全局主动权，就可在危局险局中应付自如，即使出现意外险情，也可以稳如泰山，因为决定性局部、决定性方向作战取胜，其他则迎刃而解。临杀勿急，临攻勿猝。大兵将动，再倾听一次前线将领的意见，再检查一次作战准备的状态，再核实一次重要敌情的真伪，再考虑一次可能出现的意外。拿破仑说："战争中偶然性占支配地位""作战计划应有两个方案。"①

1942年5月，第二次世界大战苏联卫国战争中，苏联元帅华西列夫斯基任苏军总参谋长，正面临莫斯科会战后又一次险峻的战略形势。希特勒决定集中力量，在苏德战场南段实施主要战役，在斯大林格勒方向实施主要突击，消灭苏军主力，占领高加索重要经济区。7月中旬至10月中旬，西南方向德军以2个集团军进攻斯大林格勒，苏军斯大林格勒方面军7个集团军奋起抵抗，顽强防御。之后，德军由14个师增至18个师，苏军则增至10多个集团军。经过激烈残酷防御作战和反复争夺拉锯战，虽然德军损失严重，进攻能力受到严重削弱，被迫转入防御，但是德军主力未被歼灭，具有重新发起进攻的能力。因此，形势不仅严峻，而且潜伏着很大危险。当时，斯大林与华西列夫斯基、朱可夫置形势危险于不顾，为不使德军获得喘息之机，准备兵行险棋，围歼德军南方集团军群。主要作战企图是：苏军以强大突击兵力，一部从斯大林格勒以西，一部从斯大林格勒以南，向位于斯大林格勒以西卡拉奇的德军第6集团军和坦

---

① 《拿破仑用兵语录》。

克第4集团军实施突然猛烈向心反击,并加以围歼。① 华西列夫斯基有效组织指挥了有决定意义的向心反击战役。9月至10月,在斯大林格勒保卫战激烈进行时,斯大林已为反攻调集了相对充足的兵力兵器。向心反攻战役由西南、顿河和斯大林格勒3个方面军实施。西南方面军加强了坦克和机械化部队,确保迅速突破和迂回包围,而且在这个关键地段上,比当面德军和罗军有较大优势。担任主要突击的斯大林格勒方面军的突击力、机动力和战斗力,也比当面德军占有很大优势,确保突破合围和向心攻击万无一失。华西列夫斯基前往斯大林格勒方面军地段,朱可夫则前往西南、顿河方面军地段,领导指挥反攻作战准备。华西列夫斯基到现地与部队指挥员研究战役实施的重要问题,包括制定切实可行的措施,迅速摧毁和突破德军防御,选择行动样式,各部队任务特点及协同动作,部队指挥等。方面军、集团军部队进行隐蔽伪装,加强正面防御,吸住德军主力并尽力消耗疲惫之;克服道路不足、泥泞和河运的困难,保证预备队和作战物资到位;进行秘密政治动员和鼓动,火线入党,激发士气。华西列夫斯基和朱可夫按11月15日前准备就绪的时限,对部队进行严格细致检查:指挥员对任务及方法理解的确切程度,炮兵、坦克兵、骑兵兵团在突破及突破后纵深内协同,战役发起后的两翼保障,各部队同友邻兵团和军团的协同动作,战役各阶段指挥问题。② 11月13日,德军第6集团军和坦克第4集团军被苏军牢牢牵制,德军仍无察觉两翼即将遭到致命向心反攻,没有部署变更;在即将突击的各个方向上,苏军兵力已占较大优势,士气高涨,一切准备就绪。11月17日,在箭在弦上之际,斯大林迅速面告华西列夫斯基,担任主攻的机械化第4军军长断言:"进攻战役可能带来不堪设想后

---

① 《华西列夫斯基元帅战争回忆录》,解放军出版社2003年版,第204页。
② 《华西列夫斯基元帅战争回忆录》,解放军出版社2003年版,第207—208页。

果的情况,必须详细审查战役决定,推迟或取消进攻战役。"① 华西列夫斯基毫不犹豫地说:"取消及变更战役发起时间没有任何根据。"斯大林令他返回前线指挥战役,并关注机械化第4军的作战情况,随时报告。11月19日至20日,向心攻击战役发起后,苏军3个方面军进攻顺利,突击部队向前推进20~35公里,仅三四天就完成对德第6集团军等部队的合围,夺取了主动权。11月24日,部队进攻遇到相当大阻力后发现,前期大大低估了敌人兵力,被围德军不是9万人,而是30多万人,而且编有特种和辅助部队。② 祸不单行,德军又开始向斯大林格勒方向调集重兵增援,苏军有被两面夹击的危险。11月末至12月末,华西列夫斯基面对危局险局,清醒冷静,机智果决,在作战指挥上采取了十分重要的措施。一是制定围歼意大利第8集团军和德军霍利特战役集群的战役计划,它会对斯大林格勒进攻战役后续阶段起到辅助作用。二是利用苏军48万人对德军33万人的优势,从包围圈的对内正面抽调部分兵力,加强对外正面;在加强从空中封锁被围德军集团和加强分割进攻的同时,从战略预备队中抽出近卫第2集团军(编内有2个步兵军,1个机械化军),以解力量不足的燃眉之急。三是面临包围圈内德军拼死顽抗,包围圈外围德军重兵快速增援,与被合围德军只相隔40公里的险峻形势,华西列夫斯基紧急处置,一边继续攻击德被围部队,阻击德增援部队,一边准备动用近卫第2集团军,进行决定性一击。斯大林先是激烈反对动用近卫第2集团军,后经深入思考,同意动用该部队。③ 华西列夫斯基一面指挥围歼被围德军,一面用预备队阻援,同时指挥西南方面军和沃罗涅日方面军左翼,实施迅猛快速突击,前出到前来解围的德军曼施坦因集团的后方,形成对南方向整个德军主力的合

---

① 《华西列夫斯基元帅战争回忆录》,解放军出版社2003年版,第210—211页。
② 《华西列夫斯基元帅战争回忆录》,解放军出版社2003年版,第215页。
③ 《华西列夫斯基元帅战争回忆录》,解放军出版社2003年版,第227—229页。

围之势，使斯大林格勒战役形势急转直下。[①]截止1943年2月初，苏军经过激战，彻底粉碎了德军的突围和救援，共歼灭德军约150万人。[②]斯大林格勒战役成为苏德战场和世界反法西斯战争的转折点，希特勒法西斯德国的失败命运已经注定。

（三）化险于微

常人知险为险，不知平安隐藏至险。司马光曰："事未有不生于微而成于著者，圣人之虑远，故能谨其微；众人之识近，故必待其著而后救之[③]。"治其微则用力寡而功多，救其著则竭而不能及。军陷险地危局，若能稳定激励军心士气，本身就化解了军无斗志之险，最利于转危为安。大敌当前，内斗最险。善于解危化险之将，不搞派系，以维持大局；不伤手足，以保存实力；不报私怨，以化解冲突；不分亲疏，以稳定军心。大局安则军自安。善于化解风险之将，定计决不意气用事，打仗决不一成不变，立脚决不四处树敌，夺人决不硬拼消耗，指挥决不脱离实情，行动决不损害大局。

伺察其险　以安易危

丁鸿曰："禁微则易，救末则难。人莫不忽于微细而致其大。"智者不处险地，以能先识祸机之故。有深识高见之人，善见胜负，故能预知安危险易。凡战，对安危险易心中自有思虑，一旦危险征候初露，便迅速察验，一经验明，则可先敌而动，化险于未发。预知其策必败，则事先尽力挽救，即使不能逆转，事后亦虽险犹安。

---

① 《华西列夫斯基元帅战争回忆录》，解放军出版社2003年版，第230页。
② 《苏联军事百科全书·军事历史》，战士出版社1982年版，第897页。
③ 《资治通鉴》。

南朝时，梁武帝加虞寄贞威将军，京城被反将侯景攻陷后，遁还乡里。当时，陈宝应割据闽中，其属郑玮劫虞寄于晋安，陈宝应得虞寄甚喜。及陈高祖陈霸先平定侯景之乱，虞寄深知陈霸先善于用兵，有雄才大略，陈宝应并非陈霸先的对手，因此劝其自结陈霸先。陈宝应托词拒绝，潜有取陈霸先之谋。虞寄知其必败，虑祸及己，在强谏不从后，穿居士服，使之相信"病势渐笃，言多错谬"。及陈宝应败至蒲田，顾谓其子曰："早从虞公计，不至今曰！"陈宝应就擒，诸宾客伏诛，唯虞寄以先识免祸。

北朝时，北周骠骑大将军韦孝宽，机敏过人。周宣帝去世时，朝廷内外不稳，朝廷令韦孝宽接替尉迟迥，并派大都督贺兰贵前来迎候。韦孝宽留贺兰贵交谈，通过察其情，怀疑其中可能有变，于是不露声色，一面称疾徐行，一面派人以求医药为名，到相州暗中伺察动静。韦孝宽行至汤阴，见先去相州赴任的相州刺史奔还，其侄弃郡南走。他迅速处置，立即驰还，所经桥道，皆令毁撤，驿马悉拥相随，令驿将以好酒好菜款待尉迟迥的将士。尉迟迥的部将率数百骑追来，驿司供设丰厚，所经之处，都要停留，因此追之不及。韦孝宽先据河阳要冲，处于主动，诈称河阳城中800名鲜卑人将入洛阳受赐，将其骗至洛阳，并使之滞留不归，去除了尉迟迥的内应。韦孝宽用诏令急召关中兵，增援河阳，严阵以待，并以逸待劳，先击败尉迟迥几名部将，又击破尉迟迥主力，使其兵败自杀。北周柱国大将军李弼在尔朱氏操纵北魏政权时，隶属侯莫陈悦。宇文泰（后为北周太祖）与贺拔岳率军与尔朱天光、侯莫陈悦作战。贺拔岳被侯莫陈悦杀害后，李弼为侯莫陈悦分析道：既已杀贺拔岳，而其兵众为宇文泰收而用之，如其激发将士为贺拔岳复仇之心，宇文泰必得其死力，其士气难挡，侯莫必危，因此建议侯莫陈悦解兵以谢宇文泰。侯莫陈悦惶惑，计无所出。在其犹豫之际，李弼对其心腹说："宇文泰才略冠世，很有德义，侯莫陈悦智谋不如，无法自保，必须果断作出抉择，以免灭族之祸①。"于是，李弼密通宇文泰，并扰乱侯莫陈悦军心，使之散走，里应外合，助宇文泰击败侯莫陈悦。此后，北周太祖宇文泰对李弼极为器重，李弼追随其冲锋陷阵，多次受伤，屡立战功，官至太尉、太保、太傅、大司徒、太师，进封赵国公。

　　唐朝名将李光弼在与叛将史思明作战过程中，奸臣鱼朝恩监其军任观军容使，对其作战多有掣肘。李光弼因部将张用济执行命令不利，将其斩杀，而其部将仆固怀恩对李光弼心有忌惮，且与鱼朝恩暗中早有勾结。史思明派人故意散布唐军将士都是北方人，日夜思归的消息，以引诱唐军与之作战。鱼朝恩不知用兵，对其散布的消息深信不疑，屡次上表敌人可灭之状。唐肃宗诏谕李光弼，李光弼深知鱼朝恩欺君，早晚败露，罪责难逃，与其正相反，如实上报敌人正锐，建议不可轻易动兵。仆固怀恩不愿李光弼立功得势，暗中与鱼朝恩谋划出战计策。李光弼主张据山地之险排阵，而仆固怀恩以主要用骑为由，主张以平原为阵。李光弼力争，仆固怀恩执意不从，致使敌军占据高地，并以兵诱之，仆固怀恩率军剿获，被敌伏兵打得措手不及而大溃，怀州、河阳陷落。战后，李光弼请罪，辞让太尉之职。唐肃宗认为仆固怀恩违令覆军，拜李光弼开府仪同三司、中书令、河中尹，晋、绛州节度使，很快又恢复其太尉之职、兼侍中、河南副元帅，知河南、淮南东西、山南东、荆南五道节度行营事、镇泗州。

　　宋将范雍见党项军围延安七日，数次危急，忧形于色。有一老军校说："我为边人，遭围者数次，其势有近于今者，房人不善攻，必不能拔，今日万万无虞，我可以担保，若有不测，甘当斩首！"范雍用此军校之言激励士卒，以壮人心，安定下来。事平，此校因知兵善料敌大蒙赏拔，有人问："汝敢肆妄言，万一言不验，须伏法。"

---

① 《周书》。

他笑对："君未之思也，若城果陷，何暇杀我？聊欲安众心耳。"

明末，清军两渡辽河，明将袁崇焕集结将士死守宁远，清军志在必得，形势危急。袁崇焕刺血为书，激以忠义，为之下拜，将士感请效死。袁崇焕坚壁清野，清查奸细，断绝路上行人，令前屯守将，凡将士有逃者悉斩。激以忠义与严刑峻法这两手，不仅人心始定，而且士气激励，经过反复攻守激战，清军解围而退。

沉稳详明 破险无形

将士士气勇怯决定军队成败安危的转换。所以，即使敌人可打，而我军心骇动，也以不轻动为妥。国有事，将以见用为安；国无事，将以见藏为安。军有事，将以用恩为安；军无事，将以不苟为安。为将忠厚质朴，长于忍让，尤其利于销祸于未然。处理将领关系，始终避免内耗；化解内部危机，始终大局为重；涉及权势官位，始终顺其自然。战时，视兵权如法宝者安；平时，视兵柄为敝屣者全。

北朝时，北魏骠骑大将军达奚武久经沙场，富有作战经验。达奚武成为北周大将军后，随晋公宇文护东伐。当时，北周将军尉迟迥围攻洛阳，为北齐军所败，达奚武与齐王宇文宪于邙山防御，至夜收军。宇文宪想明日再战，达奚武想还军，双方固争未决。达奚武劝宇文宪说："洛阳军散，人情惊骇，凭我久经军旅的经验，若不乘夜速还，明日不仅欲归不得，很有可能全军覆灭。"宇文宪听从，遂全军而返，未落险境。北魏骠骑大将军李崇有勇有谋，治军有方，作战善于造成声势，动员百姓及兵众，在敌方安插内应，表里以袭，出其不意，屡战屡胜。他在州十年，常养壮士数千，号称卧虎令，敌畏惮。敌屡施反间计，欲阴除之。然而，他历经三帝（高祖、世宗、肃宗），始终深受器重，虽位高权重危而能安，一个十分重要的原因在于，北魏边患不断，正是用将之际。李崇由右卫将军、抚军将军、征南将军、骠骑将军至骠骑大将军、右光禄大夫、都督四州诸军事、尚书令、侍中，功高权重；性好财货，贩肆聚敛，家资巨万，营求不息，子弟为官，收擅市利。即使如此放肆，朝廷也不计较，并深信不疑。他69岁时，领兵讨伐蠕蠕；70岁时，领兵平定北镇叛乱，虽然其长史诈增功级，盗没军资，李崇受牵连坐免官爵；71岁时，复官爵率兵平定彭城反叛。他中途病重去世。

五代时，王延政占据建州，令章姓将军守御，其部将延时后期当斩。章姓将军因怜惜部将之材，回与其妻连氏商议，连氏贤智，暗中使人告部将速逃，并赠银数十两。部将投奔南唐李氏，后率军攻打建州，应连氏以死相请，使一城获全。相反，南唐主李景令将军胡某守江州，曹翰围江州三年不能破，胡某因厨子做的鱼汤味道不好这样一件小事，就想把他杀掉，尽管被其妻劝止，由于胡某太过暴虐，厨子因无法忍受，逃出城外，将城内虚实告之曹翰。城破时，胡氏一门无遗类。

唐德宗时，左金吾卫大将军李晟在狼烟四起的混乱形势下，善于化解和处置内部危机，使唐朝转危为安。起初，田悦反叛，唐德宗任李晟为神策先锋都知兵马使，与河东节度使马燧、昭义节度使李抱真合兵救临洺。田悦挑动朱滔、王武俊围攻赵州，李抱真分兵3000人守邢州，马燧对其分兵大怒，想要独自班师。李晟说马燧："大敌当前，邢州与赵州接壤，分兵守之，理所当然，擅自班师，必坏大事。"马燧谢李晟，亲到李抱真军道歉，二将和好如初。长安京城突变，唐德宗赴奉天，诏令李晟赴难。唐将张义武军位于朱滔、王武俊两军之间，必要倚仗李晟，因此阻止其赴难。李晟先以爱子作人质，又赠玉带给张义武手下亲将，说服其放行。李晟到后，诏加其检校二部尚书，并未推辞。朔方节度使李怀光也自北河赴难，军于咸阳，不想让李晟独当一面而分己之功，经奏请皇帝李晟军被并于李怀光之军。叛军突至，李晟认为敌离窟穴，立足未稳，天赐良机，宜速击之。李怀光以补给未足、宜养精蓄锐为由，决定待时而动。实际上，李怀光忌李晟威名，又抄略百姓，阴有异志，迟延不进。李怀光以军中给赐咸宜均一为由，想改变李晟神策军给赐厚于诸军的惯例，以此侵削李晟之军。唐德宗既无力平均诸军给赐，又不想削减神策军，命翰林学士陆贽前往调解。李晟表示，绝对听令，以效死命，不在意衣食。陆贽并未为难神策军及李晟，增损给赐之事不了了之。李怀光阴与叛将朱泚勾结，渐露反迹。李晟恐为其所并，密奏唐德宗请其移军渭桥，既控扼要害，又分散敌势。当李怀光反状已明，李晟请任命三将为洋州、利州、剑州刺史，率兵以防未然，唐德宗犹豫未果行。当唐德宗打算赴咸阳时，李怀光大惧，以为欲夺其权，谋乱益急。李晟认为事已急迫，利用朝廷中使路过神策军之机，假诏移屯渭桥，争取了主动。唐德宗至梁州，任李晟为尚书左仆射，同中书门下平章事，李晟并未推辞，拜哭受命。李晟先使梁州守备万无一失，以谋收复长安。当李晟率军收复京城后，唐德宗任其为司徒兼中书令。后来，唐德宗厌兵，疑将帅生事邀功，吐蕃使用反间计，秉政的张延赏从中挑拨，逸言不可令李晟久典军兵，李晟被罢柄。他毫无怨言，且拒绝了劝其反叛的建议，终任太尉、中书令，寿终正寝。

辽北院大王、总山西事、将军耶律屋质，简静有器识，忠厚公允，可托大事。辽太宗去世，永康王耶律阮率诸将拥兵在外，诸将欲立其为帝，又联合二大王，决意不报太后，不顾皇子李胡及寿安王在朝，立耶律阮为辽世宗，即位于辽太宗灵柩。太后闻知大怒，令皇子李胡率兵逆击其军，败归后悉捕永康王耶律阮臣僚家属，两军剑拔弩张，隔河岸相拒，辽朝自相残杀之势已现。当时，耶律屋质从太后于朝中，深知一旦两军交战，太后必败，自身也必将危殆。他力劝太后："议和为长策，事必有成；速战必动摇人心，国祸必深①。"耶律屋

---

① 《辽史》。

质自告奋勇去见永康王耶律阮，见永康王时辞多不避，不惧一战，便劝其即使一战取胜，其臣僚及家属将惨遭屠戮，到时必两败俱伤，不如先谈和，不成再战不晚。耶律屋质终于促成双方和谈。太后反问耶律屋质，皇位归谁？耶律屋质不顾皇子李胡当面威胁，坚定认为从辽朝大局出发，应立既是嫡长又众望所归的永康王，不应立暴戾残忍的李胡！太后经反复考虑，同意立永康王为帝。如此，既平息了内斗，又使永康王名正言顺地当上了皇帝，自己也安然无恙。辽世宗事后问耶律屋质："你与我属尤近，同属耶律家族，为何反助太后？"答道："我以社稷为重，不可轻付，所以如此。"

　　元末郭子兴农民起义军兴起，朱元璋在其军中为将，郭子兴见朱元璋有过人之处，将所养马公之女予其为妻，由此郭、朱关系亲密。郭子兴与孙德崖等5人各称元帅，郭子兴因其余四帅粗鲁剽掠，与之日益疏远，起义军内部出现嫌隙。朱元璋提醒郭子兴，彼日益合，我日益离，宜防为人所制，郭子兴未能听从。破徐州后，起义军推彭磊、赵均用为帅，且置于前五帅之上。郭子兴与彭磊过从甚密，而与赵均用疏远，孙德崖等乘间挑拨离间，赵均用乘机抓捕郭子兴，并将其囚禁于孙德崖处。朱元璋联络彭磊等，强行将郭子兴救出。彭磊死后，赵均用势大，挟持郭子兴并图谋加害。朱元璋一面派人劝说赵均用，须念郭子兴对其有开门延纳之恩，顾及郭子兴军兵众，一面贿赂赵均用左右用事之人。因此，郭子兴得以免祸，率其所部万余人就朱元璋军于滁。当郭子兴听信谗言，疏远朱元璋，并稍夺其兵权时，朱元璋愈加谨事郭子兴，千方百计避免自相残杀。郭子兴见其毕恭毕敬，便让其率兵守和州。孙德崖所部补给断绝，到和州界内请求就食驻军，朱元璋不计前嫌，接纳其部。郭子兴对朱元璋做法发怒，而郭子兴部与孙德崖部又发生冲突。郭子兴擒获孙德崖，而孙德崖军抓获朱元璋。尽管郭子兴十分不情愿，还是拿孙德崖交换了朱元璋，不久郭子兴病逝，朱元璋军率起义军再次兴起。

（四）险由隙生

内外树敌为兵家大忌。大敌当前，决不可自相残杀；豪杰蜂起，决不可急于称尊；四战之地，决不可只战不走；遭遇劲敌，决不可纠缠不休。凡军务不整，军法不严，上下相蒙，弄虚作假，临阵畏怯，官吏腐败，用人不当，宿将凋亡，赏罚不明，丧失人心，当敌即溃之军，无警即险，况与劲敌作战！庸将即是大险，奸臣诱发危机。为将，打仗上要精明，权势上要糊涂。权势上的精明是真糊涂，权势上的糊涂是真精明。伪饰愈深，则祸机愈深。以狡伪求安，不如以诚实避祸。震主者危，窃权者殆。为将，永远不要幻想本该独掌权力的人会与你分享权力，永远不要想定手握雄兵劲旅的人会甘愿居于人下，永远不要认为占据政治高地的人会放弃政治优势。

内事不和　外险则入

主将不识妙计，不听良将，必为庸将。庸将统军，必为强敌所乘，故虽安必险。将领之间不和，各自为战，等于分兵，必为敌人造成各个击破的机会，使其军陷入四险之地。将领之间内讧，则人人俱危，隐患四布，人情俱散，众心渐怨，士气锐减，甚至兵众离叛，强敌四布，则至险必至。智将，既善于提防敌将变诈，也善于提防部将变诈，稍有大意，必为人所乘，大祸立至。将相不和，武将陷于党争，将领互斗，大将就像被捆住手脚的巨人，四处掣肘，即使再有能耐，也施展不开，又予敌以良机，其势必险，其战必败。

南朝时，陈武毅将军萧摩诃果毅有勇力，骁勇有名声，善单骑出战，军中莫有当者，曾独骑阵中救将军侯安都，斩杀齐将，威震三军。萧摩诃在都督吴明彻部下与北周将领于吕梁作战。周军结长围连锁于吕梁下流,断陈军退路。在万分危急之际,萧摩诃建议:"乘其连锁、筑城、阵势不坚、立足未稳之机,迅速攻击,敌必不敢相拒,否则必败。"吴明彻对其议不屑一顾,并讽其无长算远力,萧摩诃失色而退。一旬之间,周军大兵围至,萧摩诃为先锋率军突围,侥幸免于全军覆灭。陈高宗去世后,始兴王刺杀后主未遂,萧摩诃救帝有功,授骠骑大将军。隋将贺若弼乘虚渡江,袭京口,萧摩诃请兵逆战,后主不许。及隋军进至钟山,萧摩诃建议:"乘其悬军深入,后援尚远,垒堑未坚,人情惶惧,出兵掩袭,一战而大克之。"后主又不许。及隋军大至,后主才允许其出战,因战机已失,军士战心已去,被隋军打败,萧摩诃被隋军囚禁。萧摩诃入隋后,随从汉王谅在并州作逆,兵败被诛杀。

　　隋末行军元帅李密有识见,善谋略,然而不善用兵,易于转安为危。李密随杨玄感起兵失败后,投靠翟让,帮其打了胜仗,建议其直至东都取洛仓,乘隋乱而取天下。翟让认为其企图过大,不想伸头,李密则领精兵千人为先行,进入洛仓附近的四战之地,成为众矢之的。李密在战胜越王杨桐所部之后,收集兵民数十万,称魏公,立行军元帅魏公府,任翟让为司徒,单雄信为左武侯大将军,徐世绩为右武侯大将军。在洛仓争夺战中,李密遭隋7万兵力抗击,双方纠缠不休,消耗很大。隋炀帝亲率5万兵力驰援,经百余日大小60余战,战局形成胶着状态。就在李密陷入四战、硬拼消耗之地不能自拔之际,其内部出现严重危机。翟让部将王儒信及翟让之兄,力劝翟让夺取李密大权。李密隐知其谋后,乘其不备,设宴诛杀翟让,将徐世绩砍成重伤,单雄信等投降,被慰谕,令徐世绩、单雄信、王伯当分统翟让所部。李密未能稳妥处置翟让之事,致使其内部隐患四布,战斗力大不如前。李密拥兵30万人,击败王世充军,颇为得意之时,未料大祸将至。李密军与宇文化及军和王世充军反复消耗,虽有胜仗，但是归降者日益减少，兵士数战而不获赏，初附之兵与原有之兵所抚程度有别，于是众心渐怨，军心士气锐减。在与王世充决战时，李密军内部出现降叛，致使其军大败而遁。至此，李密才谋划兵向关中，想尽快脱离四战之地。李密率2万人西去关中投靠李渊集团，见对其礼数日薄，企图谋反，因仅数十人，又无大兵接应，被追斩，时年37岁。

明右翼统军元帅胡大海追随朱元璋起事，诚而不欺，惟知三事：不杀人，不掠妇女，不焚毁庐舍。他曾率军破元将所率10万之众，降其3万人。胡大海虽善用兵，英勇善战，深受朱元璋器重，甚至令其宿卫帐下，但是他过于诚直，以致缺乏对变诈反复和阴谋诡计的提防，易于转福为祸，易安为危。他攻下诸暨时，守将逃遁，万户沈胜归降，由于缺乏提防，致其复叛。朱元璋破张士诚后，令胡大海镇守宁、越重地，与张士诚之将吕珍作战。经激战，吕珍形势日益不利，请求各自解兵，胡大海允应。郎中王恺提醒："吕珍狡猾，不可信，不如乘其不意发起攻击。"胡大海认为："言出背之，不信；既其纵而击之，不武。"他的诚信使其错过了制敌良机，吕珍获得了喘息之机。胡大海攻下严州，苗将蒋英、刘震、李福降归。胡大海将三将留于麾下，喜其骁勇而不防其变诈。三将乘其不意密谋作乱，而胡大海毫不知情。三将请胡大海在八咏楼观弩，胡大海前往时，蒋英随行，行至途中，蒋英党羽突跪其马前，投诉蒋英之过，胡大海被突如其来的状况搞得一头雾水，当其反顾蒋英时，蒋英出袖中槌猛击胡大海，中脑仆地，其子一同被害。明兵部尚书、督辽东诸军务孙承宗办事认真果毅，正直刚正。当时，明朝皇帝昏庸，党争激烈，官吏腐败，农民起义频发，清兵劲锐，进图关内，使之已呈现末世之征。孙承宗经请示明熹宗，一改已往消极固守山海关之策，取主动进取拓展之策，撤换一批不得力边将及朝臣，大力整治边务，加强练兵、器械，近10万兵力逐渐加强守备，使辽东清兵不敢轻举妄动。他任边帅4年时间，修复大城9座，堡45个，练兵11万人，造甲、械数百万，拓地400里，开屯5000顷，岁入15万。然而，他的强边措施是在极其艰难危险中实施的，因为他主张减少朝廷对边将的干预，引起皇帝及一些文臣武将的猜忌，他还常常受到边将的毁陷，魏忠贤奸党的监视、朝廷的掣肘，以及皇帝的猜防。皇帝与兵部、工部默契，对其请求大举所需的巨饷，只许不予，使之难越雷池一步；魏忠贤派人去边镇伺探军情，一次就有45人；明熹宗听信魏忠贤挑拨离间，夺其兵权，以高第代其职；明思宗重新启用被他劾免的王在晋为兵部尚书，使其边防对策难以贯彻。也就是在这种折腾来、折腾去的过程中，清军更加精锐，明边更加废弛。及清军大举进兵，进至遵化，威逼都城之时，明思宗才不得已重新启用孙承宗负责守卫都城。尽管孙承宗尽心尽力，但是仍然难以力挽狂澜，被夺官闲住。他家居7年后，清军深入内地，攻进高阳，孙承宗率家人拒守，城陷被俘，自杀身亡。

　　明朝名将袁崇焕十分熟悉边防事务，为不可多得的将才。在他镇守宁远、加强边防、安抚军民、劳绩大著时，未报经略辽东孙承宗便立斩一校，受到责备。清军大举进兵宁远，袁崇焕与满桂等将领死守死战，给清军造成严重伤亡，击退清军，功绩卓著，升任右佥都御史、辽东巡抚，清军素来不畏明将，独畏袁崇焕。因战功过人，袁崇焕露出骄意，既抗疏抵制魏忠贤一党到边镇任官，又与大将满桂不和并将其排挤出辽东，还上奏皇帝：众人嫉妒是因为其劳著功成，等于状告了文武众官。尽管皇帝对其优旨褒誉，仍使袁崇焕处于孤立的地位。清太祖努尔哈赤去世，袁崇焕派使凭吊，而且未报朝廷即擅自通过使者与清军议和，为以后清廷实施反间计和奸人构陷通敌叛国，埋下了祸根。袁崇焕掌握关内外防务全权后，取得宁锦大捷，清军损失惨重，但由于魏忠贤奸党找碴儿，使袁崇焕乞休。明思宗朱由检即位后，召任袁崇焕为右都御史督师蓟辽，边防进一步加强，握有重权之下，他变得不那么谨慎了。总兵、左都督毛文龙素来不敬袁崇焕，二人不和，引起袁崇焕内心极度不满，便自作主张，利用共同观将士骑射之机，暗伏甲士，以12项罪名诛杀毛文龙。明思宗听说后，十分惊骇，念其已死，仍要倚重袁崇焕，便谕毛文龙之罪，以安其心。祸不单行，及清军数十万人，直破遵化，京城危险。危急之际，京城责备袁崇焕纵敌拥兵，怨谤纷起；朝士诬其引敌协和，将为城下之盟；清廷设反间计，散布与袁崇焕密有成约，暗纵所俘宦官回朝廷告发。明思宗深信不疑，将其下狱。奸党为报仇，乘机构陷，袁崇焕终以擅主和议、专戮大帅二罪被冤杀。在清兵得势之际，先杀大将，明亡无日。

清安徽巡抚、总督，湘、楚军将领江忠源，率军与太平军作战。太平军初起，席卷各地，势不可当，清军、湘军一败再败，江忠源深究失败原因，并未只盯在敌人身上，还深查清军、湘军作战中的各种弊端，以求从根本上增强作战能力。当时，他看到："清军军务不整已久，闻警先惊，接仗即溃，上下互欺、恬不知耻，招无赖入营，虚报冒领，聚不能战，散即为盗；只顾作战夺城，不顾稳定后方和巩固已占之地，以至旋得旋失，民众从敌者多；地方牧令不得其人，官吏欺瞒，办事不公，贪赃枉法，为一己私利而不顾国家大计，不得民心，吏治不严，治安堪忧①。"有此诸多弊端，清军、湘军作战必然危殆。江忠源通过实战胜负正反比较，向皇帝上疏，切论军事措施：一是严军法以除畏敌之念，彻底扭转敌能致死于我，而我不能致死于敌，敌退必死而进乃生，我退必生而进则死的局面，反怯为勇，易宽为猛。二是撤一提镇大臣，养精兵二百有余。三是汰冗兵，有血气之民、令行禁止之兵方为精兵。四是明赏罚，禁匿过而言功，开诚而布公。五是戒浊战，扼楚馈，截其奔逃，逆击以

---

① 《清史稿》。

遇其锋，设伏以挠其势。六是察地势，敌出入之途，先为之防备；敌分合之机，遥为之制；形势在所必争，则事机不容或失。七是严约束，杀敌所以安民、安民才可杀敌，禁劫掠奸污，宽待胁从，临阵树免死之旗，令其倒戈以赴，分化敌军。他的对策上报不久，在一次作战中被太平军包围，身受7处创伤，投水自尽。清文宗对江忠源以及胡林翼等去弊求胜之策，都予嘉纳推行，经数年之后，清军、湘、淮等军军势渐强，而太平军军势渐弱，最终太平天国革命烈火，在中外封建势力、帝国主义势力联合打击下，被扑灭了。

矜伐浅薄　惑于祸福

　　凡斗争和对抗，永远是双方之事，而非一方之事。只要不能冷静客观地分析双方实力及企图，而只凭自己意志行事者，一出手便正中对手下怀，必为对手所乘，而将自己置于危险之中。所以，善于韬光养晦，沉深寡过，避其锋芒，隐忍待机之将，往往十分冷静，先立于不败之地，再后发制人。狡黠贪利，邪佞无学，浅薄鄙陋，暗狠强戾，愚嚣轻薄之将，稍一躁动，便成众矢之的，危险重重，危机四伏，逃不出旋起旋灭，偶得偶失的宿命。

　　西晋惠帝时，贾后专权，赵王司马伦领右军将军，与贾后关系密切，为其所亲信，本来势力强大、平安无事。但是他十分宠信奸人孙秀，为其操控，潜伏了巨大危险，他却未能注意。贾后废黜太子，引起拥戴太子诸多大臣不满，共谋废掉贾后，以复太子之位。于是，他们先极力说服孙秀，大臣起事必定危及与贾后关系甚好的司马伦，为安全起见，应说服司马伦加入废后。司马伦若同意废后，不仅以晋惠帝为敌，而且必定引起朝臣和诸王的反弹，成为众矢之的，陷入更大危险之中。司马伦听从孙秀毒计，先让贾后杀害太子，又里应外合，发兵废掉贾后，并将其心腹大臣杀掉，矫诏迅速掌握了朝廷大权和兵权，继以兵威逼晋惠帝将帝位禅让与己，任孙秀为骠骑将军。正当其得意之时，齐王王、河间王、成都王起兵讨伐司马伦，又引起百官和将士群起而攻之，司马伦、孙秀指挥混乱，为"三王"之兵所败。"三王"扶晋惠帝复位，诛杀司马伦及孙秀等死党亲信。晋惠帝拜齐王司马冏为大司马辅政，大权操于其手，成为司马伦第二，而不觉危之将至。及诸王兵起、内外诛讨司马冏声势不绝时，他拒绝王戎等"委权崇让"的建议，失去了最后一次转危为安的机会。长沙王司马乂攻入宫中，诛杀司马冏。

东晋中军将军殷浩，早年即识度清远，视官如腐臭，视钱如粪土。权臣桓温在朝中势头强劲，东晋简文帝忌惮他，考虑到殷浩有盛名，将其引为心腹以制衡对抗桓温，致使殷浩与桓温相互猜忌。右军将军王羲之与殷浩素好，知道二人难以合作，但是考虑到桓温势力的削弱非短期能做到，因此暗示殷浩不必过早地激化矛盾，宜静待时机，殷浩未从。殷浩见桓温在朝中专权时，轻率决定出兵北伐，王羲之以为必败，送信阻止，言甚切至。殷浩又不听从，果为姚襄所败。桓温疏陈殷浩之罪，殷浩被贬为庶人，终未达成简文帝的意图，且被桓温乘机除掉，由安转危。

南朝时，梁封侯景为河南王、大将军，其狡猾多计，残忍酷虐，纵兵抄掠，虽能使将士为其所用，然而易失人心，难以长久。侯景叛梁饿死梁武帝，拥兵自重，立萧正德为帝，自任天柱将军，破城后，纵兵杀掠，富室豪家，任意剥夺，子女妻妾，悉入军营，乱加杀戮，号哭遍地，而不知大祸将至。侯景的残酷，立即招致将相王侯四处起兵，百姓扶老携幼以候王师，侯景很快粮断援绝，陷入困境。侯景操纵废立，暗怀篡夺之志，废简文帝自立为帝，国号为汉，王僧辩率王师征讨，又一次使其陷入兵败势屈的困境。侯景让掘王僧辩父墓，剖棺焚尸。王僧辩率军大败侯景军，使之顷刻瓦解崩溃。侯景仅率数十人潜逃，为前太子舍人所杀。王僧辩令将其暴尸于建康市面，百姓将其焚骨扬灰。梁元帝萧绎即位后，拜王僧辩为领军将军，又拜征东大将军，开府仪同三司、镇卫将军。当时，梁将陈霸先多谋善策，兵强马壮，名冠诸将，王僧辩与之共战侯景取胜后，对陈霸先虽有畏忌，但未有防备，当众自诩"社稷既顷，为我所复"，露出骄气。陈霸先在作战中让都督之位予王僧辩，把他推到第一线，自己则行韬晦之计。王僧辩掌控建业，加太尉、车骑大将军，在陈霸先巨大潜伏威胁下，高枕无忧。梁元帝为西魏杀害，梁敬帝即位，王僧辩加骠骑大将军，与齐王高洋、贞阳侯萧渊明暗通，扶贞阳侯即梁帝位。陈霸先见王僧辩反复无常，为外人所制，乘其立足未稳，率十万之众，水陆并进，袭取建康，擒获并密斩王僧辩。

五代时，后晋将军张彦泽有勇力，善战斗，顾视若鸷兽。晋高祖任其为曹州刺史、授华州节度使，官至检校太保。从事张式不合其意，他千方百计致其死地，将其决口割心，断手足而死。晋高祖未予其重处，仅削夺其一阶一爵。晋少帝即位，开封尹桑维翰推荐张彦泽复官，让其将功补过。而张彦泽因怨恨，暗中投靠契丹，并率2000精兵直趋京师，劫制少帝，兵围宫城，纵军大掠。当时，其恩人桑维翰责斥张彦泽，拔于罪人之中，领大镇、握重兵，何如此负恩！张彦泽夜杀桑维翰，尽取其家财。张彦泽打出"赤心为主"的大旗，招摇过市，山积财货，抢夺楚国夫人、少帝弟之母据为己有，恣行杀害，残酷已极，怨声载道，诉冤遍地。契丹主对张彦泽剽掠京城十分愤怒，令人将其扣押。百官连状其罪在不赦，百姓也争相投状。契丹主知其已犯众怒，令断腕出锁，然后弃市，监刑的高勋让人剖其心以祭死者，市人争其肉而食之。

妄得之福　灾亦随之

才不足，不可统御诸将；决不果，不可以平危应猝。天时人事，寻当翻覆，安危之变在于转瞬。凶险关头，稍一迟疑，灾祸立至。坐拥劲甲富地而拱手予人者，皆因将自己的命运寄托于别人之手，故能得之而不能守。富贵已极，权势已盛，党羽已成，嫌隙已生，即使与之交情再好，贡献再大，功劳再高，也是危道，因为妨主者必危。

东汉末，朝中大乱，董卓专权，袁绍以渤海太守名义起兵反董卓，自称车骑将军。当时，公孙瓒击败冀州牧韩馥后，密谋袭取冀州，董卓西入关，袁绍集兵延津，韩馥一些部下建议："举州以让袁绍，既可合力对公孙瓒，又可因让贤获袁氏厚待而安于泰山。"另一些部下建议："冀州带甲百万、谷支十年，袁军孤客，仰我鼻息，断其补给，立可饿杀。"韩馥素怯懦，并未冷静分析军阀无义战的形势，并自恃是袁氏故吏，轻率决定让冀州予袁绍。袁绍依其谋士沮授之计，决定依冀州之地，先定青州，还讨张燕，再击公孙瓒，迎驾京西，号令天下，早已把韩馥置于局势之外。当时，豪杰多依附于袁绍，州郡蜂起，韩馥怀惧，离袁绍而倾诉衷肠于张邈。不久，韩馥见袁绍使节与张邈耳语，有所计议，疑其图己，于是自杀。

南朝陈武帝陈霸先时，镇南将军周文育率军讨伐王琳，又奉令与周迪、熊昙朗平息余孝顷之乱。周文育与周迪初战小胜，进据三陂。王琳令其将曹庆，常众爱相救，与周文育军相拒，周迪等败绩，周文育退居金口。熊昙朗因周文育失利，暗中密谋，将周文育杀害，以投靠响应常众爱。在极其凶险的紧要关头，周文育的监军暗知其谋，劝其先发制人。周文育以旧兵少，客军多，若取之，人人惊惧，亡将立至为由，决心推心以抚熊昙朗。即使行安抚之策，也应有应变措施，而周文育将安危寄托在感化熊昙朗上，是极大的失策。熊昙朗见周文育亲来安抚，知其无能为，乘其出示周迪之信时，害之于座。

隋左领军大将军高颎，强明多计略，熟习兵事，为将十分执着。当隋文帝杨坚纳其入幕时，他就表示，愿受驱驰，纵令公事不成，亦不辞灭族。他任仆射、位高权重时，其母告诫说，你富贵已极，只剩砍头了，尤宜谨慎！高颎不仅掌兵作战，屡立战功，而且推荐了一批能征善战的名将，如苏威、杨素、贺若弼、韩擒虎等，虽然为朝廷做了贡献，但是也有结党营势之嫌。当隋文帝想废太子杨勇而立晋王杨广时，高颎坚决反对，卷入了皇权之争，使独孤皇后对其恨之入骨，必除之而后快。她反复挑拨高颎与隋文帝的关系，在其嫌隙已生、罪名已成之际，贺若弼等一批文臣武将为其求情，更增加了隋文帝对其属吏已形成势力的担忧，高颎被免职。当再有人告发高颎阴事后，隋文帝将其除名为民。隋炀帝杨广即位后，拜高颎为太常，他多次针砭朝政之失，本来杨广就嫌忌他，正好抓住其谤讪朝政之罪，下诏将其诛杀。

唐玄宗时，大将军史思明任平卢节度使、知兵马使，奉安禄山之命反叛朝廷。他与唐将李光弼数次交锋，互有胜负，用兵之诡与之不相上下，成为李光弼的劲敌。在双方最大一场会战中，史思明率兵10万，围李光弼于太原，使之穷于应付。安禄山死后，安庆绪掌握兵权，史思明兵强马壮，又有战胜之威，露出骄色，且不服从安庆绪之命令，致使安庆绪有图谋史思明之意。史思明的谋士耿仁智认为："我随安禄山出兵并非自愿，逼于凶威不得不从，听说唐肃宗聪明勇智，宽宏大量，若向其表示忠诚，其必开怀见纳，则转祸为福。"实际上，唐肃宗刚接唐玄宗的烂摊子，对将军李光弼、郭子仪只能借重而不能役使，史思明原本就是叛将，即使唐肃忠再宽宏也会对其猜忌，史思明与郭子仪等早已结怨，投归后定会相互猜忌。史思明没有深入思考筹算，未听从耿仁智之计，轻易将所统

8万之众,让李光弼招降接收了。史思明受封阳义王、范阳长史、御史大夫和河北节度使的职衔。不久,唐肃宗派乌承恩寻机杀掉史思明,李光弼也认为乌承恩与史思明有旧,不会生疑。史思明察见乌承恩在范阳的阴谋异动,派人藏其床下验证了真情,并得到乌承恩与李光弼阴谋的口供。史思明对朝廷欲除掉自己及其将士十分悲愤,以诛李光弼为名,再次起兵反叛。尽管史思明掀起了又一轮战乱,仍未逃出兵败身死的命运。

明右佥都御史、兵部右侍郎、兵部尚书胡宗宪,曾在浙江平倭寇有功,深受负责督察军务的侍郎赵文华器重,而赵文华背后有朝中大奸严嵩的支持,所以胡宗宪有意识地依附于赵文华,被其推荐任兵部右侍郎。胡宗宪多权术,喜功名,通过赵文华攀附严嵩、严世蕃父子,常送其金帛子女珍奇淫巧无数。赵文华死后,胡宗宪更加厚结严嵩父子,其威权震慑东南。他厚结奸臣严嵩用金银财宝行贿的手段,而讨好明世宗则用伪装忠厚的手段。他先后两次向明世宗献世极稀见的白鹿、白龟,献秘术十四,皇帝大悦。有人状告胡宗宪侵吞官帑三万三千。他自辩道:我为国除贼,用间用饵,非小惠不成大谋。明世宗被欺,不仅不追查,反晋升其为兵部尚书。南京给事中陆凤仪劾奏严嵩及其党羽罪状,涉及胡宗宪,明世宗则认为,其并非严党,因其多次献上祥瑞,为人所嫉,故释其无罪,令其闲住。过了较长时间,明世宗正想重新启用胡宗宪,御史汪汝正在查抄罗龙文家时,发现胡宗宪被劾时,让罗龙文与严世蕃联系的手书,胡宗宪被下狱。尽管他自表平贼有功,得罪言官,又揭发汪汝正受贿之事,明世宗仍未饶他,其死于狱中。

八、以弱为强

势以渐成，事以积固。战事以人和为本，以夺心为上。兵事尚阴，兵贵乎精。兵在善用，不在众。《管子》曰："攻坚则瑕者坚，乘瑕则坚者瑕。"弱军战胜强军之法无它，专拣弱的打而已。越是众寡悬殊，越直插要害，打其一部。集中优势打敌一点，集中多路打敌一路。努尔哈赤曰："凭你几路来，我只一路去①。"能针对敌人意图用兵，我之行动总在其意料之外，因此弱兵即成神兵。恃强而慢戒者，必擒于人。荀彧曰："善之成败者，诚有其才，虽弱必强；苟非其人，虽强易弱②。"打仗，兵不在多寡，在于使敌胆寒。兵少者，贵奇不贵力。

（一）精于筹算

曹操曰："以寡击众，在于出奇制胜③。"以数倍兵力歼敌一部兵力，以一部兵力牵制敌数倍兵力。全歼，则敌越打越少，军心沮丧；速决，则我越战越强，士气高涨。预料各种可能，比较多种方案，借鉴正反经验，应付最坏情况，准备最久作战时间，预防最大变局。有重点地使用兵力，有戒备地预留兵力。夺阻并举，攻守兼施，主次两顾，快慢相宜。精于筹算的统帅，打仗不只解决军事问题，也解决政治、经济、社会问题，还改善国际及战略形势。这样打仗，看起来付出了很大物质及人员的代价，实际上收到的回报使付出的代价是值得的。

---

① 《三国志》。
② 《魏武侯集》。
③ 《明史记事本末补遗》。

深通算略　先机制敌

打仗某种意义上是时间的竞赛,谁能争取到更多时间,谁打仗就更主动、更从容、更有把握。以弱对强尤其讲究先敌一步。先敌者,必先精算时间;精算者,必先精算意图。敌未算到我之意图,我已算到敌之行动时间,就会始终抢先敌一步。所以,精于算略者,以先算其意图为上,以精算敌我行动为中,以只算己而不算敌为下。

北朝时,北周骠骑大将军韦孝宽智谋高强,作战深通算略。胡人在汾州以北、离石以南大行抄掠、阻断河路,成为大患。韦孝宽鉴于其地入于北齐,不便用兵,决定当其要处,筑一大城。于是,征河西役徒10万人,甲士百人,派开府姚岳监筑此城。姚岳手中因兵力过少,而露惧色。韦孝宽估计:"筑城10日可毕,此离晋州400余里,一日动工,过二日北齐境内始知,假令其征兵二日齐集,其谋议之间已至三日,算出行军二日不到,此间我城已筑①。"姚岳果断指挥筑城,北齐军至,疑有大军,停留不进,于夜又见四面火光密布,疑有敌兵,遂收兵自固。整个筑城过程,一如韦孝宽所料。

成算在胸　兵贵神速

拿破仑说:"进军前深思熟虑,行动一旦开始,无论如何要掌握主动权②。"乘强敌分散、迟缓、出现空隙之机,精兵劲旅神速分割迂回敌人,直插其侧后,则敌人全局震动,要么溃退,要么被快速吃掉一部,横竖都是失败。毛泽东说:"侧后迂回,从古以来,哪一个军队都怕这一手③。"

---

① 《北史》。
② 《拿破仑用兵语录》。
③ 《毛泽东军事文集》。

拿破仑战争时期，法军统帅拿破仑面对英、俄、奥等国第三次反法联盟，在各方面都处于不利境地。一是多面受敌，而且面临海上和陆地两方面威胁。二是海上贸易受阻，法国金融圈恐怖情绪增强，法国财政只剩1800万法郎，法国银行仅有几百万资金，金融混乱导致社会混乱，未能避免4家商业银行倒闭，经济危机很快将导致政权危机。三是拿破仑可用于作战兵力10万人，而俄军9.8万人，奥军19.8万人，英国则待机而援，兵力对比众寡悬殊，联军比法军兵力多出2倍。在战略上，拿破仑决心用一次军事上的决定性胜利，挽救法国银行、金融市场及整个法国。在战役上，他决心快速机动作战，乘联军分散之机，分割、迂回敌人，在局部造成兵力优势，将联军各个击破。拿破仑先乘奥军分散之机，派精兵渡莱茵河深入其之腹地，并选派2名元帅亲自率军，提高了这支奇兵的指挥等级，务求万无一失。迂回的部队，迅速切断了奥军一部1.6万人与主力4万人部队的联系，并迅速封锁奥军4万人。奥军感觉有被各个歼灭危险，开始溃逃。法军主力将奥军4万人后路切断，困于乌尔姆，并迫其投降，法军取得初战胜利。当时，拿破仑面临俄、普、奥联军的致命威胁，拿破仑决心乘三方行动迟缓、分散和指挥不统一之机，在其会合前，先将库图佐夫俄军3.8万人吃掉，然后各个击破。他当机立断，力求在普军参战前占领维也纳，切断俄军退路，在奥军赶回奥地利之前，将库图佐夫消灭在多瑙河以南地区。拿破仑令精锐兵力始终追踪库图佐夫，而库图佐夫渡多瑙河，企图向俄军主力靠拢，法军则紧追不舍。即使法军重创俄军后卫军团，库图佐夫也未予救援，并实现了与俄军主力及奥军的会合。在有决定意义的奥斯特里茨战役中，拿破仑故意暴露加强左翼，诱使敌人主力进攻其右翼；又故意暴露中央和右翼薄弱部位，诱使俄军侧翼运动部队进攻。俄奥联军果然重点进攻法军右翼，造成俄奥联军中央兵力锐减，拿破仑抓住战机，占领其中央高地，立即割裂了联军，联军开始自乱阵脚并出现退却。拿破仑指挥法军开始追击俄奥联军。此战，俄奥联军1.5万人死亡，1.2万人被俘，包括8名将军。此战，使联军一蹶不振，法国度过了经济社会危机，为以后对联军作战积累了经验，拿破仑成为联军的克星。

（二）机在上将

葛从周曰："兵在机，机在上将①。"善战之将从不为敌人强势所吓倒，极其善于抓住敌人弱点和过失，一击而夺取战场主动权，扭转整个形势，以弱制强。以弱胜强以能见可胜之机而速乘之为妙。上将者，魄力雄大，兼贤与能，每有大议，论天下之精微；最怕委琐不识大体，狭隘缺乏远见，鲁莽不善斗智，平庸不胜其任。兵不预言，临难制变。将贵便国不负兵，为公不顾身，见难不畏死，决疑不避罪。

谋之在将　决机一掷

以弱为强之将，善于冷静地从敌人兵力、将领或计略上寻找弱点、缺失和过错，迅速利用，果断而为。只要在见识、决断和用人上胜过敌将，便可奇兵，击要害，出奇制胜。

新莽末年，王莽任王邑为将统兵42万往击刘秀等汉兵。汉将刘秀仅率兵数千，双方实力相差极其悬殊。然而他清醒地看到：王邑所统为各郡所征之兵，由各郡牧守自将，军兵虽众，来势虽盛，但是乌合之众；身为大司空的王邑不晓兵事，可能弃攻汉兵根本的宛城，而围攻坚城昆阳，必无大为。针对敌方严重过失及薄弱环节，刘秀

---

① 《五代史》。

采取了几个关键性措施:一是激发昆阳诸将不顾妻子财宝,并力御敌,拼死一战,命王凤、王常统兵坚守。二是以昆阳全部守军吸引王邑主力,刘秀亲以十三轻骑潜出昆阳组织援兵,造成援军的奇兵与守城的正兵形成里应外合之势。三是以几千援兵突袭王邑乌合之众,取得首战胜利,打乱其阵脚,乱中取胜。果然如刘秀所料,王邑不听严尤,未攻宛而围昆阳,自以为大兵必能压垮昆阳,功在漏刻。刘秀三千敢死精兵,突然出现在距敌军四五里处,王邑以数千兵与之合战,刘秀兵冲其中坚,以一当百,斩首数百千级,王邑阵乱,汉兵乘锐击攻,城中鼓噪而出,里外合势、震呼动无地,加上大雷风雨,王邑兵败如山倒,刘秀大胜。

东汉献帝时,曹操奉迎天子立都许昌后,非常忧虑北方的袁绍兵势强大,恐怕强弱众寡对比悬殊,力不能敌。荀彧认为:古之成败者,诚有其才虽弱必强;苟非其人虽强易弱。袁绍用人而疑,迟重少决,御军宽缓,好为虚美,而曹公在这些方面都大大胜过袁绍,必能以弱胜强;联韩遂、马腾以安关中,以便全争天下。[①]曹操与袁绍进行官渡之战的关键关头,曹操因粮尽,有退军之念。荀彧力谏认为:"曹军以十分居一之众,画地而守,扼其喉而不得进,已有半年。先退者势屈,情见势竭,必将变,此用奇之时,机不可失。"[②]曹操以正兵相持之际,暗出奇兵袭袁绍别屯,斩其将淳于琼等又袭击其屯粮的乌巢,袁绍大败溃退。从此袁绍一败不可收拾,直至被曹操消灭。

东晋时,苻坚自称秦天王拥兵自重,令辅国将军王猛与邓羌等十将,率步骑6万人讨伐慕容暐。王猛军迅速攻下壶关、晋阳,慕容暐急令太傅慕容评率兵42万人以救二城。王猛见两军众寡悬殊,因慕容暐急催勉强接战,认为有机可乘,关键要形成必死之气势,

---

① 《三国志》。
② 《三国志》。

才能以弱胜强。于是，王猛以受国厚恩，深入贼地，置身死地，已无退路，戮力行间，受爵立功，激励士气，使"众皆勇奋，破釜弃粮，大呼竞进"；又许以司隶之官职，使邓羌身先士卒，出生入死，奋不顾身。从而迅速形成了死战的气势，使敌人未能料到且难以阻挡。经过激战，至日中，慕容评军大败，被俘斩5万有余，在晋军乘胜追击下，又降斩敌10万之众，攻克邺宫，诸州郡皆降。

　　五代时，后梁左金吾上将军葛从周身经百战、战功卓著，不仅每战斩杀敌人甚众，而且往往能擒获敌将，大破敌军。幽州刘仁恭率十万大军攻略魏州，葛从周在敌强我弱形势下，抓住刘仁恭军恃强轻敌，突上水关、攻馆陶门，利用在敌方不意其敢攻、准备不足之机，率500骑出战，并令关闭城门，以示无退意，极力死战。因打敌措手不及，大破其军，擒其两员部将，破其八寨，刘仁恭退走沧州。葛从周奉梁太祖之命，率军攻讨阳时，刘仁恭大举来援。面对敌众我寡的形势，都监蒋玄令诸将不可外战，纵敌深入，待其兵老粮尽，再行攻取。葛从周对其计不以为然，认为："兵在机，机在上将"，在众寡悬殊形势下，与敌持久是取败之道，决心乘其立足未稳和不意之机，发起突袭。他令两将守寨，自率精兵逆战敌人，再次出敌所料，打其措手不及，大破其军，斩首3万，获将佐以下百余人，夺马3000匹。

　　金朝名将阿骨打（金太祖）善于以少对多、以弱胜强，除了其兵精将勇之外，不失机便，极善用兵也是重要原因。达鲁古城一役，辽军步骑27万，以数倍兵力优势逼迫金兵就范。阿骨打见"辽兵心贰而情怯"，告诸将不必畏惧，令将先击辽军较弱左翼，使之退却，金兵出其阵后，然后集中猛将直攻辽军右翼中坚，经激战，其右翼不支，致使全局败坏，金兵乘胜追击，敌7万步卒被歼殆尽。黄龙府一役，辽主率70万大军，数倍于金兵，阿骨打先深沟高垒以避其锋锐，再亲自侦察辽军动静，从其督饷者得知，辽主因国内有事，已离军2日了。阿骨打明知辽军之心未定，乘其犹豫间，不失时机，率精兵锐卒2万人，追击辽主，追至护步塔冈，两军力量悬殊。阿骨打判断，辽军立足未稳，并无战心，辽主必在中军，我集中力量直击其中军，破其中坚，我必得志。阿骨打令右翼先攻其中军，而左翼合而攻之，辽中军大溃，金兵追驰，横出其中，辽军败绩，死者分布百余里。此战后，辽军很难战胜金兵，金兵灭辽之势已现。

临敌制宜　变守为攻

面对强敌进攻，正面牵制，翼侧突击；正面用正，侧后用奇。以寡击众取胜多以出奇。战略上被动，战役上必须主动；战役上兵少，关键一翼上必须兵多。以弱对强，反击最宜打其要害的一翼。突然面临战略被动的严重局面，高级指挥员要深入最危险的第一线，从真实作战状况中得出战略性判断，迅速找到扭转战略被动的根本性措施。其中主将冷静而沉着，审因而加胜，高才而智沉，识深而见机，勇略决而多谋具有决定性。

俄国陆军元帅鲁缅彩夫指挥作战，往往以少对多，因此极其善于用智胜敌。他任师长时，参加俄奥军对普军作战，在战役进行到最后关键时刻，普军发动骑兵攻击，鲁缅采夫以骑兵反击时，并未正面对攻，而是对普军较弱的侧翼发动猛攻，其侧翼崩溃引发整个阵线溃败，俄军乘势全面反攻得胜。鲁缅采夫任集团军司令时，率俄军与土耳其军作战，俄军3.8万人，土军近10万人。在坑凹墓地之战中，他采用正面牵制、侧翼突击的战法，围歼并击溃土军7.2万人。在古尔河之战中，鲁缅采夫在后方交通线受到土军威胁，兵力明显处于劣势的情况下，乘土军轻敌、部署无序、机动展开缓慢，化整为零、兵分五路，乘夜暗隐蔽机动，于拂晓对土军发起突袭，歼灭土军2万人。之后，他率军强渡多瑙河，攻占舒拉姆，追土耳其签订有利于俄国的《小凯纳尔贾和约》。他不顾法军人多势众，有阵地及山势作掩护，率骑兵隐蔽接近敌人，突然发起猛冲，打得法军措手不及，只顾溃逃。他要求部队的机动速度超过敌人，善于声东击西，在法军兵力比俄军多1倍、进行分进合击时，他出人意料的先发制人，主动攻击法军，打得法军溃不成军。他摈弃警戒线战略和线式战术，集中兵力于主要方向，歼灭敌人有生力量，奉行快速机动、积极进攻的军事原则，使库图佐夫、巴格拉齐昂等俄国名将深受影响，对苏联国内战争和武装干涉取得胜利，以及苏联军事学术都有深远影响。

苏联卫国战争期间，苏联元帅朱可夫在苏军面临德军闪击战，处于极大战略被动形势下，积极寻找转变形势的措施，使苏军重夺战略主动权，表现出极强的战略指挥能力。1941年6月22日，德军突然进攻苏联，苏军战争初期失利。主要原因：一是前线兵力对比相差悬殊。苏德作战师对比是149个师对124个师。（德国1个师约1.4~1.6万人，苏军1个师约7000~8000人），德军在作战飞机，装甲机械化部队和炮兵都占很大优势。[①]二是战略指挥出现失误。苏军高层指挥机构对德军突然以大规模装甲机械化部队，在主要战略方向上，以有力空中支援实施强大地面突击，迅速突破防御向纵深推进合围，围歼苏军主力部队的闪击战进攻样式没有预见评估，并错误地将主要战略方向判断为西南方向。三是各级指挥员指挥能力偏弱。大批有实战经验的指挥员被逮捕、关押或处决，大批年轻指挥员在"肃反"中被较快提拔，缺乏实战指挥经验，军兵种指挥员不足。四是一线通信体系崩溃，破坏了作战指挥体系，从而破坏了整体作战能力。战争爆发当天，朱可夫作为统帅部代表，被派往西南方面军指挥作战，并掌握前线作战情况。前线指挥、作战混乱，

---

① 《朱可夫元帅战争回忆录》，解放军出版社2003年版，第256、278页。

不知敌人在哪,要干什么,虽经抵抗,难挡德军装甲机械化部队猛烈进攻,不少部队被歼,大片国土丧失,其疯狂进攻势头难以阻挡,形势迅速恶化。朱可夫面临危难局面,沉着镇定,机智勇敢,善于应变。6月22日,朱可夫组织指挥实施反突击,用5个军围歼德军1个摩托化军,由于德军派兵增援,仅歼灭德军1个步兵师。通过反突击朱可夫得出重大判断:在缺乏航空兵、装甲机械化部队和更多兵力支援下,很难整军整军地歼灭德军,战略、战役反攻条件很不成熟,组织战略防御势在必行。朱可夫通过组织2个集团军利用筑垒地域进行防御,以较少兵力迟滞、消耗和重创德军,得出重大判断:以重要城镇及筑垒地域为支撑进行坚固阵地防御,对阻滞德军装甲机械化部队突击,消耗并挫其锋锐,以及建立稳固防线,具有决定性的战略意义。朱可夫通过与德军交手判明,德军主要进攻方向是西方向,企图在苏军防线上实施装甲机械化兵力快速突破,直取莫斯科。他还机智深刻地考虑到,由于战前苏军高层判断西南方向为敌进攻主要方向,并在全线将主力部队配置在距边境80~300公里纵深之内,极其幸运地使苏军主力部队在初战中未被歼灭,同时这些部队因反坦克、防空武器不足,机动性差,不利于过早地大规模投入反突击作战,反而有利于在纵深依托城镇和筑垒地域坚固防御,大量消耗德军后,发起致命反击,大量歼灭德军兵力,取得决定性胜利。[1] 6月26日,朱可夫建议斯大林用5个集团军建立第二道坚固阵地防线,即在通往莫斯科的道路上建立纵深递次防御,迟滞敌人进攻,大量消耗疲惫敌人,争取时间,建立强大预备队,转移工业设施,动员人民群众,集中尽可能多的兵力转入反攻,大量歼灭德军兵力。[2] 斯大林完全同意并立即组织实施,实际确定了积极防御的战略方针。

---

[1] 《朱可夫元帅战争回忆录》,解放军出版社2003年版,第278—281页
[2] 《朱可夫元帅战争回忆录》,解放军出版社2003年版,第278—284页,第300页

战争进行 3 周时，苏军 28 个师被合围，70 个师受到重创，大量官兵被俘，德军推进 500~600 公里，夺取重要经济和战略要地；德军损失 10 万人，1000 架飞机和 50% 的坦克；[①] 同时，苏联争取了宝贵时间，国家转入战时轨道，人民已动员起来，全民战争的形势已经形成，纵深防御已大大增强。7 月，尽管苏联军民经过激烈战斗和顽强坚守，斯摩棱斯克战略重镇仍然失守，但是此战使德军损失 25 万人，迫使德中央集团军群转入防御，苏军在大卢基-亚尔采沃-克里切夫-日洛宾一线防御巩固下来，充分验证了积极防御战略方针的正确性，为下一阶段进行莫斯科保卫战和斯大林格勒会战，以及战争和战役转败为胜，积累了经验，创造了条件和打下了基础。

兵贵乎精　将贵乎能

以弱为强者，兵精可以一当百，虽寡犹众；将能可超常用兵，虽弱犹强。凡智将善于窥破兵机，出奇制胜，打其措手不及。以弱为强以出奇为上，出奇制胜以将能为神。

隋柱国（最高武官、上将军）杨玄感为司徒杨素之子，累世尊显，盛名四播，在朝文武多为其父的将吏，因受到暴君隋炀帝的猜忌日甚，寻机废帝，重整朝纲。他趁隋炀帝征辽东、自己负责督运补给之机，利用百姓苦役、天下思变，先迟滞补给运送，继之以平息来护儿反叛为旗号招兵买马，连接三地刺史拥兵万余准备进攻洛阳。越王杨侗、尚书樊子盖率兵抵御，阻击其进兵。杨玄感军进兵过程中，加入其军者众多，很快聚集了 10 万余人。他未能采纳部将直趋关中的建议，兵力虽多，但易聚易散，战斗力不强。隋兵数万与之纠缠，樊子盖军也加入作战，使杨玄感军消耗很大，粮食补给将尽。在两军纠缠不解之际，隋炀帝派遣 4 位将军率军驰援，形势万分危急。正在犹

[①] 《朱可夫元帅战争回忆录》，解放军出版社 2003 年版，第 278—293 页

豫之时，樊子盖率兵数次袭击其营，进一步迟滞杨玄感的行动，为隋援军到来创造了时机。在关键时刻，杨玄感采取了分兵西东两个方向、力拒李子雄军和屈突通军的决策，在兵力被牵制的时候，又遭到樊子盖军的打击。杨玄感在屡战屡败、陷入重围之际，才采纳不可久留洛阳四战之地、从速直趋关中之计。在西趋关中途中，隋炀帝所遣诸军紧追其后。杨玄感行至弘农宫时，又轻信父老宫城空虚、攻之易下之议，驻留强攻城池，三日不下，不仅兵力大耗，而且使追兵大至。杨玄感被迫与敌列阵而战，其军大败。杨玄感带10余骑逃遁，在陷入死地时，令部下将其刺杀。

　　南宋时，曹成拥众十余万，由江西经湖湘，据道、贺二州，岳飞奉命平定曹成之乱。岳飞虽然以寡敌众，但其兵精锐，可以一当百。岳飞先挫其锐，曹成大溃，士气大损，走据北藏岭，上据关，遣将迎战。岳飞乘胜兵之势，不予其喘息之机，布阵而鼓，将士奋而战，夺据二隘。曹成自桂岭设置堡垒至北藏岭，连控隘道，亲以众十余万守蓬头岭。岳飞利用敌人认为没人敢夺险犯难的心理，仅指挥8000人，一鼓登岭，破其众，曹成奔走连州。随后，岳飞招抚与剿灭共用，将其削平。

　　清兵部尚书曾国藩"墨经从戎"，颇识兵道。太平天国农民大起义从广西兴起，迅速席卷南北，曾国藩奉旨于长沙办团练，组建湘军，分为陆师与水师共万人，水师以褚当航、杨载福、彭玉麟统领，陆师以塔齐布、罗泽南统领。太平军攻陷九江、安庆，进入湖南。曾国藩在与太平军兵力众寡悬殊下，初试锋芒，率水陆师东下与太平军作战。水师遇大风，自损数十艘舰，陆师前队溃败，退师又败，悲愤之余，曾国藩甚至想投水而死。然而，他是一名悟性极高的将帅，当他得知塔齐布在湘潭击破太平军，杨载福水师营拒敌有功，不仅悟出兵贵精不贵多的法则，而且深刻认识到自己在指挥上的不足，明白了以弱制强，以少胜多的诀窍。他重整军实，不重在增兵，而重在先明功罪赏罚，重在勤求用兵之失，重在用贤能之人为将，重在以大义凝聚将士，养成湘军胜不骄，败不丧的作风，即将湘军锻造成一支精兵劲旅。陆师克湘潭，巡抚、提督请功，而曾国藩请罪。湘军趋兵州、下城陵矶、会金口、谋武昌，以少胜多。曾国藩因有功，任湖北巡抚，加兵部侍郎衔，督师东下，湘军成为太平军的劲敌。皇帝提拔塔齐布为提督，人谓曾国藩善于知人任将。

深自矜负　违逆兵机

全胜不斗大兵。若敌无失，不宜轻动；危势之下，不轻言战。大将能屈能伸，倍则攻之，均则用奇，寡则走为上。众寡悬殊、未见兵机，不知早谋出路，却刚愎自用，好勇斗狠，缠斗不休，必擒于人。打有备之军，击堂堂之阵，自古为兵家大忌。

拿破仑战争后期，其战争带有非正义性，引起欧洲多国反对。法国统帅拿破仑1812年征俄惨败后，元气大伤，俄、普、奥、英等欧洲强国联合对付法国，拿破仑以法国一国之力对付多个强国，处于四战之地，危机四伏，其帝国面临土崩瓦解。而拿破仑仍然没把敌人放在眼里，自视甚高，在各方面条件不具备和时机不利时，勉强对抗，反而加速了其崩溃的速度。俄、普、奥、英、瑞典第六次反法联盟组成，拿破仑立即陷入以少对多的严峻局面。俄普联军重点在华沙、柏林、汉堡、德累斯顿等地，莱茵同盟国大多宣布独立。拿破仑不想用外交及政治手段分化各国，决心用手中的18万部队击败联军，而根本没有考虑，即使战役上有胜利，战略上也绝难改变被四面包围的严峻形势，甚至寄希望于以对联军军事上胜利扭转欧洲整个形势。联军20多万人在吕岑和德累斯顿打击法军，使拿破仑损失数万人。虽然联军两次溃败并损失数万人，由于配合较为密切，使拿破仑未能打出各个击破的歼灭战，主力部队得以保存。双方停战议和后，拿破仑实际上获得了难得的喘息机会。两场战役由于联军不再给其各个击破的机会，拿破仑再也打不出歼灭战，消耗巨大。欧洲联合反对法国，军事手段难以奏效，本应让拿破仑清醒过来，利用军事手段以外的办法化解危机，巩固法国，分化联盟，但是他又一次错失良机，主要还是因为过于矜自信。当奥地利代表要求法国放弃华沙公国，重建汉堡、不莱梅、卢贝克、汉诺威，解散莱茵同盟，承认荷兰独立，恢复普鲁士昔日属地，将伊里里亚归还，从伊比利亚半岛撤军时，拿破仑以不会放弃一寸土地，回击盟国想要法国退回本土的算盘。法国以寡对众，以少抗多的局面继续恶化，以致在滑铁卢彻底失败。

　　法西斯德国发动对苏联侵略战争，苏联军民发起卫国战争奋起反抗侵略。德国法西斯元帅曼施坦因，在第二次世界大战苏德战场库尔斯克会战前，任德军南方集团军群司令。他鉴于德国整体军事实力已弱于苏联，而且鉴于在库尔斯克方向，德军2个集团军群70个师90万人，对苏军2个方面军15个集团军133.6万人，还有7个集团军又11个军作预备队，考虑德军显然处于兵力劣势，建议实施后发制人打击，即将苏军攻击部队主力引向西方，对其侧翼实施攻击并将其歼灭，再逐次打击歼灭其他苏军部队。希特勒不想丢弃顿涅茨地区，因为他固执地认为，如果失去顿涅茨地区的钢铁产量及锰矿，德国将无法维持战争经济，因此断然对其建议加以否定。然而，希特勒对德军最后的精锐主力部队的使用，显然出现严重失误，即野心过大，过于自信。希特勒一厢情愿地决定对库尔斯克突出部根部实施先发制人的向心攻击，围歼苏军2个方面军主力，攻占库尔斯克，再发展攻击，夺回主动权，扭转败势。苏军很快觉察了德军对库尔斯克"堡垒"行动的企图，决心利用多重防御地带，纵深筑垒工事堑壕配系，组织坚固阵地防御，消耗德军突击集团后，实施防守反击和全线出击。战役打响后，苏军进行了猛烈的炮火准备，德军突进严重受阻，推进十分缓慢，大量有生力量被消耗，进攻受到重挫。苏军适时发起反攻,连续进行了奥廖尔进攻战役和别尔哥罗德~哈尔科夫进攻战役,击溃德军30个精锐师,德军损失50万人,被迫转入防御,一步步走向覆灭。

强将御军　虽弱必强

蒙哥马利说:"战略远见和先期筹划是良好开局的必要条件,良好开端往往决定结局[1]。"尽管率弱旅作战,将领只要谨慎沉着,机智多谋,就能发现与劲旅的差距,抓住作战特点,采取措施消除弱点,从而尽快由弱变强。弱旅在强将调度下,越快走强,越会收到出敌意外的奇效。大事深思熟虑,琐事自拔超脱,指挥善于总结,作战兵不厌诈。主要指挥员的精神对部队有决定性影响。只有不能打仗的将军,没有不能打仗的部队。马基雅维利说:"把苦难当成自然,把死亡当成儿戏的军队难以战胜[2]。"严狠威重,可任将兵。恺撒说:"指挥官任务的百分之八十在于激发士气。"

1939年9月,第二次世界大战爆发时,英国元帅蒙哥马利任英军第2军第3师师长,赴法作战。英国远征军司令戈特不具备指挥大战和处理复杂事务的能力,蒙哥马利在不利条件下指挥作战,机智胜人一筹。戈特统领的英国远征军辖第1、第2军,蒙哥马利第3师隶属第2军军长布鲁克指挥,辖3个旅、3个炮兵团又4个营、4个连1万余人。他预先作出两个重要判断:一是戈特虽然勇敢,但庸碌、烦琐、苛细,对大事把握不住,对下属的小过抓住不放,对战胜德军缺乏信心。二是德军迟早要进攻西线,英军4个师用常规办法无法抵挡德军坦克突击,要靠独立作战和准备在最不利的战局下作战。基于上述判断,他及早采取了关键措施,预做作战准备。

---

[1] 艾伦·穆尔黑德:《蒙哥马利》,京华出版社2008年版,第80页。
[2] 马基雅维利:《兵法》,商务印书馆。

一是巩固第 3 师内部关系，把部队拢成坚实、一致的整体。同时，与第 2 军军长布鲁克结成牢固的战友关系，一旦有事，第 2 军内部会互相关照支援，闯过难关。二是利用河川地势，修建工事，构筑反坦克障碍，抵销德军坦克优势。三是抓紧部队实战化训练演习、检验袭扰、爆破、退却、坚守、诱敌、反攻等战术，受到布鲁克高度评价。1940 年 5 月，德军大举进攻西欧，比、荷、卢、法军队溃不成军，形势对盟军极为不利。蒙哥马利军作为先头部队进入比利时境内后，采取怎么有利就怎么打的作战方针。他见驻守卢万的比利时第 10 师师长拒不按令交出防区，便明里将英军第 3 师部属在比军第 10 师侧后，表面听从比军指挥，暗中做好将比军第 10 师师长严加看管，收取其指挥权的准备。他凭借第 3 师各级指挥员能力强、内部团结、部队善战，沉着冷静指挥，当德军开始突击、比军狼狈溃退时，其师仍能坚守卢万，击退德军进攻和从容撤退。在盟军混乱，部队补给严重不足的状态下，派军需官征用当地菜牛，让部队找寻被丢弃的弹药车，以解决部队补给。1940~1941 年，蒙哥马利先后任英国远征军师长、军长，授予中将军衔。当戈特拟用第 1 军军长巴克掩护敦刻尔克撤退时，蒙哥马利力劝改用第 1 师师长亚历山大，因为他临危不乱、头脑清醒，且有办法全军而退，而不必投降。戈特采纳蒙哥马利的建议后，果不出其所料，远征军成功撤回英国。6 月至 7 月，蒙哥马利在伦敦面见英军参谋总长迪尔时，建议用布鲁克取代戈特。不久，布鲁克任英国本土最高武装力量总司令。蒙哥马利趁接待首相丘吉尔的机会，借第 3 师沿 50 公里海岸线展开问题，巧妙地建议，为防御德军进攻建立快速机动作战的战略预备队。丘吉尔心领神会，命陆军大臣将第 3 师作为战略预备队。蒙哥马利回国后，经过深入研究，完成了《1940 年 5 月英国远征军在法、比作战的重要经验教训》的总结报告。他通过实战经验，比较英、德两军，深入研究德军战略战术，得出"德军的战术水准是一流的"重要结论，承认德军优于英军，并寻找制敌良策。一是首先向指挥员传授实战经验教训，以便掌握德军作战特点，有针对性地训练指挥骨干。二是改变将野战工事前推、击敌于海滩的防御指导，突出机动防御，加强进攻战术训练和实兵演习。三是加大部队训练的强度、难度，提高全天候作战能力，所有军官每周要进行一次10公里越野长跑，严格军纪、军规，增强部队战斗意志力。四是举行超过3万人规模的实兵演习，预演各军兵种特别是装甲师、机械化步兵师、坦克旅、空降兵及航空兵联合作战，以其人之道还治其人之身。武装部队总司令布鲁克将其演习方式推向全军，并让其在参谋学院对200多名资深军官进行讲授。1941年11月至1942年5月，蒙哥马利任英军东南军区集团军司令，既统辖英军，也统辖加拿大军，为日后统率盟军积累了经验。他指挥10万余人部队进行实兵演习，检验新的作战思想，即抢夺战场主动权，用联合战役击败优势敌人和在艰难复杂情况下作战。演习吸引了包括美军首席参谋艾森豪威尔在内的大批资深军官。通过蒙哥马利一系列努力，英军逐渐变成能与德军对阵的强师劲旅，为此后关键战役取胜奠定了坚实基础。

1943年初，第二次世界大战中，美国将军巴顿在北非指挥美军西线特遣队，击溃德军，攻占摩洛哥，取得初战胜利，士气大振。而美军第2军在卡塞林山口战役中惨败，盟军司令艾森豪威尔果断决定，以巴顿取代弗雷登德尔军长职务。3月6日，巴顿指挥第2军，配合英军进攻法军马雷斯防线，只有十几天时间整顿部队。巴顿采取超常严厉的措施，以求在极短时间内整顿训练、纪律，提振士气，打赢战役。巴顿首先从自身严起，严格按作息时间行事。他命令部队早上按时开饭，半小时内用餐完毕，凡晚来者吃不上早饭，逼迫其按时起床。强制规定，每名军人必须戴钢盔、系领带、打绑腿，违者罚款30~50美元。加强巡查，一经查出违反规定，必定处罚。巴顿刚狠严厉的措施，使第2军松散的作风在极短时间内有了较大改观。一旦部队形成风气，少数人必定不敢出头，部队纪律得到整顿。巴顿故意摆出高调、张扬、粗暴和目空一切的做派，改变第2军官兵低人一等、技不如人的心态。他向部队灌输仇视敌人、蔑视敌人的情绪，激励官兵像狮子一样，残酷无情地攻击敌人，像英雄一样，为人类进步事业而冲杀。这种"高压电休克疗法"，使第2军官兵被猛击一掌，从失败的阴影中迅速走出来，激发复仇雪耻的士气。3月14日至17日，巴顿率军开始执行作战任务。他一方面激励官兵下决心一雪塞林山口之耻，敢打胜仗；另一方面对主力部队和主要指挥官督责尤为刚狠，对作战中进展缓慢、优柔寡断、举棋不定、贻误战机的装甲师师长沃德，进行极其严厉的督责，甚至骂他是"胆小鬼""猪头"，直至解除其职务。由于巴顿的狠劲、拼劲和牛劲，带领第2军打出了士气，打出了威风，取得了盖达尔战役的胜利，迫使德军将精锐第2装甲师调离马雷斯防线，帮助蒙哥马利对阿卡里特河阵地展开正面突击。

（三）难知如阴

邹湛曰："猛兽在田，荷戈而出，凡人能之；蜂虿[①]作于怀袖，勇夫为之惊骇，出于意外故也。"善于顺敌之意而行奇计，利用危势，先敌出手，使敌必惊乱而溃。凡敌不知我虚实及兵之所向者，速击勿疑。军弱而敢战者，必有谋定。诱者伏也。难知如阴的精意在于总能准确判断敌人意图，在敌人意料之外动作。《孙子兵法》曰："兵之情主速，乘人之不及，由不虞之道，攻其所不戒也。"

---

① 虿：蝎子一类毒虫。

奇计以疑　神兵以袭

何氏曰："移形变势，诱动敌人；敌昧于战，必落我计中而来，力足制之[①]。"我所摆出的兵形，露出多种意向，而敌不知真假，不摸底细，或疑惑犹豫，或乱打乱撞，或坠我计中，则我之真意便深藏不露了。尤其是连续示形以惑之，敌必常见不疑，防意懈怠，则我计必行。

东汉献帝时，袁绍与曹操争夺北方控制权，袁强曹弱。袁绍派郭图、淳于琼、颜良攻东郡太守刘延于白马，袁绍率兵进至黎阳，准备渡河。曹操的军师荀攸鉴于兵少，考虑用计谋以分其势，建议曹操率军至延津，摆出将要渡兵向其后的兵形，袁绍必派兵防护其后，然后轻兵袭击白马，掩其不备，颜良可擒。曹操按计而行，袁绍果分兵，曹军倍道兼行，直趋白马，距白马仅十余里时，颜良大惊，仓促迎战，被张辽、关羽击败，白马围解。袁军渡河追击曹军，兵至延津南，曹见袁军骑兵数百而步兵不可胜数，令骑兵解鞍放马，辎重就道，袁军虽众，因分趋辎重，不战自乱，曹操纵兵攻击，大破袁军。

东晋元帝时，拜祖逖为奋威将军，他仅招2000人马进行北伐，对后赵王石勒数万精兵。祖逖率军击败陈川，其逃奔石勒，石勒派兵救援。祖逖针对敌短于智谋的弱点，在与之相持两个月后，决定重点打其粮草补给的软肋，使之势衰力竭而败。他令人用布袋装土伪装成米袋，用千余人运输，故意用数人担米，装作疲劳已极而歇脚于道，在敌来袭时弃担而走。据此石勒判断，祖逖粮多士饱，而己方已缺粮饥久，决定速派将士运粮。如此正中祖逖下怀，他派将突袭截获石勒粮草，使其军更加势衰力竭。祖逖针对石勒与当地汉人融合不深，怀柔之策有失的问题，在打击石勒的同时，厚待其统治区域民众，抚以恩德，劝督农桑，使之无不感悦，盛赞其威德，

[①] 《十一家注孙子》。

进一步削弱其军力。晋元帝拜祖逖为镇西将军，石勒不敢窥兵河南。

北魏时，高欢（后为北齐高祖）曾因实力很弱，暂寄于大将尔朱兆势力篱下，当尔朱兆行将争夺北魏政权时，高欢在敌强我弱的严峻形势下，以大丞相、柱国大将军之职和实力，与之一决高下。尔朱兆军分别从长安、并州、洛阳、东郡会攻邺城，号称20万人，夹洹水而军，而高欢兵不过3万人，众寡悬殊。高欢布下圆阵，连接牛驴以塞归道，置将士于死地，使之皆有必死之志，以一当十，大破尔朱兆之军。高欢军进至洛阳，立北魏孝武帝。他出其不意地去除了侍中斛斯春、贺拔胜、贾显智的肘腋之患，有效预防了祸变。他集中全力击灭尔朱兆时，专攻其凶狡无谋的短处，乘其未据晋阳四塞之地的失误，牢控晋阳，占据主动，集中兵力攻取尔朱兆据守的秀容。高欢大张声势，其军出兵又止，往复4次，致使尔朱兆防意懈怠。高欢测度其必于岁首宴会将士，遣精骑一日一夜疾行300里，突袭其军。尔朱兆军因宴饮无备，不意奇兵突至，惊慌失措，溃不成军，尔朱兆兵败自缢。

辽名将耶律休哥任总南面军务之职时，宋名将曹彬率数万之军出雄、易，取歧沟、涿州，攻克固安，而耶律休哥孤军相拒，援兵未至，不敢与之交战。耶律休哥决定以少击众，以弱制强，夜间以轻骑出两军之间，杀其单弱以胁余众；白日以精锐之兵张扬其势，使宋军疲于防御，徒耗其力；又设伏兵于林间，绝敌粮道，使之运粮不继，被迫退保白沟。宋军复至，耶律休哥专以轻兵袭扰，使之饥渴，处处设防，延误行期，援兵一至，则纵兵追击，使宋军力穷难支，其军败逃，曹彬仅以数骑逃亡。此战，虽未对其军力造成致命歼灭，但是宋军已成惊弓之鸟，战斗力已大打折扣。辽军追至易州，宋军数万人未及收拢集结并进行防御，为耶律休哥纵攻击，宋军望尘奔窜，堕河岸及相互挤踏死者过半，大败而归。此后，耶律休哥又与宋将刘廷让数次交兵，宋兵都为其所败，宋军畏惮其名。

闭形藏迹　兵机深险

《孙子兵法》曰："微乎微乎，至于无形；神乎神乎，至于无声，故能为敌之司命。"越是无形，越能出奇。没有真正摸清对方主力的动向和主将的意向，就贸然发动大规模进攻作战行动，是指挥大兵团作战的大忌。我深藏不露，敌必意怠不戒，虽强犹弱。

第二次世界大战的苏联卫国战争中，法西斯头子希特勒在莫斯科会战中损失50万人后，妄图夺取斯大林格勒，歼灭南方苏军主力，重新对列宁格勒和莫斯科发起进攻。斯大林见斯大林格勒当面德军是苏军的2-3倍，快速突向斯大林格勒城区外围，果断任命朱可夫为副最高统帅及斯大林格勒方面军司令员，给其加强3个集团军，令其死守斯大林格勒。在筹划斯大林格勒战役时，斯大林极其注意隐蔽企图，仅与总参谋长华西列夫斯基和朱可夫三人密筹。其真实企图及计划方案，不仅敌人根本无法侦测，即使苏军内部也密不透风，极其隐蔽。他们注意到，制高点几乎被德军控制，便于其远程炮兵火力打击，但是由于其兵力已出现缺口，不得不用匈军、意军、罗军来添补，而其战斗力、装备和士气都弱于德军，因此形成其阵势中的薄弱环节。据此，斯大林决定继续进行正面积极防御，疲惫敌人，着手准备反攻，务必围歼其主力部队，主要突击方向选在德南方集团军群由罗马尼亚军所掩护的翼侧，大约11月中旬发起反攻。斯大林面嘱二人："在这里讨论的问题，除我们三人外，目前不让任何人知道。"[1] 9月底，在斯大林格勒防御战激烈进行中，尽力吸引德军南方集团军群主力，使之被极大地消耗、疲惫。苏军西南方面军主力准备突然突破德军南方集团军群的左翼，并迂回侧后包抄德军主力，予以歼灭[2]。斯大林当面交待："不要暴露我们的计划企图，应该征询各方面军司令员对

---

[1] 《朱可夫元帅战争回忆录》，解放军出版社2003年版，第497页。
[2] 《朱可夫元帅战争回忆录》，解放军出版社2003年版，第499页。

他们以后行动的意见。①"斯大林为防御斯大林格勒城区调集了6个满员师，以加强防御，既消耗德军，也使德军不意苏军进攻的准备。10月中旬，德军B集团军群置其两翼兵力薄弱空虚于不顾，集中兵力于中路，妄图一举攻克城区。由于苏军高层的企图极其隐密，德军根本不知晓暗藏的杀机。10月末，德军不仅损失近70万人，而且精疲力竭，已成强弩之末，官兵士气低落，伤亡减员严重，而苏军西南方面军反攻箭已在弦，蓄势待发。11月12日至19日，为稳妥起见，斯大林又亲自听了一次详细汇报，要求再检查一次部队战役准备情况。1942年11月19日至1943年2月，反攻战役按计划实施，苏军围歼德军主力，德军及其仆从军被毙、伤、俘150万人。这次会战成为苏联卫国战争及第二次世界大战的转折点。

（四）尽智极能

越是以弱敌强，越要"师克在和"。万人并力，其前无敌。师和则可齐心协力，将一切力量都调动起来，在关键紧急关头，形成一股势不可当的锐力。战略上以一当十，战役上以十当一。斗智与斗力相兼，尽挫其智必挫其力，敌人力消则我之力长。故计谋强者，虽弱必强；计谋弱者，虽强必弱。凡战，气泄于针芒，势崩于自乱。敢于以精兵锐旅直袭其首脑，必如蜂蜇强汉之目，使之惊慌错乱。愈遇大敌，愈壮其气。兵不在多，在于气锐。万人必死，横行天下。赵奢曰："道远险狭，譬犹两鼠斗于穴中，将勇者胜②。"

---

① 《朱可夫元帅战争回忆录》，解放军出版社2003年版，第500页。
② 《史记·赵奢传》。

尽挫其谋　兵以锐胜

　　敌以能战之军试我，我则以更精锐之军击之，既挫其谋，又挫其锐，则我不畏敌而敌畏我，故虽弱犹强。敌以奇谋异术对我，我则以更奇之术破之，既挫其谋，又耗其力，则我有余而敌不足。兵精卒锐加之敢于拼死，足令强敌畏惧而手足无措。

　　南朝时，宋右军将军韦睿与北魏军作战，机智勇敢，以弱胜强。魏军坚守小岘城，兵力数千，城防坚固，足以坚守自保。韦睿忽见魏军出城数百人列阵于门外挑战，认为敌无故出战，必是用骁勇示强，若能将其挫败，其城自拔。诸将畏战，犹豫迟疑，韦睿以军法不可犯警示，强令进兵。由于韦军上下坚定一致，果然击败魏军。魏军分筑东西小城，夹击合肥，韦睿先攻二城，而魏军5万援兵奔至，诸将畏惧，请求增兵。韦睿认为，师克在和，敌军已至城下，当务之急在于齐心协力，勇猛克敌。因其军作战齐心果敢，果然破敌，军士信心增加，军心稍安。魏军乘胜逼近韦军，诸将劝其退避其兵锋。韦睿以有前无却的决心和示敌无动志的兵形，既稳定军心，统一斗志，又震慑敌心。他又调解两将不和，禁止私斗，终于大败魏军。

　　北朝时，北周大将军韦孝宽深通筹略，善于以智谋取敌。他任晋州刺史，镇守玉壁要冲，北齐高祖高欢志图西入，必先控制玉壁，因此倾其山东之兵，连营数十里发起围攻。韦孝宽不仅与敌众寡悬殊，而且没有外援，处于危险形势中。韦孝宽沉着冷静应对，重在挫敌之谋：齐兵起山，韦军在城楼拼死抵御；齐兵凿地道，韦军掘长堑以截击；齐兵造攻车，韦军缝布幔以阻击。城外尽其攻击之术，都被韦孝宽破解，双方进入相持胶着状态。高欢以其粮尽援绝，让人劝降，韦孝宽以城池严固、兵食有余，足能坚守月余，以攻其心。高欢让人在城中散布谣言，施用反间计，以鼓励城内斩杀韦孝宽，并以若不投降,城破将大行杀戮相威胁。韦孝宽慷慨激昂,激励士气,士卒莫不感动,人人有死难之心。高欢与韦孝宽苦战60天,伤病死者几近过半,智力俱困,因而发疾,于夜遁去。不久,高欢病逝,韦孝宽授骠骑大将军。

五代时,后晋将军皇甫遇与将军安审琦、慕容彦超与契丹作战。契丹兵屯邯郸,皇甫遇将渡漳河,契丹军前锋大至,皇甫遇引兵退却,与之围斗20里至邺南榆林店。皇甫遇考虑敌我众寡悬殊,再退必为敌所追歼,血战或有生路,于是与敌战百余回合,死伤甚众,皇甫遇乘马中镐而死,杜知敏以自己所乘之马予皇甫遇。皇甫遇与敌再战,敌围稍解。发现杜知敏为敌所获,皇甫遇认为杜知敏是义士,不得不救,于是跃马杀入敌阵,救杜知敏而还,尽管这一行动造成了敌人对皇甫遇的畏惧,敌人大军仍然围将过来,皇甫遇不能解围。在万分危急之时,安审琦决定杀入重围,救出皇甫遇等。契丹见铁骑尘起,以为救兵大至,于是引军退去。此战,尽管皇甫遇与慕容彦超身负数伤,却使其军得以生还,使契丹丧胆。皇甫遇、安审琦、慕容彦超被诸军誉为猛将。

元末,朱元璋(后为明太祖)率起义军建应天府,总揽军政大权,挫败陈友谅进攻应天之后,与其战于鄱阳湖。当时,陈友谅率兵60万人,联巨舟为阵,楼橹高十余丈,绵亘数十里,旌旗戈盾,望之如山。与之相比,朱元璋不仅兵少,且舟小,需要仰攻其船,在气势上非常不利。陈友谅凭借优势,既挫其前锋,又直攻朱元璋所乘之舟,加之小舟仰攻大舟不利,朱元璋之军露出畏惧之色。朱元璋立斩退缩者十余人,激励将士死战之心,又借东北风大起,组成敢死队,分乘载火七舟,直逼陈友谅所乘之舟,风烈火炽,烟焰涨天,湖水尽红。陈友谅手足无措,慌忙躲避,其军大乱,死伤溺亡者无数。朱元璋军士气大振,人人奋勇,陈友谅军夺气、溃退难收,左右二金吾将军投降。陈友谅见其势日蹙,因愤恨,尽杀所获朱元璋军将士,而朱元璋悉还所获陈军俘虏，伤者予以医治，祭其阵亡将士。两者相较，朱元璋更得人心，人人死战，陈军士气瓦解，再无东山再起之势。

明朝时，明征虏左副将军李文忠愈遇大敌其气愈锐。吴将李伯升以20万众攻新城，李文忠仅率数千骑驰援，离城10里得知敌人势盛，有人劝其少驻以待大军至。李文忠以为，兵在谋不在众，敌众而骄，我少而锐，其军辎重山积，恰能富我，国家之事，在此一举。李文忠将军分左中右，自率中军，首当其冲。李文忠引兵乘高驰下，冲其中坚，英勇陷阵，与援军及城中兵士合力击敌，敌军大溃，追逐数十里，斩首万级，李伯升仅以身免。李文忠之子李景隆反其父之道而行之，尤其不知用兵即是用锐气之道。明惠帝对李景隆极其器重信任，任其为大将军，率50万兵伐燕王朱棣。朱棣打出明皇祖训的政治旗号，分化明将明军，李景隆妄自尊大，不善御将，更不会激励士气，诸宿将多怏怏不为用，不愿为明室内争而战，也不善于料敌，为燕王牵着鼻子走。燕王令一部兵力固守坚城以牵其兵，自率一部兵力援永宁，直趋大宁，李景隆则合军围北平。都督瞿能即将破城，李景隆忌其立功，阻止其破城，坐等燕军破大宁，合军攻击李景隆，致使其军大败。再战，李景隆60万众死者数十万人，燕王大胜，李景隆降燕，燕王即皇帝位。

夺气则勇　必死则生

《尉缭子》曰："夺人而不夺于人""战在于治气。"明明知道我弱敌强，无法战胜对手，失败是必定的结局，偏要冒死一战，看起来十分鲁莽，其实鲁莽中暗藏精明：既激发我之以必死之心，也制造敌之恐怖之气，在气势上压倒了畏战的将士和轻我且未准备死战的敌军。气势上的优势可弥补兵力的不足，反而能转危为安，转败为胜，以少胜多，以弱胜强。

日本战国时期，武将德川家康与武将武田信玄军作战，武田军3万人压向德川军1万人守卫的滨松城，双方军力相差悬殊。德川家康在城中见到武田军强大的阵势，并无惧意。而且，当织田信长及其部将劝告其"万勿出战"时，德川家康考虑："让敌人从家门口踩踏过去而不战，令盟友及天下人耻笑，且武田占领三河，德川之城不弃必破，与其让自己军士士气瓦解，不如见识一下武田的骑兵到底多么可怕。"因此，他力排众议，决定率城中1万人出击作战。武田得报后，将后队变前队，列阵迎战德川主力。在接战前，诸将又苦劝德川立即退兵避战，德川家康不听，遂发起战斗。武田军阵严整，步、弓、枪依次排列的阵势，使德川军难以攻破，反而自乱阵脚，被武田军打起了反冲锋。紧接着，德川两翼被破，居中本阵的德川家康毫无惧色，令武士们全力迎击敌人。双方陷入混战，在最紧张激烈之时，武田信玄的预备兵力突然横杀出来，使德川军败势已露。武田信玄不失时机，又发出1万兵力加入战斗，德川军开始出现败退，德川家康仅以六骑逃脱回城。尽管战败，但其敢拼死命的气概，使武田军不寒而栗。战败之后的处置，关系全城命运，德川家康与此前无所畏惧的情况相反，极其谨慎地走好败棋。他令人拿伪装的武田信玄首级巡游，以平复城内军民的恐慌情绪，提振武士们的士气；令人大开城门，通明灯火，以"空城计"使武田部将疑有伏兵，不敢轻易攻城；令人于半夜偷袭武田军一部，使之惊扰恐惧。如此，德川家康熬过了最危险的时刻，准备整军再战。

意大利将领加里波第具有革命思想和爱国情怀，决心把意大利从奥地利统治下解放出来。在意大利革命烈火燎原，各种政治势力合纵连横，推动意大利统一独立的大势下，加里波第组建了具有革命精神的志愿部队近4000人。奥地利拉德茨基元帅十分轻视加里波第的队伍，没有认识到革命武装具有独特的精神力量，能够催生比一般部队具有更强作战能力,派 1.9 万人的部队,企图一举剿灭加里波第军。加里波第以 800 人不惧 5000 人的围攻,且战且退、化整为零,保存了军队的火种。罗马人民起义,建立罗马共和国,法、奥、西联合武装干涉,加里波第率 2500 人坚守佩尔图萨大门,面对 5000 人的法军毫无惧色,控制制高点,进行纵深防御,消耗法军后,适时发动反击,歼敌 400 人。西西里军 1.2 万人来攻,加里波第率军快速机动,伪装成法军迷惑敌人,抢占制高点,乘敌不备突然发起突击,击溃 6000 人的敌军。尽管罗马共和国被法军摧毁,加里波第率 6000 人,发扬了革命精神,敢于与 7.6 万敌军作战。虽然因力量过悬殊而失败,但其表现出的英勇超过了当时欧洲各国军队。加里波第赋闲后,写作小说《千人军》,首次印刷稿费就达 21000 里拉,他对钱不感兴趣,只靠一点养老金生活。他甚至拒领参议院批准的生活费和市政府拨给的 3000 里拉,可见他及其志愿部队为正义事业而战,而非私利和财富而战的革命精神。

绝地则斗　死地则战

古人曰:"前后有碍,决在死战""走无所住,当殊死战。"兵陷死地,速为死战则生,缓而气衰则死。棋逢对手难藏幸,将遇劲敌看绝智。绝地制胜,敢用极端手段,甘冒极大风险,穷尽所有方法,善于出奇制胜。大将贵临难不屈节,临战不畏死,成败利钝、尽心而已。将者,死官,要在智威兼备。克劳塞维茨说:"战争中因小心怕事而坏事,比因大胆而坏事要多千万次①。"

1941 年 9 月至 10 月,第二次世界大战苏德战场,德军在北、西、南 3 个战略方向展开攻势,企图采取中央突破,两翼包抄,迅速夺取莫斯科。处于战线中央的西方方面军防御地区、南方的基辅和北

---

① [德]克劳塞维茨:《战争论》,第一卷,商务印书馆 1978 年版,第 198 页。

方的列宁格勒防御，成为战略上的必争之地。朱可夫受斯大林委派，任列宁格勒方面军司令员，辖2个集团军、3个战役集群以及波罗的海舰队，负责死守列宁格勒。当时，列宁格勒已被德军四面包围，正发动猛烈进攻，企图一举攻占列宁格勒。朱可夫决心想尽一切办法，动用一切力量，用尽一切手段，战斗到最后一个人，流尽最后一滴血。兵员缺乏就动员市民、工人组织防御部队；反坦克炮不够，就用能穿透坦克装甲的高射炮代替；德军突击力强，就在要道上密集布雷，敷设带电网的障碍物；地面火器不够，就用波罗的海舰队的舰炮支援；步兵缺乏，就用水兵及军校人员，组建6个步兵旅，后勤人员不够，就用市民负责补充弹药军需。兵工厂成为防御支撑点，工人充当民兵参加防御，妇女、少年、退休人员进行生产。列宁格勒成为坚固纵深梯次防御、全民皆兵的大兵营、大堡垒。德军疯狂进攻，其机械化第41军和步兵第38军突破防御地段，使列宁格勒危机加重。朱可夫指挥部队日夜连续作战，不怕牺牲，不怕疲劳，通过不间断惨烈战斗消耗、疲惫敌人。在极其险恶、艰难的条件下，共产党员、共青团员身先士卒，不怕牺牲，每个人都随时准备献出生命，顽强抵抗。德军集中4个师在乌里茨克方向突破防御后迅速推进。在万分危急之下，朱可夫决心冒极大风险，把方面军最后的预备队，即步兵第10师投入战斗。伴随着强大火力支援，第10师反击后恢复防御。朱可夫在组织坚固、梯次防御的同时，从不忘记寻找敌人弱点，适时发起反击，从被动中寻求主动，不断挫败德军进攻。朱可夫发现，德军对城市进攻时，因有密集建筑物和森林，过于依赖道路，决心利用地面和空中火力封锁道路，并用破坏和设障方法阻滞其推进，从而卡住了德军的咽喉。朱可夫发现，整体上德军仍在进攻，但局部上往往疲于应付反机动、反突击，决心以第8集团军突然发起反突击，成功击退德军进攻，并使之转入防御。朱可夫指挥方面军部队稳住防线，使德军不能越雷池一步。侦察表明，德军开始挖地窖掩体，准备过冬。德军被拖入严冬，意味着走向坟墓。

1942年3月，希特勒企图以南方向为进攻主要方向，从南面迂回莫斯科。苏军西南方面军司令员铁木辛哥等对希特勒的决定毫不知情，判断其仍会在西方向重点攻击莫斯科。斯大林令西南方面军以现有兵力攻占哈尔科夫，迫敌增援，以减轻莫斯科作战的困难[①]。铁木辛哥把握形势，顾全大局，善于应变，沉着指挥，以战役的失利，获得战略的胜利。4月，西南方面军为进行哈尔科夫战役，集结4个集团军及2个集团军一部，共40个师又20个旅，其中19个坦克旅。西南方面军及南方面军各1个军的两三个师为预备队[②]。当面德军南方集团军群共5个集团军、12个师，4个航空队，兵力超过苏军西南方面军和南方面军兵力（德军每师1.4~1.5万人，苏军每师7000~8000人）。德军统帅部又向南方集团军群加强11个师，作战飞机达1220架。铁木辛哥明知进攻战役存在很大的潜在危险：一是随着干燥天气到来，德军可能要清除西南方面军与南方面军薄弱的结合部巴尔文科沃，以牵制和影响西南方面军对哈尔科夫的进攻。二是兵力兵器明显不足，又无有力预备兵力援助，使既要保证对哈尔科夫攻击的穿透力，又要保障有效抗击德军对结合部的突击变得相当困难，进攻有受挫的危险。三是仅靠方面军预备队只能解一时之危，无法根本解决兵力不足的问题。5月初，铁木辛哥明知山有虎，偏向虎山行。尽管存在很大的战役风险，但是为保卫莫斯科和实现斯大林战略意图，他果断决定，以第6、第28集团军主力进攻哈尔科夫，以第9、第57集团军抵御德军对结合部巴尔文科沃的突击，从翼侧保障对哈尔科夫的进攻，并指挥部队加紧进行进攻战役准备。5月12日，西南方面军按时发起进攻，作战十分激烈，

[①]《巴格拉米扬元帅战争回忆录》下，解放军出版社2009年版，第51页。

[②]《巴格拉米扬元帅战争回忆录》下，解放军出版社2009年版，第57—59页。

德军预备兵力不断投入交战，航空兵加强火力支援，使苏军进攻越来越困难，而且负责两个方面军结合部防御的第9集团军指挥员自作主张，发起攻占马亚基战役，甚至用上了南方面军的预备队，致使结合部更加空虚，2个方面军侧后受到严重威胁。西南方面军参谋长巴格拉米扬建议停止攻击，南方面军所有部队撤回结合部即巴尔文科沃，进行坚守防御。铁木辛哥与赫鲁晓夫商议后，作出紧急处置：考虑到进攻战役正在实施，停止对全局未必有利，南方面军正将德军预备队吸引至马亚基地区，不宜限制很有指挥经验战将的行动自由①。当德军克莱斯特集团迅速突破苏军第9集团军防御地段20公里后，铁木辛哥一方面推迟主力进攻，另一方面调集2个方面军预备队支援第9、第57集团军防御，并向最高统帅部申请1个师2个旅加入防御。当察明德军进攻结合部企图围歼进攻哈尔科夫的苏军主力时，巴格拉米扬再次建议停止进攻，并通过总参华西列夫斯基说服斯大林，收缩兵力堵住德军突破。铁木辛哥为顾全大局，保住莫斯科，仍不顾全军覆灭危险，果断决定不停止进攻，他与斯大林通话时保证进攻不会停止，坚决顶住德军在结合部的突破②。5月19日，铁木辛哥见结合部因兵力不足被德军突破并陷入危机后，果断停止第6集团军对哈尔科夫的进攻，令其与第9、第57集团军向心突击其后方德军，进攻仍未停止。5月20日至30日，由于德军兵力大大超过苏军，苏军防御已被突破，防御战变成突围战。铁木辛哥即组织部队突围，也进行顽强反突击。突围中，苏军损失惨重，多名将领牺牲，20多万人被俘③。6月，铁木辛哥在迅速收拢部队恢复态势的同时，迅速协调最高统帅部拨给西南方面军2个坦克军、4个坦克旅和7个步兵师，从而使西南方面军总兵力增加到30个步兵

---

① 《巴格拉米扬元帅战争回忆录》下，解放军出版社2009年版，第92页。
② 《巴格拉米扬元帅战争回忆录》下，解放军出版社2009年版，第99、100页。
③ 《赫鲁晓夫回忆录》，东方出版社1988年版，第269页。

师、2个步兵旅、2个骑兵军、4个坦克军、8个坦克旅。尽管苏军南方向兵力仍比德军处于劣势，但防御形势基本稳定下来，牵制了德军主力部队，很快消除了哈尔科夫战役失败的消极影响。由于铁木辛哥坚定实现了最高统帅的战略意图，缠住消耗了德军主力，掩护了莫斯科方向，为莫斯科方向大量集结战略预备队，以至于接下来决定性的斯大林格勒战役胜利，创造了极为有利的条件。难怪斯大林没有因为哈尔科夫战役失利而责备铁木辛哥，尽力加强西南方面军的力量，仍任铁木辛哥为西南方面军司令员。①

（五）势佐其外

孟子曰："虽有智慧，不如乘势。"因要害而制形，因地利而作势。凡一点之守事关战略形势，一点之夺事关战略地位，一点之控事关战略通路，一点之战事关战略主动，一点之夺事关战略布署，皆为战略要害，须全力相争，据要以为势。凡能控制战略支撑点、关节点、要害点、转折点、决定点者，必能掌握战争形势，左右战争结局。《兵论》曰："夫兵，大胜则乘势，持久则出奇，势若决沧海而下冲波。"时至则乘势而为，机至则放胆而动。兵势源于力量运用，乘势赖于智计士气。张预曰："凡军，甚陷则不惧，无所往则固，不得已则斗，兵势使然②。"

智借其势　决机合战

临机为势，尤须善于借势。借势者，利用各方利害关系，默契无约而成掎角之势③，乘敌之不及。力不如人，只要联兵合势，就可

---

① 《巴格拉米扬元帅战争回忆录》下，解放军出版社2009年版，第111页。
② 《十一家注孙子》。
③ 掎角：分兵牵制或夹击敌人。

八、以弱为强

迅速提升战力。我之敌人的敌人，不管其主观意向如何，其行动都可为我借势，都可为我利用，都会对敌人制造危机和不利。进取则势张，疾速则机得。

五代时，后唐将李克用与梁朱全忠作战，朱全忠势强，攻燕之沧州，燕王刘仁恭求援。李克用厌烦刘仁恭反复，不想救援。其子李存勖劝道："这是我们复振之机。天下之势，归梁（朱全忠）者十七八，自黄河以北，无为梁患，其所忌惮者只有我们和刘仁恭了；我们与燕合势才能制约住梁，不可计小怨而坏大事，而且刘仁恭常困而我急其难，可因以德而怀之，一举两得，机不可失①！"李克用采纳其策，出援兵助燕，攻破潞州，迫使朱全忠解围而去。

得之地利　易得其势

《孙膑兵法》曰："权者，所以聚众；势者，所以令士卒必斗也。"气势历来可以弥补兵力不足。敌人兵力被不利地势所分割，则与我直接作战的兵力就变少；敌人被不利地势所限制，则与我作战的能力就变弱；敌人装备被不利地势所束缚，则与我作战的长处就变短。所以，马基雅维利说："有利的阵地有时比勇气更重要②。"有利的地势是以弱胜强，以劣胜优的关键因素。越是在地势束缚敌人作战行动的时机，越以精锐神速出奇制胜；越是面对强大敌军，越是善于寻找其陷入不利地势的时机。

古希腊雅典将领阿里斯提德，指挥希腊联军与波斯人在马拉松进行会战。波斯军30万人马，而希腊联军才几万人马，波斯人在人数上占很大优势。首先，阿里斯提德瓦解波斯人收买分化希腊城邦

---

① 《旧五代史》。

② [意]马基雅维利：《兵法》。

的阴险行径，使各城邦所派军队拧成一股绳，形成联合的兵势。其次，他见波斯军沿阿索帕斯河岸扎营，由于河流限制，兵力只能向两边延伸，难以展开、拥挤不堪，能与希腊军直接作战兵力相对减少；同时倚仗人多势众急于求战，把西第朗山山麓底部平原的斜坡选作预定战场；由于预选战场地势开阔，适合步兵列阵，不便骑兵运动，浓密树丛便于隐蔽兵力和作为退路，也便于增援的兵力随时加入战斗，希腊人在地势上占了优势，便于以弱为强。最后，他用宗教的力量激励士气，去除恐惧和畏敌心理，用保家卫国激发将士英勇杀敌的勇气，造成压倒敌人的气势。阿里斯提德在与敌交战前，在兵势、地势、气势三大决定因素上占了上风，尤其是抓住了波斯军的软肋，使波斯军队数量上的优势大打折扣。在指挥交战中，阿里斯提德又抓住了两个决定性因素，即主要攻击点和有利时机。他用精锐的300名先锋和弓箭手，以最骁勇的将领率领，专门刺杀波斯军队骑兵队指挥官马西斯久斯，其骑兵主将被击杀，引起敌阵大哗，四散而逃，士气大挫。在波斯人准备决战之际，本来希腊人准备固守，当阿里斯提德得到马其顿王亚历山大密报：波斯人已缺粮乏力，陷入沮丧、惊怖状态，迫不得已以求一战，孤注一掷时，决心抓住时机，与敌人一决死战。于是，希腊军采取了使波斯军大出意料的对攻作战，而且希腊军在气势和地势上都占优势，加上英勇拼死，援军不断，打得波斯人只有招架之功，而无还手之力。希腊联军在阿里斯提德指挥下，节节胜利，波斯军大败，30万大军只剩4万人逃走。

罗马将领、皇帝君士坦丁即位时，罗马帝国正处于分治状态，君士坦丁、伽列里乌斯、李锡尼、戴克里先皆为分治皇帝。不久，君士坦丁的岳父马克西米安及其儿子马克森提乌斯要求再设两个皇帝位置，而伽列里乌斯病逝。君士坦丁深知，要想统一罗马帝国，非除掉上述分治皇帝和想要夺取皇位的人不可。君士坦丁虽然才二十几岁，但是极为英明果断，一开始就抓住有决定意义的方向和对手，先集中力量对付据有意大利及首都罗马的马克森提乌斯，直刺腹心，再及其余。他也深知自己处于弱势及以弱对强有极大风险，战略上与李锡尼结盟，战役上见机制敌。尽管君士坦丁的部将和占卜官建议他放弃进攻罗马，因为要用4万人对抗12万敌人，敌人用以守卫罗马的是最精锐的御卫队。但是，君士坦丁以为："打仗的要领是在于见机而动，出奇制胜。"当君士坦丁军与马克森提乌斯军前锋正面交锋时，通过侦知的情报，君士坦丁敏锐地察觉：敌军后续大军正缓慢、拥挤地通过跨越台伯河的两道桥梁，而且两桥很狭窄，用平底舟支撑，并不坚固。君士坦丁当机立断，在吸引住敌人前锋部队的同时，以精锐部队，通过山丘和河道，对已过桥的先头部队发动突袭，逼其后退，使之与缓慢过桥的部队拥挤踩轧，形成混乱不堪局面，在桥被挤压断裂后，敌人纷纷落水，君士坦丁加强攻击，敌人溃不成军，马克森提乌斯落水而死。君士坦丁取得决定性会战胜利后，进占罗马，以罗马帝国皇帝旗号平定四方，在剿灭李锡尼后，成为唯一的罗马帝国皇帝。

　　日本战国时期武将织田信长与武将今川义元作战，织田兵力3000人，而今川兵力达2.5万人，号称4.5万人。今川义元主力正面进攻，一部向织田信长后方机动，初战织田军难挡敌人攻势，很快处于腹背受敌的不利态势之中。在诸将会商时，出现争论，也出现出降的声音，而织田信长未置可否。他派出一些侦察人员到敌人附近收集情报。正在等待回报时，其他情报、甚至一些地方被攻破的情报，并未令其在意，当得报今川义元本队已经到达桶狭间停军休息时，他突然开始行动。今川军1.5万人必经桶狭间，而其四面是丘陵，中间峡谷是唯一的险道，今川军在其间很难展开，兵众越多，行动越不灵便。今川义元居于本队营帐之中，其余7部分散在其周围，对谷口作了防御布置，以防织田军突入。织田信长亲率2000人隐蔽快速向桶狭间突进，并派一部牵制鸣海城今川军之一部，以防行迹泄露。眼见织田信长要突入敌人重兵之中，有全军覆灭的危险，两位部将劝其放弃孤军深入。织田信长认为："以小军对抗大敌，本来靠的就是天意，进意已决。"也许是依仗势众，也许认为绝不可能，今川军诸部竟然都未觉察织田军的行踪。织田信长翻过几道岭，在高处已能望见今川本队营帐。恰在织田准备进攻时，天空下起疾雨，今川的士兵到处避雨，阵形大乱，无心作战。织田信长以大雨作掩护，率精兵直奔今川大帐，集中力量将今川义元斩首。随后，其军大乱，不久便土崩瓦解。

九、反经行权

通常的打法已为敌所料,反常的打法则可出其不意;通常打法示敌以怯,反常的打法则可示敌以勇。见机而作,灵活通变,是作战不变的法则。兵机至活,即使再难打的仗,其中也有战机;即使再不好的局势,其中也有好的因素。善战者,就是要善于发现并把握制变的时机和因素,扭转或掌握战局。曹操曰:"兵之变化固非一道①。"一旦作战对象、作战环境、作战规模、作战兵力及作战态势发生了急剧变化,作战指挥及作战方式要迅速转变。将贵因敌之变而制变。拿破仑说:"一切作战原则均绝非绝对而不容有例外②。"非常之事,不宜循旧。善机变者,计人所不敢计,行人所不敢行,变人所不敢变,法无定法则为至法。战法最忌抄袭前人和复制自己。

(一) 机变制胜

不采取为敌预料的行动,不打击预有准备的敌人,不拘泥既设布署的限制,不放过敌人好打的良机。机不在我,则以奇变制造机会;势不在我,则以奇计破解其势;众不在我,则以奇兵分而制之。因敌制变,临机布署,是应变的有效办法。亟早预见变局,便于应付突变;亟早处置变局,便于控制突变。临机必变,乘机必速。武则天曰:"早虑不困,早豫不穷③。"

---

① 《魏武侯集》。
② 《拿破仑用兵语录》。
③ 《旧唐书》。

出敌所料 借机制变

先人见天下变势，则可机变于先，便宜从机，捷足先登。腹背受敌，众寡悬殊，势在必退，而欲退反进，反可打其不戒。三面受敌，以弱对强，势在必守，而欲守反攻，反可攻其不备。凡敌军无战心、心贰情怯、士气衰落之机，可一反常法，打其中坚，一举而胜。强解其围，不如"围魏救赵"；坚守御敌，不如诱敌深入；强攻重兵，不如围点打援；强夺阵地，不如攻其必救。

东汉末，黄巾军起义，东汉王朝衰败，天下将乱。曹操暗有安天下之志。他不就任东郡太守，称病归乡里。不久，冀州刺史王芬、南阳许攸等联结豪杰，谋废汉灵帝、立合肥侯，以告曹操。曹操见其难成大事，拒绝参与。王芬等事败，金城边章、韩遂率众十余万起事，天下骚动，朝廷任曹操为典军校尉。汉灵帝去世，太子即位，太后临朝，外戚大将军何进与袁绍谋诛宦官，召外将董卓入京。何进、董卓立汉献帝，京都大乱。董卓欲与曹操议事，鉴于朝廷已成乱麻，董卓绝非安定天下之人，曹操改易姓名，间行东归，散家财、合义兵，起兵举大事，成为一支独立的武装力量。如果曹操没有才能，循规蹈矩，下场可能比何进、董卓还不如。更不用说称王称帝了。而袁绍等势力，逐一被曹操消灭，证明他很能顺应变势，见机行事。

北朝时，北魏卫大将军独孤信有勇有谋，率军至武陶，东魏派将军田八能率军拒独孤信于淅阳，又派将军张齐民率3000步骑出断独孤信的后路。独孤信兵众不满千人，众寡悬殊，腹背受敌，按常规用兵，应首先保证后路安全，摆脱强敌。然而独孤信认为："若退而攻击张齐民，确保后路安全，敌人必定以我怯敌退走，而对我进行截击，反而深陷重围；不如先破田八能，既出其不意，又示敌我之不活，置将士于死地而后生[①]。"于是，独孤信率军奋勇攻击田

---

① 《魏书》。

八能，大破其军，张齐民军也随之被击溃。独孤信乘胜进军，遂定三荆，拜车骑大将军。北魏大将军宇文泰（后为北周太祖）足智多谋，诡谲莫测，机变无常。北齐高祖高欢派东魏之将进逼龙门，造三道浮桥渡河，令其将窦泰率军趋潼关，遣其将高敖曹围洛州。宇文泰出兵广阳，召集诸将分析敌情。他根据高欢兵力布署透出的含义认为："敌三面掎我，又造桥于河、示欲必渡，为了牵制我军，使其将窦泰得以西入；如果正面与之久持，正中其计，并非良策；高欢自起兵以来，窦泰每次都作先锋，兵精卒锐，屡胜而骄，我则出其不意，袭之必克，克窦泰高欢必不战自走①。"诸将认为："舍近袭远，一旦失手，悔之晚矣。"宇文泰再次筹算："前次高欢袭击潼关，我军不过霸上；此次其兵大至，我兵仍未出郊，其料我必自守，无远计；又因其得志，有轻我之心，敌虽造桥，不能径渡，只需五日我必取窦泰。"于是，宇文泰未按对手预料的常规行动，率6000兵力还长安，声言欲保陇右，暗中倍道兼行，突袭窦泰，乘敌措手不及，大破其军，俘其万余人，斩杀窦泰，高欢诸路闻风而撤。宇文泰乘胜东伐，斩将夺城，降者甚众，高欢惊惧，率10万之众出壶口，趋蒲坂，其将高敖曹率3万兵出河南。因正值关中大饥，宇文泰仅率万余人入关，据渭南，而高欢军至许原西。宇文泰在敌强我弱的严峻形势下，本应拒城持久，以挫其锋，而他用兵历来见机而动。他认为，高欢越山渡河远来至此，若得至咸阳，人心必将骚动，乘其新至，便可速破其军。宇文泰率轻兵疾进，接近敌军时占据要害、背水列阵，大破高欢军，斩杀6000余敌，临阵降敌2万余人。高欢乘夜逃遁，宇文泰追击其军又虏获敌7万人。从此，高欢元气大伤，宇文泰奠定了建立北周的基础。

元末，朱元璋（后为明太祖），举兵起事，攻占集庆，建应天府，

---

① 《周书》。

称吴国公，置江南行中书省，自总军政大权。当时，徐寿辉据池州，张士诚攻占平江，元将康茂才投降朱元璋。朱元璋之将徐达、常遇春击败陈友谅于池州，陈友谅攻占太平，杀其主徐寿辉，建汉称帝，尽有江西、湖广之地，并约张士诚合兵攻打应天，应天大震。朱元璋与诸将商议拒敌之计，有将建议先直接攻击太平，对陈友谅进行牵制，朱元璋考虑到太平居于上游，且舟师十倍于我，很难速胜；又有将建议朱元璋亲率主力迎击，朱元璋考虑到敌以偏师牵制，而全军趋金陵顺流半日可达，我步骑极难引还，百里趋战，兵法所忌，不是良策。经过深思熟虑，朱元璋决定，首先不使两敌合势，避免陷入首尾受敌的不利形势之中，先诱击陈友谅，张士诚自然胆落，再以一部兵力袭捣信州，从其背后牵制；同时令元降将康茂才送信给陈友谅，诱其速来攻取，以主力伏于陈友谅必经之道，严阵以待。陈友谅果然贸然进兵至龙湾，朱元璋挥军乘其不备，水陆夹击，大破其军，陈友谅乘船逃走，朱元璋攻克太平、安庆、信州，张士诚果然畏战未动。

虑通机变　击其破绽

　　精明的将帅，打仗总是胸有成竹。看起来，每次作战都即兴指挥，临机而动，实际上，对敌人将帅用兵特点早已了如指掌，知道其在何时露出破绽，给自己制造机会。所以，善战者总是在战机一闪现的时候，便能神速应变，总是牵着敌人鼻子走。善战者像浮在平静水面的大鸟，似乎看不出在动，实际上其潜在水面下的双掌在不停地划动，一旦见机，会神速飞离水面，直上云天。古人曰："应变之术，不宜念远。"

　　古马其顿统帅亚历山大，率领5万人的军队远征波斯。波斯将领率兵在亚洲门户的一条河对岸设防，企图阻止亚历山大军前进。

河宽水深，河岸地形崎岖，岸坡陡峭，易守难攻，加上正值5月，极不利于征战。不仅敌方将领认为亚历山大冒险渡河危险极大，而且身边将领苦劝其不宜立即采取行动。亚历山大考虑："乘着夜色及敌方将领认为其不可能马上渡河而疏于防备之机，正好出其不意。"因此，他不顾犯兵家之忌，立即率领13队骑兵渡河，迅速打开岸上通路，乘夜暗发起战斗，达成了突袭的奇效。经过激战，以较小代价取得了渡河作战的胜利。初战取胜，一些地方望风投降亚历山大。波斯大流士率几十万大军前来迎战，亚历山大突然病重，马其顿军停滞不前。大流士认为其怯战，产生了轻敌情绪。从马其顿叛逃来的人劝大流士不要在隘道和山谷与亚历山大作战，只有在开阔平原的足够空间作战，才能发挥兵力优势和迫使亚历山大决战，大流士根本听不进去劝谏，一意孤行。亚历山大进军叙利亚与大流士作战，大流士则率军进入西里西亚，两军在夜暗中错身经过。当双方发现敌人就在身后时，都掉转过头，寻求与敌作战。当时，两军相隔不到50公里，中间隔着海拔2000米的山岭，大流士在崎岖地形中无法展开兵力。亚历山大见大流士犯了无法挽回的错误，决定迅速抓住战机，给大流士重重一击。在遭遇战中，亚历山大在行动中保护翼侧，防止一翼被破，全线崩溃。同时，为不让敌人从自己的翼侧发起攻击，迅速延长右翼并超过敌人左翼。对其一翼形成局部优势，从而使自己在作战全局上处于主动地位。此次会战，战斗异常激烈，亚历山大亲自搏击，大腿受伤，歼敌数万人，取得会战重大胜利。当亚历山大进逼波斯时，大流士率数十万大军迎战。亚历山大的部将帕米尼奥等考虑到波斯军兵力众多，建议夜袭敌军。亚历山大认为：如此将重复以往打法，决定反其道而行之。在将开战之前夜，亚历山大仍酣睡不起，直到被部将叫起。面对部将惊慌的神色，他却认为：由过去寻找大流士决战 ，到如今大流士主动来决战本身，马其顿军已经掌握了主动权，稳操胜券。当帕米尼奥指挥的左翼受到波斯强大兵力猛击时，亚历山大不顾多次求援，宁愿让其光荣战死。而他却出其不意，动员激励和率领精锐之师，直攻大流士所在的中央部位。由于敌军数量庞大，亚历山大将其中央前方兵力击溃，立即引发其整个阵势混乱，形成大溃败。大流士率少数骑兵脱逃，会战结果导致波斯帝国灭亡。

兵机尚速　应变无穷

《孙子兵法》曰，"围师必阙，穷寇勿迫"。斯大林反其道而行之，敢于对苏境内势穷的500万德军进行强力挤压逼迫，而不去逐一加以围歼，使之没有组织困兽犹斗的时机，无法立脚，无法组织坚固防御，无法动员后备力量，来不及死斗。兵机在速，迅雷不及掩耳，掣电不暇瞬目，窥破兵机而不拘于兵法者，可果断用兵，一举而胜。

1943年8月，第二次世界大战苏德战场的库尔斯克会战中，苏军发起决定性反攻时，苏联统帅斯大林开始筹划1943年末至1944年对德军作战布署。尽管英、美仍没有开辟欧洲第二战场，德国对苏联只能发动局部反突击，守住既得地域，以便获得喘息之机。斯大林获悉德军在退却时，要烧光房子、炸毁工厂、电站，杀死妇女儿童，制造无人区，看破德军想破坏和退滞苏联及苏联进攻的企图，决定以强大兵力正面突击德军，以最快速度挤压消灭敌人，不给其喘息之机，并保护人民生命财产安全。当朱可夫等高级将领按正统战法，建议实施分割合围德军重兵集团时，斯大林认为其并未根据敌人已经变化的情况采取对策，而且太费时间，令其坚决实施"推挤"布署[1]。他要求以最快速度发起大规模进攻，使德军来不及组织坚固防御和进行残酷破坏。1943年9月至12月，苏军沃罗涅日、草原

---

[1] 《朱可夫元帅战争回忆录》，解放军出版社2003年版，第600页。

及乌克兰3个方面军发起强大进攻,已成功进占基辅,解放被占领土的一半以上。1944年初,德军在苏联的500万人已成惊弓之鸟、强弩之末,士气低落,厌战悲观,战斗力下降。苏军兵力超过德军30%,火炮超过70%,飞机超过2.3倍,且士气高昂,作战能力、指挥能力及战争潜力占据很大优势。斯大林权衡形势后,决定继续实施快速"推挤"战略,经罗马尼亚、波兰等国直攻柏林,占领德国。为此,他命令乌克兰第1、第2、第3、第4方面军,先夺取乌克兰、克里米亚,击溃或歼灭德军南方集团军群和A集团军群;然后以西北方向诸方面军解放列宁格勒及波罗的海沿岸地区,将德军压挤至中部;最后西方向诸方面军解放白俄罗斯,与苏军主力汇合攻克柏林。斯大林的战略十分高明:一是使苏军以排山倒海之势,乘胜进攻,一鼓作气,不使德军有喘息之机,造成德军兵败如山倒和苏军破竹之势。二是以最快速度夺取东欧、南欧,开辟战略前沿地带,既成为进攻德国的跳板,也为战后保证苏联东部安全、建立势力范围预做准备。三是以最快速度攻向德国,会极大刺激英、美等国,使其不想苏联独收二战成果,而尽快开辟欧洲第二战场,既减少阻力,又减少作战消耗,稳操胜券,加速整个战争进程,减少人民痛苦和战争破坏。1944年,苏军解除德军对列宁格勒的封锁,解放乌克兰、克里米亚,进入罗马尼亚境内。之后,连续进行几个大规模进攻战役,迫使芬兰退出法西斯集团。6月,美、英、法军在诺曼底登陆。苏军在白俄罗斯战役中,粉碎德中央集团军群,解放白俄罗斯、立陶宛。苏军进入波兰,解放罗马尼亚、保加利亚、斯洛伐克、南斯拉夫、匈牙利。1945年1月至5月,苏军先后进行维斯瓦河—奥得河战役;东普鲁士战役、柏林战役、布拉格战役,歼敌85个师、近100万人,攻克柏林,法西斯德国及希特勒覆灭。起初,斯大林深刻地考虑到,德军被逼到墙角、成困兽犹斗势,像发狂的赌徒,可能将赌注压在美、英身上，对反法西斯联盟进行分化，共同对付苏联。但是，经过仔细分析，斯大林得出罗斯福、丘吉尔不会同希特勒作交易的结论。因为，他们为了保障其在德国的政治利益，将不会同意与完全失去人民信任的希特勒分子相互勾结，而将尽可能在德国建立一个顺从他们的政府[①]。因此，斯大林决心迅速攻克柏林，彻底消灭希特勒。

死板固执　不知机变

《孙子兵法》曰："五十里而争利，则蹶上将军[②]。"陈余按兵法行事，认定必能力挫韩信，所以决定与韩信一战。而李左车则已窥破汉将韩信威势甚盛，赵将没有其对手，其锋无法抵挡，所以建议以井陉险要阻挡其锋，袭其辎重以挫其锐，待其不支退却时予以追击取胜。李左车反兵法而行之，却合于机变；陈余合于兵法而行之，却逆于机变。所以，打仗宁愿为合于机变而悖于兵法，而不为合于兵法而悖于机变。兵法须合机变而用，才是活的兵法；兵法悖于机变而用，则成死的兵法。不知权变者，一味退守；知权变者，欲退先进；不知权变者，常用常法；知权变者，一反常法。

秦末楚汉之争时，汉大将韩信与张耳率兵数万东下井陉击赵。赵王、陈余率20万兵聚兵井陉口，李左车认为，韩信涉河西、虏魏王、擒夏说，喋血阏与，又欲下赵，此乘胜远斗，其锋不可当，而其千里馈粮、井陉道险狭，车不得方轨，骑不得成列，行数百里，粮食势必在其后，发奇兵3万，从间道绝其辎重，正兵深沟高垒，使野无所掠，不出十日，敌必败。陈余不听，认为："倍则战，韩信兵不过数千，千里而袭我，已成疲惫之军，后有大青河，避而不击，使诸侯谓我怯而轻我。"陈余贸然出兵击韩信，正中韩信下怀，

---

① 《朱可夫元帅战争回忆录》，解放军出版社2003年版，第660页。

② 蹶：挫。

被韩信背水阵打得溃不成军。

　　清朝时,清内侍卫大臣、都统、郡王曾格林沁,深受清文宗(咸丰皇帝)器重。他奉命阻击太平军林凤祥、李开芳部北上京师,见与之硬战死伤甚多,一反常法,数次用筑坝蓄水,水攻太平军得手,基本将太平军北路军歼灭。因其名声大噪,清文宗令其在天津阻击北犯的西方列强军队,加强北部海防。英、法、俄、美军知大沽防御严固,在北塘登岸,曾格林沁一反清军遇敌即溃的常态,力扼大沽两岸,即使列强登陆进入,也因惧后路被断而难以深入纵深。就在作战关键时刻,清文宗手谕,令其速守天津,万不可寄身炮台,念及天下根本京师这个大局。这在根本上动摇了将士战心,加上右岸迎战失利,曾格林沁退守通州。清军一退再退,清廷议和,反使列强更加咄咄逼人,曾格林沁在通州战败,列强攻入京师,火烧圆明园,清文宗逃往热河。曾格林沁被夺爵、夺职,仍留钦差大臣。他奉命与捻军作战,经过侦察,向清文宗报告:"捻军向清军薄弱处打粮、征兵,扩充迅速;军一来,坚壁清野,清军自带粮水支持不了几日必定退军,捻军追击,清军失利;捻军与太平军遥相呼应,兵力众多,分清军之势;决心集中1.2万精兵,一反常法,不与之拼消耗,直捣捻军老巢[①]。"清文宗诏令,捻军正图北犯,应坐镇山东,以杜窥视,毋轻举以误全局。曾格林沁只好与捻军纠缠作战6年,虽有获胜,但捻军越打越多,此伏彼起,终与多员将领被捻军围歼击毙。

[①] 《清史稿》。

（二）当难行权

每遇险难，敢为人所不敢为，敢用人所不敢用，敢变人所不敢变，敢谋人所不敢谋。虽不能顺我意而战，也要逆敌意而战。两军遭遇，进取者生，退避者死。兵机诡速，捷者先得。审强弱，度难易，相权宜，知机变。越是形势险恶，越要见机行事，因地制宜，随机应变。当难行权，既善于在变局中使用机动作战力量和关键作战手段，又善于灵活应变地使用兵力。本来用于主攻方向的主力，鉴于敌人兵力雄厚，就要适时转入防守；本用于主要方向防守的主力，鉴于敌人其他方向出现薄弱环节和战机，就要果断使用机动兵力发起反击，并推动全局的转变。欲绝处逢生，必勇决拼死以制造生机，而手中有致命的反击手段是勇决拼死的本钱。《六韬》曰："事至不语，用兵不言；临机而动，机断专行。"

便宜而动　权谋莫测

权谋者，既着眼于战力，更着眼于战心。王霸在救与不救马武的问题上，浅层的权谋在于置马武于死地，使其战力自倍；深层的权谋在于使马武吸引、牵制和消耗周建、苏茂两军，并使周、苏二将对马武及王霸产生轻心，放松对王霸的警惕，而王霸乘机击其意怠，所以一举而败周、苏两军。由此可见，战心一贰，必不能专；战心一轻，必制于人；战心一挫，必怀畏惧；战心一怠，必擒于人。权谋贵在深密莫测，只要成事，宁愿承担先斩后奏、机断行事之责。有时，采取便宜从权的办法，不按常规行事，反可出敌不意，攻其不备。

东汉时，刘秀即皇帝位，令偏将军王霸与捕虏将军马武讨伐周建。敌将苏茂率4000人救援周建，先用精骑袭击马武军粮，待其往救，便与周建夹击马武。由于马武依恃王霸援兵，作战不力，为敌所败，当其军奔经王霸军营时，大呼求救。王霸考虑："敌兵精锐，其众又多，吾吏士心恐，而马武依恃有援，两军如此各有心事，战则必败。因此，他一反常理，如果闭营固守，示不相救，以使敌乘胜轻进，马武见救兵无望，其战自倍，如此待敌疲劳，吾承其弊，必能克敌[①]。"因此，王霸一反常理令闭营坚壁，甚至不顾军吏皆争欲战，待两军合战良久，直到军中将士断发请战，才开营出精骑袭敌背，敌腹背受敌，惊乱败走。王霸、马武取胜各归其营后，敌聚众向王霸挑战，军吏皆认为："苏茂已有前败，此次易于击破。"王霸考虑："敌客兵远来，粮食不足，故意欲速战，如果我按兵不动，其战心必挫，可不战而屈人之兵。"因此，他不顾敌人激烈挑战，坚卧不动，即使敌箭射中了王霸面前酒樽，仍安坐不动。苏茂、周建求战不得，便引兵遁去。

唐睿宗时，李隆基作为其第三子，先后任卫尉少卿、光禄大夫、封临淄郡主，熟悉兵事，英明果敢。唐睿宗即位后，韦皇后临朝称制。当李隆基得知韦温等密谋倾覆李氏宗社，便与太平公主等密谋诛讨韦温等，准备利用握有数万骑的兵权，突然起事。紧急之际，有人建议先禀报唐睿宗，李隆基认为："拯社稷之危，赴君父之急，事成则福归宗社，不成则身死忠孝，不可先请而忧怖与父；若请而不从，必失我计。"因此，他果断乘韦温等仍未察觉之机，先以百十多人攻至玄武门，杀羽林将；再以2万骑左右突入宫禁，击败太极殿前万骑突卫，尽诛韦氏之党。之后，李隆基拜谒唐睿宗，请治未先奏报之罪。唐睿宗不仅未怪罪，还称赞他，封其为平王，不久便将帝位传让给李隆基，为唐玄宗。

五代时，后唐六军诸卫副使石敬瑭灭后唐，建后晋，称晋高祖，建都开封。晋高祖将往邺，襄州安重进反迹已现，便与中书侍郎、

[①] 《后汉书》。

中书门下平章事和凝密议对策。和凝判断:"晋高祖往邺之际,正是其必反之时,请作宣敕十余通,授予郑王,一旦有急,其可机断命将击之。"晋高祖采纳和凝的建议,让开封尹郑王留守不出,并将宣敕密授予他。晋高祖一到庆阳,安重进果然发兵反叛,郑王立即宣敕命将李建崇、焦继勋等讨伐。安重进以为晋高祖刚到邺,调兵仍须时日,因此不意晋兵攻击如此神速,遇战即败。

败中求胜　绝处抗击

在敌人进攻势头将穷尽和我军节节抵抗将力竭时,即使一支规模不大却锋锐无比部队的突然反击,也有可能造成敌军的混乱和全线崩溃。因为,这支反击兵力像伏兵、奇兵一样,会使敌人不知所措,而一败不可收拾。始终掌握一支精锐机动作战兵力,始终藏有一种决定性作战手段,随时准备在取紧要、危急和决定性时刻发动反击,是控制战场转变和反败为胜的关键。绝处反击,勇斗当先。英国的雷埃德说:"作战指挥要有发现新因素的能力。"

古罗马将领克里奥拉努斯,智勇双全,气度恢宏,刚强公正,靠突出才能带兵打仗,在罗马军中独树一帜,使全军上下无不佩服。罗马与弗尔西交战,罗马执政官康米纽斯率军围攻敌城科瑞欧利,弗尔西人调集兵力增援,企图内外夹击罗马围城之军。康米纽斯当机立断,亲率一部阻援,令一将率部继续围城。当时,攻陷城池的快慢将决定战局的胜负。被围的弗尔西军见罗马人分兵,攻城兵力变弱,便轻率地开城列队出击,将罗马围城部队逐退后,迫近其营地,一旦攻城部队被歼,罗马军整个局面必将崩溃。在极其艰难危险的关头,克里奥拉努斯率一小部兵力加入战斗,他的英名足以激发罗马军的士气,被击退的围城部队立即形成了勇猛作战的气势,令弗尔西军顿生畏怯,在罗马军的喊杀下,很快溃不成军。克里奥拉努斯立即率军进行勇猛追杀，而且大出敌人意外，带领精锐敢死队杀出一条血路，追杀至城中，在其威慑下，弗尔西人溃败，罗马人顺势攻城，取得科瑞欧利城。当罗马军队抢劫战利品时，他率领精锐部队迅速支援康米纽斯的阻援部队，他的到来使士气大振，乘着锐利兵势向敌军中央部位发起致命一击，形成中央突破，杀开一条通路，彻底打乱了弗尔西军整个阵势，弗尔西人溃不成军，惨遭歼灭。

法国元帅霞飞，在第一次世界大战时指挥法军。大战爆发后，德法在西线展开对攻，仅1个月，法军在洛林、阿登等5次战役均告失败，伤亡25万人，死亡7.5万人，大片国土沦丧，巴黎陷入危急之中。面对始料未及的险局危局，霞飞机变行事作出几个重大处置：一是转入守势，利用堡垒、天然屏障消耗德军，为反攻创造条件。二是不惧巴黎失守，主要看重主力部队保存，立即组建第6集团军，加强纵深防御，并抽组部队，堵住集团军之间空隙。三是撤换2个集团军司令，新任命7名兵团司令和22名师长，迅速加强作战部队指挥力量，并提振士气。当时，霞飞已知东线俄军按约在2周内攻入东普鲁士，德俄两军已在东线打响，德军已从西线抽调部分兵力；在西线由于法军顽强防御，德进攻速度放慢，德国实际上已陷入两面作战，因此他从容应对德军西线作战。当法国政府撤出巴黎时，他并未惊慌，尽力稳住军心和部队。随着德军战线拉长、异国作战、补给线和部队空隙出现，法军在德军左翼形成了兵力优势，表明反击的时机正在出现。霞飞见德第1集团军侧翼暴露，正在犹豫之际，在部将加利埃尼反复劝谏下，决心对德军左翼发动全面反攻。法军3个集团军和英国远征军对德军发起攻击。在激战中，英法联军一部插入德第1和第2集团军之间的缺口，德军第2集团军怕后路被断，开始撤退，德第1集团军见侧翼失去掩护，也开始撤退。霞飞适时指挥追击，并在取得马恩河战役胜利后，稳住了整个防线。此战，实际上挫败了德军速战速决的计划，将战争拖入持久化，而战争一且持久，德国失败就成为定命了。

德国海军上将舍尔，是鱼雷专家，重视潜艇作战运用。第一次世界大战爆发后，舍尔任德海军公海舰队司令，德英主力战舰之比为 23 艘对 37 艘，且德舰炮火力及舰船航速都逊于英海军。最糟的是，俄海军在一艘被击沉的德舰上找到了密码本，并交给了英海军，英舰队通过破译其电报可基本掌握德舰队动向，而舍尔对此全然不知，且无任何防备。为打破英舰队对德舰队的封锁，舍尔决心以一部兵力将英舰队主力诱至预设海域，以舰队主力突然夹击将其击垮。英国舰队对舍尔的企图了如指掌，先派出一部兵力，假装上当，舰队主力随其后跟进。在舍尔率舰队主力与其作为诱兵的舰艇夹击英舰队少量兵力之际，英舰队主力出现，几艘德舰被击沉，舍尔舰队主力陷入月形包围，后路被切断，有全军覆灭的危险。面对危局，舍尔临危不乱，利用英舰展开和转向之机，果断发射鱼雷，掩护主力撤出包围圈。舍尔见英舰队主力并未乘胜追击，迅速判断出，英舰队已卡住德舰队归路，准备守株待兔。他决定向英舰队尾部冲杀过去，打通返回德国港口的通路。由于英舰早已知其动向，舍尔难以成功。但是，在血拼中，舍尔得到了意外的运气，因德舰连发鱼雷，英舰规避，阵形混乱，反而使德舰在战斗中掌握了主动，来去任意。特别重要的是，英舰队司令对德鱼雷和舍尔的拼命产生了一定的畏忌，不想与其鱼死网破，对与其混战、追击战、夜战持慎战的态度，这给舍尔返回德国海岸制造了机会。舍尔又一次想从英舰队尾部冲出去的尝试，以再次撤出告终。其间发射 31 枚鱼雷，使英舰队 5 艘舰艇受到重创，1 艘沉没。而英舰队既回避战斗，也不追击。舍尔决定乘夜冒险返回德国，并断定将与英舰队断后兵力发生战斗，基本有成功返回的把握。英舰主力果然未与之进行决战，后卫舰艇与之发生了小规模交战，舍尔率公海舰队返回德国海港，避免了整个舰队覆灭的结局。

知难而进　随机应变

　　见敌施策，临机诈取。彼不知我将为，在于随机应变。凡奇袭隐蔽突然，使敌人来不及进行精心谋划和严密组织；即使敌人匆忙应变，也要冷静大胆，不畏艰险，乘其混乱，予其致命一击。越是进攻受阻受挫，越要迅速捕捉扭转形势的转机，临机寻找敌人的薄弱环节，发现有利于作战的难得机遇，敢于发动迅猛反击。乘势者智，择机者明。巴顿说："抓住鼻子，踢其裆部；暴露在敌人火力下的时间越短，伤亡就越小；越有强大火力，越可减少敌人火力的强度和效力；越迅速的进攻，越可减少暴露在敌人火力下的时间。最坚固的铁甲和最稳固的防守是不断进攻①。"谋为敌料，当立变之。

　　美国海军上将杜威，志向高远，作战经验丰富。西班牙击沉美国战列舰，266名官兵阵亡后，美西战争爆发。杜威任美军亚洲舰队司令后，决定不宣而战，令7艘主力舰做好随时作战准备。他率舰队隐蔽穿过中国南海，将舰船涂上隐蔽色，乘着夜幕轻装航行，悄悄进入科吉多尔群岛和埃尔弗雷尔群岛之间水道，严格灯火和通信管制，神不知鬼不觉地进入马尼拉湾。西班牙马尼拉舰队10多艘舰船突然发现美国舰队接近，立即组织舰炮、岸炮射击。杜威凭借作战经验判断，西班牙人的舰炮是在极其仓猝下进行射击的，命中率必定不高，于是并未还击，而是快速逼近敌舰。当美舰队离西舰队仅400米时，杜威令舰队调整至最佳射击位置，以精准猛烈的炮火打击西舰队。经反复炮击，西班牙舰队全军覆灭，而杜威所率舰队无一人阵亡，无一舰损失，仅伤8人。随后，美军地面部队占领马尼拉。此战，大大提振了美国人的士气，大大减杀了西班牙人的气焰，使美国得以在亚太地区存在和立足；促进了美国海军建设和

---
① 拉迪拉斯·法拉格：《巴顿》

改革，组建了扩展美海外利益的太平洋舰队和大西洋舰队，杜威成为提升最快的海军上将。

1943年4月，第二次世界大战中，美国将军巴顿任美军第7集团军司令，参与制订美军进攻西西里的作战计划。当时，在盟军总司令艾森豪威尔亲自主持下，制订了进攻西西里的作战计划，并经8次修改，已经比较稳妥，因此巴顿对此计划表示赞同。不料，此计划被英将蒙哥马利推翻，其新计划与原先相比，有明显不同：一是变盟军力量分散使用为集中使用，准备抗击德军猛烈反攻。二是变美军在巴拉莫登陆为距英军登陆点不远的东南方向，即锡腊库扎和帕基诺之间登陆。三是变美军担任主攻为助攻，英军担任主攻。英军第8集团军攻占锡腊库扎、卡塔尼亚、墨西拿等名城，而美军只攻占杰拉、利卡塔等无名小城。四是美军登陆滩头暴露，有沙洲障碍，登陆风险大增；只有1个小港可供依托，补给必定发生困难。美军出力大，收效小，甚至费力不讨好[①]。尽管巴顿十分气恼，碍于艾森豪威尔的面子，考虑到盟军的团结，决定先遵从这个蹩脚的计划。然而，作为与艾森豪威尔、蒙哥马利指挥能力不相上下的巴顿心里十分清楚，按此计划，将失去迅速占领巴拉莫港口的良机，不仅不能起到分散敌人兵力及注意力的作用，而且易使敌集结预备力量，为盟军进攻设置更大障碍，增加登陆的困难和风险，使战局难料。更有甚者，很有可能失去由巴拉莫插入敌人纵深、切断补给线及退路，并使其陷入首尾难顾、防御瓦解境地的良机。因此，他明里按计划行事，暗中准备见势而动，见机而行。1943年7月10日，西西里战役打响，巴顿第7集团军辖4个步兵师、1个空降师共8万余人参加作战。开始，各部队登陆抢滩顺利，很快德军3个装甲师及1个步兵师，对巴顿军进行有力阻击，以图趁其立足未稳歼灭

---

① 拉迪拉斯法拉格：《巴顿》，京华出版社2008年版，第128~130页。

之。尽管巴顿凶狠督战,美军拼死战斗,海军舰炮支援,由于德、意军战斗力较强,盟军集团军群司令亚历山大限制巴顿过快行动,巴顿军陷入与敌相持的严峻态势。同时,蒙哥马利第8集团军受到敌人5个精锐师的截击和比较坚固防线阻碍,使之难以快速推进,也陷入胶着状态。蒙哥马利被迫将进攻重点转到左翼并占用美军第124号公路,既挤压了美军,使一些部队后撤至滩头,又使德军看出英军破绽,调整部署,加强兵力,全力阻止英军北进。美军一些将领只是恼怒,而巴顿深谙战场机变,发现了形势转变的玄机:英军北上受阻,北上通道丢失,错失良机,势必将攻击矛头转向西线,美军有可能获得攻占巴拉莫的机遇,而这正是巴顿及艾森豪威尔的初衷[①]。7月16日,亚历山大令蒙哥马利进占墨西拿,巴顿加以配合。蒙哥马利军又一次受到阻截,进展缓慢,而巴顿军夺取比较空虚的阿格里琴托和恩佩多克莱港,进展顺利,主动权落入巴顿手中。他趁热打铁,亲自飞往亚历山大的司令部,力劝其让美军速占巴拉莫,以割裂德军,一举扭转整个战局,获得亚历山大同意。7月19日,巴顿决心以1个步兵师、1个空降师、2个装甲师攻占巴拉莫,以1个师与蒙哥马利部切断公路,保证翼侧安全。由于部队进展神速,城守空虚、缺乏防备,抵抗很弱,巴顿4天推进320公里,7月22日便攻占巴拉莫城。巴顿以伤亡300人的代价,俘敌5.3万人,击落敌机190架,缴获火炮67门,创造了机动战的范例,名声大振。此战,使德、意军只剩下墨西拿一个港口,士气大挫,迫使墨索里尼辞职,大长了盟军士气,打破了战场僵局。尽管德、意军在战线缩短、兵力集中的状态下拼死防御,英、美联军仍进行英勇进攻。8月17日,在盟军强大进攻压力下,德、意军被赶出西西里。盟军歼敌3.3万人,俘敌13.2万人,10万人逃往意大利,解放西西里全岛,

---

① 拉迪拉斯法拉格:《巴顿》,京华出版社2008年版,第141页。

夺取地中海控制权，一定程度减轻了苏德战场苏军的压力。

欲守反攻　善因突变

梅尧臣曰："进乘其虚，则莫我御；退因其弊，则莫我追。"①遇强大攻击，先加固薄弱环节，再稳固防线；遭强敌合围，先确保主力不失，再有序退却；处不利态势，先组织有力反击，再顽强防御。始终掌握用于支撑、牵制、掩护和阻击的机动兵力，是面临强大突击而有序退却的必要条件。善因事变者，贵于有预。能够准确判断攻防、进退、伸缩转折点的将军，多能善因事变，先机而动，反败为胜。善战者，先见胜败之兆，先备反击之兵，攻守莫测，攻防自如。

第二次世界大战期间，苏军元帅科涅夫在面对德军强大集团进攻时，善因事变，指挥若定，把一场本来注定被歼的大仗，硬是打得变化多端，将部队引向不败。一是针对最坏情况预做准备。1941年9月12日，科涅夫任西方面军司令员，负责抵御进攻莫斯科的德军最强突击集团。西方面军和预备队方面军当面，德军集结了77个师100万人，2000辆坦克，准备于10月初向莫斯科方向实施主要突击。②科涅夫西方面军辖6个集团军，其中4个集团军掩护莫斯科方向，在第一线防守23个师，抗击德军48个师，预备队11个师，老旧坦克260辆。西方面军左右邻的西北方面军和预备队方面军的4个集团军，在西方面军后方纵深地带担任西方向预备队。③由于当时苏军师的兵员编配约是德军师的二分之一，加上防御正面过宽，补充较差，一线平铺，因此西方面军处于较大劣势，必定难以承受德军主要突击，其防御战役必将变得十分困难，甚至存在被围歼的

---

① 《十一家注孙子》。
② 《科涅夫元帅战争回忆录》，解放军出版社2005年版，第52页。
③ 《科涅夫元帅战争回忆录》，解放军出版社2005年版，第43、52页。

极大危险。9月19日,科涅夫指挥西方面军采取加强防御的各项措施:各部队加强各类型战斗侦察,既了解德军进攻准备、强弱点及企图,又通过渗入侦察使德军处于紧张状态,破坏其后方及指挥设施,打乱其进攻节奏;重点加强集团军结合部和薄弱翼侧,严防德军突破、迂回和包抄;转入堑壕式防御,"钻到地下",构筑工事,建立防坦克地域及其火力配系;查明敌人主要突击方向,炮兵做好实施炮火反突击的准备,做好反坦克、防空和反冲击准备;在勒热夫和维亚济马分别以3个师和4个师3个旅兵力,预备实施反突击,阻止敌人向纵深突破,掩护防御部队撤退转移。二是稳妥、有序、灵活应对突变。10月2日,西方面军遭到德军航空兵、坦克和步兵密集猛烈突击,方面军纵深目标及指挥所遭到轰炸,在苏军第30集团军与第19集团军结合部,苏军4个师抵御德军12个师的突击,防线被突破。虽经顽强防御和投入预备队进行反冲击,给德军以较大杀伤,由于强弱众寡悬殊,西方面军第43和第33集团军防御地段被德军突破。德军在两个方向突破,立即出现西方面军3个集团军被德军重兵集团两翼包围的态势。10月4日,科涅夫边请示边组织第30、第19、第16和第20集团军转移到下一防御区域。由于苏军基本是由骡马牵引重武器,而德军都是摩托化、机械化部队突击,因此西方面军部队很快陷入合围。科涅夫临危不乱,沉稳地指挥部队有序退却。他令正面没有受到强大突击的部队,一边掩护其两翼,一边逐次实施退却;令陷入合围的部队,以预备反突击集团突破德军在格扎茨克方向的正面;不把各集团军组成一个集团,不规定绵亘的突破正面,以达到既打通退却的通路,又占据广阔土地,不使敌人收缩合围圈的目的。他还令方面军的机动力量,以积极的行动阻挡敌人优势兵力,掩护部队突围及撤退。尽管第19集团军被围歼,司令员卢金受伤被俘,由于科涅夫指挥处置得当,不仅吸引和牵制了进攻莫斯科德军的大量兵力,迟滞其突破行动,消耗其进攻力量,而且使第22、第29、第31集团军边战斗、边有序地向纵深地区退却，挫败了德军围歼两方面军的企图及攻击。随后，科涅夫令已经退却到格扎茨克的第16集团军集中，并统一指挥由西面突围以及由后方开到该地区的所有部队，就地组织防御。方面军司令部转移到克拉斯诺维多沃地区后，与上级建立联系，抽调突围部队编入最高统帅预备队。10月10日至12日，科涅夫完成西方面军和预备队方面军的合并。他向朱可夫移交西方面军指挥权后，率领加里宁方面军4个集团军，重新投入对德军作战。

1941年9月20日，在苏联卫国战争的基辅防御战中，西南方面军司令员基尔波诺斯在突围时中弹牺牲，斯大林任命参加过苏芬战争、指挥经验丰富的铁木辛哥接任其职务，防御德军南方集团军群进攻，阻止其迂回莫斯科。当时，双方进攻与防御、突击与反突击、迂回与反迂回，现有兵力与预备兵力，作战兵力与机动兵力应对转换相当急剧和频繁。铁木辛哥正是在急剧变动态势下，灵活进行攻防转换，指挥大兵团进行大规模战役的。一是在紧急退却时预备反攻力量。9月下旬至10月下旬，苏联最高统帅部考虑到：德军坦克猛烈地楔形突击分割布良斯克方面军左翼，并迅速向纵深推进，使西南方面军右翼暴露；德军重兵突破南方面军防御，使西南方面军左翼暴露；西南方面军部队经顽强防御已十分疲惫，德军重兵已逼近莫斯科和列宁格勒，尽管北、西、南方向同时面临危急形势，而将最后、最强大的预备兵力用于莫斯科方向是第一位的。因此，最高统帅部令西南方面军，于10月17日至30日后撤80-200公里，建立新的防线，既避免被德军重兵包抄围歼，又获得积聚反攻兵力的宝贵时间，还可以使防御北移，掩护莫斯科作战。铁木辛哥在指挥西南方面军和南方面军退却时，采取了重要措施：10月下旬，各集团军到达并扼守第一道中间地区，在缩短战线和退却期间，抽调2个骑兵军、6个步兵师，组建中的4个师，组成方面军预备队，并规定其退却方向和集结地域;① 与各集团军司令通话，掌握退却进程，并时刻关注友邻方面军及敌情动态；及时调集兵力，防止敌突入方面军后方，及早集结部队在新地域进行城镇防御，督促中间地域部队坚守防御，加强退却中的隐蔽、秩序和纪律，保持稳定退却；10月28日，铁木辛哥令部队占领停止退却线与规定的新防御地区之间相当宽阔的地带，作为防御缓冲区，为有效防御和反攻预做准备。二是在顽强防御时做好反攻准备。10月下旬，德军主力已突进至距莫斯科80-100公里的地域，西南方面军当面德军正向高加索门户逼进。铁木辛哥在组织方面军部队顽强防御的同时，在罗斯托夫西北建立强大突击集团，准备出其不意地向德军克莱斯特集团的翼侧和后方发起反击。为此，铁木辛哥经请示总参，抽调第37集团军用于反突击，将其调到南方面军左翼，置于第9、第18集团军结合部，既可预防德军向南方面军左翼突击，又可在德军克莱斯特集团向罗斯托夫突击时，向其侧后实施反突击，以挫败其进攻。在等待莫斯科批准作战计划过程中，铁木辛哥已做好反攻准备。11月初，德军克莱斯特集团6个师（其中3个坦克师）已调至苏军南方面军第18、第9集团军结合部当面。德军克莱斯特集团发起进攻，苏军第9集团军防区成为最危险的防御地段。考虑到第9集团军的防御关系全盘，铁木辛哥令其死守，并在其最危急时，调动援兵，助其全力顶住德军进攻。同时，他仍按原定计划准备反击战役，而且以极大的坚忍性，决不轻易将反击的预备队投入坚守防御。第9集团军以极强的韧劲，迟滞和消耗德军突击部队，与之反复拉锯，形成胶着。三是在攻防转折时发起突然反击。11月7日，铁木辛哥从第9集团军防线趋于稳固，敏锐地判断出德军克莱斯特集团攻势正在减弱。他立即下令采取各种侦察手段进行核实，当了解到德军坦克损失严重，士气

---

① 《巴格拉米扬元帅战争回忆录》，解放军出版社2008年版，第325—326页。

低落，失去取胜信心的情报后，不失时机，决定以重建的第37集团军、第9、第18集团军各2个师，与第56集团军协同，于11月中旬发起突然反突击。11月15日至22日，铁木辛哥决心在与敌兵力相等，坦克略占劣势的情况下，乘德军正准备调整兵力、重新组织进攻，未料到苏军反攻之机，迅速发起反击。发起反突击前，铁木辛哥亲自前往第37集团军指挥所，听取作战计划汇报，查看主攻部队准备情况，确认当面敌军确无戒备，对有效节省坦克、炮兵使用，预防意外及敌人诡计等问题，提出明确要求。随后，他按计划下达反突击命令，部队开始迅猛反突击。反突击发起后，德军克莱斯特集团不顾侧后被突击，仍猛攻罗斯托夫，形势异常严峻。铁木辛哥一方面令部队死守罗斯托夫、阻击德军；另一方面令37集团军果断插入德军侧后，并坚持不分兵加强西方面军及西南方面军结合部，专攻德军南方集团军主力，以牵制德军，减轻莫斯科方向压力。在此基础上，他果断改变1个骑兵军的任务，使之插入抵抗苏军第37集团军的德军部队后方。德军克莱斯特集团狂妄地置被苏军包围封闭于不顾，仍然猛攻罗斯托夫，并攻占该市。铁木辛哥按斯大林指示，迅速切断克莱斯特集团与其基地的联系，果断变更第9、第37集团军部署，令其向罗斯托夫进攻，用部分兵力及在多方向上积极行动，牵制并阻击德军援兵，从而形成围歼德军克莱斯特集团之势。同时，铁木辛哥令苏军第3、第13集团军向叶列茨发动进攻。经过迅猛、激烈的进攻和交战，德军克莱斯特集团狼狈放弃罗斯托夫，苏军展开追击，歼灭德军4个师，重创德军5个师，有力地支援了莫斯科方向作战，给德军南方集团军群主力及士气以沉重打击。12月6日至16日，铁木辛哥指挥叶列茨进攻战役，乘敌无备以主力主攻，以一部迂回包围。经过激战，击溃德军2个师，歼灭1.6万人，重创德第2集团军，挺进80~100公里，解放苏联8000多平方公里国土。

（三）因敌而变

贾林曰："取敌之胜，理非一途，故杂而料之也[①]。"善因敌而变者，超于用兵之常，以收出其不意之奇功。张辽曰："一与一，勇者得前[②]。"唯勇略者，敢于反常用兵。兵行诡道，去留不定，因敌变化，见机动作，变化莫测，不得遵常。善战之将，找准作战的特点，掌握敌将的个性，摸清敌人的底数，找到制敌的门道。《六韬》曰："将在通达，不守一术。"香饵裹于外，而利钩藏于内；正兵形于明，而奇兵伏于暗；常道行于前，而权道行于后。敌人变了，脑子要变。

善候敌隙　奇变取敌

敌将连胜，气盛势威，骄横轻敌，我则示之以庸，而深藏杀机，用兵变化得如此莫测，以至于久经沙场的老将都难以识破，即使二流之将也可战胜天下名将。敢敌不可敌，敢战不可战，敢攻不可攻，敢胜不可胜之将，必以诡变奇谲制敌，亦必见敌有隙而用，所以看似胆大妄为，实则通于孙武、穰苴的权变之法。

东汉初，被刘秀拜为偏将军、大将军的吴汉，勇鸷有智谋，诸将鲜有能及。他持节收取在更始治下的幽州，守将牧苗暗中布兵，准备以武力抗拒接收。吴汉仅率20骑驰至，摆出毫无动武的样子，苗曾见其无备，出迎于道路，吴汉突然斩杀苗曾，收其军，城邑望风而降。吴汉率2万精兵进逼成都，刘秀戒之不要轻视公孙述10余万兵力。吴汉在距城10余里的阴江北面为营，作浮桥，令副将刘尚率2万余人屯于江南，相距20余里。吴汉预料敌兵若出，必以主力

[①] 《十一家注孙子》。
[②] 《三国志》。

攻取江北之营，而以一部牵制刘尚部。公孙述果然以10万兵力攻击吴汉，以万余人牵制刘尚。吴汉与敌激战一日，兵败被围。吴汉激励诸将，死地求生，同心一力，人自为战；另一方面明里示弱、示守、示留，闭门三日不出，多做幡旗，使烟火不绝，而乘夜衔枚引兵与刘尚军合，敌将未觉。第二天，公孙述分兵拒江北，自将攻击江南，吴汉悉兵迎战，遂大破之。

　　三国时，魏曹操拜徐晃为偏将军，派其助曹仁征讨关羽。关羽借汉水暴涨水淹曹军，诛庞德，降于禁，围曹仁于樊城，围吕常于襄阳。徐晃奉命率兵解围，屯兵陂屯，关羽一部屯兵偃城。徐晃考虑，关羽军气势正盛，有战胜之威，而自己所率多为新卒，难与之争锋，打算临机制变，反常用兵，出奇制胜。他示形欲截关羽偃城军之后，引起偃城关羽军恐惧而烧屯退走，徐晃收取偃城。随后，徐晃率军连营逼近敌围。关羽军主力围头屯，并以一部另屯四冢，徐晃虚张声势，明里强攻包围头屯的关羽兵力，而暗中密攻四冢，以诱关羽出围迎战。关羽见四冢有危险，自率5000步骑出战。徐晃出其不意，突然集中力量攻击关羽军，关羽退走欲与围攻之军会合，不料徐晃率军尾追其破围而入，大破关羽军。此战保全了樊城、襄阳，为之后擒杀关羽创造了条件。难怪曹操评论他："吾用兵30余年，及所闻古之善用兵者，未有长驱径入敌围者也。将军之功，逾孙武、穰苴。"曹操麾下的征东将军张辽勇冠三军，胆略出众。他随曹操征讨袁尚时，突然与敌遭遇，迅速抓住敌恍惚之机，不待敌缓过神来，以奋勇的士气，大破敌军。张辽率兵平叛，经天柱山时，山高峻、道险狭，敌据壁而守。诸将认为："兵少道险，难以深入。"张辽认为："一与一，勇者得前，敌人恃险率军，由下攻击，尽敌而还。"张辽率7000兵力守合肥，孙权率10万兵力围合肥。敌众我寡，力量悬殊，按常理，应坚壁清野，以挫其锐，固守待援，而张辽则乘其兵未合立足未稳之机，突然发动逆击，折其盛势，以安众心，然后坚守。

九、反经行权

孙权军被突如其来的攻击打得惊慌失措，吴人夺气。孙权围城10多日，见城不可拔，引兵退去，张辽乘机率兵追击。

东晋时，建武将军刘裕与孙恩作战，孙恩率军来攻，刘裕城内兵力甚弱。按常理用兵，刘裕应据城死守，以待援兵，里应外合以制敌军。他则反常道而行之，出人意料地选敢死之士数百人，都脱去甲胄，手执短兵刃，鼓噪而出，使敌震惧夺气，慌忙奔逃，斩其将姚盛。虽然首战获胜，然而未能改变敌众我寡的态势，刘裕偃旗匿众，留老弱病残守城，故意摆出将乘夜弃城而逃的假象，孙恩信以为真，率军大上，刘裕率军乘其意骄不备，突然出击，大破敌军。敌军虽败，仍未退去。刘裕多设伏兵，多置旗鼓，一处不过数人，以作疑兵，并暗设伏兵。两军前一交战，伏兵四出，敌疑四面有军，暂退。孙恩凭借来援，攻击刘裕，刘裕且战且退，见士卒死伤且尽，本应迅速退走，反而退至伏兵处，摆出决战的架势，孙恩疑有伏兵，决定退军，刘裕率部徐归，转危为安。

不拘一格　善用奇将

任人者逸。能用度外人，然后能图大事。善用奇将与善用奇兵一样具有决定性，出奇用将与出奇用兵一样具有突然性。拔用奇将，以能制敌为要。若将能制敌，不吝其超越群将；若将堪大任，不惜其取代旧将。《抱朴子》说："高才者处以重任，不问出入。"善用奇将者，必是雄才大略之帅。李贽说："常才不能别逸伦之器[①]。"

1939年上半年，德国准备发动大战时，苏联仅43岁的朱可夫因任师长、军长优秀，战略训练出色及指挥能力很强，出任军区副司令员。当时，斯大林见德国发动大战已难以避免，德军及其将领咄

---

① ［明］李贽：《谷耿中丞》。逸：超越、杰出、超群。伦，同类、同辈。

咄逼人，来者不善，苏联必有所准备，以应付最坏情况。同时，他也在寻找能与德军将领匹敌的苏联将领。朱可夫指挥哈拉哈河战役，全歼日本关东军第6集团军，稳定了东线战略局势，验证了以坦克、装甲部队快速突击的大纵深进攻战役理论，其统御部队战备训练及作战指挥能力，得到斯大林的赏识，破格授其大将军衔，提升任苏军最大军区即基辅军区司令员，主要用他对付德军。斯大林破格重用朱可夫具有很深的战略用意：一是朱可夫懂得运用坦克、装甲快速突击部队，是指挥现代战役能力很强的年轻将领，既不为德军关注，没有名声，又有对付德军的能力。树立他作为标杆，可以带动适应即将到来战争的一大批苏军指挥员，又具有出奇制胜之效。二是把朱可夫尽快放到主要战略方向，利用宝贵的战争准备时间，训练一线主力部队，培养指挥员，完善战备，应付突然爆发的战争，使前线苏军一反常态，焕然一新。三是一批身处高位的将领缺乏指挥现代战争能力，还有一些将领并未受到信任，破格重用朱可夫等年轻将领，可以填补空缺及必要时可取代更高级别将领，使朱可夫等成为忠于斯大林的将领，成为巩固政权和兵权的中坚。1939~1940年，第二次世界大战爆发，斯大林亲自与朱可夫建立联系，有意培养他。罗马尼亚违背协议，在撤退时运走设备、物资等，朱可夫当机立断，决定动用空降兵及坦克部队，阻止罗运输队的行动，引发外交事件。斯大林直接与朱可夫通话，问明情况，不仅未责备他，反而为他果断行动感到高兴，并令外交部门向罗方提出抗议。负责苏军战备训练、武器装备和作战的国防人民委员铁木辛哥、总参谋长梅列茨科夫等人，对如何与德军作战，如何进行战略防御，如何进行充分作战准备，如何指挥战争和作战等重大问题若明若暗，引起了斯大林很大不满。苏军召开有各军区、各集团军、各军事院校及总部主要领导干部参加的重要作战会议，研究探讨现代进攻与防御战役特点、空军及机械化兵团在现代战役中运用等重大作战问题。然而，会议有两个严重不足：一是对德军依赖坦克装甲机械化部队，进行大规模闪击战研究力度不够，办法不多。二是对战略防御研究不够，只是从战役、战术层面上讨论作战问题[①]。斯大林一针见血地指出会议的缺陷，对铁木辛哥表现出极大不满。在接下来的红（东方）、蓝（西方）对抗演习中，铁木辛哥和梅列茨科夫领导导调，西部军区司令员巴甫洛夫担任红方指挥员，基辅军区司令员朱可夫担任蓝方指挥员，投入110个师，有空军和装甲机械化部队加入，想定苏联遭受德国进攻时西部边境的作战。结果，红方失利。斯大林对梅列茨夫、铁木辛哥、巴甫洛夫等人非常恼怒，对朱可夫构筑纵深筑垒地域以防御德国坦克、装甲机械化部队突击的建议，表示肯定，并作出重要战略判断："战争的胜利将属于握有更多的坦克部队和摩托化程度较高的一方[②]。"斯大林撤掉梅列茨科夫总长职务，任命44岁的朱可夫为苏军总参谋长，使之成为最年轻的苏军领导人。历史证明，斯大林慧眼识英雄，朱可夫成为对德作战的著名将领。而希特勒等并不知道朱可夫，对苏军高级将领的能力不屑一顾，恰恰朱可夫成为德军的克星。

因敌阙漏　临敌制宜

敌人心虚，则我以心战为先，以兵战为次。挫其心智，败其始谋，敌必知难而退。我有预谋，敌有所料，我以奇变，反其所料而行之，无有不中。凡敌将已深有戒心，我则示以无事，而使之心骄意怠后，突发奇变，出其不意，将其制服。

北朝时，北魏镇远将军杨侃随扬州刺史孙稚在寿春与萧衍之将裴邃对阵。裴邃已密结寿春内应，集结兵力，准备按期行事，又顾

[①] 《朱可夫元帅战争回忆录》，解放军出版社2003年版，第198~200页。
[②] 《朱可夫元帅战争回忆录》，解放军出版社2003年版，第203页。

虑寿春魏将疑觉,于是送书信于魏军,加以试探。书中询问魏军是否要修筑白捺旧城,如果属实将还兵。实际上,如果魏军说不修白捺旧城,证明不知其将攻城;如果说不修白捺旧城,表明不怕来攻,也证明魏军不知密谋。孙稚的僚佐都认为应如实照答,告之不修白捺之意。杨侃认为:"白捺小城,本非形胜,裴邃好小黠,如今已集兵又移书,虚构事实,恐怕别有它图。"孙稚决定不按常理出牌,让杨侃复书说:"汝之集兵,想别有意,何必虚构白捺之事,他人有心,预忖度之,不要认为魏国无人!"裴邃得报,怀疑对方已知其谋,便率兵撤去。杨侃又随孙稚平息雍州刺史反叛,认为:"敌据守潼关,全据形胜,须反常用兵,北取蒲坂,速至西岸,置兵于死地,使人有斗心,华州之围可不战而解,潼关之敌必望风溃散,诸处既平,长安自克。"①孙稚令杨侃于弘农北渡,杨侃布告百姓:"停军于此,以待援军。善观民情向背,若归降者,各自还村,候军举烽火,各自应之;若不应烽火者,即为不降之村,定遭屠戮。"百姓转相告报,即使未降者,也诈举烽火。一宿之间,火光遍数百里内,围城之敌,不测所以,各自散归。

东晋车骑将军刘裕除掉刘毅之后,诸葛长民见刘毅被诛,对其心腹说:"今年诛韩信,祸其至矣!"他提及韩信,显然想到刘邦用陈平之计,在韩信拜会刘邦时将其捕获,吕后用萧何之计,在韩信拜见吕后时被诛杀的历史,因此必定防备刘裕效仿汉代故事。刘裕自江陵返回,行至京邑,停留不进,公卿以下奉候于新亭。在诸葛长民将要前来拜奉之际,刘裕轻舟密发,已返还东府。这一出其意料的行动,反而打消了诸葛长民的疑心,使之放心去东府拜见刘裕。诸葛长民到后,刘裕摒退左右与其闲语,使其甚悦不备,事先在幔后埋伏的刀斧手突然杀出,将其诛除。

---

① 《魏书》。

北朝时，北周大将军后为周武帝宇文邕，性沉深，有远识，轻易不言，喜怒不形于色。他早年聪敏有器质的特性，为周太祖宇文泰赞赏。他即位之前，周闵帝、周明帝都被宇文护杀害。尽管宇文护大权在握，专擅朝政，但是已不得人心，朝廷上下都想将其除掉，苦无机会。宇文邕即位后，一反前两帝企图过于暴露的教训，既不像周闵帝结纳朝中文武、密谋除掉宇文护，也不像周明帝表露聪明智慧、令宇文护忌惮，而是甘愿服从听命，任其操纵政权，即使宇文护率数十万大军出征无功而返，与诸将稽首请罪时，也不责备，仍令其视事，使之打消疑忌。宇文邕乘其放松警惕之际，利用宇文护朝拜太后、太后必赐其坐、皇帝要立侍其侧的朝中惯例，密谋只用二三人将其击杀。宇文护拜见太后前，先与周武帝会面。周武帝告之：太后颇好饮酒，情绪不稳，多次劝说未被采纳，请拜见她时加以劝说，并从怀中取出《酒诰》授予宇文护。宇文护遵嘱，在正将《酒诰》读示太后时，周武帝乘其不备，以手持玉珽自后猛击其头部，将其击倒在地，王直从帐后突至，将其斩杀。此后，周武帝执掌大权，北周中兴。

南朝时，陈将吴明彻进逼寿春，齐将王琳率兵拒守。寿春襟带淮、汝，控引河、洛、乃兵家必争之地。王琳开始守城外郭，按常用兵，陈军宜持重待隙而动，吴明彻乘其守未固、立足未稳、众心未附，乘夜突袭，击溃齐军，齐军退据相国城和金城。吴明彻堵塞肥水淹灌其城，城中苦湿，士卒多腹疾，手足皆肿，死者十有六七。正值敌难以支撑之际，齐派遣大将军皮景和率10万众来援，距寿春30里驻兵不进。按常用兵，应在腹背受敌情况下设法摆脱危境，而吴明彻认为，敌不敢战，自挫其锋，乘机四面急攻其城，城中震恐，一鼓而克，生擒王琳。三年后，吴明彻率兵攻打北周，军至吕梁，北周将军梁士彦屡战不利，退兵守城。吴明彻本应变通战法，以防敌人有备，他却故伎重施，堵塞清水淹灌其城，环列舟舰于城下，攻打甚急。周遣大将军王轨率兵救援，一反王琳、皮景和的打法，轻行自清水入淮口，横流竖木，以铁索遏断船路。吴明彻听说后，十分意外，甚为惶恐，决定开坝堰，乘水势以退军，及至清水入淮口水势渐微，舟舰不得渡，众军皆溃，吴明彻被俘，不久忧愤而死。

不拘常道　善任机权

见隙而为势，因敌而为变，临阵而决机，乘弊而制胜。过人之将，能够敏锐抓住敌人的空隙、疏漏、弱点和失误，迅速出奇谋，迫使敌人就范。因敌而制，战策变化多端，是历史上名将取胜的奥妙。用兵须与时迁移，随敌变化。

古罗马将领伊米尼乌斯与马其顿将领帕修斯，注定要狭路相逢，在战争中一决雌雄。帕修斯曾两次击败罗马将领，一次会战中歼灭罗马军队3000多人。伊米尼乌斯与其对阵时，正值帕修斯不可一世，而罗马将领连续失利之际。由于帕修斯对罗马军队的轻视，同时舍不得花一笔巨款，而未能将战斗力很强的巴斯特尼人的1万骑兵和1万步兵编入其军，使其战斗力大打折扣。帕修斯率4.4万兵力，在靠近海边和奥林匹克山麓安营扎寨，栅栏坚固，易守难攻，并企图以较长时间相持消耗伊米尼乌斯兵力和补给，使之败退。伊米尼乌斯面对敌军，仔细分析敌情和策划作战方案，决定因敌而变，一改过去正面交战战法，采取派一支奇兵，隐蔽穿越敌军防守薄弱的、经由波罗神庙和奥林匹克山、穿越佩里比亚的空隙，造成对敌实施夹击之势，从而迫其出战的战法。罗马将领纳西卡率领8000人，到达奥林匹克山山岭时，一名克里特人将情况报告了帕修斯。尽管帕修斯已经推断出伊米尼乌斯的全盘作战计划，派兵守住后路要隘，但是在腹背受敌的态势下，他不得已迁移营地和冒险与罗马军进行会战，使马其顿军陷于被动。在两军对阵撕杀之际，马其顿军将士英勇作战发挥了关键作用，使罗马士兵难以冲入其阵，双方战斗胶着。就在十分紧要的关头，伊米尼乌斯冷静地发现，敌阵中出现一些空隙和裂口。他集中兵力向敌阵空隙裂口处猛烈攻击，并扩大突破口，对敌进行分割隔离，然后各个击破。3000名马其顿人被歼灭，其余被追歼，罗马军共歼敌2.5万人，大获全胜。

迦太基名将汉尼拔极善用兵，令敌人莫测高深。他率军远征罗马，远道孤军深入敌国，按常理利于速决，不利于持久，只要进入罗马境内，迅速寻敌主力决战是当务之急。虽然他深知此理，但是仍先以奇袭夺占坎尼，即罗马军队的重要粮食补给基地及富饶农业区，以示长久打算。汉尼拔欲急先缓的做法立即收到奇效，罗马发誓要夺回坎尼，出动8万步兵、6000骑兵，决心击败汉尼拔。汉尼拔军有4万步兵、1.4万骑兵，兵力比敌人少1倍，本应避免主力决战，然而汉尼拔鉴于罗马执政官、将领瓦罗专横傲慢，好大喜功，轻敌恃强，急于求战，决心随机应变，不放弃决战良机，与敌一决雌雄。汉尼拔对瓦罗进行决战作了不像决战的安排：一是主力避开瓦罗主力，向河北岸其第二营地佯动示弱，使瓦罗认为汉尼拔惧战，更加急于决战。二是以500名士兵诈降，促其潜伏在罗马军中，伺机而动。三是以骑兵埋伏于罗马军侧后，待决战时突然加入战斗。汉尼拔率军渡河抵达北岸后，选择有利战场准备迎战瓦罗。瓦罗立即尾随迦太基军渡河，很快进入汉尼拔选择的战场之中。汉尼拔深知瓦罗轻敌，必定依仗其兵力优势发起强攻，因此背水列阵，顺其意而动，主力列成半月形阵势，中间较弱且稍微靠后，而两翼骑兵强劲稍微伸出，汉尼拔亲率3000骑兵以备关键时使用。瓦罗见汉尼拔背水列阵，认为只要强大正面中央突破，一定会将其主力打入河中，因此把主力都用于正面攻击，正中汉尼拔下怀。会战开始后，罗马军很快陷入迦太基军的两翼包抄，其军中诈降之兵和其侧后伏兵乘机而动,罗马军被突如其来的变故所惊惧,乱作一团,被歼 6 万余人,大败而归。

古罗马将领西庇阿曾随父亲出征,担任军团长,与迦太基将领汉尼拔作战,有过两次惨败的经历。在别人悲观失望的情况下,他却始终坚定战胜汉尼拔的决心。西庇阿率军到西班牙与汉尼拔的弟弟指挥的迦太基军作战,虽然兵力处于劣势,却采用暗藏骑兵预备队的办法,在关键时刻击败敌军,积累了战胜迦太基军的宝贵经验。同时,他吸取坎尼会战中罗马败于迦太基的两个惨痛教训:一是努米底亚骑兵给罗马军造成致命威胁,于是他成功地加强了罗马军努米底亚骑兵的实力,准备与汉尼拔一决高下。二是罗马步兵过于笨重,他进行改革,使罗马步兵军团有更大的独立性和灵活性,并使用西班牙式样的剑。西庇阿为了在决战中战胜汉尼拔,在作战上一反罗马军在罗马境内拒敌的惯例,决心乘汉尼拔主力仍在意大利之机,打到北非迦太基老巢,调动汉尼拔回援,以逸待劳,反客为主。西庇阿在北非给迦太基造成惨重人员、财产损失,迫使汉尼拔被召回援,因此处于被动就范的地位。在有决定性的扎马会战中,西庇阿以 3.4 万步兵、8700 骑兵,对汉尼拔 5.8 万步兵、6000 骑兵和 80 头战象,西庇阿在有决定意义的骑兵上占据了优势。西庇阿在战役、战术上针对汉尼拔的变化在于:汉尼拔以标准的轻步兵在前,重步兵在其后,战象位于轻重步兵之前,骑兵顺突破口冲入,而西庇阿一改传统阵法,投枪兵、步兵大队在前,在步兵阵中留出让敌战象通过的距离,而将精锐骑兵布置在两翼。如此变化,使汉尼拔始料未及,猝不及防。战役打响后,迦太基战象冲入空地,毫无威力且自乱阵脚,而罗马骑兵挫败了迦太基骑兵,并将其驱逐出战场,待双方步兵交战到最紧要关头时,罗马骑兵击败敌人骑兵后返回战场,最终汉尼拔军大败。

相机度势　通变之利

　　等敌人准备好之后来攻，不如在敌人未准备好之时攻击敌人，突然一举歼灭其攻击能力，使其进攻胎死腹中。超常的胆略催生超前的战术。大胆行动一旦超出敌人所能预料的程度，就会收到奇效。越是胆大妄为之将，越善于掌握敌人的空隙和弱点，越能以奇变制敌。飘忽不定，示假隐真，变化莫测，虚实难辨，灵活机动，最能出其不意。一反常态的打法，即使一代名将也来不及适应。《阵记》曰："善用兵者，必因敌而用变，因人而异施，因情而措形，因制而立法。"

　　英国海军将军德雷克曾率领船队，在海上截掠西班牙船队，与西班牙人的海上较量长达10多年之久，十分熟悉西班牙船队及其习惯。西班牙与英国海上争霸愈演愈烈，西班牙企图刺杀伊丽莎白而扶立玛丽的阴谋败露，伊丽莎白处死玛丽，西班牙对英宣战，准备派一支强大舰队攻击英国。英女王令德雷克为将，率英联合舰队，在普利茅斯港集结待命，准备迎战西班牙无敌舰队。一般的将领在敌人舰队强大、气势正盛之际，宜持重慎战，寻机破敌。德雷克则见西班牙舰队正处于准备状态，未意料英舰队会来袭，德雷克决定抓住战机，临机而动，突袭了西班牙加的斯湾，毁俘敌舰船37艘，又突闯西班牙舰队集结地里斯本，打乱了其备战步伐；英舰偷袭其港外舰船，又摧毁其维森提角渔船、货船和港口设施，使其军事行动的依托受到严重破坏。这一连串出其不意的行动，虽然未致命打击西班牙舰队，但是沉重打击了西班牙舰队官兵士气，挫败了其锋锐和气势，使之对英国舰队产生畏惧和恐怖感，延缓了其进攻的时间，使英国更加从容地备战和迎敌，使接下来进行大海战的成算增加。当得知西班牙舰队即将来攻后，德雷克见西班牙海军老将克鲁兹病逝，舰队由没有海战经验的西多尼指挥，而且考虑到西班牙舰队作战节奏已被打乱，行动必定迟缓，于是说服英王，以50艘舰船组成的舰队迎战西班牙舰队。由于德雷克率舰队亟早出发，出人意外地先机前往西班牙海岸线作战，英舰队尽早尽快尽远地出击，打得西班牙舰队措手不及，混乱不堪，被毁俘20多艘舰船后，狼狈败退。

英国海军将领纳尔逊果敢过人，甚至打仗不要命，胆量超过同时代的名将。在大西洋文森特角海战中，英国舰队15艘战舰与西班牙舰队27艘战舰遭遇，纳尔逊不顾杰维斯掣肘，一反常规战法，率旗舰冒死直插敌人舰队两个纵队中间，将敌舰队一分为二，再乘机集中兵力攻击敌舰队尾部，彻底打乱了敌舰队阵势，俘敌舰4艘，重创敌舰10艘。他自杀式的战法不仅大出敌人意料，而且取得了意外的胜利。在特拉法加海战中，英国舰队27艘战舰对法国、西班牙33艘战舰。纳尔逊打破传统的战列线战术，改用分队穿插的机动战术。此种新战术大出敌人意料，且正好针对法西两军协调难度大而量身定制，使之整个指挥及作战措手不及。此战，英海军只用4个小时，击沉敌舰8艘，俘获敌舰12艘，歼灭敌方人员7000余人。英舰虽无一损失，但纳尔逊不幸中弹身亡。

英国将领马尔伯勒善于因敌而动，随机应变，其心思和行动往往变化莫测，难以预料。他作战一个十分重要的特点，也是其奉行的法则是，"战法不能抄袭前人"。他计划率英军与奥军会合后，共同打击法军和巴伐利亚军。从北欧到多瑙河流域布有法、巴重兵，稍有不慎，英奥两军在会合前，就有被各个击破的危险。马尔伯勒并未像往常那样需要奥军策应，或步步为营、稳扎稳进，而是一路声东击西，飘忽不定，使敌军一次次扑空，不知其真实意图。当进到莱茵河的科布伦茨时，他示形向西进入法国，法军上当并随其而动后，他突然南下曼海姆，使敌人判断英军将向莱茵河上游机动。

出乎敌人预料，他率军挥师向东南，消失在内卡河谷地，又突然出现在多瑙河上游地区，并突然加快机动速度，抢在法军之前攻克水陆要冲佛耳特，顺流插入巴伐亚利亚境内，与奥军胜利会师。在布伦海姆之战中，他示形英军已经撤出战斗，在对方不意时，突然兵临敌阵，使其仓促布阵，不得不在兵力被贝尔河隔成两截情况下迎战。他将敌人主力诱至河西岸，亲率主力打击河东岸敌军，达成各个击破，歼敌3.8万多人。

普鲁士元帅布吕歇尔，早年在军中作过俘虏，曾愤然辞职，在反法联盟军中与拿破仑作战，屡战屡败，在法军3次劝降后投降，释放后任普军骑兵上将。他多次败于拿破仑的一个重要原因，在于联盟军联合作战总是形成不了整体威力，各军之间总会形成间隙，总被拿破仑各个击破。1812年拿破仑征俄失败后，普俄组成联军对法军作战。这次布吕歇尔接受屡战屡败的教训，4万普军与5万俄军编为西里西亚军团，由布吕歇尔任军团总司令，一反过去联军分散指挥作战的习惯，加强集中统一指挥，联军像一国军队一样，使拿破仑惯用的战术失灵。当时，除普俄联军团外，还有奥地利、波兰、瑞典等反法军队，反法联盟总兵力51万人，而拿破仑法军22万人，处于劣势。而且，拿破仑军骑兵多为新兵，兵力部署分散，而联军正在向法军主力作钳形运动。特别值得一提的是，拿破仑对普俄奥军的变化未予重视，仍用过去战法对之。布吕歇尔指挥普俄联军，一反过去惧怕拿破仑的打法，即不待各路齐聚以迅猛之势直插拿破仑中枢所在的德累斯顿，使拿破仑关于联军将从北面进攻莱比锡的估计落空，从而一开始便陷入被动，不停地变更指令、调整部署。不久，盟军15.8万人对德累斯顿进行包围，拿破仑7万人处于险境，期盼5万人援军到达。援军一到，拿破仑反击首先击败了奥军和俄军，而布吕歇尔在败退中，抓住法军追击部队孤军深入，突杀回马枪，生俘法军1.5万人，接着又俘法军1.3万人，法军士气大落，而联盟军重整旗鼓，重新以优势兵力发动攻势。拿破仑迅速将莱比锡作为作战重心，因此双方都向莱比锡机动主力。而拿破仑想在布吕歇尔军团与施瓦岑贝格军团会合前，将其各个击破。拿破仑仍沿袭常规战法，而布吕歇尔已打破常规，出其意料地以极快速度向莱比锡挺进，就在拿破仑各军团分别防御四面八方涌来的联军时，西线的布吕歇尔突然对当面之法军马尔蒙军团发起攻击，将其击退收缩，而联军大部队则从东、北两个方向展开兵力，形成巨大攻势，迫使拿破仑十分拿手的各个击破绝招难以施展。在联盟军各个方向发起攻势，拿破仑军疲于应付之时，布吕歇尔军团有意识地以攻势死死牵制住法军马尔蒙和苏哈姆军团，使之无法实现拿破仑赶到联军右翼形成钳形攻势的作战意图。至此，拿破仑陷入全面被动，对战局失去控制。由于众寡过于悬殊，拿破仑军虽经激烈抵抗，仍然失败撤退。拿破仑损失7.5万人和48名将领。莱比锡战役使巴黎门户洞开，拿破仑大势已去。

（四）军机从宜

打仗本来就是充满偶然性、多变性和意外性的事，在瞬息万变的战局中，利害得失、祸福转换，往往都是你中有我，我中有你，相克相倚，相反相成的。善于权变的将军，往往从大处着眼，不贪图小利，顺应当下之势、自然之理而行，反利于因变行权，因祸为福，变害为利。将贵藏器于身，待时而动，机断便宜而行。突遇变局，预先判断时机，预先置备力量，预先控制要害。时不至则不轻动，事不究则不强成。势聚则成，兵散则败。

不赏之赏　因大失小

善从宜者，因大而失小；不善从宜者，因小而失大。财利比之人心总是为小，大将统军不可没有财利，然而在财利上太精明、太算计、太在意，反而会失去人心，到头来会失掉更大的财利。能识大体、见大势，反而利于便宜行事。

唐名将李靖深谙不战而屈人之兵，不攻而夺人之城的兵法之妙。他率军出其不意，大破割据之将萧铣，攻入其都城，萧铣举城投降。李靖军入城号令严明，其军不敢私自而动。有人请示抄没萧铣及其将领家财以赏军。李靖认为："萧铣之将拒我，受到裹挟，非其所愿，不同于叛逆之罪，今新定荆、郢，宜示宽大，以慰其心，如果抄掠其财，恐自荆而南，处处都成坚城，人人皆成为死士，所请绝非善计。"李靖行宽大之政后，江汉列城争相归降，南方悉定，得郡96个，户60余万。

李士衡任馆职，出使高丽，一武官为副使。高丽礼部赠礼物，李士衡皆不关意，一切委托于副使。当时，偶遇船底浸水，副使将李士衡所得绢缎垫于船底，反将自己所得财物放于上面。至海中遇大风，船有倾覆的危险，舟人大恐，请尽弃所载。副使仓皇，取船中之物投之海中，而无暇拣择。约投及半风息船定，当捡点所投时，皆副使之物，李士衡所得之物在船底，一无所失。

慎备非常　亟应意外

有不测之危，不如早为之计。越是难料结局的大战，越及早预备力量，越早采取有力措施，越能应付突变和意外。战局越变幻莫测，越临机果敢，便宜从事，出奇制敌。《左传》曰："备豫不虞善之大者也,不备不虞不可以兴师。"机智果敢之将,必择机权。预见敌人企图转变的可能,窥破敌人调整部署的契机,捕捉敌人进攻变弱的间歇,果断应变,转守为攻。将贵机断便宜而为。曾国藩曰:"予敌生路而敌可死,置敌亡地而敌可存[①]。"

俄国元帅苏沃洛夫善做常人不做之事,在寒区洗冷水浴,在大雨中策马驰骋,冬季故意不穿暖服,与士兵摸爬滚打在一起,与士兵一样冲锋在前,多次受伤。他训练士兵要超过敌军数倍,注意激励士兵勇猛顽强拼死的气概,特别注意训练部队短兵相接和拼刺刀冲锋的方法。他严令和训练士兵要紧时,必须每天行军六七十公里。在第二次俄土战争中,他亲自指挥保卫金布伦堡垒战斗,故意把敌人放近打,以近战肉搏打退其登陆进攻。在战斗激烈进行时,即使援兵已经赶到,他也不急于使用,用手中兵力与敌人激战,使之疲困已极时再并力一击。如此,培养了部队紧要关头完全依靠自己的作风。他率军增援作战,往往28小时走了70公里,两昼夜在泥泞道路上走了150公里。这种行军强度和速度往往出乎敌将意料,部队可收出其不意之功。他指挥攻打土耳其坚固的伊兹梅尔要塞,注重激励士气,训练白刃格斗,准备拼死巷战争夺。战斗中土军难敌俄军近身格斗、白刃拼杀,终被攻破,土军民死伤2.6万人,此战斗对整个战局产生了决定性影响。

1941年初,第二次世界大战苏联卫国战争中,德国不断向苏联方向集结重兵,斯大林断定西南方向为主要防御方向,因此任命在苏芬战争中指挥作战出色的基尔波诺斯为基辅军区司令,统领4个集团军,11个步兵军、8个机械化军和1个骑兵军,共52个陆军师、10个航空兵师、1个空降军,部署在苏西部边境860公里正面[②]。面对德军主力57个精锐师和13个旅。因为当时德军1个师约1.5~1.8

---

① [民国]蔡锷:《曾国藩用兵语录》。
② 《苏联军事百科全书军事历史》,战士出版社1982年版,第308页。

万人，而苏军1个师约七八千人，而且德军坦克、机械化师和航空兵师多于苏军，所以苏军西南方面军处于很大劣势。而且，苏军高层对德军一开始就投入主力，进行强大坦克、机械化部队快速突破，直插纵深腹地的作战方法没有预料和准备，难免战争初期的防御作战陷入被动。基尔波诺斯表现出极强应付变局的临机处置指挥能力。一是预有准备应付意外。1941年2月，基尔波诺斯到任的第一件事，就是重新慎重研究军区各级国界掩护计划，不顾多数人关于将一线边境掩护部队配得很强、击退德军首次突击的建议，凭直觉、机智和作战指挥经验，对计划作出重大修改，即从每个国界掩护集团军至少抽出1个步兵师，组成军区预备队，为适时发起反突击预先准备力量。既可以应付意外，又体现了积极防御精神，也会避免在初期硬拼硬的交战中，损失全部主力部队。二是机断行事预留后手。3月至7月，基尔波诺斯指挥基辅军区（战争爆发后改称西南方面军），像在黑暗中寻着微光勇敢前行，英勇指挥作战。当时，军区对部队作战能力估计过高，大部分训练时间用于解决进攻战斗问题，对德军进攻的突然性及掌握制空权估计不足，没看到夜战的特殊地位，兵力部署着眼于保卫边界，过于分散，纵深过浅，第5集团军防御正面170公里，第6集团军160公里，第26集团军130公里，第12集团军500公里，防御纵深仅50公里。苏联向西南方面军紧急调集2个集团军作为第二梯队加强纵深防御，在一定程度上弥补了不足。基尔波诺斯根据侦察获悉：德军正向边境集结，驻波兰德军已实行戒严和军管，德边防军已换成野战军，撤去边界工程障碍物，构筑进攻出发地域，积聚炮弹及航空炸弹，并直接放在地面上，随时准备使用，判断德军进攻迫在眉睫。苏联国防委员会和总参，严令不允许刺激德国和给其发动战争口实的情况下，在职权范围内，采取预先战备措施：干扰德军侦察机侦察。小分队占领筑垒地域的前进地带，在德军突袭时，支援筑垒地域部队作战；将一些师调近国界展开，第二梯队部队与国界掩护部队一样，进入高度战斗准备状态，准备开往边界地域。战争是充满偶然性的领域，基尔波诺斯的紧急处置，以及第二梯队部队按计划6月30日到位，正好成为开战后的机动预备兵力，免遭被德军首次突击歼灭的命运，可以用以组织反突击。三是敢于搏击应付变局。6月22日至7月7日，德军掌握制空权，以强大突击迅速突破。苏军机场、通信、营房、仓库、指挥机构等受到严重破坏，敌空降兵配合突击集群迅速占领一线城镇。基尔波诺斯最初根本无法掌握战场及各集团军作战情况，部队虽经顽强防御，但损失严重。在战场瞬息万变的情况下，基尔波诺斯的果断处置：命航空兵对德军坦克、摩托化集团及其最近机场实施集中突击，尽管他并不知晓，苏军第5、第6、第26集团军当面有德军37个师1.3万架飞机正在突破①。基尔波诺斯意识到苏军明显处于劣势，防御作战将相当艰难，甚至有失败的危险。恰巧，苏联国防人民委员下达训令，命西南方面军向卢布林方向实施集中突击、围歼入侵德军②。基尔波诺斯召集的作战会议上，对是否执行命令产生严重分歧。基尔波诺斯考虑，第二梯队部队在工兵帮助下，可以迅速使这些筑垒地域做好战斗准备，当机立断，定下决心：命令就是命令，必须执行，用5个机械化军对入侵德军实施强大反突击③。不久，朱可夫被斯大林派到西南方面军指挥督促作战。基尔波诺斯为有效实施反突击，向第5、第6集团军和机械化第8、第15军派出方面军代表，督促检查作战命令执行；令部队顽强阻击，被围部队奋力突围，反突击部队不待全部兵力集结、向主要方向果断反突击，从整体上打乱德军进攻，为后续兵力加入战役创造条件。

---

① 《巴格拉米扬元帅战争回忆录》，解放军出版社2008年版，第76、77页。
② 《巴格拉米扬元帅战争回忆录》，解放军出版社2008年版，第91、92页。
③ 《巴格拉米扬元帅战争回忆录》，解放军出版社2008年版，第95、96页。

因为反突击出敌不意，给德军突击部队以重创，不仅掩护突围和阻击的部队作战，而且为方面军部队转入战略性防御创造有利条件，也摸清德军进攻情况及其作战能力，可以主动部署部队进行防御，顶住了德军强大突击，找到了对付德军的办法。在组织实施较大规模反突击后，基尔波诺斯果断决定：方面军部队转入防御，集中各机械化兵团、把分散在广阔空间的部队组成几个足够强大的突击集团，占领要地进行顽强防御，并建立起坚固防线，在防御线后方集结机械化兵团，准备强大反突击，歼灭突入德军兵团[1]。这种方面军积极防御战法，被朱可夫加以概括和检验，经斯大林同意，成为苏联卫国战争的战略方针[2]。德军陆军参谋长及德坦克第3集群司令认为：苏军西南方面军指挥果断坚决成为德军各部队进攻道路上的大障碍[3]。

---

[1] 《巴格拉米扬元帅战争回忆录》，解放军出版社2008年版，第113页。
[2] 《朱可夫元帅战争回忆录》，解放军出版社2003年版，第284页。
[3] 德国陆军总参谋长哈尔德总结战争第5日的战况日记，1941年6月27日；《霍特将军回忆录》。

十、道发诈取

尹宾高曰:"圣贤以无妄而免过、兵法以能妄而有功。故善兵者,诡行反施,道发诈取,苟利军机,虽妄行妄。"诡诈之法,将对手的注意力引到别处,而将我之真意隐藏起来,当其似乎明白我之真意时,已落入我之范围和掌握之中了。诡谲的神妙之处,就在于它能控制敌人的意志,使之按我之意图和安排行事。因势而利导,因敌而用谋。多诡计者,好乘人背。兵者诡道,无故而有愚钝之态,连败而无丧乱之形,不动而有诡秘之征,退兵而有安稳之状,其中必有诈谋。凡故意作给人看的,背后一定藏有深谋。打仗是诡谲之事,欲速,示之久;欲守,示之攻;欲退,示之进;欲和,示之战。《管子》曰:"善者为兵也,使敌若握虚,若持影。"明里示弱而暗里藏刀,明里照旧而暗里突变。谲计藏于愚笨之中,诈谋伏于怯懦之内。明邀暗伏,明约暗违,明诚暗欺,明拙暗巧。

(一)神于不意

曹操说:"兵无常形,以诡诈为道[①]。"诡者,惑乱敌意,使之不知我将为,故我动必出其意。先知敌情,制胜如神。形敌而得其情者,兵之神妙。兵无常形,则敌不意我将为。敌有所恃,我示形以固其恃,而暗攻其无备;敌有所缓,我示形以固其缓,而速掩其不意。《三略》曰:"动莫神于不意,谋莫善于不识。"

[①] 《魏武侯集》。

鬼斧神工　深微神妙

诡诈的神妙之处，在于敌人看不出诡诈。吴王让孙武以妇人试其兵法，已有诡谲的意味，而孙武将吴王授予其的操练之权，诡谲地包含了生杀之权，一旦行使权力，则吴王及其百八十宫中美人，无不服从其一人意志。孙膑诡谲地改变了逐射布局，令田忌输一局而赢两局，王必予千金于田忌。孙膑救赵韩，不控捲，不搏撠，批亢捣虚，形格势禁，诡谲地减灶骄敌，夹道伏兵，使魏将魏军一步一步按其意图和安排行事，直至智穷兵败。所以，善战者，致人而不致于人。敌以诡谲对我，我必以诡谲应之；敌不以诡谲对我，我亦以诡谲对之。

春秋时，齐国人孙武献兵法求见吴王，吴王发难，让其用宫中妇人试用其兵法。孙武命吴王两爱姬为队长，在反复下令而不听从下，将在军君命有所不受，不顾吴王劝阻，立斩两名队长，其余人大惊失色绝对唯其命是从。孙武之意虽在用兵法，实则用将威。将无威，不能主生杀之权，则兵法如同废纸。孙武看似操练，实则让所有人服从其意志。而其获得生杀大权并非明授，而是其暗中取得，并使之难收，这即是诡诈。孙膑在魏时，遭庞涓妒忌，孙膑两足被断。孙膑暗归于齐，成为齐将田忌的门客，田忌与王公及诸公子逐射千金时，孙膑教其以己下驷对彼上驷，取己上驷对彼中驷，取己中驷对彼下驷。田忌一败而两胜，获得千金。孙膑诡秘地改变了赌法而使人不见手段。孙膑主动推辞齐威王任其为将，成为田忌的军师。魏攻赵都，赵求救于齐，田忌奉命救赵，想直趋赵都。孙膑建议乘魏都大梁空虚，围魏救赵。田忌按其计而动，魏军果然放弃围攻邯郸，回救大梁。齐军于桂陵伏兵，大破魏军。孙膑诡谲地直插魏国要害，使彼自行改变想法和行动，使之就范。魏、赵攻韩，韩求救于齐，田忌直走魏都大梁，魏将庞涓弃韩救魏。孙膑考虑庞涓悍勇轻齐，几日减灶数万，以示畏怯。庞涓果然以为，齐军入魏地三日已亡者过半，率轻锐倍日兼行。孙膑于其必经之道马陵伏兵，大破魏军，庞涓兵败自杀。

赴机必诡　上诈若诚

让敌人摸不透自己，自己首先已经摸透敌人。已经知道内情，却装着什么都不知道；已经察觉敌人阴谋，却装着愚不可及；已经做好了暗算的准备，却装着卑辞结好；已经督兵奔袭，却以使节抚慰为掩护；无非都是以诡诈为道，出其不意而已。杜牧说："诈敌人使不知我本情，然后能立胜也[①]。"兵机已至，必能制敌，为诡速赴机，君命有所不受，约定有所不守。

东汉时，班超任军司马。当时，于阗国王广德攻破莎车，匈奴遣使监护其国。班超至于阗时，其王意甚疏，引起班超关注，经侦探得知，其王相信巫言："神不允许向汉，急求汉人之马祀巫。"广德遣使至班超处求马，班超已密知其内情，假装许诺，并让巫自来取马。很快，巫至，班超即斩其首，广德大为惶恐，攻杀匈奴使者而降于班超。当时，龟兹王为匈奴所立。匈奴攻破疏勒后，立龟兹人兜题为王。班超从间道至疏勒，离兜题之城九十里，遣属吏田虑前往招降。班超对田虑说："兜题非疏勒人，国人必不用命，若不即降，可执之。"田虑至其城，兜勒出迎见其软弱，并无降意，田虑乘其无备，将其劫缚，班超重立疏勒王。

三国时，虽然孙权、刘备联合抵抗曹操，但是孙、刘两家围绕

---

① 《十一家注孙子》。

荆州归属问题明争暗斗不断。赤壁之战后,吕蒙始终视关羽占据荆州为眼中钉、肉中刺,建议孙权:"关羽矜其诈力,所在反覆,不可以腹心待之,宜乘东吴主明将强择机图之,全据长江,开势益张[①]。"孙权赞同其计,吕蒙明里结好关羽,待其出兵樊城时,故意病还建业,以消关羽备吴之虑和防吴之兵。关羽中计,撤出备兵以赴樊城。吕蒙乘其不备,袭其空虚,夺取荆州,使关羽陷于腹背受敌的险地。及关羽退兵,已无家可归,士无斗志、兵败身死,东吴全据荆州。刘备由荆州北上中原之路被彻底切断,再无入主中原之望。

唐名将李靖奉唐太宗李世民之命,率军与颉利所率突厥军作战,以劲卒3000人由马邑趋恶阳岭,孤军深入,因出其不意使颉利大惊失措,大破突厥军。颉利虽败,但主力完好,为获喘息之机,遣使谢罪,请举国附唐。唐太宗以李靖为定襄道总管前往迎降,又遣鸿胪卿唐俭、将军安修仁前往慰抚。李靖与副将张公谨商议道:"诏使一到,颉利必自安,我若发万骑,携带二十日粮草,突然袭其,必得大胜[②]。"张公谨提醒他:"皇帝已经与之约降,况且使臣在彼,宜三思后行。"李靖认为:"机不可失,如同韩信破齐一样,几个使臣何足惜。"李靖督兵疾进,沿途俘获其侦察巡逻之兵,大兵距颉利七里才被发觉。颉利兵众不意唐军突至,发生震恐而大溃,唐军斩首万余级,俘获十万之众,擒获颉利之子,杀义成公主,颉利逃亡被擒获。此战,使唐朝扩地自阴山北至大漠。

五代时,李存勖十几岁时就随李克用打仗破敌,善奇射,胆略过人。李克用去世后,李存勖即后晋王位于太原,其叔父李克宁杀都虞侯李存质,李存勖诛杀李克宁,且以先王之丧、叔父之难告之周德威,其还军太原。梁军夹城兵听说晋有大丧,周德威军离去,

[①] 《三国志》。
[②] 《旧唐书》。

因此颇有懈怠。李存勖谓诸将曰:"梁人见我大丧,谓我年少而新立,无能为也,宜乘其怠击之!"于是,晋兵行于雾中,攻其不备攻占夹城,梁军大败。

伏藏无迹　节务短突

以伏邀起,备以应机。用兵不外奇正。正兵越吸引敌人注意,奇兵隐藏得越深;正兵行动越使敌人不疑,奇兵的行动越能出敌不意。情报是诡诈用伏的关键。以置身事外的作为,掩蔽极其深险的意图;以漫不经心的行动,隐藏极其诡诈的行动。

古希腊雅典将领亚基比德,家族显赫,与斯巴达人交情甚好,在雅典有很高的威望,因固执坚持进攻西西里和谋划搞倒政敌,反对派迫害,被判死刑。他为生存,离开雅典军队到斯巴达寻求庇护,但是他始终关注雅典,随时准备为雅典而战。他向波斯人献计,让斯巴达与雅典两败俱伤后,使波斯坐收渔人之利,从而获得了波斯人信任。而亚基比德则暗中见机行事,帮助雅典人作战。当时,由于连连失利,雅典人已后悔判亚基比德死刑。当亚基比德获悉波斯和腓尼基人由150艘舰船组成的舰队要进攻雅典时,极力劝说波斯人不打雅典,在很大程度上确保了雅典安全,当雅典人得知波斯人临阵变卦后,大感意外。当亚基比德被雅典人赦免并让其返回时,他并未立即回国,而是暗中掌握了斯巴达舰队欲歼灭尾追其的雅典舰队的情报,神不知鬼不觉地率领8艘战船,在双方战斗胶着的紧要时刻,突然加入战斗。斯巴达被突如其来的袭击弄得手足无措,惊惧万分,而雅典人士气大振,斯巴达舰队被击败而溃逃,损失30艘舰船。雅典占优势的舰队乘暴风雨掩蔽,进行海上机动,待接近敌人舰队锚泊地时,令舰队一部兵力示弱诱敌,令主力舰只隐蔽后发。在敌舰上当来战、双方舰只缠斗时，雅典人后续舰船加入战斗，敌人惨遭失败，敌舰队基本被歼。

　　古罗马将领卢库卢斯率军与亚细亚米塞瑞达底的12万军队作战，其手下将领科塔轻敌邀功，初战即损失60艘战船、4000名步卒，水陆作战皆失，不仅挫伤锐气，而且迫使卢库卢斯紧急救援，处于被动。祸不单行，在卢库卢斯率3万步卒、2500名骑兵准备迎战时，希腊方面派将领马略加入米塞瑞达底军。卢库卢斯决定暂时避免会战，等待时机。他在筹划接下来作战时，派人多方侦察和亲自审讯多名俘虏，重点了解敌军内部粮食供应及储备情况，经多方比对验证，断定其军粮供给仅能支持三四天。据此，他多方收集粮食，以拖待变。而且，在敌人偷偷撤营转移时，他既不追赶，也不脱离接触，而是跟在其后一定距离，使敌人摸不透到底要干什么，以掩护诡诈的行动。他派兵抢先控制色雷西亚重要交通枢纽，可以控制所有道路和四周要点，尤其是切断了米塞瑞达底运粮的必经之路。米塞瑞达底军围攻西兹库斯时，军内已发生严重缺粮，战斗力已大大削弱。当米塞瑞达底军听说卢库卢斯正猛攻一处堡垒时，开始撤出骑兵、驮兽和牛群，以及数量庞大且无用武之地的步卒。卢库卢斯不仅早已派出一支奇兵在夜暗掩护下抵达西兹库斯埋伏，而且率精兵在暴风雪天气掩护下，趁敌军移动放松戒备和混乱之机，出其不意突然发起致命攻击，敌军1.5万人被歼，获战马6000匹。

智伪为愚　　勇伪为怯

　　《六韬》曰："夫先胜者，先见弱于敌，而后战者，故事半而功倍。"善战之将，很会利用对自己不利的因素行诡诈之策。当我远途奔进、疲惫饥渴时，敌必认为我好打，我装出犹豫迟疑的样子，敌必不料我突然奔袭。当我兵少援弱、孤军深入时，敌必认为我无能，我装出畏战怯敌的样子，敌必不戒我突然攻击。当我屡战数败，节节退守时，敌必认为我必败，我装出根本不是对手的样子，敌必不防我耗而歼之。

古希腊时斯巴达将领吕山德率舰队与雅典舰队作战。当时，雅典舰队共180艘各类舰船，斯巴达舰队实力与之大体相当。吕山德令舰队做好一切作战准备，严阵以待。然而，当雅典舰队列阵挑战时，吕山德仅派出几艘小船到最前列战舰，令其严阵待命，绝对禁止擅自出战。两舰队对峙到日暮时，雅典舰队返航。吕山德派出侦察船，掌握雅典人已全部上岸的情况后，才让船员离船休息。他连续几日龟缩不出，作出怯战的样子，使雅典人开始轻敌，想当然地认为斯巴达人不堪一击。当时，有人提醒雅典舰队将领："海滩掩护和防卫太差，海上补给线过长，且与敌人距离过近，一旦遭到突袭，后果不堪设想。雅典舰队将领不屑一顾，对敌人表示出轻蔑的态度。吕山德通过侦察获悉，雅典舰队轻敌且缺乏戒备，其示弱骄敌之计取得效果，决定对敌人发起致命一击。在对峙的第五天，吕山德指挥舰队向敌方航进，又像往常一样撤回舰队，继续造成雅典人麻痹和轻敌，暗中派出侦察船，确认了敌人全部登岸且懈息的状态后，令舰队中途急速掉转船头，突然向敌方岸边进攻，斯巴达舰队全速抵达对岸，步卒沿岸边疾行，夺取海岬要点。当雅典人发现斯巴达舰队快速来袭时，由于船员已经在岸上高度分散，有些人在市场，有些人在睡觉，有些人在进餐，很难立即投入战斗。斯巴达人快速进攻，掳获大量船只，雅典人的零星抵抗不堪一击，雅典舰队基本被歼灭。

古罗马名将凯撒率第10军团进攻日耳曼人，连续多天行军后，突然在距日耳曼军40公里处扎营不进，摆出并不急于作战的样子。

日耳曼将领对其行动既惊讶、气馁,又不知所措,处于犹豫不决的状态。凯撒侦知其内情,决定抓住时机,率军突然逼近其营垒,叫骂挑战,日耳曼人怒不可遏,轻率出战,被凯撒军击败,大溃80公里。高卢军数万人围攻西塞罗指挥的罗马军团,凯撒率7000人紧急驰援。凯撒侦知敌人未把他的援军放在眼里,便摆出怯战的样子,在有利地形扎营,故意增高防壁,多设鹿砦拒马,敌人更加轻视其并轻率犯险进袭。凯撒突然出战,打得敌人措手不及,大败而逃。凯撒与庞培争夺罗马政权,内战爆发。他神速进兵意大利,庞培退避,凯撒夺取罗马控制权。凯撒进军布林迪西围困庞培,遇到很大困难,于是摆出畏难的样子,改在滨海地区作战,兵指马其顿富裕城镇。庞培认为凯撒避战逃走,轻率发起追击。凯撒即使已经侦知庞培指挥层内,对速战与缓战争论不休,仍然下令撤收营地,示怯战于敌,诱使庞培下决心放弃所占有利地势进行会战,庞培果然中计,决定会战。两军对阵,凯撒预料敌人将主攻自己的右翼,于是令3000人为伏兵,躲在骑兵后面,紧急时将与骑兵出敌不意地发起攻击。步兵激烈交战后,庞培的骑兵疾驰而出,欲迅速包围凯撒的右翼。凯撒伏兵突然冲出,用标枪长矛专刺敌人骑兵的小腿、胯部脸部。庞培骑兵缺乏实战经验,对这种土办法格外恐惧,要么不敢正视,要么转头掩脸,要么掉头而逃。凯撒乘机出动骑兵对其发动围攻,庞培军终于不支而溃退,一败涂地。庞培换上便装逃往埃及,最终遭到谋杀。

俄国元帅库图佐夫被拿破仑称为"一只狡猾的北方狐狸"。在第二次俄土战争中,库图佐夫指挥围攻伊兹梅尔要塞。该要塞的得失,关系到土耳其是否向俄让步,对战争成败具有关键作用。库图佐夫率军对坚固防御的要塞发起了2个月的围攻,仍未攻下,严寒已至、缺乏补给燃料,疾病流行,士气低落,而土军火力仍然较强，防御严密，守城信心仍然坚定。在十分困难情况下，库图佐夫按照苏沃洛夫的严令，对要塞再次发起强攻。库图佐夫身先士卒，俄军两次攻上城堡，都被土军击退，伤亡惨重。不仅土军认为俄军再难发起决定性攻击，而且库图佐夫也向苏沃洛夫求援。出乎所有人意料，沙皇得到伊兹梅尔要塞已被俄军攻破的战报，已任命库图佐夫为该要塞司令，这等于将库图佐夫及其官兵置之死地，再无任何退路。俄军发起又一次攻击，经死战，在援兵支援下，胜利夺取要塞。在第三次俄土战争中，库图佐夫任总司令，手握4.5万兵力，面对必须夺占的舒姆拉要塞，一改上次强攻之法故意示弱，撤到背临多瑙河的地带，土军上当出城追击，被库图佐夫伏兵袭击，6万之众溃败。库图佐夫不仅未予追击，反将炮台工事炸毁继续后撤到多瑙河北岸。土军见势便驻留在多瑙河南岸，未继续机动。库图佐夫出其不意，先以7000精兵突袭土军，再出重兵围歼，大败土军。拿破仑60万大军征俄，进至莫斯科附近时，双方兵力对比已发生对俄军有利的状况。库图佐夫已抱定放弃莫斯科决心，但俄皇不愿意。库图佐夫仍在博罗迪诺摆出与法军决战的架式，发起攻势后主动撤出主力，造成失败的局面，诱使拿破仑轻视俄军，进一步深入俄腹地和消耗主力，进入莫斯科空城，被拖入严冬。当拿破仑见胜利无望撤军时，库图佐夫发起袭扰追击战，使拿破仑退出俄境时仅剩不到4万人，彻底输掉了征俄战争，拿破仑帝国面临土崩瓦解之势。

（二）谋于不识

诡诈之计，首要诡秘不露，使敌难知；其次奇诡突狎，使敌志乱，来不及深识；再次示假而迫其必为，使之不能它想；最后兼以重利以诱，使敌贪利而智昏。马基雅维利说："佯攻非常有价值，而从敌背后或侧面突然真正的攻击,更有帮助①。"善为诈谋者,明里道貌岸然,暗中神出鬼没。诈谋之诡,以致不识;诈谋之谲,以致不辨。伪装足以惑人心魄,欺诈足以使人不疑。

暗用诈谋　穷极其狡

诈术的精微之处,在于首先用一种使对手望而生畏的办法,使之产生恐惧、疑惑、犹豫、畏缩的情绪,来不及冷静思考,也来不及识破其谋,然后突然出手,使之就范。所以,大多军中诈谋,未必奇策,要在使之不能识而错乱其神志。用诈,天机不可泄露,恃胜失备,反受其害。有谚云:"用得着,敌人休;用不着,自家羞。"

隋末行军元帅李密善用诡计。起初,他追随杨玄感起事,向其进献大计未能用,兵败后间行入关,为捕者所获,与其同党将送往隋炀帝处就戮。李密见其同党中有多黄金者,令其出示给押解使者,并告之:一部分黄金用于埋葬死者,剩余黄金皆作报答押解使者之用。押解使者贪图其金,未料是计,答应了他们的请求。及出关外,防禁渐为松弛,李密让人买酒食,每夜宴饮,喧哗至夕,使者不以为意。行至邯郸,李密乘其不备,携7人穿墙而遁。李密投靠翟让,有人知道其与杨玄感反叛朝廷,建议将其杀掉。李密被囚于营外,暗请王伯当向翟让献计,即乘隋炀帝在外巡游、京都空虚,以精兵席卷二京,必成刘邦之业。翟让见其有雄才大略,深加敬慕,于是将其释放。荥阳太守杨庆等发兵攻击翟让,使之畏惧,想避退远走。李密认为,敌将有勇无谋,兵又骤胜,既骄且狠,可一战而擒。李密让翟让正面骄敌,李密与千余人于林间设伏,果然大败敌军。

五代时,后唐左卫大将军安重霸诡诈多计,反复难测。他先事

---

① [意]马基雅维利:《兵法》。

晋王，得罪后投于梁，复以罪奔蜀。蜀幼主王衍大权旁落于宦官王承休之手，文臣武将对其常切齿之。安重霸作为蜀幼主的亲将，不顾诸将之怨，谄事王承休，千方百计取得其信任。当时，蜀据秦、成等州。在安重霸劝说下王承休坐镇秦州，选精锐数千人，号称龙武军，以王承休为军帅，安重霸为副帅，屯兵天水。安重霸早想将秦州据为己有，恐难到手，便以狡谲之计行事。王承休献陇西花木，请蜀幼主游秦州山水之美。蜀幼主率众数万，由剑阁出兴、凤，以游秦州，至兴州突遭遇魏军，狼狈而返。王承休大恐，与安重霸商议，安重霸建议与之同赴国难，明里大张旗鼓地勤王，暗中准备诈取秦州。王承休对其深信不疑，自率龙武军3万人从行，令安重霸执握部署，秦州军为其掌握。正在王承休将行之时，安重霸于其马前，以为国家控制陇西不失为名，向其辞别，自己率军守藩。王承休无奈自行，安重霸遂独取秦州。之后，他以秦、成等州投靠唐明宗，常以奸佞揣唐明宗主意，取得信任后，故伎重施，先后获得镇同州、长安重镇，谋取厚利，直至寿终。

北宋时，任术任延州临真的县尉，携家出宜秋门。当时，茶禁很严，家人怀越茶数斤，马突然受惊而使茶坠地。任术急中生智，假装惊诧，回身以鞭指城门上的装饰。市人莫测，都随鞭指的方向望去，茶囊已碎于埃壤之中。任术受命处理土地瞒报问题，其地多山，险不易登，前往官员多为当地人所欺。任术先发出布告，两亩地只交一亩的租，如果再欺瞒，将收全租。百姓信以为真，报出自己所有土地亩数，而只交一半租子。不久，任术故意吹毛求疵，责备有人违约，规定凡申报一亩者，都作两亩收租，使之更无得隐者，其权数多此类，其为人刚毅恢廓，亦一时之豪杰。

宋将要允则守雄州时，北门外城中地狭，欲扩展北城，而因正与辽人通好、恐其生事。门外旧有东岳行宫，要允则用银铸为大香炉，陈放于庙中，故意不设防备。一日，要允则声称银炉被盗，于是大出募赏，四处张榜，捕贼甚急，久之不获。要允则又声言庙中屡遭抢劫，雇工筑墙将其围起。其实是扩展北城，不逾旬而完工，辽人并未怪责。还有两则故事也穷极其狡。陈述古任建州浦城县知县时，有人失物，捕得嫌犯而难辩为盗者。陈述古说："某庙有一钟，能辩盗；至灵！"使人将钟置于后门，引嫌疑者至钟前，自陈："不为盗者，摸之则无声；为盗者摸之则有声。"于是以帷布围钟，暗中派人以墨涂钟。之后引嫌疑者逐一令引手入帷摸钟。出验其手，皆有墨，唯有一人无墨。经审讯，承认为盗，恐钟有声，不敢触摸。濠州定远县有一小吏，善用矛，远近皆服其能。有一小偷也善用矛，二人功夫不相上下，小偷欲与小吏一决生死。二人相遇，势不可避，遂执矛盾而斗。围观之人如堵墙，二人相持不下，小吏忽对小偷说："县尉至，我与尔都是勇士，敢与我尉马前决生死吗？"小偷说："敢！"小吏应声刺之，乘其隙将其刺毙。又有人曾遇强寇斗，矛刃方接，寇先含水满口，忽用水喷其面，其人愕然，刃已刺入其胸。后有一壮士与寇遇，已先知其喷水之计，寇再用水喷其面，水才出口，矛已洞穿其颈。

示之不能　狡谲智算

在行动节奏的突变上，也可收到出其不意的奇效。以慢节奏、浅节奏示之不能，以快节奏、深节奏使之不备。不是因为敌人愚昧而不识深计，而是因为我示之不能而使敌轻我，不做深入计较。所以，善战之将，早已算定，即使诈计看似平常且示形之中已经初露真实企图，只不过敌人不会深计罢了。

战国时，秦军攻打韩国阏与，韩赵相邻，唇亡齿寒，赵王令赵国大将赵奢救韩。赵奢善于用兵,深知救韩"道远险狭,譬如两鼠斗于穴中,将勇者胜"①。赵奢兵出赵都邯郸 30 里而止,严令以军事谏者死",坚壁 28 日不行,显露出绝无救韩之形。秦将中计,不以为备。赵奢突然进兵,倍道兼行,急速行军,二日一夜至秦军当面,先据北山,反客为主。秦军不意赵军突至,虽然气盛,争北山而不得上,赵奢纵兵攻击,大破秦军,秦军撤围而退。

东汉末,曹操在官渡之战中取胜,袁绍病死,其子袁尚、袁谭与曹操继续作战。袁尚的谋士审配率军坚守邺城,曹操内应谋泄,被其诱歼 300 余人,初战不利。曹操改变打法,开始围城,在城周边挖掘 40 里的堑壕,故意挖掘得比较浅,以示袁军可以越过。审配望而笑之,不出争利。一夜之间,曹操令掘出宽深二丈的堑壕,决漳水以灌之,封闭邺城百日,城中饿死过半。尽管袁尚率万余人解围,城中审配也出兵夹击曹操围城之军,由于曹军以逸待劳、以饱待饥、以近待远,既击退审配,也击退了袁尚,城中见救兵无望,发生内变,曹操乘机一举收取邺城。

辽兵马大元帅耶律德光(后为辽太宗),善于从全盘上把握战局,在对方还处于分解行动之时,每一个动作都带有全盘性、隐蔽性、一气呵成,使对手不知所措。五代后唐河东节度使石敬瑭(后为后晋高宗)与后唐军作战,求救于辽,耶律德光亲率辽军援助。耶律德光进兵太原时,唐将高行周、苻彦卿以兵相拒,唐将张敬达、杨光远在其西方列阵未成。耶律德光见唐将立足未稳,利用先处战地的便利,预先在唐将高行周、苻彦卿阵旁设下伏兵,并抓住唐将张敬达、杨光远列阵较慢的机会,决定以一部兵力首先取得突破。在耶律德光已悄悄布下陷阱和罗网时,唐将丝毫未能察觉。及两军交战,耶律德光佯装不支而退却,吸引住唐军主力,待其发起攻击时,

---

① 《史记·赵奢传》。

伏兵突发，断其首尾，高行周、符彦卿军大败，弃杖如山，死伤数万人。张敬达、杨光远军不意辽兵突至，措手不及，慌忙而逃，被击杀。

示形动之　诈以误敌

声东击西之计本来就令人难以识破和防备，因为事发急猝，不容反应，因此多中其计。如果声东击西之计，加上攻其必救，敌人就更加不得不按我意行事。攻其必救本身也是诡诈，因为攻其必救是动敌，袭其救兵才是真意。

东汉时，刘秀拜耿弇为建威大将军，率军征伐自立为齐王的张步麾下大将军费邑，先破其城祝阿。费邑派其弟费敢坚守巨里，而自屯兵历下。耿弇意欲消灭费邑，却摆出围攻巨里的架势，让人多伐树木，扬言以其填塞坑堑，严令军中急修攻具，并造成全力攻城的巨大声势。费邑已从降者处得知巨里当时情况，又得知其准确进攻日期，果然于耿弇将要发起进攻之日，率3万精兵救援巨里。耿弇见其中计，令3000人牵制巨里之敌，自率精兵乘高突然截击费邑，大破其军，临阵斩杀费邑，又以其首级以示巨里，城中凶惧，费敢悉众亡归，耿弇乘势削平40余营，平定济南。

清兵部尚书曾国藩率湘军与太平军作战多年后，控制了金陵上游战略要害。太平天国洪秀全在死守金陵的同时，令太平军将领李秀成进入苏、沪，李世贤攻占杭州，陈玉成屯兵庐州，并欲与捻军合兵，经略山东、河南，号称数十万兵。曾国藩等已看明白：洪秀全想以一支战略奇兵，分散湘军兵力，减轻金陵压力，并准备一旦金陵不保，另寻其他落脚之地。曾国藩算计：派重兵急捣金陵，作出志在必得之状，洪秀全必收集各地兵力，全力护卫金陵，湘军则可乘苏、杭兵力空虚一举夺取；一旦夺取苏、杭，就可从北南两个方向进一步拉紧金陵的绞索，因为金陵上游各主要要点已为湘军控制，金陵东面是大海，实际上形成了围困之势。曾国藩令曾国荃率一部攻金陵，李鸿章率主力攻苏、沪，左宗棠率一部攻杭州，并派将肃清下游及大江以北、以南起义军，而其重心则在苏杭。曾国荃号称60万人，围金陵64天，太平军将领李秀成由苏州、杨贤由浙江悉众驰援，而湘、淮军的李鸿章克苏州、左宗棠克杭州、曾国荃撤围攻克江宁。至此，太平天国大势已去，金陵覆亡只是时间问题了。

以利诱之　以卒待之

诱敌的诡计之所以能中，除其诡诈之外，敌人贪利也是重要原因。所谓利令智昏，因为贪利心切，很难识破诡诈。所以，诡谲兼诱以重利，敌必不识，而我乘乱取之。

古罗马奴隶起义军统帅斯巴达克，足智多谋，勇敢顽强、才能过人。他率1万人的起义军北上时，罗马派强大兵力进行堵截，起义军进退维谷，形势危殆。斯巴达克考虑：按一般处置都会将兵力集中于敌人封锁薄弱处，尽快突出封锁线，既解决冬季粮草及生存问题，也防止因与强敌硬拼而全军覆灭。然而，这种打法必定损失较大，消耗有限力量对之后作战十分不利。因此，他决定用诈谋制敌。起义军以奴隶死前都要举行营火晚会的风俗为掩护，在雪夜燃起火堆，吹起笛子，敲响皮鼓，跳起舞蹈，以示准备举行自杀仪式。敌人果然受到了迷惑，放松了警惕，斯巴达克率军乘雪夜，令将士披上白色羊皮，用携带的冻土、柴禾填平壕沟，冲出封锁线。当斯巴达克起义军拥有12万人时，引起罗马当局畏忌，罗马将领克拉苏率4万精兵阻截。斯巴达克并未进袭罗马城,而是绕开它,继续南下。克拉苏在扑空后,急令副将率兵追击。按常理,起义军弱于敌军,不宜恋战,以免为敌军纠缠。而斯巴达克出敌意料行动,乘敌孤军来追之机,令将辎重物资扔在路上,以作诱饵。就在罗马士兵争抢财物时,斯巴达克军突袭敌人,将其速歼。

外自韬隐　内察形便

一个诡谋诈计猝然而发,使人来不及识破而就范,已经很厉害了,但是还不是最厉害的。最厉害的诡谋诈计涉及一整套密计,一步既出后面五步已安排停当;一计既行,力量的调动、牵制、分化、布置和埋伏已尽在其中。如此诡计,除非极少数策划者,外人再聪明的智慧,也绝难识破。

日本战国时期武将织田信长,不拘于礼,不修边幅,不按常规行事,个性极强。当时,尾张地区一片混乱,作为尾张统治者的织田家也内乱严重。织田信安、细田信行、织田信广起兵反叛,内外交困的形势使织田信长身处极大险境。即使在如此混乱的危局中,织田信长仍心怀统一尾张的雄心壮志。在外部武将今川义元及尾张反对势力的威胁下,织田信长最迫切的战略问题是避免兄弟自相残杀。织田信长明里宣布隐居,将尾张交给斯波义银,因为他与颇有势力的吉良义昭、松平氏、今川氏有族亲关系。织田信长明退暗进、借势压势的手段,很快压住了尾张各种反叛势力,从而获得喘息机会,可待机而动。织田信长与织田信行军作战,明里正阵相迎,暗中埋伏兵力,在前锋受挫,节节败退后,以伏兵突袭而战胜织田信行。战后,织田信长按母亲之嘱饶过织田信行。在织田信行又一次起兵后,织田信长明里到处散布其病重的消息,暗中准备攻击织田信行。

织田信行派人探视后得到口信："信长将不久于人世，想把织田家托付给信行，并请速往接受遗嘱。"织田信行由于被织田信长饶恕过，又大喜过望，便信以为真，迅速前往，在织田信长病榻旁被埋伏的将士斩杀。至此，织田信长剪除了尾张四郡之敌，还剩织田信贤和织田信清两股势力。织田信长利用信清与信贤因领地纠纷而发生的矛盾，并以领土相许，分化二人，与信清建立了联盟。经3次交战，织田信长击败织田信贤，攻占岩仓城。至此，织田信长统一了尾张上下八郡。

　　日本战国时期，武将织田信秀深通权谋，执掌尾张下四郡的军政实权。横跨其他三郡的今川氏丰将领地延伸进尾张地盘，筑建那古野城（今名古屋）。织田信秀视之为眼中钉、肉中刺，必欲拔之而后安。织田信秀利用今川氏丰按惯例邀请周边领主到那古野城参加歌会之机，设下了极其诡诈的毒计。织田信秀如约前往，看不出有任何异样，其间他借口天气闷热，打开窗户透透气，窗开风来，他突然像中风一样倒在地上。过了片刻，他被唤醒过来，目光暗淡，气息奄奄，有气无力地请求今川氏丰派人叫织田家重臣前来受领遗命。今川氏丰匆忙之中未料是计，按其嘱行事，使织田家臣进入城内核心地带，而其暗藏的兵力已布置在城的周边。夜暗降临，织田信秀家臣在城内以火为号，城外织田军里应外合，迅速破城，今川氏丰在混战中被俘。此后，尾张东部三河的松平清康壮大后，开始蚕食尾张领地，与织田信秀发生冲突，并打得织田无还手之功。当松平清康攻打织田所属的守山城时，织田信秀向松平军中散布流言："织田家已策反松平清康部将阿部定吉，并商定其阵前倒戈。"松平清康得知此言后，怒斥阿部定吉，被激怒的阿部之子，暗中将松平清康刺杀。乘阿部家的三河大乱，织田信秀乘机攻入，收取大片领地。

（三）谲诡难测

《李卫公兵法》曰："善用兵者，无不正，无不奇，使敌莫测，故正亦胜，奇亦胜。"军事尚密，形藏敌疑。诡诈与出奇如影随形，奇谲之兵使敌不意；诡诈与神速相得益彰，诡速之兵使敌不及。明里示弱，暗里必藏利刃。《兵镜或问》说："以奇胜者，制敌之变。敌实，我必以正；敌虚，我必以奇。"

明来暗往　以假乱真

我军连败，敌人轻狂，正是用诈之良机；我示之愚，敌人不觉，正是行诡之佳遇。伏兵本身就已诡谲，再伪以敌人装束旗号，便更加谲诡难测。

东汉初，刘秀任冯异为征西大将军率军征讨赤眉军。前将军邓禹、车骑将军邓弘不听冯异诱敌之策，与赤眉大战，赤眉佯败，弃辎重退走。辎重车里都装的是土，以豆子覆盖其上。邓弘兵士饥饿、争相抢取，赤眉还击，邓弘军溃乱，冯异、邓禹合兵相救。邓禹率兵又战，为其所败，死伤3000余人。冯异聚兵数万，与赤眉约期会战。他考虑赤眉战胜而骄，正是用诈之时，暗中令壮士穿上赤眉服装，埋伏待机。当赤眉以万人攻冯异前部，冯异派一部相救，赤眉见其军势弱，悉众攻之，冯异便纵兵大战，待敌气衰，伏兵猝起，衣服相乱，赤眉不复识别，兵众惊溃，冯异率军追击，降赤眉8万人，赤眉势衰。

东晋车骑将军刘裕（后为宋武帝）谋袭后将军、豫州刺史刘毅，为麻痹对手，他先准刘毅关于任其弟兖州刺史刘藩为己副手之请，然后以振武将军王镇恶为先锋,自姑熟发兵。刘裕嘱王镇恶说:"进兵打刘兖州(刘藩)旗号,至敌境深加筹量,若敌有备,则烧敌船,以待援至;若敌不知消息,未有防备,可袭便袭。"王镇恶扬言刘兖州军至,敌果然信以为真。王镇恶乘其不备,突袭金城,恶战一日,刘毅出城,自缢而死。

深通谲谋　人莫能测

不按敌人预料行事,本身即有诡密的意思,若再示假隐真,则敌必不能测,而我可出其不意攻取之。示假隐真诡谲到连自己人都不能识,才更加逼真,才能使敌人深信不疑,其行动才更加诡谲不测。

东晋时期,后秦征南将军苻融率几十万大军进至汝、颍,攻陷寿春,其锋甚锐。东晋派都督谢石率水陆军7万与苻融军相拒。谢石为诱使敌将梁成5万兵力就范,遣龙骧将军胡彬率军先与敌接战。胡彬诈称敌盛粮尽,恐为敌所破,并故意让苻融得知,苻融将所得情报急告苻坚。苻坚为抓住时机擒拿谢石,舍大军于项城,率8000轻骑径直赶上谢石军。就在苻坚、苻融想一举消灭晋军主力之时,晋龙骧将军刘牢之率5000劲卒,出敌不意突袭敌将梁城营垒,攻克后斩杀梁成等10多名敌将,歼敌1.5万人。谢石乘胜而进,苻坚、苻融见其部阵齐整、将士精锐,又见八公山上草木类似人形,露出惧色。谢石乘苻坚数十万大军未集、前锋渡水自乱之机,发起追击,苻融死于阵中,秦军一败不可收拾,苻坚为流矢所中,单骑遁还淮北,秦兵闻风声鹤唳都认为是晋师之至。

南朝时,宋武帝刘裕深通韬略,行动往往人莫能测。伐蜀之前,他认为:"刘敬宣往年代蜀出黄武(内水),为敌所拒,无功而还;此次攻蜀,我本应从外水而进,而我为出敌不意,仍会从内水来攻,因此敌必以重兵拒守涪城，以备内水，如果我仍向黄武正中其计。"①刘裕决定反敌计而行之，令主力由外水取成都，令一部作为疑兵出内水。他对计策极度保密，将指令函封交与主将朱龄石，并严令其至白帝才许打开。他为主力隐蔽进军，用老弱之人乘高舰十余艘，向内水以诱欺敌人。见此布置，敌将谯纵果然中计，将主力部署于内水防备，并命三员将领率兵夹水为城。朱龄石连破敌军，谯纵等兵败身死，成都被攻破。

北宋时，党项犯塞，当时新征募的万胜军，未习战阵，遇寇多败。狄青为将，尽取万胜军旗帜予虎翼军，使之出战。敌人见其旗帜而轻视之，以全军趋战，为虎翼军所歼灭。狄青为枢密副使，宣抚广西。当时，侬智高守昆仑关。狄青至宾州，正值上元节，令大宴三军将士三日。首夜乐饮彻晓，次夜二鼓时，狄青忽然称疾，暂起身如内。久之，使人传其口谕，令别将主持行酒，其少服药即出。并数次使人劝劳座客，至晓，客未敢退。忽有驰报者说："是夜三鼓，狄青已夺昆仑关。"

南宋时，名将岳飞早年平盗时，就以数十骑逼盗，以百人伏于山下出奇而胜之；他在竹芦渡以主力与敌对峙，以300人的伏兵点着柴火，以为疑兵，令敌惊溃。金兀术奔建康，岳飞在牛头山埋下伏兵，又令百人乘夜混入金营扰乱之，大败金兵，收复建康。岳飞讨伐李成，见其贪而不虑后，出奇兵自上流绝渡，自为先锋，大败敌军。兵至城东，敌出城布阵十五里，岳飞设伏，以红罗为帜，上刺"岳"字，精选200骑随帜而前，敌见其兵少，骄兵轻进，岳军伏兵突发，敌败走，大破李成军。

---

① 《宋书》。

狡黠潜形　以诈误敌

明的一手越引人注目，暗的一手越神秘诡谲。用明的一手吸其主力，用暗的一手刺其腹心。凡内情泄露，骄狂轻敌，莽撞蛮干者，最易中人诡诈之计。断敌后路、出其空虚、攻其必救之兵，必为诡谲之兵，一旦出手，如同神兵天降。

古罗马将领卡米卢斯谦和谨慎，指挥能力很强，富有作战经验，英勇善战，被誉为常胜将军。维爱城市军事实力不逊于罗马军，与罗马久斗不止，其深沟高垒，城坚粮足，以长期坚守来挫败罗马人的攻城作战。罗马军队连续围攻维爱坚城7年之久未能攻下，受到各方指责。围城战进行到第10年时，罗马元老院任卡米卢斯为主将，指挥攻打该城。卡米卢斯一改过去打法，选任骑兵将领，率军攻击法利斯坎和卡皮联军，去掉维爱城的外援和羽翼，使之更加孤立，然后集中兵力加以围攻。卡米卢斯亲自侦察敌情，发现城区四周土质松软，决定采用诡诈的攻城方法。暗里，先令部队挖掘坑道，待其已接近城内时，明里突然展开阵式，发动攻城，尽力将守军都吸引到城墙上来。当坑道挖掘到其神庙下方时，敌人及其指挥者仍未察觉，罗马军队里应外合，突然行动，维爱守军惊慌失措，四散奔逃，再无战心。卡米卢斯攻占维爱城，建立奇功。卡米卢斯率军解救被拉丁人和弗尔西人围攻的罗马部队时，见有被里应外合夹攻的危险，便收缩集中兵力，加强工事，用树木做成坚固栅栏，进行掩护，固守待援。卡米卢斯认识到必须在援兵到来之前消灭敌人，否则可能陷入反包围。他亲自侦察敌情，获知敌军以大量易燃物制作防御栅栏，在大风作用下，必定难挡火攻。于是，他令一部兵力正面攻击，吸引敌人注意，暗中令一部伏兵携带可燃火的箭矢，乘风将箭矢射向敌营，引发烈火，使敌军大乱，无心恋战，溃不成军，罗马军获得大胜。

古罗马将领马克卢斯有"罗马之剑"之称，骁勇善战，作战经验丰富，做事执着，高傲和蔑视对手，善于亲临阵仗，手格敌将。当迦太基将领汉尼拔入侵意大利时，马克卢斯遇到强劲对手。他一反费边持久战之法，寻求与汉尼拔决战，以平息罗马人对费边的怨气，迎和对自己寄予的厚望。马克卢斯善于运用诡计，当他获悉汉尼拔准备在城内安插特务，趁罗马人出战时里应外合进占其城，将计就计，故意造成城内守备松弛混乱之状，以引诱汉尼拔。汉尼拔军放松警惕，阵势也非常随意，本想迅速占城，却被埋伏的罗马军突然杀出而打得溃不成军，损失5000多人。马克卢斯在另一次战斗中，使用秘密武器投矢，大出迦太基军意外，达到了出其不意的效果，使其又损失5000人马。接连胜利，使马克卢斯更加大胆进攻、交战和急于决战。他甚至不惧伤亡，不计消耗，与汉尼拔军正面硬拼，并死死咬住汉尼拔不放，使之被压得没有喘息之机。汉尼拔一面不断变换营地，回避决战，一面想办法制服马克卢斯。一次战斗中，马克卢斯损失2700人，仍不改战术，死缠硬打，一往直前。又一次残酷战斗，汉尼拔损失8000人，马克卢斯损失3000人。再一次战斗中，汉尼拔设伏，杀死2500名罗马士兵。马克卢斯被彻底激怒，急于报复，率部队尽量趋近迦太基军，这正是汉尼拔所期待的形势和机会。在两军之间有一高地，谁占据之，谁将获得居高临下的优势。汉尼拔不仅未先占据这个高地，反而装作不会利用地利，而暗中却在高地下面的山谷林寺中埋伏大量弓箭手，以待马克卢斯上套。马克卢斯已经完全适应了与汉尼拔交战的常态，对其诈谋毫无预料。当他率200多人到高地观察地形时，被汉尼拔的伏兵围杀。

古罗马将领弗拉弥尼乌斯，率领曾经战胜过汉尼拔的近4万人的精兵，渡海远征马其顿。他为防止进入贫瘠地区和被拖入持久消耗作战,迅速与马其顿的菲利浦接战,向战区强行推进。马其顿军利用控制制高点的便利居高临下,使罗马军仰攻付出较大代价。弗拉弥尼乌斯侦知有一条马其顿人没有戒备的小路,如果得手,可形成对敌前后夹击之势,并获得与其同样优势的制高点。他一方面以主力吸引马其顿主力正面对峙,另一方面派将率约4300人的奇兵,在当地向导引领下昼伏夜行,迂回敌人侧后。他在马其顿军正面排成会战队形,分纵队向前,边战斗,边推进。他们的行动使马其顿军完全未能察觉背后罗马军的行动。当罗马正面攻击部队得知敌人背后奇兵袭击得手后,奋勇攻击,杀死马其顿2000人马。马其顿人见高地已失,便全线溃退,罗马远征军初战胜利。此战后,马其顿军到罗马求和,遭到拒绝,在决定性的会战中,双方势均力敌,发起对攻战。弗拉弥尼乌斯在会战中观察到,马其顿的右翼,既占据制高点的优势,又是菲利浦所在的重点进攻方向,而罗马军与之相对之左翼很难抵挡敌人攻势。他立即作出决定,让自己的左翼尽力牵制敌人右翼,而集中力量歼灭敌人的左翼。由于敌人左翼正处于崎岖不平的地区,使敌人无法形成完整方阵而丧失了纵深,从而丧失了马其顿整体威力,并极易造成其军作战混乱。弗拉弥尼乌斯乘机猛攻敌人左翼,使之自乱阵脚而导致溃败。敌人左翼溃败引发了右翼被夹击,很快也溃不成军,被歼灭1.3万人。

法国元帅杜伦尼是拿破仑所崇仰的统帅,善于针对敌人弱点用兵,作战经验丰富,常常迂回机动,达成作战突然性。在尼德兰战争中,杜伦尼与沃邦、大孔代指挥30万大军,与荷兰军队作战。杜伦尼暗中买通荷兰军火商,使荷兰军火为之一空,军队作战能力大降且难以持续作战。乘法军主力在北欧作战之机,神圣罗马帝国军7万人占领阿尔萨斯,杜伦尼率军迎敌。面对兵力占优的敌军,杜伦尼不顾国王多次禁令和宫廷政敌的掣肘,决心与强敌一拼高下。他的作战行动看似极无章法,以一部兵力在敌军阵势当面中央构筑营垒,摆出一副准备就地坚守防御并过冬的架势，吸引敌人当面主力及其注意力，而以主力隐蔽穿过孚日山脉，进入洛林高原，将部队化整为零，分散隐蔽行军，瞒过敌人，在敌军侧后迅速集结，突然发起攻击。敌军腹背受敌，以为神兵天降，被打得混乱不堪，溃不成军。次年，杜伦尼挥师东进，在图恩海姆战役中，采用出其不意的伏击，再次以少胜多。

（四）变诈多端

古人曰："圣人将动，必有愚色。"约而不守，兵家之常。轻信阳许者，必为人所暗算。以循规蹈矩掩藏至深之计；以贪图小利掩藏诡谲之谋；以胸无大志掩藏莫测之举；以堂皇邀约掩藏变诈之为。变诈突猝，人不及防。凡奸险之将，暗中必有毒计。

阳许阴图　临机变诈

与敌有约，我顺言许之，故从其意，使其自安不为备，我则蓄力待机，兵机一至，我突然变诈，一旦攻击，迅雷不及掩耳。雄略之将，寄人篱下，必行韬晦之谋，表面有愚笨之态，而暗中变诈敏捷，乘人不及，打人不戒。

秦末，楚汉战争到了关键时候，项羽自知少助食尽，韩信又进兵击楚，非常忧虑。刘邦两次派使与项羽说和，项羽与刘邦约定，中分天下，割鸿沟以西为汉，以东为楚。之后，项羽解兵东归，刘邦也欲西归。张良、陈平谏曰："汉有天下大半，诸侯皆附，楚兵疲食尽，此天亡之时，宜因其机而遂取之，所谓养虎自遗患也[①]。"汉王刘邦采纳，率军攻击项羽，虽初战失败，又联合韩信、彭越，

---

① 《汉书》。

在垓下会战中击败项羽，楚地平定。刘邦平定天下后，有人告发韩信谋反，左右争请击之。刘邦用陈平之计，伪游云梦、会诸侯于陈，韩信迎谒，将其捕获。其法与上述如出一辙。

东汉末，曹操消灭袁绍势力，马超、韩遂等在关中起兵，曹操令曹仁率军先屯兵潼关。他深知曹仁难以战胜对手，嘱其曰："关西兵精悍，坚壁勿与战。"当曹操率军与马超军夹关对峙时，明里与之相持，暗中派徐晃等夜渡蒲坂津，据河西为营，马超见势不妙，急忙退兵。当曹、马两军在渭口相持时，曹操明里与之相持，暗中多设疑兵，以船潜运兵众入渭，分兵结营于渭南，敌人夜攻其营，被伏兵击破。马超、韩遂请和，曹操明里假装许之，借机与韩遂交马叙旧言欢，使马、韩相疑猜忌；暗中乘其不备，以轻兵突袭敌人，大破之，马超走凉州，关中平定。

北朝时，北魏将军高欢（后为齐高祖）见北魏政权即将生变，暗有安天下之志，在力不如人之际，只得暂时栖身于尔朱兆势力之中，待机而动。实际控制北魏政权的将军尔朱兆，对敌将葛荣降兵20万人在并、肆二州不稳非常担忧，问计于高欢。高欢深知20万降兵是日后夺取天下的资本，暗有夺占之志，因此建议："六镇反残，不可尽杀，宜选王素腹心者，私使统御，若有犯者，直惩其将，犯法之人必少①。"当魏将贺拔允推荐用高欢统御降兵时，高欢出人意料地用拳击打贺拔允，以致折其一齿，并请求以诬下罔上之罪诛杀他。尔朱兆反而认为高欢诚实，真的任命其统御降兵。高欢以为，尔朱兆酒后下令，恐醒后有变，立即宣布其受委任统州，镇兵可集汾东，兵士素恶尔朱兆而乐高欢，皆聚其麾下。高欢以并、肆二州大灾，请求就食山东。他事先贿赂尔朱兆左右，当其长史慕荣绍宗建议不可委大兵于雄略之人时，尔朱兆以有香火重誓而准其请。尔朱兆发

---

① 《南齐书》。

现有疑点，率轻兵入其营、授刀引头，令高欢砍杀，高欢则大哭，投刀于地，杀白马而盟誓，以去其疑心。当高欢手下想趁尔朱兆于营留宿、夜饮之际，将其扣押，高欢考虑："杀一人而英雄崛起，为害滋甚，不如在兵饥马瘦之时，暂且放过凶狡无谋之人，以免其党奔归聚结。"第二天，尔朱兆返归其营，召高欢前来，高欢听从诸将力劝，未去其营，尔朱兆隔水肆骂，驰还晋阳。不久，高欢起兵反尔朱氏，自立门户。

明兵部主事、右金都御史王守仁（后创立阳明学），不仅精通文事，也精通兵事。王守仁巡抚南赣，农民占山为王，四处蜂起，平乱之官要么避去，要么被杀。王守仁先封闭敌之左右耳目，令人侦知敌之动静，亲率锐卒屯上杭，明里佯退师，暗中突然返攻，出其不意连破40余寨，俘斩7000余人。王守仁率军攻横水，驻兵南康，去横水30里，明里进军逼敌，暗中派400人潜伏于敌巢左右。当敌方迎战时，王军伏兵举帜，敌大惊而溃，纷纷归降，破敌84寨，俘斩6000余人，唯独敌仲容部未下。仲容一方面严为守备，一方面派其弟仲安诈降王守仁，并诡称已降王守仁的将领卢珂、郑志高有异志，须防备其袭击。王守仁料知其计，明里佯捕卢珂，而暗中令卢珂之军集兵待机，同时下令散兵，大张灯乐。仲容对其所为将信将疑，王守仁赐以厚礼，诱其前来入谢，厚饮食之，乘其大喜过望，于观灯乐之机，伏甲士擒戮仲容等。

窃取篡夺　奸诈残贼

窃篡险诈者，必隐忍以待政权危机。伪诈以王业为掩盖，篡夺以顾托作装饰。在平息叛乱中扩大兵权，在权力斗争中清除异己，在正当名义下培植势力，在政权危机时谋取官位，在各方争斗时坐收渔利。奸雄有乘隙用诈之险智，而无经天纬地之雄略，一遇大敌，其势难久。

　　唐末，唐左金吾卫大将军朱全忠（后为五代后梁武帝），利用唐朝正正之旗，剿灭黄巢起义，而隐秘壮大力量，致其势力坐大。唐朝末年，唐僖宗及其统治集团被严重削弱，不得不借重朱全忠的势力以维持统治，致使朱全忠有了篡夺唐政权之机。秦宗权据中原八州称帝，朱全忠奉诏讨伐，由于善于用兵，将其击溃，在作战中进一步加重了兵权，扩大了兵力，树立了威望，使其成为唐朝势大权重之将。尽管唐僖宗去世，朱全忠仍将朝廷奉为至尊，在征讨蔡州过程中，上奏朝廷去掉时溥的都统之职，看似争论将领职权，实则诡秘地用计激怒时溥，迫其发兵反叛朝廷，以便除掉一股威胁最大之军事势力。时溥果然起兵，朱全忠力战，既除掉时溥，又剿灭了秦宗权，受封东平王。朱全忠在天子迁都洛阳途中，将其随从数百人以谋乱罪悉数诛杀，统统换成自己手下，将天子置于自己掌控之下。朱全忠得知诸侯王欲发兵讨伐自己，在一年之中，指使手下将领利用平叛之名和王侯朝请之机，杀唐昭宗、9名诸侯王、朝官百余人，天子惧其威，封其为统领二十一军的魏王、天下兵马元帅。朱全忠仍不满意，让人告发枢密使蒋玄晖与何太后私通，将其二人杀害，又杀宰相、太常卿，在百官劝进下，建梁称帝。

藏形晦迹　　变诈奇诡

　　《六韬》曰："阴其谋，密其机，高其垒，伏其锐。"想要制服狐狸，必须比狐狸更狡猾。一支军队指挥风格及作战特点突变，往往使敌人因来不及适应而措手不及。突然改变打法，可收出敌不意之效。诡谲必先知敌，欺诈必先藏形。从亲身失败中查找真实原因，从敌将骄狡中寻觅必败因素，从实兵演习中检验制敌之法，从敌人诡诈中布置诱敌陷阱。

1942年8月，第二次世界大战中，蒙哥马利任英军第8集团军司令，到北非与德军隆美尔"非洲军团"作战。他经比利时作战和实施敦刻尔克撤退行动，已掌握德军依赖坦克装甲部队快速突击的作战特点，指挥部队多次进行针对性训练和演习，重点用装甲兵、航空兵、炮兵破解其战法。蒙哥马利接手英军北非作战时，见英军连战连败，隆美尔不可一世，便以变诈诡谲以对。一是突然变诈出其不意。8月，蒙哥马利在到任的十几天时间中，极其迅速果断地在部队指挥、部署、士气等方面，暗中做出了突然改变：迅速接管第8集团军指挥权，改变原司令撤退自保的作战计划，以积极防御对付隆美尔的进攻。迅速改变轻视预备队和装甲部队的做法，编组与德军类似的装甲兵力，关键时给敌致命一击。英第8集团军第10装甲军迅速编成，辖4个装甲师。树立权威，稳定军心，鼓舞官兵士气。他通过晋升和外调，撤换了一些参谋和指挥员，使之更强、更有效、更得心应手。这些急剧改变隐蔽进行，不露痕迹，出乎隆美尔所料，使之仍按原来打法对付英军。二是料敌而不为敌所料。蒙哥马利通过对隆美尔"非洲军团"侦察和情报分析，对其下一步作战行动作出比较准确的预料：隆美尔挟战胜之威，为配合德军东线进攻，想要迅速攻占开罗、控制埃及，以及歼灭英第8集团军这个拦路虎；隆美尔只要进攻，一定会使用坦克装甲部队，快速向英军第8集团军侧背突击，进行迂回包抄，使英军腹背受敌，不战自溃；而根据地形勘察，隆美尔一定会选择英军防守虚弱的南翼实施突破，迅速取得成果。隆美尔定会按其惯用手法，先引诱英军装甲部队主动攻击，将装甲兵力藏在反坦克炮后面，待英军坦克消耗得差不多后，再进行装甲兵力猛烈突击。根据上述预料和判断，蒙哥马利秘密隐蔽地采取了关键的战役措施：在德军即将主要攻击的英军南翼，隐蔽埋伏1个装甲师、1个步兵师、2个装甲旅，利用山背、山口进行隐蔽,时机成熟时发起反攻,为隆美尔布设了陷阱。在主要作战方向大胆使用轰炸航空兵,对德军集团进行"地毯式轰炸"。调集炮兵,对德军进行密集炮火打击,大量消灭其有生力量。四是故意让隆美尔的人从英国阵亡情报官身上获得假地图,其中将沙漠地域标明为"硬地",便于装甲部队进行[1]。8月至9月,在阿姆哈勒法战役中,隆美尔上当,其部队发起进攻后,在英军南翼受到雷区、空中轰炸打击,流沙消耗、折磨和困扰。更有甚者,当隆美尔军不顾危险继续硬攻后,又遭到英军坦克部队伏击,猛烈炮火袭击,加上情报泄露,油料补给被截断,部队被歼3000人,消耗损失较大,第一个回合隆美尔败下阵来。在撤退时,隆美尔诱歼英坦克部队企图被蒙哥马利挫败,主动权转入英军之手。三是一反常态示假隐真。1942年10月至11月,蒙哥马利获得准确情报:德军"非洲军团"各类补给大约可维持2个星期,5万德军和5.4万意军中伤病员占较大比例,隆美尔在希特勒处已失宠,德军由南向北60公里宽,15~20公里纵深的防御地域,分三层设防:第一层是约50万颗地雷组成的雷区;第二层是德、意军混编的6个步兵师;第三层是德军2个装甲师和意军2个师[2]。鉴此,蒙哥马利力排众议,一反常态用兵,决心以欺骗伪装让德军相信,英军主攻方向在南翼。他决定突然对敌步兵进行毁灭性打击,一改过去先对付敌装甲部队的打法,然后将敌装甲部队隔离分割,使用装甲兵、炮兵、航空兵,彻底击垮"非洲军团",这种打法出奇制胜。英军通过施放假情报、建立假阵地、设立假物资集散地等办法,将1000余辆坦克、1000多门火炮、几千辆军车、数万吨作战物资,以及81个步兵营兵力,部署到作战地域,而不为德军察觉,成功进行了战役欺骗。阿拉曼战役发起后,德军毫无准

---

[1] 艾伦·穆尔黑德:《蒙哥马利》,京华出版社2008年版,第149页。
[2] 艾伦·穆尔黑德:《蒙哥马利》,京华出版社2008年版,第159~162页。

备,被打得措手不及,但在较短时间内恢复有效防御,使英军在雷区和顽强防御下进展缓慢,仅2天就伤亡、失踪6000多人,损失坦克290多辆。更有甚者,英军前线指挥官出现畏战情绪,在蒙哥马利坚决果断督战下,英军冒着极大危险继续进攻。在战局关键时刻,蒙哥马利敢于适时调整部队任务、攻击方向和路线,敢于以步兵拖住德军装甲部队,以装甲部队担任奇兵实施穿插,出敌不意地打击敌人。在蒙哥马利有力指挥下,德军再也支持不住了,一溃千里。此战,德军"非洲军团"被逐出埃及,一举扭转北非战局。随后,蒙哥马利率军乘胜追击,进军利比亚,突破马雷特防线,参与指挥突尼斯、西西里战役、横渡墨西拿海峡、攻入意大利南部。

十一、外浑内治①

将领在做明显愚笨之事时，往往内里都有精明的算计，唯深究者可得其情。外表沉着如常，暗中施变布置。在官位上的明白，是外在的精明；在权力上的明白，是内在的精明。外表上无论多么浑沌，只要在权力上出以公心，就是最大的精明。视官位势利为第一生命，视忠实诚信为其次之将，是外精明而内浑沌，爬得越高，跌得越惨。外敦厚而内精明者，精通人事，懂得人情，得人之心，借人之助，使人心甘情愿效力、效死。在论功行赏中，透露权力制衡；在施恩行惠中，蕴含威势难犯。善于掌握将领比善于掌握兵力更精明，长于收揽英雄比长于征战更智慧。在最紧要关头忠诚可靠，在最后关头可托大事之将，少之又少。先知者，佯顺其意，不露声色，暗自为之；精明者，逆来顺受，巧于周旋，险中求安；恻隐者，漫不经心，不慌不忙，厚于施恩。忠厚朴勇之将，大是大非不含糊，大危大难不怕死，大权大利不徇私，大战大机不犹豫。钱公良说："是则困辱终身不足耻，非则功名振世不足荣。"乱世务边。群雄并起，善韬隐而后举者胜。笔有时比剑更有力，柔有时比刚更长远。越有战略远见的将领，在当世越默默无闻，因为他的思想已经跨越未来几个世纪了。历史无数次证明，冷板凳能坐出大思想。

---

① 浑：浑沌，模糊不清的样子。

（一）形露神藏

时不至，潜为之备；时已至，击其不戒。外表避让敌人，而内里使将士适应敌人，激发斗志；外表忍让敌人，而内里使敌人失去戒备，创造战机。用自抑隐藏图谋与用进取掩盖图谋，有异曲同工之效。外行韬隐，暗自为之。在愚笨之中隐藏深计，在拙劣之中蕴含诈谋，在畏怯之中暗布杀机，在蛮干之中潜施变术。

内精外钝　微妙通玄

军队的外表对作战至关重要，敌人往往通过一军之外表判断其内情，这正好可以利用其为作战创造条件。本来力量空虚，如果急于到处送信请求救兵，敌人反而会掌握空虚的真情，促使其从速发起攻击；如果从容应战，又多设疑兵，敌人反会摸不透内情，狐疑犹豫，不敢轻举妄动，为制敌制造了机会。这种相反相成的诈术，只有智慧胆略很高的人才敢运用。对内有城府而外不事张扬之将，轻视者必败；对外颇怯懦而暗藏杀机之将，大意者必亡。

东汉太守廉范是战国时赵国大将廉颇之后，极尽孝心，在船漏时，抱持父亲棺柩，与之一起沉溺，众人感动，将其救起，由此声名鹊起。东汉明帝初年，邓融对廉范有恩，在其手下为功曹，当邓融犯案时，廉范知其难解，打算见机相济，便以病辞，邓融不明其中之意，对重用他非常悔恨。廉范夜至洛阳，变姓名，求得了廷尉狱卒的差事，在狱中百般照顾邓融，即使邓融怀疑他就是原功曹，也未说破，不论狱内狱外，他都悉心照顾邓融直到将其安葬。他又在公府做事，曾经恩师薛汉受楚王之事牵连，故人门生莫敢往视，唯独他前往收尸，虽触怒了皇帝，当了解其为人后，任其为云中太守。匈奴大举入塞，手下劝其按惯例速移书旁郡，以求救援。廉范不听，亲率将士抗御匈奴，看似愚笨，实则心中已有御敌之计。他白日与匈奴作战，寡不敌众；日暮则令军士交缚两炬，三头点火，营中星列。匈奴遥望火多，以为救兵已至，大惊而退兵，廉范率军追击，斩首百级，敌自相践踏，死者千余人。匈奴此后不敢再向云中。

三国时，东吴孙权北征，令其将陆逊、诸葛瑾攻襄阳。陆逊派遣亲信韩扁携表奏报孙权而还，中途为敌所获。诸葛瑾考虑到孙权已返，敌人得韩扁，俱知内情，心急如火，让人送信陆逊，而陆逊未置可否，照常种豆、下棋。诸葛瑾急忙面见陆逊，陆逊告之："敌知孙权已返，无所顾虑，必专力对我；我已守要害之处，兵将意动，宜自定以安之，暗设变计，突然而动；如果示之将退，敌料我畏惧，必来攻我，取败之势①。"陆逊明里摆出水陆并进攻取襄阳之兵形，诱迫敌人还守城池，暗中引军袭取江夏等地，迅速摆脱了危局。

五代时，后唐衙内指挥使周德威，勇闻天下。后梁军围太原时，传令军中，能生得周德威者为刺史。梁骁将陈章，骄狂轻躁，常乘白马、穿朱甲以自异于他将，出入阵中，求周德威欲擒之。当时，晋王李克用让周德威注意戒备陈章。周德威认为：陈章喜好大言，令其部见乘白马、穿朱甲者，当佯走以避。到两军对阵时，周德威微服杂于卒伍之中，陈章挑战，刚一交锋，晋军一见白马朱甲之将，立即退走，陈章急速追击，周德威伺见陈章已过，突然挥铁锤重击，陈章中锤堕马，被晋军生擒。梁军攻燕，晋王派内外蕃汉马步军都指挥使周德威率5万兵马攻梁。梁军舍燕进攻潞州，晋军潞州守将李嗣昭在内，周德威在外，与梁军相持逾年，而李周二将有隙。当时，晋王李克用病危，李存勖（后为唐庄宗）新立，杀其叔父李克宁，晋政权不稳，而其重兵握在周德威之手，晋廷畏惧有变。李存勖派

---

① 《三国志》。

人将杀李克宁之难告知周德威,并召其回军。在事变突然,内情难料,吉凶未卜的情势下,周德威外浑沌而内精明,即日火速回军太原,留重兵于城外,徒步而入,扶棺痛哭,晋廷遂安。看似周德威不防暗算,而其城外精兵,足令人不敢轻举妄动。

伪许密图　暗布杀机

　　外表疾笃意荒,内里刚断英特;外表形神分离,内里沉潜待机。凡对手故意暴露出的内情,多为掩盖其深谋密计,必须详察细审蛛丝马迹,或能防患未然;凡对手刻意表现出的谦恭,多为隐藏其阴谋暗图,必须深自反省疏漏过失,或能早为戒备;凡对手假装表现出臣服,多为矫饰其变心异志,必须顺详其意不露声色,或能消弭祸乱。

　　三国时,蜀汉诸葛亮深知,征西大将军魏延,很难有人能制服他。诸葛亮病重时,密与长史杨仪、司马费祎、护军姜维等作其身后退兵安排。诸葛亮密嘱:"令魏延断后,姜维次之,若魏延不从令,军便自发。"诸葛亮死后,魏延对其暗中安排毫无察觉,在得令后,拒绝断后,不为杨仪节制,抢先南归,所过烧绝阁道。魏延所做所为,违背深得军心的诸葛亮的命令,立即使军中诸将及蜀中文武都保杨仪而疑魏延。及至杨仪与魏延对阵,魏延军中将士自知理亏,不服其令,各自散去,魏延独与其子数人逃往汉中,被马岱追斩。

　　东晋车骑将军刘裕与后将军刘毅共同兴复晋室,功业不相上下。刘裕认为,刘毅虽以权事相推,但内心不服,不仅有雄才大志,而且善于招揽朝士,与尚书仆射谢混,丹阳尹郗僧施并深相结,终将为变,决定密图之。刘毅拥兵雄踞江陵、豫州,为其弟刘藩请任其副将,刘裕不露声色,顺从其意,伪许其任,使刘毅不备。几月之后,刘藩入朝,刘裕将其收捕,与谢混一并诛杀,迅速派将突袭攻破江陵,刘毅及其党羽伏诛。

内刚外柔　性忍智胜

　　压制将士冲动的斗志与放纵对手蛮横的行为，都是外表避让隐忍而内里胆识、刚断的智斗。因为，压制将士的冲动，好比压挤弹簧，压挤得越狠，反弹得越猛；放纵对手的蛮横，好比放任烈马狂奔，狂奔得越快，消耗得越大。所以，物极必反，智将在战事将转变的时机下手，必能制敌。

　　古罗马将领马略，率罗马军与条顿蛮族作战。条顿军队士卒众多、非常凶猛，面目及吼声令人生畏。马略表面避让、隐忍，压制军内易怒和冲动的将士，而暗中积蓄力量，等待时机。实际上，他以退让而使士兵适应其威胁，减少恐惧，反激将士搏斗的士气。条顿的挑衅、藐视、污辱、抢掠和烧杀，果然激起了将士的愤怒和求战之心，埋怨马民略畏敌避战，要求与敌人决一死战。马略见罗马军士气已锐，而条顿逐渐放松警惕，轻视罗马军，行军及安营缺乏随时战斗的准备，决定对敌发起致命一击。马略料知，条顿占据河流，虽然水源充足，但是其兵力分离，难以展开，严重缺乏戒备，而罗马军队缺乏水源，在争夺水源的动力驱使下，必定死战，从而使条顿难以阻挡。马略乘机指挥部队发起攻击，很快在气势上压制了条顿，在挫其前锋后，发起有力的冲击，使条顿军节节后退，攻击很快变成追杀，条顿人败下阵来。马略并未因胜利而冲昏头脑，他料定敌人实力仍在，随时准备反扑，因此告诫将士提高警惕，准备新的战斗。他令3000名士兵埋伏在敌军背后的山林地中，在靠近山地的斜坡上列阵，引诱条顿来攻。马略待敌发起仰攻，战斗激烈之时，令伏兵发作，罗马军将士士气大振，经过夹击和追击，条顿大败。

　　古罗马将领屋大维，是罗马名将恺撒的侄孙。他智慧过人，受到恺撒特意培养指教，使其学到了决断力、军事行动效率和指挥能力。恺撒一遇刺，罗马将领安东尼野心毕露，企图掌握恺撒的权力，尽力笼络其军队，根本没把恺撒的法定继承人、养子屋大维放在眼里，竟离开罗马一个月之久。屋大维很快否定了带恺撒的6个军团速回罗马报仇的建议，决心既复仇，又夺回大权，并除掉安东尼。但是，他所表现出的状态却是另一番景象：努力当选执政官，与前任执政官安东尼平起平坐，与安东尼、雷必达形成"三头专政"，表现出对独立执政、独揽大权并无兴趣。他与安东尼率20个军团征讨杀害恺撒的主谋即布鲁图军时，借病避开了与强悍军团搏斗，也表现出不善征战的怯懦样子。屋大维的韬晦之计，果真使安东尼骄矜自喜起来、更加蔑视屋大维的懦弱无能。屋大维乘安东尼远在埃及、雅典等地，全力巩固意大利，稳定政局，收揽人心，削平叛乱，去除隐患，牢掌恺撒主力军团。而安东尼对屋大维的深刻用意并未看透，也未预做各种准备，却亲率6万大军远征安息。屋大维则乘机率军收复西西里，除掉雷必达，迅速形成与安东尼对决的战略态势。等到安东尼在安息战败，屋大维已经羽翼丰满。屋大维与安东尼进行决战时，仍大智若愚，把与安东尼的战争宣布成对埃及女王克利奥帕特拉入侵的战争，既巧妙隐藏了内战的本质，便于筹措资金、资源和动员兵力，也便于分化安东尼军团中的将士，容易动摇其军心。屋大维对安东尼实施海上封锁，使之补给困难，加上疾病流行，逃跑者增多，安东尼决定在近海强行突围。安东尼战心不固，克利奥帕特拉的舰队满载珠宝，难以作战，随时准备溜走。海战一起，安东尼舰队锋头受挫，克利奥帕特拉率60艘舰船逃往埃及，安东尼乘快船追上她，整个舰队崩溃、投降，屋大维成为罗马皇帝。

（二）智藏于浑

看似浑然不明，却能使之心领神会，更加服从敬畏，心甘情愿效力，必为大巧若拙。以压制得人心者不久，以浑厚得人心者必固。外浑厚而内精明者，总使人对前景抱有期望，对回报抱有期待，对胜利抱有信心，对指挥抱有敬畏。大乱之后，用恩比用威更能稳定人心；大军之出，手握将领比手握雄兵更能控御局面。明知不可为而为之，看似愚暗，实则深明大义，赴义而死，其死重于泰山。死谏者，看似赌命，实则意深情切；周旋者，看似圆滑，实则心定神住；镇定者，看似宽缓，实则洞若观火；诈探者，看似提醒，实则警告威吓；直言者，看似实在，实则避嫌自保。政治清醒是最难得的清醒，忠贞不贰是最可贵的品质。

大巧如拙　浑然御下

在大势行将发生转换的过渡时期，高智者早已窥破变局的趋势，而早早投棋布子；中智者的思考仍停留在过去，不知已处变局之中；下智者则墨守成规，一成不变。高智者应对变局时，由于他见之于早，所采取的措施，看似不合时宜，却已开先，为即将到来的整个变局做了铺垫。把握先机者即握胜算。

楚汉战争时，刘邦既杀项羽，平定天下，文武争功，岁余不决。刘邦重封萧何，受到武将反对，并摆出战功，刘邦将武将比作豹子，将萧何比作指示豹子的人，不予改变；当大臣以曹参身披七十创为由，要求其排在萧何之前时，刘邦以萧何无可替代、有不世之功为由，将其排在曹参之前，赐其带剑上殿。刘邦固执到不近情理的地步，强压武将大臣的不服，好似故意抬举萧何，实则隐含了夺取政权后以文臣抑制武将和保持汉朝政权安全之深意，后来正是萧何制服了韩信。

三国时，蜀汉刘备善于收揽人心，御将也能赢得真心。黄忠原是刘表手下，归顺刘备后拜讨虏将军，斩杀曹操大将夏侯渊后迁征西将军。刘备为汉中王后,想拜黄忠为后将军,诸葛亮认为:"以黄忠的名望,素非关羽、马超之伦,如若令与同列,马超、张飞亲见其功尚可喻指,关羽远在荆州恐必不悦。"刘备以"吾将自解"为辞,使黄忠与关羽齐位,赐关内侯。刘备看似糊涂,其实更深的用意是,把嫡系将领关、张与马、黄等齐位等列,显示出并非亲亲疏疏,使马、黄等后起之将甘效死力。刘备得汉中,诸将皆认为必派张飞镇守,张飞也自认非己莫属。刘备则出人意料,拜牙门将军魏延为镇远将军镇守汉中,大出众人意料。刘备御将之法确实高人一筹。刘备取得益州,在大宴群臣诸将时,刘备问收蜀有功的庞统:"此会乐否?"庞统答道:"伐人之国而以为欢,非仁者之兵。"刘备对这种指责非常不快,借醉酒发怒,将自己比作武王伐纣,指责庞统言语不当,令其出去!庞统退出一会儿,刘邦让庞统还坐,问庞统曰:"刚才的议论是谁错了?"庞统答道:"君臣俱失。"刘备大笑,宴乐如初。刘备利用醉意之怒,压制了庞统当众无礼的骄矜之气,等于告诉群臣诸将,他取刘璋益州是仁义之举,为其所用。

南朝时,东晋将领刘裕先后消灭桓玄、慕容超、卢循、刘毅、司马长民等,位极人臣,大权在握。刘裕身居寿阳,暗有谋求帝位之意,但不想背骂名,打算造成名正言顺的态势。他在召集朝臣宴会时说:"我复兴晋室,平定四海,功成显著,然年将衰暮,崇盛已极,物戒盛满,非可久安,欲奉还爵位,归老京师[①]。"大多数朝臣未解其意而盛赞其功德,宴散之后,已经出宫的中书令傅亮突悟其意,不顾宫门已闭,执意请见刘裕。见后请求暂还京都,刘裕立解其意。傅亮至京都,说服皇帝,皇帝即征刘裕入辅,晋爵为王,并禅帝位于刘裕,刘裕建宋称宋武帝。

---

① 《宋书》。

推心置腹　蕴意至深

　　将帅之事莫深于掌控军心士气。而御军以诚，推恩于人，宽其小过，成全其愿，最能得军心、励士气、安反侧。成人者，人必报之。推心置腹，可除反侧不安；用人不疑，可化解挑拨离间；宽大优惠，可迅速稳定大局。

　　王莽末年，刘秀在决定胜负之昆阳之战中，众寡殊悬，危在旦夕，诸将惶怖，欲散归诸城。刘秀以死中求生之理，里应外合之策，重新聚拢诸将，力取昆阳之胜。刘秀攻破邯郸，收取属下与河北王王郎交结信书数千章后，不仅不看，当诸将之面烧掉，"令反侧者自安"。刘秀击破铜马，封其渠帅为侯，降者犹不自安。他自驾轻骑，巡视降部，降者见刘秀推赤心置人腹中，由是皆服，甘愿为其效力，降众分配诸将，兵力数十万。部下多次请求刘秀称帝，都被拒绝。耿纯提醒，士大夫捐亲戚、弃土壤，于矢石之间，固望攀龙麟附凤翼，若留时逆众，不正号位，恐士大夫望绝计穷，一朝散去，难以复聚，刘秀遂即皇帝位。

　　北朝时，北魏龙骧将军王慧龙曾是南朝人，祖父被诛杀，为僧人所救，进入魏朝，在魏屡立战功，魏世祖拜其龙骧将军，荥阳太守、长史。南朝宋朝文武忌畏王慧龙，其将刘义隆行反间计散布："王慧龙自以为功高而位不至，欲引敌入边，因执安南大将军司马楚之以叛魏。"魏世祖虽然曾因有人夸赞王慧龙为贵种而加以怒责，但是他仍重用身为南人的王慧龙，并深信不疑。当他得知刘义隆散布王慧龙谋反后，认为这是齐人反间乐毅的故伎重施，刘义隆畏王慧龙如虎，欲相加害。因此，他并不介意，更加信任王慧龙，使之成为阻挡南将的重要屏障。

　　五代时，后周归德军节度使、检校太尉（后为宋太祖）赵匡胤，虽手握雄兵，能征善战，然而孝友节俭、质任自然，不事矫饰，推心置腹，恩威并施。他表面威严难犯，内里颇为宽厚。陈桥驿兵变，他黄袍加身，夺取政权，威震四方，但并未忘记藩将与契丹正虎视眈眈，觊觎皇权。尽管他可以进一步施威以震慑朝臣及皇室，却约法三章，令其军士不得惊犯太后、周恭帝，不得侵凌大臣，不得侵掠朝廷府库和士庶之家，用令者重赏，违令者诛戮，立即安抚了朝廷，使中枢及京城不乱，从而稳定了局面。赵匡胤即皇帝位后，吴越国主来朝，自宰相以下大臣都请求留其人而取其地，赵匡胤不听，并决定让其归国。到辞别时，赵匡胤取群臣请求抑留其主章疏数十轴，封送之，并嘱途中密观。吴越国主自是感惧，江南平即乞纳土。南汉刘鋹在其国内，常好置毒酒以治臣下，及其来朝，赵匡胤在讲武池为其置宴赐酒。刘鋹捧杯泣以求生，赵匡胤笑着说，我怎么能那么做，即取其酒而自饮，另酌酒以赐刘鋹，使之既畏惧又感恩。

杀身成仁　毅然莫夺

临大事、决大疑、赴大战，舍生忘死，大公无私，毅然莫能夺。表面看只知硬拼性命，实际上蕴含深谋大智。以牺牲自身而激励国人，震慑敌胆，以为万世模范，非雄伟之将不能为。英烈之将，其身虽亡，而其精神永存。

秦末，齐王田荣败于项羽，其弟田横收齐散兵得数万人，反击项羽。刘邦夺取彭城，项羽释齐，田横收复齐邑，立田荣之子田广为齐王，田横为相。汉王刘邦派郦生劝说田横归汉，由于归汉后齐实际存在，田横以为然。而韩信不顾汉王与田横之约，乘齐军不备攻入临淄。田横误认为刘备失信，烹杀郦生，与韩信作战战败后，齐王田广死，田横投奔彭越。项羽击败田横，立彭越为梁王，田横惧诛，与其徒500余人入海，居于岛中。刘邦称帝后认为："田横兄弟深得齐人心，贤者多附焉，今逃于海中，后恐为患。"于是，派人赦其罪召之。田横已看透其意，请为庶人。刘邦又以封王封侯相召，并表示如不奉召将举兵诛伐。田横自到，令家人带其首级随使者驰奏，刘邦被感动，礼葬田横，赦其家人及从属，其属皆自杀，刘邦知田横能得士。田横深意在于，与其到汉廷做官封侯，使齐彻底覆灭，不如以死报齐，激励齐人恢复宗庙。直到今天，田横五百壮士的故事仍流传不绝，可见田横之意何其深刻！

南宋恭帝时，元军三路大军逼进京师，皇帝诏天下勤王，响应者聊聊。文天祥迅速收集区内豪杰勇士，拥众万人。其友阻止说："君以乌合之众赴，何异驱群羊而搏猛虎。"文天祥认为："吾亦知其然，尽管他的说法是对的，但国家养臣庶三百余年，一旦有急，征天下捕，无一人一骑入关者，吾深恨于此；故不自量力，而以身殉之，庶天下忠臣义士将军闻风而起者，义胜者谋立，人众者功济，如此则社稷可保[①]。"文天祥英勇抗敌，直至被俘以身殉国。至今仍作为民族英雄世代传诵。

明右金都御史、右副都御史、兵部侍郎，督天下援兵卢象升，初为文士，后为将军，熟兵略，善治军，尤明大义，有大节。他与高迎祥、李自成所率领的39万农民起义军作战，有过三日绝饷的情况。他上言直陈朝廷之失："每次都是在起义军势张众聚之后，才调兵增兵，每次都是明军兵至兵集之后，才议饷请饷，导致明军反叛投降增多、军饷多资起义军的后果。"朝廷未置可否，明军一败再败于起义军，起义军日益增强，终对明政权构成致命威胁。卢象升率军与清军作战，见朝廷及皇帝主战不坚决并私下派人议和，断定如此将严重影响军民抗敌士气战心，在起义军和清军夹击下极度

---

① 《宋史》。

危险。不管皇帝喜欢不喜欢,他坚决主张抗战,当面警告明将杨嗣昌,要为政权覆亡承担后果。杨嗣昌夺去卢象升尚书之职,绝其军饷,分其兵,只让其统率残卒5000人,抵挡清军大举南下。畿南三郡父老建议:"在奸臣在内、孤忠见嫉之际,速召三郡子弟,一呼而赈粮从者可十万,不必只臂无援立而就死。"卢象升征战感激之余,告之:"以必死之心迎战,不牵累三郡父老。"卢象升军在外无援兵、内无余粮、众寡悬殊,被清军数万骑包围三匝之下,奋力死战,全军覆没,悲壮殉国。他早已料到兵败身死的结局,然而却死得其所。

愚形于外　智隐于内

　　凡敢于不顾生命危险而表露心迹、据理力争之将,必已窥破彼不敢杀一人而动摇人心、激起波澜的道理。表面上避让、隐忍、谦退、宽厚、施恩,却使人悟出其中蕴含的至理深计,不费大力而化解争斗、矛盾和危机。表面漫不经心,点到即止,不说破玄机,而使人自悟其意,心领神会,为其留下敬畏、谨慎行事之余地。

　　秦末,栾布与彭越深结,楚汉之争时,在燕王臧荼手下为将。臧荼反叛、为汉王刘邦击败后,栾布被俘,被梁王彭越解救,为梁大夫。刘邦称帝后,以彭越谋反之罪,诛其三族,并下诏,有敢收彭越之首者,必捕之。栾布出使齐国一返回,奏事彭越头下,祠而哭之,因违令被捕,刘邦准备将其烹杀。栾布临刑前愿一言而死。他说:"彭越有助刘邦破项羽之功,而刘邦征兵于梁,彭王因病不行而疑其谋反,反形未见而以苛小案诛灭之,恐功臣人人自危。"栾布言完请就死,刘邦领悟其意,为政权稳定和安定人心,释其罪,拜为都尉。汉文帝时,栾布为燕相至将军。

　　西汉时,卢绾随刘邦起事,为将军,破项羽后,封为燕王。他深知作为异姓王,迟早是被诛除的对象,因此极尽周旋之能事,以求自保。陈豨反叛于代地，刘邦领兵平叛。卢绾及张胜考虑："燕所以能久存，因为诸侯数反，兵连不决，如果帮助刘邦灭陈豨，豨军已尽，次亦至燕。"卢绾因此表面奉令讨伐陈豨，而暗中令燕缓动而与胡人讲和，利用陈豨与匈奴势力而存燕。刘邦知其谋，想召其当面质问，卢绾称病不往；当刘邦令樊哙率兵攻燕时，卢绾悉将其属骑数千居长城下候伺，表示并无反意。刘邦去世，卢绾恐吕后加害，投入匈奴，匈奴立其为东胡卢王。他终究避免了韩信、彭越等异姓王被诛灭的命运。

东汉时，刘秀拜寇恂为偏将军，任其为颍川太守。寇恂执法严峻，执金吾贾复部将杀人，寇恂未按当时比较宽容的执法，而是将其戮之于市。因此，寇恂与贾复结怨，贾复甚至发誓见到其后将手割之。寇恂知贾复之谋，既尽力回避，又不听部将以硬对硬的建议，决意妨效蔺相如故事，为国家宁愿屈于贾复。当贾复率军进入颍川界时，寇恂让属县盛情款待，为每一人准备够二人享用的酒食，寇恂虽出迎于道，却称疾而还。贾复准备派兵追寇恂，而将士皆醉，便不了了之。刘秀为两将调解，二人结友而去。刘秀手下虎牙大将军姚期，矜严有威，智慧过人。姚期攻取邺，邺中豪杰李熊颇得人心，其弟李陆谋反起事，并打算将李熊迎往檀乡。谋反的消息报告三四次之后，姚期才召李熊问讯，李熊叩首，愿与老母俱就死，大出乎其意料。姚期与其他将军大不相同，似乎没把反叛当回事，说："当官吏不如当盗贼乐呵。"他让李熊按原来想法携老母去李陆处，并派人将其送出城门。李熊见到李陆，向其讲述了姚期宽宏大量，不仅未杀母子二人，反而善待如亲。李陆大愧，与李熊将到邺城西门时，自杀以谢姚期。姚期嗟叹，以礼葬之，让李熊仍任原职，于是郡中服其威信，人心归向。

北朝时，北魏镇东将军崔光，有大度，喜怒不见于色，以善言报毁恶，终不自申诬谤曲直，乐善好施，有高才大量，魏高祖曾说：

"若无意外，崔光20年后当为司空。"崔光任中书令时，魏世宗将对元愉之妾李氏用刑，群臣无敢言者，命崔光拟诏。崔光奏请魏世宗："虽然李氏罪重，按律当用重刑，但是考虑到她将临产，若此时屠戮，谓之刑，桀纣之虐主，才行此刑；且酷而乖法，何以示后，尤其要考虑到皇子尚处襁褓不至夭失，请停李狱，以候育孕。"他有意无意之间表露了对皇帝的忠心和对皇子的长远考虑。魏世宗心领神会，不仅采纳其议，而且在皇子稍长时，不顾崔光多次推辞，授其太子少傅，迁右光禄大夫、侍中。魏世宗病逝，崔光任领军将军、车骑大将军、封侯，任司徒。崔光临终前，教其后代不忘皇帝厚恩，以死报国。

北宋时，辽军大举入侵，宰相寇准力排众议，建议宋真宗御驾亲征，宋真宗率军刚渡过黄河，见辽人骑兵遍地，直抵澶渊城下。正在众人惊慌之际，宋真宗暗中派人察看寇准所为，而寇准正酣睡于中书，镇定如常。宋辽订立澶渊之盟，从而稳定局势的情况，想必寇准早已料定。北宋景祐年间，丞相王曾得知诸王宫教授刁约应宗室子弟之请，起草了为皇族子弟乞迁官表，却绕开了丞相。王曾认为，刁约视丞相可有可无。一次，他见到刁约，故意问刁约："那个乞迁官表何人所为？"刁约未测其意，答以不知。归而思之，恐怕得罪丞相，于是再次拜访相府，据实讲明由自己所为。王曾王顾左右而言辞说："没什么，但爱其文辞耳。"并再三嘉许刁约，并告皇帝已有意旨，另有安排，过几天会有结果。事后，诸宗子重谢刁约时，他因惧怕王曾得知，力辞不敢受。王曾不露声色，使刁约及诸宗子畏其威严及明察秋毫。

元辅国上将军刘国杰雄猛异常，胆力过人，御下有方，其军能征善战。蒙军征东兵无功而还，元帝怒将大小将校悉数罢免，令刘国杰为征东行省左丞。他在受元帝召见时，奏请皇帝治元帅之罪，而将诸将官复原职，令其人人思奋，以雪前耻。元帝听从，尽复其官，使之隶属刘国杰作战。刘国杰率军顺利平息黄华反叛,余众皆溃。有的将领要搜查余众尽数杀之,刘国杰制止,决定招谕胁从,余众果然出降。湖南多地聚众骚乱,刘国杰率军平乱,斩杀首领,余众皆降。有人奏请:"为防其反复,不如尽坑之。"刘国杰未听,择要地为三屯,分置衡、永、武冈,迁其降众守御,每屯500人,以防盗贼,降者有故田宅,尽归还之,无者,使杂耕屯中,后皆为良民。后来,他又经营茶陵、衡、郴、道、桂阳,凡广东、江西盗所出入之地,南北3000里,置戍三十八,分屯将士以守,于是东尽交广,西画黔中,地周湖广,四境皆有屯戍,制度周密,不仅蛮夷不能入寇,而且盗贼也被平息。元末,刘基辅佐朱元璋灭元建明,功不可没,其才能充分展露,也容易引起皇帝的猜忌。明帝朱元璋问刘基丞相人选长短,刘基深知,朱元璋对重臣特别是丞相极具戒心,对大臣专权极为敏感、严厉,虽问别人,实则在试探重臣之间的关系,目的是防止大臣结党专权。而且他已大致预料朱元璋很可能使用的少数几个人选,因此刘基通过机智巧妙对答,使朱元璋明白自己的真心,去掉嫌疑,以求自保,应对起来既精明又不露声色。朱元璋因事责备丞相李善长,刘基不计李善长数次加害于己,仍称赞其为大材;及李善长被罢相,朱元璋欲用杨宪,询问刘基,刘基虽与之相善,仍力言不可,称其有相才无相器;问汪广洋,答道:"其殆甚于宪";再问胡惟庸,答道:"非辕马之才";又问刘基可否,答道:"疾恶太甚,不耐剧繁。"之后杨宪、汪广洋、胡惟庸皆败,而刘基受封诚意伯。

不计官职　正义而行

　　正义之将,言行透着侠义之气,看似不懂世故,不合时宜,一旦需要在正义与官职两者之间作出选择,必定把正义看得比官职更重要。他们觉得为正义而斗争是值得的,是自己真正的人生价值。这也是历史上有些因正义被罢官的文臣武将，其名气要比没丢官的文臣武将大很多倍的原因所在。正直而不阿附，为公而不结党，忠信而不枉法，贬谪而无怨气。

楚汉战争时，将军季布曾在项羽手下数次使刘邦陷入窘境，及项羽被灭，刘邦先是悬赏千金抓捕季布，后为防其投奔匈奴而拜其为郎中。汉惠帝时，君弱臣强，吕太后召诸将商议对付匈奴之策，樊哙及诸将皆奉承吕太后，顺其意行事。季布一反常规，不顾樊哙与吕太后有亲戚关系，当廷揭穿樊哙以10万之兵击败匈奴之策为面欺面谀，满殿皆恐。吕太后罢朝，并不复议击匈奴事。看上去季布胆大包天，作为降将敢廷折国戚樊哙，实则其用意深刻之至。因为，吕太后与樊哙有亲，异姓王势力正在坐大，季布敢于廷折上将，反有利于刘姓宗室。之后，汉文帝重任季布于河东股肱之郡。

西汉时，汉文帝以周亚夫为将军，亲至其军慰劳将士，周亚夫士卒被甲、锐兵刃，皇帝不得入，军门都尉曰："军中闻将军令，不闻天子之诏。"周亚夫受诏传将领后，皇帝才按军中规矩按辔徐行，周亚夫敬以军礼而不拜。汉文帝赞其为真将军矣，拜其为太尉。汉景帝矫枉过正，为防同姓王再生叛乱，想封外戚为侯加以牵制。周亚夫不顾皇帝面子，以汉高帝"非有功不得侯"，将其想封外戚侯的动议阻止，引起汉景帝的嫌忌。在这种情况下，周亚夫要么以隐忍周旋，要么尽早隐退以避祸，而他常常愤愤不平，引起汉景帝极为不快。当汉景帝给匈奴人封侯时，不顾周亚夫反对，执意而为，又借有人告发周亚夫谋反而将其下狱。周亚夫下狱后，五日不食，呕血而死。

东晋右军将军、会稽内史王羲之，朝廷公卿皆爱其才器。他料事必中，且有先见之明，中军将军殷浩不听其劝，兵败被贬为庶人。当时，骠骑将军王述与王羲之齐名，而王羲之却瞧不起他的为人，因此二人关系不好。王述每年都要回会稽扫墓，王羲之只陪同了一次。

之后，王述认为王羲之将来拜访陪同的期望多次落空，便深以为恨。王述更加显贵得势后，在检查会稽治理情况时，故意找茬羞辱王羲之，以为报复。王羲之深以为耻，并一叶知秋，看透了东晋穆帝之后，小人、庸人、奸人当道，而有真才实学的人难有作为的趋势。按照他的本性和对国家的忠诚，绝不会与之合污，毅然决定称病去郡，永不为官。果不出其所料，自其去官后，东晋在君弱臣强、混乱、内斗、自相残杀中苟延残喘，而王羲之成为书圣，青史留名，而王述小人遗臭万年。

南宋康王赵构即位为宋高宗，岳飞不怕得罪奸臣，上奏建言："陛下已登大宝，社稷有主，已是伐敌之谋，而勤王之师日集，彼方谓吾素弱，宜乘其怠击之，黄潜善、汪伯彦辈奉车驾日益南，恐不是系中原之望。臣愿陛下乘敌穴未固，亲率六军北征，则将士励气，中原可复。"奏闻，宋帝以其越职之由夺官令归。

明朝平蛮将军、右都督俞大猷任将之时，正是奸臣严嵩一党大行其道、倭寇不止、边患不断，不仅要应对外寇，还要应对内部复杂关系。他作为小校尉守御金门时，曾向监司上书论议平定海寇之事，惹怒了监司，被杖责、夺职。他择机向兵部尚书毛伯温上书，陈述平寇方略，被推荐任署都指挥佥事。平叛中，他虽然显露指挥才能，立有大功，因未攀附严嵩私党，被严嵩抑而不用。他看似只会平叛作战，不会阴结朋党，不合时宜，不懂权术，然而也正是"愚钝"使其虽危犹安。俞大猷奉命战倭寇于浙东，大破敌寇，其功为严嵩党羽赵文华、胡宗宪所居，不仅未被叙用，反而被谪充为事官。他毫无怨言，仍不攀附奸党，屡战倭寇，屡立战功，成为平倭难以替代之将，有立大功，为朝廷所重，先后任其为都督、署都督同知。作战中，俞大猷与胡宗宪不协调，作战不利，胡宗宪自己纵敌，却透过于俞大猷，明世宗大怒，将其下狱，再夺其世荫。陆炳与其关系素好，密以己资买通严嵩之子严世蕃，使之出狱，往塞上将功折过，作战有功，任参将，于两广平倭屡建战功，任指挥佥事。俞大猷为将清廉，驭下有恩，屡建大功，然而其受到的赏赐和拔用则与之不相称，而且时常遭人诬陷、暗算。不过，也正是因为他不计官爵、不计名利，不附私党，专心平寇，使他能在奸党横行的时期，既有功名，又有晚福，而未与严嵩奸党一起覆灭。

外朴内精　质忠性一

为将，有瑕疵是最大的智慧。在军事上有功有过，在办事上有所过失，在生活上有所放荡，只要在政治上不结党营私，无非分之想，不野心勃勃，忠厚朴勇，诚实可靠，就是最大的精明和最大的安全。表面一介武夫，内理深通人事。

王莽末年，天下大乱，群雄并起，窦融雄据河西，拥兵万骑，联结张掖、酒泉、金城、敦煌、武威，行河西五郡大将军事。当时，隗嚣在陇，公孙述在蜀，刘秀在洛阳，尽管隗嚣想收揽窦融，窦融考虑，刘秀土地最广，甲兵最强，号令最明，天命所在，不惜放弃河西要地，决定归顺刘秀，而避免了隗嚣、公孙述被刘秀剿灭的命运。此后，窦融在帮助刘秀平定陇、蜀后，主动交出兵权，虽封侯任冀州牧、大司空，毫无野心，深得刘秀信任、礼遇。窦氏一公、两侯、三公主、四二千石，官邸府第，相望京邑，奴婢以千数，国戚功臣中莫与之比。窦融正是以此表明醉心于荣华富贵之中，而没有政治野心，已与皇权融为一体，利益共享。因此，即使窦氏子弟违法，引起皇帝盛怒，对他仍手下留情，直至寿中正寝。

南朝时，齐末天下大乱，萧衍（后为梁武帝）为宫朔将军、雍州刺史，曹景宗见萧衍识鉴过人，深自结附，追随起事，拜冠军将军、竟陵太守。起兵后，曹景宗建议萧衍奉迎南康王于襄阳，既挟天子以令诸侯，也控制住南齐政权，为夺取政权创造有利条件。萧衍虽未采纳，但曹景宗忠心耿耿、并无野心已烙在萧衍心中。他助萧衍夺取战略要害郢城之后，拜左将军，都督郢、司二州诸军事。其军抄略财物，掠夺子女，为萧衍严令禁止。曹景宗进号平西将军后，率军解徐州之围。他违反萧衍大军齐集后俱进的指令，一军独进，忽遇暴风雨，淹溺颇多，被迫退回出发地。萧衍认为这是天意，并未怪罪他，大军齐集后果然大败魏军，生擒敌5万余人，曹景宗拜领军将军。虽然他受萧衍器重信任，立有战功，但是从不结交公卿，妓妾数百，嗜酒好宴，醉后竟将梁武帝称作下官。萧衍不仅不怪，反以为乐，因其忠心不贰，始终如一。后来，曹景宗迁侍中、中卫将军，江州刺史，寿中正寝。

　　北朝时，北魏建武将军高允，清平忠实，外厚朴，内精明，为人称道。司徒崔浩曾举荐五州数十人为州郡之选，魏恭帝想要先召之人先补任郡县，以新召者代为郎吏，崔浩与之固争，结果先用了新召之人。高允认为，崔浩与皇帝较胜，难免招祸。辽东公翟黑子在奉令出使并州时，收受布料千匹之事被告发，问于高允："一旦魏世祖过问，是如实报告，还是隐瞒不报？"高允认为："翟公是帷幄宠臣，宜如实答对，表以忠诚，罪必无虑。"然而，翟黑子听信崔览、公孙质的劝说，认为实招有不可测之虞，因此与高允绝交。结果，翟黑子以不忠为魏世祖疏远，终获诛戮。高允在崔浩之下述成《国史》，当其得知闵湛劝崔浩刻所撰有对北魏不敬内容的《国史》于石碑之上，既使之不朽，又彰崔浩笔迹时，对左右说："闵湛所营乃分寸之间，恐为崔门万世之祸，吾徒无类矣！"没有多久，崔浩大难即至，并牵连到高允。皇孙拓跋浚想救助高允，亲带他去见魏世祖，并嘱其按编好说法回应魏世祖。及见到魏世祖，高允并未按拓跋浚的约定，而是照实说了与崔浩同作《国书》，而在注疏上自己多于崔浩。魏世祖听后虽然大怒，然而念其忠在诚信，临死不移，实为难得的忠贞之臣，竟免其罪，同时按其谏言，免除了多人灭族之罪。高允后来对人说:"我故意未按拓跋浚编好的言语答对,恐怕重蹈崔黑子的覆辙。"

唐左领军大将军程咬金(又名程知节)英勇善战,先追随李密,李密败后,归属王世充,因恶其为人,与秦琼共投秦王李世民,授秦王府左三统军。他对李世民忠心耿耿,随其破宋金刚、窦建德、王世充,不避矢石刀剑。当时,皇太子势力密谋除掉李世民,企图先去其羽翼,让程咬金出任康州刺史。在皇子激烈争权形势下,出任外官本是避祸的良机,有些人求之不得。而程咬金私下提醒秦王李世民:"他们想去掉你的左右手,想要使身体久全是不可能的。"程咬金毅然选择了与李世民共度险关,并未到任,准备誓死保卫秦王李世民。及李世民诛除太子同党成为皇太子,程咬金拜太子右卫率,迁右武卫大将军。唐左武卫大将军苏定方随左卫大将军程咬金征讨贺鲁,任前军总管,王文度任副管。苏定方与4万突厥兵战,毫无惧色,以奇兵击溃之,杀敌1500人,获马2000匹。王文度忌妒其功,建议程咬金为方阵,自保万全,避免死伤;又矫称别奉圣旨:"程咬金恃勇轻敌,王文度为其节制。"王文度既消极保守,又矫命使程咬金兵权受限,并令收军,不许深入。其消极作战,致使马多瘦死,士卒疲劳,丧失斗志。苏定方认为:"怯懦自守导致马饿兵疲,逢敌即败;大将受制于副手,军副专其号令,理必不然。"他欲因系王文度,飞表上奏,程咬金未听。军至恒笃,有突厥军来降,王文度打算杀降者,取其资财。苏定方认为,这不是平叛,而是作贼,建议不要如此。王文度不听,及分其财,苏定方一无所取。还师之日,王文度犯法被判处死,后得除名,苏定方为将如故,率师讨敌。

北宋安抚使、招付使、成德、武康节度使、枢密使、宰相韩琦文武全才,知无不言,言无不尽,不惧冒犯权贵。羌首赵元昊反,朝廷命夏竦为主将,韩琦为副将平息叛乱。韩琦不顾宰相反对,大胆建言宋仁宗，为避免势分力弱，宜集中兵力于一道，乘其骄惰，一举破敌。韩琦在没有更好人选情况下，悉兵委托大将任福，令其出敌侧后，据险置伏，腰击其归。韩琦已算到任福未必能堪重任，因此立檄申约，如违节度，虽功亦斩。任福果中敌之诱计，兵败。主将夏竦派人收集散兵时，在任福衣带间获韩琦约法之文，上奏罪不在韩琦，皇帝仅夺其一官，不久又官复原职。韩琦不顾宰相晏殊等因厌兵而迁就赵元昊及契丹，上奏先行七事、救弊八事，宋仁宗不顾对其毁言日闻，而嘉许之，有不少弊端得以及时补救。宋仁宗连失三王，病重不能理政，大臣议立太子而五六年未能定夺，进言者意已稍息。韩琦不顾宋仁宗故意施延，三次进谏，建议早定大策。当宋仁宗内定赵曙（后为宋英宗）为皇太子，而其反复固辞时，韩琦力促，赵曙终被策立为太子，次年即位为宋英宗。韩琦出任外职后，敢于直言王安石青苗钱之弊及边防七事，不怕得罪权贵，宋神宗以其为忠臣。宋神宗曾问韩琦："韩琦去职宰相后，王安石接任如何？"韩琦答道："安石为翰林学士则有余，处辅弼之地则不可"。王安石再入相，悉以所争地予契丹，东西七百里。

明朝平蛮将军、兵部尚书王骥，不仅刚毅有胆，而且始终能在权力问题上清醒。明宣宗时，他任兵部尚书，明英宗即位后，诏其商议边事，超过五日未奏，被下狱，获释后，深感明英宗权威与恩德，为其执掌军事。边患数起，边将屡失。王骥召集诸将，奉密旨斩杀未令先退的都指挥安敬，诸将畏服，各自防御，边境肃然。他奉命平羌人之乱，大胜。当时，宦官王振用事，操纵朝政，喜好功名，认为王骥可嘱，令其平蛮，屡得胜战，又奉命巡延绥、宁夏、甘肃诸边。王骥率军三征麓川，有人认为其劳师费财，以一隅骚动天下，金英上疏劾其多役民夫，图邀厚利，擅用腐刑，诡言进御，实充私役，师无行纪，自缢者多，弄虚作假，掩败为功。虽然奏下法司，因王骥深受明英宗及王振器重，王振左右其事，未能问罪。土木之变，明英宗被俘，王振被杀，郕王即位，为明代宗，于谦左右政局，王骥并未讨于谦重视，保持了对明英宗的忠心不变，看似古板、实则忠厚。及石亨、徐友贞等于明英宗返朝、奉其复辟时，王骥参与了密谋。明英宗复位后，杀掉有功之将于谦，而王骥并未牵连，仍任兵部尚书，光禄大夫，以83岁高寿去世，赠靖远侯。

明遵其旨　暗行深计

知有猜防，不宜骤露，佯顺其旨，而暗中戒备，寻机而为，全身而退。知猜者智，知止者明。精明者，逆来顺受，让而不争，退而求安。以退缩保存实力，以谦让消除猜防，以韬晦求得保全，以佯从掩盖暗谋。

清兵部尚书曾国藩，与同时代将相相比，大有过人之处。曾国藩指挥湘军击败太平军主力，取得苏州、杭州、江宁，东南形势已经大定，太平天国孤守金陵，大势已去。清廷考虑，捻军号称数十万，势强难治，清将僧格林沁战死，令曾国藩速赴山东剿捻，节制直隶、山东、河南，且促师甚急。曾国藩深知，在剿灭太平天国过程中，其威望甚高，湘、淮军不仅使太平军畏惧，而且也令清廷忌惮，若使其拥重兵于东南，必成隐患；而急调其于北方，接近京畿，既使之与捻军相互消耗，也使其离开东南老巢，还便于在北方调集清兵加以限制，不使之造成严重威胁。鉴此，曾国藩一反以湘、淮军对付太平天国的办法，就地募勇，建黄河水师，令直隶、河南、河北自筹防兵，分守河岸，自镇徐州，只管部分地区，其余责之各督抚、以有实之兵，制无定之敌。这种办法，既让各地官府承担责任，又使捻军处处受制，还消除清廷对其之担忧和猜防。由于用此法剿捻难以速见成效，有人谤议曾国藩骄妄、剿捻无效。曾国藩益慎用兵，并念权位不可久处，以忧谗畏讥之由，乞病假数月，继请开缺、削爵，清廷口虽不准，还是让其还任江南，以李鸿章代其剿捻。捻军被基本平息后，清廷调任曾国藩为直隶总督。他在处理天津民众击杀法国领事、捣毁教堂事件时，深知清廷勾结列强之心，并未顺应天津民众，对反洋人士严查严办，遭到很大非议。曾国藩就势以疾调补江南，整理经籍、设立书局，开办书院，把直隶交与李鸿章。李鸿章出自曾国藩的幕府，组建淮军，成为清朝举足轻重的人物，然而他没有学到曾国藩外浑内治的韬略。清廷让其任直隶总督，兼任为相，并无相权，又让其离开南方根据，本身就有戒备猜防之意，然而由于他在内外声望甚高，清廷倚以为重，李鸿章颇为自得。然而，由于列强阳托通商、阴怀吞噬，一国生事，诸国构煽，而清廷腐朽而饷力人才馈乏，战守皆不足恃，即使他善于交涉洋务，也绝难挽救天下危局。他在与列强签订丧权辱国的不平等条约，甲午战争惨败，北洋海军覆灭，成为千古罪人，留下千古骂名。这就是他不及曾国藩的要害所在。

（三）藏器待时

萧统说："木秀于林，风必摧之；堆出于岸，流必湍之；行高于人，众必非之。"以人事定隐忍，以时务决军机。精微深邃，洞彻事理，伏见唯时，藏露任势。《周易》曰："圣人退藏于密，神以知来，知以藏往。"伏久者，飞必高；持满者，亡必速。暗石疑藏虎，盘根似卧龙。

唯重其才　蓄势待发

蒙哥马利说："高级将领的才干，表现在善于从相关的一大堆因素中，理出主要东西""必须努力研究敌人的思想，预测敌人对自己行动的反应，并迅速中采取步骤，阻止敌人干扰自己的计划[①]。"聪明

---

① 《蒙哥马利回忆录》。

睿智，无幽不照，处事机敏，胆气过人。笔比剑更有力，智比勇更难得。善于从实战中提高能力的将领，必见大用。

1907~1913年，英国蒙哥马利在军中特别注重培养锻炼自己的能力和才干，表现出很有主见、干事突出抢眼、显露出敏锐洞察力、见解高人一筹、孤傲、蔑视不良行为和无能、善谋长远、严格要求的特点。他认真钻研克劳塞维茨的《战争论》，提高战略战术素养，深知兵家权谋，在军队崭露头角，脱颖而出。一是在实战中积累指挥经验。1914~1918年，第一次世界大战中，蒙哥马利在英皇家沃里克郡团任中尉排长，赴法对德作战。他作战机智勇敢，不畏艰难，不怕牺牲，抢救连长，在不利形势下代理连长指挥作战，独撑危局，负伤后九死一生，获得勋章，晋升上尉。通过实战，他悟出了作战指挥经验：军事头脑是必备的素质，当机立断在危险时刻特别重要，出敌不意对作战具有十分的重要性[1]。负伤痊愈后，蒙哥马利任步兵第2旅参谋长，第二次赴法作战。他在抓部队训练、拟定作战计划、指挥作战过程中，通过胜利与失败的比较，锻炼、积累了作战指挥经验，培养了遇事镇静、处事果断、善于协调、重视协同，发挥整体威力的指挥素质。由于他才干突出，在较短时间内调任师、军二级参谋和军一级参谋，主管作战。他积累了从排到军各级的指挥经验，对纵深炮兵掩护、抗击德军反冲击、空中侦察、陆空通讯、特种部队运用、妥善安排军需补给等作战问题，都做到了心中有数。二是在多岗位中提高指挥能力。1919~1925年，蒙哥马利先后任英陆军总部二级参谋，步兵第17旅参谋长，进入坎伯利参谋学院深造。他注重学习军事理论、军事历史和作战指挥基础理论，与少将师长学习作战指挥，积累作战、训练、行政、战术、兵种运用及协同方面的经验。他开始寻找攀登统帅高峰的云梯，打开军事艺术殿堂的大

---

[1] 参见艾伦穆尔黑德：《蒙哥马利》，京华出版社2008年版，第34页。

门。他努力将实战经验进行归纳、总结、提高,先后编发《第17步兵旅重要指示摘要》《供西部和第49旅地区师使用的战术教材》,使他开始显露锋芒。三是在丰富经历中形成指挥风格。1925~1939年,蒙哥马利先后任英皇家沃里克郡团第1营第1连连长、营长,步兵第9旅准将旅长,第8师少将师长,第3师师长,以及坎伯利参谋学院首席教官,先后在英国、巴基斯坦和印度驻防。他发表的战术史论文名噪一时,他的组训方法轰动一时,在参谋学院开始重视装甲兵的特殊地位和编写战术教材,在英军中脱颖而出。在回国任职期间,蒙哥马利发表《遭遇战的问题》一文,着重指出:"一位指挥官若能知道自己想要达到的目标,又具备有一个计划去指导实施,不让部队漫无目的地卷入战斗,而且一开始就能按照一个适当的计划,将部队投入战斗,那么初期遭遇战就能获胜[1]。"一些英军将领对他作出很高评价:"蒙哥马利读的书很多,对指挥和参谋工作都很有经验,是一位杰出的军官,他的贡献无可估量[2]。"

外谦内强　才缘兼备

　　成大功者,非有才气和运气不行。以胆略超群之将为师,识见必远;与才华盖世之将为友,器局必阔。越志向高远,越耐得住寂寞;越才华横溢,越潜心钻研。把握机遇,可建奇功;宽厚笃实,可当大任。

　　1911~1920年,艾森豪威尔从西点军校毕业后,在步兵团、工兵大队等部队服役。第一次世界大战,他与巴顿筹建坦克学校,曾指挥1个坦克营。尽管他仅少校一级就干了16年,由于内在的能力才干及与几位名将结下不解之缘,成就了辉煌的业绩。一是与康纳

---

[1] 艾伦·穆尔黑德:《蒙哥马利》,京华出版社2008年版,第82页。
[2] 艾伦·穆尔黑德:《蒙哥马利》,京华出版社2008年版,第80页。

结缘。1920~1922年，艾森豪威尔在步兵杂志上撰文，提出以坦克取代战车的新论点，直指坦克战术之弊，激怒了负责制定装甲兵战术的席茨少将，受到将其移送军事法庭的威胁。祸不单行，他又受到既住公房，又拿私房补贴的指控和调查，尽管他不知情，仍面临被开除军籍和坐牢的危险。早就赏识艾森豪威尔才华、即将赴任第20步兵旅旅长的福克斯·康纳少将，选其为助手，其危机被化解。在康纳的指导下，艾森豪威尔深入研究克劳塞维茨的《战争论》和有实战经验将军的回忆录，分析重大决策得失和预见二三十年后的世界格局及可能发生的战争。1922~1926年，康纳与艾森豪威尔预见了下次世界战争，得出美国将与盟国并肩作战，潘兴培养的马歇尔具有指挥协调协约国作战的才能的结论。[①]在康纳的努力、协调和疏通下，艾森豪威尔进入利文沃思堡参谋学院深造，毕业后得以在名将潘兴手下工作。二是与潘兴结缘。1926年，潘兴任欧洲作战纪念委员会主任。他曾在第一次世界大战中，培养出麦克阿瑟、马歇尔、巴顿等将才。在潘兴手下，艾森豪威尔参与编写第一次世界大战美军在欧洲战场手册，深入研究美军战史、军史、作战经验，学到了潘兴的真经，受到其赏识。艾森豪威尔有潘兴支持，使军界重要人物对其刮目相看。更为重要的是，通过潘兴的桥梁，使其能与马歇尔、麦克阿瑟等军界要人建立起重要联系。三是与麦克阿瑟结缘。1928~1929年，艾森豪威尔先后到巴黎欧洲作战纪念委员会和陆军部助理部长办公室工作，参与制定美国未来战争工业和人员动员计划。1930年秋，陆军参谋长史沫莱尔看不上艾森豪威尔，直到麦克阿瑟接替其职位后，才出现转机。当麦克阿瑟发现战争动员计划搞得很好并得知主要拟制人是艾森豪威尔后，开始赏识器重他。1933~1938年，艾森豪威尔任陆军参谋长麦克阿瑟办公室中校助理。

---

① 以上参见罗伯特·丹沃：《艾森豪威尔》，京华出版社2008年版，第28—29页。

麦克阿瑟非常赏识他出众的精力、判断力和才干，以致于他多次要求去部队任职都被婉拒。特别值得一提的是，麦克阿瑟认为艾森豪威尔已经完全具备指挥部队的能力和经验。①1939年9月，第二次世界大战爆发时，他在菲律宾想起了康纳的预见，不顾麦克阿瑟的挽留，决心返回美国报效国家。

四是与马歇尔结缘。艾森豪威尔在帮助撰写潘兴将军回忆录时结识马歇尔，其间马歇尔也了解到潘兴对艾森豪威尔的器重。1940年2月，已50岁的艾森豪威尔任第15步兵团副团长兼第1营营长。陆军参谋长马歇尔正计划三年内将军队由19万扩充到500万，艾森豪威尔恰巧负责训练新组建部队的任务。由于他才干出众，美陆军作战计划处处长杰罗和第3师师长汤普森都想调他，马歇尔决定，任他为第3师上校参谋长。1941年6月至7月，经第3集团军司令克鲁格请求和马歇尔批准，艾森豪威尔任第3集团军副参谋长，集团军和南部防御司令部参谋长。8月至9月，马歇尔决定举行有42万人参加、接近实战的大规模实兵对抗演习，以锻炼部队、发现问题、选拔人才。艾森豪威尔因筹划指挥演习出众，远近闻名，晋升准将。他没有因成为将军冲昏头脑，逐一解决演习中暴露出的问题，为进行大战做好准备。1941年12月至1942年8月，太平洋战争爆发后，经马歇尔举荐艾森豪威尔任总参谋部作战处远东科科长、作战处少将处长，美国驻欧洲战区司令，盟军中将总司令。此后，艾森豪威尔一发而不可收，指挥美军二战中的重大战役，成为潘兴第二，并直至晋升五星上将，升任陆军参谋长、北约总司令，当选美国总统。

志存高远　有忍乃济

敦重隐忍可嘱大事。志向高远，目标简单，行动果敢，认真执着。

---

① 参见罗伯特·丹沃:《艾森豪威尔》，京华出版社2008年版，第41—42页。

鲍威尔说："不在乎功劳记在谁的头上，将会取得无穷的成就""在战争机器和官僚结合的军队中，要善于忍让、屈从，顾全大局，不可野心勃勃、唯我独尊，一味追求名利"。①善于处人，履成于事；才力远大，必胜于人。

美将鲍威尔作为黑人，以少有的才华能力及品格，干到了美国国务卿和美军参联会主席、四星上将，其隐忍的性格和过人的能力是成功的重要条件。一是志存高远最能忍受艰难。1958~1961年，鲍威尔历任排长、副连长、连长和副营长。他在美军基层部队时，就立志在军队长期干下去，能走多远走多远。因此，他身为下级军官，却十分注意锻炼培养军人的素质，领导和指挥才能，不计较一时得失荣辱。通过严格、风险较大的训练，培养战胜恐惧、勇于竞争，绝对服从，严守纪律，敢于牺牲，善于冒险，忠于职守，保卫国家的军人素质。把"军人生涯中取得成功"作为目标，不论遇到什么挑衅，都隐忍以待；不论别人让你担当何种角色，都做到最好；不论受到多大伤害，都不退缩；不论遭到何种不公正待遇，都不能阻碍努力。②他认识到，精通业务，才能出众、有过人的气力和耐力，以及严格、负责、认真的军官，必定让官兵敬畏。能够容人小过，循循善诱，与人为善，有人情味，在别人不慎跌倒时，将其扶起，鼓励其继续前进的军官，必定能得到官兵真心拥护和心悦诚服。学会与各种级别的人打交道，即使是苛刻、精明、强硬、几乎不尽情理的上司，也要注意搞好关系。理解下属及士兵，帮他们度过难关，掌握士兵的脉搏，让其相信你，激发其动力，带领其前进，实现其价值。二是实战历练最能练就忍劲耐劲。1962~1969年，鲍威尔参加越南战争，先后担任南越步兵营顾问，美军步兵营副营长。他通过实战学会指挥战斗的经验，锻炼了耐力。在

---

① 鲍威尔：《我的美国之路》。

② 以上参见：科林•鲍威尔：《我的美国之路》，昆明出版社2007年版，第38页。

实战中,作为营连指挥员,不需要弄清楚更深奥的作战目的,特别需要弄清楚主要任务,并忍受克服各种困难,努力完成。战斗是充满危险、艰难和死亡的游戏,难免使人产生恐惧、沮丧、埋怨和退缩,指挥员要比下属更有耐力、勇敢、不怕死和镇定自若,才能给下属以力量和引导,才有可能战胜敌人,度过险关。敌人就像幽灵,往往很难捉摸。与敌人作战,充满诡计和陷阱,要时时处处提防,千万不能被动地按敌人安排行动,而倾听有经验人的意见很重要。不善于与部下沟通,不懂得倾听别人意见,缺乏明智判断,只用强制命令、一味乱吼来炫耀权威的指挥员,最靠不住。作战最忌将任务的目标,淹没在形式主义的繁纹缛节之中。三是周旋高层尤须当好绿叶。1971~1987年,鲍威尔从白宫研究员干到总统国家安全顾问。他顺应时代要求,追随一些勇于改革和开拓的人,善于把握机遇,以其过人的能力耐力,善于处理各种关系,机智果断,不断担当更加重要的职务。鲍威尔在陆军助理副参谋长德普伊中将办公室工作,参与陆军由160万人精简至50万人的规划工作。由于默默无闻工作,经严格测试,被选入白宫当研究员。鲍威尔在白宫行政管理与预算局,受到温伯格及其密友卡卢奇和塔夫脱的重视,对他此后发展具有举足轻重的作用。鲍威尔任美驻韩第8集团军步兵营营长,积累了恩威并施、赏罚分明和宽猛兼容的管兵带兵方法、经验。他被选拔到国家军事学院深造,在校期间任第101空降师第2旅旅长[1]。布热津斯基任国家安全顾问,选中鲍威尔负责国家安全委员会防务计划工作。国防部长特别助理凯斯特认为,鲍威尔经历比其他军官丰富得多,让他担任自己手下四人军官小组负责人。由于鲍威尔工作出色,被授予准将军衔,并任邓肯副部长的军事助理。里根政府成立后,温伯格任国防部部长,卡卢奇[2]担

---

[1] 当时美军师属旅辖3个营。

[2] 弗兰克·卡卢奇:曾任白宫行政管理与预算局副局长,驻葡萄牙大使,卫生、教育、福利部副部长,中央情报局副局长。

任国防部副部长。鲍威尔被留用任卡卢奇的军事助理,被推荐到第4机械化步兵师任副师长。任职第4机械化步兵师时,师长给他穿小鞋,好在司令公正地推荐鲍威尔任"诸兵种联合作战中心"副主任、少将干了中将的岗位。鲍威尔被温伯格选中任其高级军事助理。在担任温伯格军事助理期间,学习冷静处置紧急事件,快速解决棘手问题、化害为利的能力,以及协调各方慎重用兵的方法。①1986年6月至1987年11月,温伯格培养鲍威尔任美军驻德国第5军军长。他既独立决断,又善于倾听意见,放手发挥师长及下属的主动性、积极性。任总统国家安全顾问,成为重要阁僚。此后,他任过美军参联会主席、美国国务卿,创造了美国政军界的奇迹,因为他是第一位在美国高层担任要职的非洲裔美国人。

(四) 刚中柔外

《李卫公兵法》曰:"审权以操柄,审数以御人。"智将通晓成败之端,详审治乱之机。用游山玩水、吟诗作赋,掩盖刀枪剑戟之声;用闲步亭阁、垂钓湖畔,隐蔽调兵遣将之迹。藏迹敛锋,示假隐真,擒贼擒王,兵不血刃,稳操大局。《南野堂笔记》曰:"轻舟齐趁大江风,浪卷涛飞欲拍空。莫倚顺风帆力劲,最难收是急浪中。"以退却掩盖反击,以收缩隐蔽集中,以姑纵消磨锐气,以持久耗尽其力。

气定神清 深有城府

外重情义而内识英杰者,尤能消祸。以见识看高低,以才器看阔狭,以韬略看成败。对英杰以默察识鉴,以志道相结,以肝胆相照,必能成就大事,而无后患。本是决定命运的大事,胸中早有定见,而

---

① 参见鲍威尔:《我的美国之路》,昆明出版社2007年版,第273页。

表面装作若无其事，漫不经心，甚至诡谲相对，实则处处主动。

北朝时北齐刺史、行台慕容绍宗深沉有胆略，见识过人，忠心耿耿。尔朱荣操纵北魏政权时，慕容绍宗为其出谋划策，深受厚待。当时，高欢（后来的齐高祖）暂依身于尔朱荣，慕容绍宗深识高欢志在皇权，必有远图，与之颇有交情；高欢认为，慕容绍宗有情有义，与之交结。慕容绍宗曾劝说尔朱荣不要诛杀北魏前朝百官，被拒绝。他也曾劝说尔朱兆，不要在天下纷扰、人怀觊觎、智士用策之秋，令才雄气猛、英略盖世的高欢拥兵在外，以免蛟龙借云雨，尔朱荣又不听。高欢夺得北魏政权，尔朱荣兵败身死。当慕容绍宗在兵败走投无路、陷于死地之时，大胆地携尔朱荣妻子儿女及尔朱兆残余随从降归高欢，受到与其自己人一样的厚待。高欢建立北齐政权，称齐高祖。高欢临终前曾告诫太子："侯景若反，以慕容绍宗当之。"慕容绍宗为北齐政权出生入死，身经百战，屡建战功，终因作战中战船缆断，误入敌城，自度不免，投水而死。

东晋的车骑将军刘裕与后将军刘毅共兴晋室，功绩相当。当扬州刺史位空，按次序本应刘裕出任，刘毅因有野心，不想别人染指扬州，想以其心腹中领军谢混任之，让刘裕更任次要州郡，并派人前来征求刘裕意见。刘裕与参军刘穆之商议认为："势均力敌，终相吞咀，扬州根本所系，若以他授，一失权柄，便应受制于人。"刘裕采纳刘穆之的建议，答其使说："宰辅之位至关重要，关系兴亡成败，宜加详择，事情重大，不可悬论，将尽快入朝，共商大事。"刘裕实力雄厚，位高权重，及其至京城，没人敢越过他而将枢要之位授予他人，得以入辅，不用刀兵而挫败对手的阴谋。

隋右武侯大将军贺若弼之父是北周金州总管，出语不慎，被宇文护杀害，临刑前告诫贺若弼务必慎言。周武帝时，上柱国乌丸轨对武帝说："太子并非帝王之器，他也曾与贺若弼论及此事。"周武帝听说后，召贺若弼询问此事。他深知太子地位不可动摇，如实答对恐祸及自身，便诡对周武帝说："太子德业日新，未见过失。"乌丸轨责备贺若弼不说实话，贺若弼说："君不密则失臣，臣不密则失身，所以不敢轻议。"及周宣帝即位，乌丸轨被诛杀，贺若弼得以免祸，未蹈其父覆辙。

柔中带刚　谋吞众略

至计，软硬兼施，在于能为敌司命；深谋，刚柔相济，在于毁敌斗志。适应则不惧，常见则不疑。施拖刀计，守中带攻；杀回马枪，欲进反退。洞悉事理，则从容不迫；深悟兵机，则措置裕如。凡遇逆境，最宜忍辱负重，以柔克刚；凡遇劲敌，尤须坚忍稳健，老成持重。不争而争，不战而战。

古罗马名将费边，曾指挥军队战胜黎古里亚人，富有作战经验。迦太基名将汉尼拔率2.8万兵力进入意大利，击败罗马4万兵力，取得特里比亚大捷，锐势难挡。费边见汉尼拔气势虽盛，却远出作战，补给不足，主张以持久战挫败其速战速决的企图。执政官弗拉米纽斯不听，率军迎战，被汉尼拔设伏击败，损失1.4万人，1万多人成为俘虏。市民大会选定费边任主将。首先他稳定军心，激励士气，让将士从失败情绪中走出来。其次，避免过早交战，采取拖延、避战之法，消磨汉尼拔军的战斗意志。最后，占领要害，消耗其补给和军力，使其精疲力竭。这种表面上怯懦畏战的办法即费边的战法实际上非常精明和有效，也是汉尼拔最害怕的战法。汉尼拔想尽办法诱迫罗马军出战，使罗马一些将士躁动不安，急于出战，费边被迫交战。汉尼拔在一次交战时被围，死中求生，不仅解围，又使罗马军遭受损失。费边先胜后败，受到指责，加上汉尼拔使用离间计，罗马护民官、元老院将费边召回，令将领米努修斯指挥作战。费边对突如其来的变故，表面退避，不作争执，实际以隐忍防止罗马内斗，以免让汉尼拔阴谋得逞。米努修斯在一次交战中小胜后，骄傲轻敌，指责费边怯懦、拖延。费边对逆境处之泰然，同时提醒罗马当局冒进要吃大亏，并将军队一分为二，自己掌握2个军团以防意外。汉尼拔很快以一部诱使米努修斯出战，主力埋伏设下陷阱。米努修斯果然中计，在汉尼拔正要围歼努米修斯时，费边突然杀出，汉尼拔畏惧里外受敌，退出战斗。罗马一名执政官刚愎自用、主动出战，为汉尼拔所诱后被包抄，损失5万人。费边稳定人心，固守城防，冷静应付，再一次担任主将，抗击汉尼拔。费边一方面仍持避战、消耗、拖延战法；另一方面采取有力措施稳住周边城市和盟邦，并伺机夺取背叛的城市，使汉尼拔补给逐渐枯竭。同时，罗马年轻将领西庇阿攻入迦太基本土，成功迫使汉尼拔回援迦太基，在其立足未稳时，将其彻底击败。

　　法国元帅霞飞，在第一次世界大战的第二年，见德军已陷入东西两线作战，战争已拖入持久，且德国及其盟国至多还能动员900万人，而法国及其盟国能动员1800万人以上，德军速战速胜已不可能，耗下去必将走向灭亡。因此，霞飞决定通过大规模战役消耗德军有生力量，然后发起东西两线进攻，打垮德国。他认为，大规模炮火杀伤力是消耗德军的关键因素，因此将固定在要塞中的火炮配属野战部队，在要塞构筑坚固筑垒地域，既加强野战部队火力的杀伤力，又使要塞防御进一步消耗其有生力量。表面上，依靠要塞防御有些消极，然而其中暗藏杀机，具有很强的积极性。法军要塞筑垒地域有四道阵地，在约15公里范围内依有利地势构筑，由深沟、岸壁、永备筑垒、炮台、制高点、火力网构成，加上外有野战部队炮兵的配合，足以给德军重大杀伤。得到德军要进攻凡尔登要塞的情报时，霞飞深知德军中计，调集6个师、6个炮兵团，共10万人、270门大炮，加强凡尔登防御。战役打响后，霞飞调第2集团军投入战斗，并准备在索姆河战役中反攻德军。作战6个半月，德军仅楔入法军防御纵深数千米，又不得不抽调兵力向索姆河方向。凡尔登战役，德军伤亡33万人，法军伤亡37万人，虽然双方损失相当，但是对德国而言更加致命。德军统帅法尔肯海被解职，因为他在打凡尔登战役之前，轻视法军，特别是对其坚固筑垒地域缺乏了解和应对之策。索姆河战役由霞飞组织指挥发起，英法联军共同进行，霞飞同样暗藏大量消耗德军有生力量的杀机。战役打了4个多月，英法联军仅攻占了一块50公里长、10公里宽的德军阵地，以英军损失42万人，法军损失20万人的代价，消耗德军65万兵力，使德国因失血过多而走向失败。

智识沉敏　远大之器

有磨皆好事，无曲不文星。司马迁说："夫《诗》《书》隐约者，欲遂其志思也。若西伯拘羑里演《周易》，孔子厄陈、蔡作《春秋》，屈原放逐著《离骚》，左丘明失明厥有《国语》，孙子膑脚而论兵法，不韦迁蜀世传《吕览》，韩非囚秦作《说难》《孤愤》《诗》三百篇。大概圣贤发愤之所为作也。此人皆意有所郁结不得通其道也，故述往事，思来者①。"将军多如牛毛，而思想不朽，能被历史记住的将军却凤毛麟角。身处当代却引领下几个军事时代的将军，其思想永存。

普鲁士将军沙恩霍斯特进入普鲁士军队时，正值拿破仑在法国以至欧洲崛起，拿破仑时代已经到来。他独具战略眼光，深刻认识到，由于弗里德里希威廉二世腐朽统治，普鲁士已是夕阳西下，徒有辉煌的外表，威廉三世虽然对拿破仑崛起忧心很重，但是缺乏实际应对之策。与法国相比，普鲁士社会和军事体制及军队的士气和作战能力都成了问题。总之，不对普鲁士军队进行深入改革，很可能是屡战屡败，绝难战胜拿破仑。霍斯特并不急于上前线争立战功，

---

① 《史记》。

而是在柏林成立"军事协会",聚集起具有改革思想军官及将领,如克劳塞维茨、博因、格罗尔曼、布吕歇尔等。他们在深入分析研究的基础上,主张建立类似于法国民众武装、具有常备军后备军性质的民军,尽快完成新旧军事体制转换,与国家行政机构体制改革同步,为普鲁士从根本上战胜法国拿破仑准备条件。沙恩霍斯特作为普军总司令的参谋长参加耶拿—奥尔施泰特会战,尽管战败被俘,但是他亲身领教了拿破仑的指挥和法军的作战能力,发现了普鲁士军队上层真实情况,如斐迪南总司令的无能,布吕歇尔将军的才干以及普鲁士旧体制及作战方面存在的致命问题。他出任军事局长兼军队改革委员会主席后,组建总参谋部,实行义务兵训练,完善对法军作战方案计划,为普军战胜法军做了大量开拓性、基础性、关键性的工作,从根本上提升了普军作战能力。他在普俄联盟基础上,亲手建立普奥联盟。在沙恩霍斯特去世后,当布吕歇尔率军出现在莱比锡、与拿破仑作战时,普俄西里西亚军团已经是在改革基础上能与拿破仑法军对决的精锐之师。布吕歇尔在有决定意义的莱比锡战役中战胜拿破仑,从此拿破仑大势已去,一个时代行将结束。

　　普鲁士将军克劳塞维茨视野广阔,学问很深,不为名利所动。他一从军,就把眼光盯在战争重大问题上,起点很高,立意很深,胸襟博大,大大超出同时代的军人。他敢于对当时军事学权威毕罗的战争观点提出,一针见血地批评认为其战争观念缺乏实战感,因缺乏对敌方的研究而成为纸上谈兵,对士气、将帅决心等鲜活的战争因素出现重大遗漏。克劳塞维茨蔑视权威的胆略气魄,使之更加注重对重大问题进行深入研究,并结合参与战争的实战经验,试图概括出新的战争理论。由于他目标极其远大,规模极其宏阔,因此对于自己的名利地位,官职功绩并不过多在意,显得不合时宜。他参加奥斯特里茨战役被俘,并未被摧垮意志,作为沙恩霍斯特的助手,在推动改革中甘当绿叶、默默无闻。当普鲁士国王派兵参加拿破仑征俄之战时,他愤然辞去军职,表示抗议,并宁愿参加俄军,为反法效力。克劳塞维茨任普军第三军参谋长,参加具有决定性的滑铁卢战役,虽作出很大贡献,却没有得到任何功名,被排挤到战争学院任院长,坐冷板凳几年之久。看上去,克劳塞维茨在军事实践中没什么大的建树,职务、官衔和功绩也没有太值得夸耀的地方,一些好的改革建议也被束之高阁;实际上,他做出了惊天动地、流芳百世的大事业、大贡献。他在15年深入研究的基础上,从事《战争论》的写作。他去世后,由其夫人玛丽整理出版了《卡尔冯克劳塞维茨将军遗著》,共10卷,前3卷即《战争论》。《战争论》成为世界军事思想发展史上的一个光辉的里程碑,资产阶级军事理论的代表作,西方军事经典,被译成多种译本,再版20多次,成为不朽之作。列宁、斯大林曾给予很高评价。

法国准将、俄国上将若米尼,是与拿破仑、库图佐夫同时代的人,祖籍意大利,出生于瑞士。他对法国革命十分向往,对拿破仑十分崇拜。他进入法军后,潜心研究拿破仑新的作战方法和指挥艺术,并将拿破仑与腓特烈大帝进行比较分析,写出《大战术理论和应用教程》。他将敌对双方名将战绩比较研究,找出作战法则的方法,不仅为其终生的作战研究开辟了道路,而且得到了拿破仑手下内伊元帅的重视和赏识。内伊不仅出资让其著作出版,还将其推荐给拿破仑。拿破仑读其书后惊呼,若米尼掌握了自己的全部战法。拿破仑亲自召见若米尼,让他任内伊的参谋长、并授其准将军衔,留在法军统帅部以备咨询。若米尼对拿破仑指挥作战的方法掌握得十分精准,对其一套作战运用已经研究透彻,甚至连拿破仑内心的绝密行动计划、大致行程和行动地点都能提前数天预料出来。他随法军征俄,亲历了与俄军作战整个过程,在博罗迪诺战役后,法军撤退、俄军追击时,若米尼协助仑破仑安然撤过别列津河。他任内伊的参谋长,参加了对俄普联军的包岑会战。拿破仑征俄失败后,俄军异军突起，搅动了普、奥、英、瑞典等国共同反法，法军内讧加剧，若米尼受到排挤，促使若米尼下决心向拿破仑辞职，而向俄皇亚历山大表示愿意效劳。看似若米尼很势利，在法国势衰而俄国势盛时，弃法投俄。实际上，首先他在法国并非待不下去，因为他15次提出辞呈都未被允许。其次，他是瑞士中立国人，投谁都无可非议。再次，他只有深入研究拿破仑的宿敌，即俄国的军事思想及作战方法，才能经比较研究，总结概括出不朽的属于人类的新军事学术。这正是其大智之处。若米尼在俄国20年，协助亚历山大创建俄国第一座高等军事学府，并为将军授课，从事军事及作战理论研究，作为俄皇军事顾问，参加诸多军事战略制定，参加高级军事、作战会议，得以从法俄两方面及多方面研究军事及作战。他先后写出《论大规模军事行动》《革命战争批判军事史1792~1801》《拿破仑的军事生涯》《战争艺术概论》等不朽著作，成为仅次于克劳塞维茨的西方军事历史学家、军事理论家和著名将军。

十二、知尊守卑

将帅的尊卑取决于政治需要。非战争状态下，政治上需要抑制武将；即使战争中尊崇武将，也要有政治上的制约控御。所以，归根到底，将领必须知尊守卑。即使主观上不愿意，因为政治需要，也要能卑下于人；如果任性而为，政治上的势力也会强迫你卑而下之。掌握重兵的权重之将，野心勃勃最为危险，不怀野心安危各半，抱在野之心最安全。大战已息，为将静则安，躁则危。缜密谦退之将，可堪大用。祖鸿勋说："昆峰积玉，光泽者先毁；瑶山丛贵，芳茂者先斩。"谦恭而不冒犯，隐忍而不骄躁，诚信而不狡辩，归退而不恋栈。盛满而不止者，灾祸立至。冯统说："汉高八王以宠过夷灭，光武诸将由抑损克终。"

（一）自抑则安

将军贵在最辉煌、最顺利、最得意的时候，见好即收，急流勇退。苏轼说："火色上腾虽有数，急流勇退岂无人。"尊位越高，头脑越要清醒；权力越大，退意越要迫切；功绩越多，言行越要谦退；能力越强，做事越要自抑。成功之下，不可久处。能窥破机缘运势之将，必有善终。

进止有度　急流勇退

将领的用与不用，不只看作战需要，更看政治需要。进退任黜，以政治需要为准者智，以自我意志为准者愚。范蠡、程昱、温峤、刘基等，虽未位极人臣，在仍有升任空间时急流勇退，不能因此就认为，他们不是满身韬略、满腹经纶的豪杰。

春秋时，越国范蠡事越王勾践，深谋20余年，苦身戮力，灭亡吴国，报会稽之耻，建立霸业。范蠡授上将军，尊位已极，却清醒地认为："大名之下，难以久居，且勾践为人，可以同患，难以处安①。"他自请求辞官，不顾勾践挽留，与其徒属乘舟浮海以行，终不返越。他隐姓埋名，以为商贾，平安一生。

东汉末年，程昱自投归曹操麾下任振威将军。他扭转了曹操与袁绍连和的决策后，劝说曹操早除刘备，曹操未听，因错过时机而后悔。程昱判断刘备投靠孙权必成联合之势，而孙权必因刘备之势以拒曹军。程昱屡言屡中。中原平定之后，曹操拊程昱背说："自兖州之败后，如果不听君言，吾何以至此？"宗人奉酒庆祝，程昱说："知足不辱、吾可以退矣。"于是，自请归兵，闭门不出。虽有人告其谋反，曹操待其益厚。

东晋元帝时，温峤任左长史，就断定王导是管夷吾式的高人。晋明帝时，温峤拜中垒将军、前将军，率军平定了王敦叛乱，明帝病重，令其与王导等辅政，又率军平定了苏峻叛乱，封始安郡公。朝议将留温峤辅政，他认为王导是先帝所任重臣，将辅政的地位让予王导，返回自己的封地。他生活靠资储，极其简朴，不再过问政事。在东晋政权混乱不稳，君弱臣强的局面下，温峤主动一让，避免拥

---

① 《史记·范蠡列传》。

兵自重，功高震主的险况终发生，寿中正寝。

元末，叛将方国珍在海上起兵，掠夺沿海郡县，刘基任元帅府都事，率兵平乱。刘基筑庆元诸城以逼敌，使之气沮。方国珍便遣人至京师，贿赂朝中用事者，元朝诏抚方国珍并授予以官，而责斥刘基擅作威福，送绍兴羁管。方国珍则愈加蛮横，山寇峰起，行省复用刘基剿捕。刘基虽有功绩，因朝廷执政者以方氏贿赂故抑之，授予总管府判，不与兵事。刘基遂弃官还青田，著《郁离子》。

见成算败　推厚居薄

暴得大名者必谤，忽获重封者必疑，功高震主者必猜，位高权重者必危。所以，获得大名大利之时，知道推让；受到大封大赏之时，知道散财；据有大功大权之时，知道谢归；尊享大富大贵之时，知道削抑。史天泽说："兵民之权，不可并于一门①。"历史经验无数次表明，为将主动抑损比被动削夺好百倍。

秦朝末年，项梁率八千子弟兵渡江向西而进，闻陈婴已攻下东阳，派使欲与其合兵一同西进。陈婴本是东阳令史，东阳数千人杀其县令，强立陈婴为长，从者2万余人。众人欲立陈婴为王，其母对他说："自我为汝家妇，未尝闻汝先古之有贵者，今暴得大名，不祥。不如有所属，事成获得封侯，事败易以亡，非世所指名也。"陈婴对众军吏说："欲举大事、将非其人，不可，我倚名族，亡秦必矣。"于是众人从其言，兴兵属项梁。

西汉时，将军陈豨反，刘邦亲征，至邯郸，韩信谋反关中，吕后用萧何之计，诛杀韩信。刘邦听说后，派使拜萧何为相国，益封五千户，令率五百人及一都尉为相国卫。诸君皆贺，独召暗中提醒萧何："皇帝亲征在外，而汝守于关中，非被矢石之事，而益封置

---

① 《元史》。

卫者，以今韩信新反于关中，疑君心矣，以置卫卫君，非以宠君也，愿君让封勿受，以家私财佐军，则上心悦。"萧何从其计，刘邦大喜释疑。汉文帝即位不久，爱盎任郎中，周勃任丞相。周勃一次朝罢趋出，非常得意，汉文帝为礼甚恭。爱盎乘机离间周勃与汉文帝之间关系说："吕后专权时，周勃任太尉本兵柄，不能扶正去邪，与大臣共诛诸吕；太尉主兵，适会其成功，丞相有骄主色，陛下谦让，臣主失礼，窃为陛下弗取也。"此后上朝、汉文帝愈加庄严，丞相愈加敬畏。汉文帝任周勃为右丞相，赐五千金，食邑万户。一个多月后，有人提醒他："丞相已经威震天下，又受厚赏，处尊位，受宠，久之即祸及身矣。"周勃深悟其意，谢归相印。之后，不管是复相位，还是急去就国，悉从帝旨，极其恭顺。即使被人诬告谋反而遭下狱之辱，也毫无怨言。他买通狱吏，求公主说情才得以出狱免祸，得到复爵邑、寿终正寝的结局。与韩信遭诛杀相比，周勃的做法高明得多。

元辅国上将军史天泽与其兄史天倪同朝为将，史天倪为奸人所害。史天泽随蒙受军攻城略地，冲锋在前，多次关键性战役战斗建立奇功。史天泽率军要么为前锋，要么为奇兵，要么为敢死之军，威震敌军，在蒙受军中享有威望。伐宋时，元帝令其统汉兵，治汉地，任经略使、宣抚使，拜中书右丞相，以勋旧独见优容。史天泽率左军平定阿里不哥之叛，元世祖在其临行前亲授诏书，责以专征，令诸将皆听其节度。在征战过程中，史天泽未以此诏书示人，还军见元世祖时，悉归功于诸将。元宪宗时朝廷议论，之所以有李擅之变，皆因诸侯权太重。史天泽上奏，因史天倪二子，一子管民政，一子掌兵权，自己也大权在握，一门之内处三要职，权任太重，请辞掉重职，并请求退休。元宪宗不许其退休，史氏子侄即日解兵符者17人。元宪宗先后让史天泽任光禄大夫、右丞相、领中书省兼判枢密院事，拜辅国上将军，枢密副使、中书左丞相。史天泽从不自矜其能，临大节、论大事，以天下之重自任。拜相之日，门庭悄然，权归天子。有知人之明，用人之专，出入将相50年，上不疑而下无怨。

屈己去疑　崇让不争

　　防猜于未发，销疑于未起。权力上只论利害，不论交情。天下太平，武将隐退为避嫌防猜的法宝。去嫌防猜，以盈满为下，而以自抑为上。为将功高威重，令人生畏，无故突遭抑损，看似坏事，实为好事，不问缘由，不生怨气最妙。持满之势，必有弊败。

　　王莽末年，李通助刘秀兄弟兴兵起事，付出了兄弟门宗64人被杀的代价。刘秀等与刘玄合兵后，李通被刘玄任为柱国大将军，李通辅佐刘秀有萧何之功，又与刘秀妹妹结婚。刘秀即皇帝位后，先后任其为卫尉、大司农、前将军、封侯。他率军破侯进、王霸、公孙述等。待天下略定，李通即思逊荣宠，谦恭备至，多次以病请求隐退。刘秀与大司徒侯霸商定，只允许其居职疗疾，不使之就诸侯封地，仍露出对其戒防之意。由于李通不恃宠、不专权、不结势，得以少子封侯，安度晚年、寿终正寝。刘秀拜冯异为征西大将军，他战赤眉、延岑，功高于人，威行关中。尽管冯异平素为人谦退不伐，谨慎为将，仍以久在外领兵，不自安，上奏请求回朝廷任职。有人上奏，举报冯异专制关中，斩长安令，威权至重，百姓归心，号为咸阳王。刘秀将奏章示与冯异，他惶惧之余，上奏向刘秀表明心迹，反思不当，绝无非分之想，而永远感恩戴德。刘秀告之："将军为国家，君臣犹父子，何嫌何疑！"君臣相好如初，冯异为刘秀一直与敌作战，病死阵中。

　　三国时，诸葛亮祖先官至汉朝司隶校尉，父为汉太山郡丞，父亲去世后由叔父托养，叔父为袁术所属豫章太守，诸葛亮随往，又投靠刘表，叔父去世后，诸葛亮躬耕陇亩。他自比管仲、乐毅、兼有文武不世之才，而观天下之诸侯如袁术、刘表、袁绍之辈皆难成大事，已看透天下将来必是曹孙刘三足鼎立。刘备对其恩重如山，任军师将军，易左将军府事。他极力劝刘备称尊号，一方面顺应大势，另一方面表明自己毫无野心。他任丞相录尚书事、司隶校尉，在刘备去世后，虽有取得大权之实力和能力，却心甘情愿以死效忠辅佐幼帝刘禅而毫无二心。他本可以顾命大臣坐镇成都，尽享荣华富贵，却长年率兵在外，成为刘禅及成都屏障。主动把内政大权分与祁攸之、韦祎、董允、白宠，使之为刘禅所用。街亭之败后，诸葛亮自贬三等，任右将军、行丞相事。即使其后事也被他压得很低，葬在汉中定军山而不返成都，墓小又简，葬礼极薄。死后，他在成都仅有800棵老树，15顷薄田，内无余帛，外无盈财，死后才赠封武乡侯，谥号忠武侯。

　　唐中期安史之乱时，唐朝名将李晟率兵平定多路叛军，恢复京城，使唐朝转危为安，唐德宗得以一统天下。李晟不仅为内外之敌所忌惮，也为皇帝所提防。当吐蕃施用反间计时，恰好张延赏秉政。他与李晟有隙，进谗言于皇帝，不可久令李晟典兵。唐德宗顺水推舟，解除李晟兵权，拜其为太尉、中书令，奉朝请而已。李晟被解除兵权后，除朝谒之外，罕所过从。有为张延赏所排挤之人，心怀怨望，劝李晟为自全故，宜早谋对策，狡兔三窟，待机而动。李晟将其人执报朝廷，决不做此不祥之事。唐德宗亲自召见李晟，受到了嘉许。李晟很崇拜魏征直陈极谏的忠心耿耿，信奉"邦有道，危言危行""有犯无隐，知无不为"。李晟每当上所顾问，必尽言，尽大臣之节；对下必称其劳、其能，虽厮养小善，必记姓名，凡有恩者，必厚报之，因此得以安然于朝堂，寿终正寝。

　　南宋时，金兵入攻拱、亳，刘琦告急。宋高宗赐名将岳飞扎："设施之方，一以委卿，朕不遥度，所遣将继请相奏。"当时，岳飞手握重兵，遣将分略西京、汝、郑、颍昌、东、曹、光、蔡诸郡，取河州、北州县，东援刘琦，西援郭浩，自率大军长驱以瞰中原，其威权已震天下，无人能比。将要发兵时，岳飞为使皇帝不疑，密奏宋高宗："先正国本，确立太子，以安人心；不必常住一地，以示无忘复仇之意。"宋高宗得奏，大褒其忠，授少保，河南、北诸路招讨使，不久岳军大捷，兵势甚锐。

明征西将军汤和，早年即随朱元璋打天下，起初奉朱元璋约束甚谨，深受器受。汤和率军攻打张士诚、方国珍，北伐、征西战功卓著，醉后吐怨言："吾镇常州，如坐屋背，左顾则左，右顾则右。"朱元璋得知后，颇为不快。平中原后，军还论功，朱元璋以其遣陈友定余部、失二将之过，不予封公。伐蜀后，朱元璋即使封其信国公，还是要数落其在常州的过失。汤和每次挨批，都顿首谢，没有任何不满怨言，当他明了朱元璋因天下无事、不想让诸将过久典兵的心思后，主动向其提出交出兵柄，得归故乡，安度晚年。朱元璋大悦，允其退休。倭寇患生，朱元璋令汤和平寇。汤和再次执掌兵柄，更加恭谨从事。经请示朱元璋同意，决定在浙地设卫所城五十九，征壮丁5万人，导致当地民众负担加重，民怨颇大。有人劝其顾及民怨，汤和为了皇帝而不惧近怨的做法，恰恰表明他没有因战而收揽人心、据地为变之心思，反而得到朱元璋的厚赏，即黄金300两，白金2000两，钞3000锭。在公侯宿将多被治奸党之罪的时期，汤和却能得免、独享后福，与其晚年益加恭慎关系甚大。

宽厚推诚　能下于人

为将，要能忍得住屈侮，耐得住清冷，让得出权位，瞒得住功绩，守得住节操。能屈能伸、忍辱负重，委曲求全，静若处子，是天下名将必备的素质。诸葛亮说："器刚则缺，任重则危。不恃强，不怙势，宠之不喜，辱之不惧①。"专以直陈廷谏而得位者，虽可得于

---

① 《诸葛武侯集》。

一时，被贬黜是迟早的事，因为其所谏之议一旦危及别人的权势和威望，就将显得一钱不值了。

三国时期，东吴辅国将军陆逊统御诸将与刘备作战，诸将或是孙策时旧部，或是公室贵戚，各自矜持，不愿听从陆逊之令。陆逊考虑受孙权皇恩深重，任过其才，诸将又是国家的栋梁，为大局对其忍辱负重，以济国事，而且并不向孙权告发诸将违节度之行。但是，到与刘备作战的关键时刻，陆逊按剑极严肃对诸将说："刘备强劲之敌，曹操所惮，如果军令不一，如何报效国家，军令有常，不可犯矣！"及至大破刘备，计策多出陆逊，诸将服气。

东晋时，王导任丹杨太守，加辅国将军，深受宠信，他见朝廷不问贤愚亲贱，皆加重号，辄有鼓盖，相互攀比，开导乱源，形成风气，朝望颓毁。王导不仅送还鼓盖加崇之物，以身作则改变不良风气，而且促使晋怀帝下令重定开塞之机。拜王导为宁远将军、寻加振威将军。

北朝时，魏建武将军、中书令、高允深受魏高宗信任器重，每对其劝谏，都从容听之，即使有触犯，也不动怒。每当事有不便公开议论，高允往往求见皇帝。高宗知其意，让左右退下，礼甚敬重，晨入暮出，或积日居中，朝臣莫知所论。高允这种劝谏方式，主要考虑高宗的权威不受损害。魏高宗对此心领神会，乐见其成。高允曾深有感慨地说："父有是非，孝子并不作书劝谏，而是于家内面谏妥处，保护父亲颜面，而不使父恶彰显于外。对国家善恶不能面陈，而上表当众劝谏，岂不是彰君之短，明己之美。"高允常正言面论，既能使皇帝闻己之过，而天下不闻高允之谏。

元名将扩廓帖木儿（小名保保）因作战有功为元顺帝拜为太尉、中书平章政事、知枢密院。当时，元朝气数将终，内部互相残杀，外部农民大起义此起彼伏。驻军大同的元将索罗帖木儿因藏匿太子追查的要犯，被朝廷罢官，因而反叛，杀入宫中，太子被元将扩廓帖木儿救往太原。元顺帝令扩廓帖木儿率军平息叛乱。扩廓帖木儿虽任太傅、左丞相，不敢居功，主动请求出外带兵任将，率兵南平江、淮。元顺帝准许，封其河南王。在朝廷出现严重权力斗争时，皇后令扩廓帖木儿以重兵拥太子入城，胁迫元顺帝禅位。扩廓帖木儿停军京外30里，仅以数骑入朝。既引起太子不满，也引起元顺帝猜忌，削其太傅、左丞相及总天下之兵的权柄，分其军隶属诸将，仅以河南王就食邑汝南。扩廓帖木儿二话未说，奉诏退军泽州。而元顺帝令将合攻扩廓帖木儿，并据其根据太原。扩廓帖木儿大怒，攻据太原，尽杀朝廷官吏，元顺帝尽夺其官爵。由于元顺帝之将为扩廓帖木儿所杀，明军节节取胜，元顺帝情急之下，尽复扩廓帖木儿官爵，然而，为时已晚，元大都被明军攻破，元顺帝出逃北走。在元臣皆降的情况下，独有扩廓帖木儿拥兵塞上。元顺帝令扩廓帖木儿收复元都。他与明军徐达、常遇春数次交战。徐达数万之军征讨扩廓帖木儿，扩廓帖木儿大败，被歼数万人，独与妻子数人北逃。元顺帝去世、太子即位后，扩廓帖木儿战胜明大将军徐达15万大军，歼其数万人。其后，扩廓帖木儿从其主迁徙金山，直到病逝。朱元璋曾经多次遣使与扩廓帖木儿通好，扩廓帖木儿每次都抑留其使，7次致信都未答复。当徐达几次败于扩廓帖木儿之手时，朱元璋想起刘基"扩廓未可轻"的忠告，并以此深诫诸将。当朱元璋听说扩廓帖木儿死讯时，对诸将说，扩廓帖木儿是天下奇男子，可惜未能将其收于麾下。

北宋神宗时，按惯例将相都要封号，皇帝比较反感给自己上尊号，多次不许众臣所请，并说："皇上的尊号正如卿等功臣之号，何补名实？"当时，吴正宪任首位宰相，请求中止其功臣封号，皇帝许之，群将相纷纷请求撤销功臣封号，遂不复赐。

明都指挥使杨荣，深受明成祖朱棣器重，他总是从朱棣的角度考虑问题。朱棣入京夺取政权，以明太祖《祖训》为名，使其举兵有正当旗号，杨荣认为朱棣政治上正当。他迎奉朱棣入京，便提醒其先谒太祖陵再即位，朱棣听从，因此深受信任。明成祖与大臣议事未决而发怒，杨荣从中周旋，使皇帝息怒，事先作出决断，把事情办了。有将动议出兵平息边患，杨荣建议皇帝，隆冬非用兵之时，且有罪不过数人，不宜出兵而劳民伤财，成祖听从。在征役问题和出塞用兵问题上，杨荣都站在明成祖立场上，劝其守信于民和顾及士卒饥冻，受到赞许。明成祖外出途中病逝，杨荣秘不发丧，维持平稳，使太子顺利即位。因此，杨荣能历经四朝，皇帝与其恩遇始终无间，为历朝历代所少见。明都督同知山云与杨荣同出一辙，不仅能征善战，战功卓著，而且与士卒同甘苦，端洁不苟取，公赏罚、严号令，尤其敬畏天子法度。山云镇广西，广西的惯例是，镇帅初至下面都要向其馈献，镇帅受其馈献，便相互关照扶持。山云初至广西，招素有刚直之名的府吏郑牢询问惯例之事，郑牢劝其绝不收受馈献。当山云问及，如果不受彼且生疑，如何处置时，郑牢说："黩货，法当死，将军不畏天子法，而畏士夷乎？"山云赞许，尽却馈献，严御将士，上下畏服。

（二）器局宏阔

贾岛说："绝顶人来少，高松鹤不群。"军中争斗，唯有器局宏阔之将能为之化解。大敌当前，绝不使思想交锋转变为权力斗争；战事紧急，绝不使意见分歧转变为军队分裂。战时，大将要能委曲求全而不争锋角力，含容宽缓而不刀兵相见。

恢宏大度　有容乃大

《尚书》曰："必有忍，乃有济；必有容，德乃大。"建大事者，不忌小怨；成大功者，不忌小过；持大局者，不忌小隙。御将以才气相期,勿以小疑介意。宽其小过是无恩之恩,释其轻罪是不赏之赏。曾国藩曰:"苟于峣峣者过事苛求,则庸庸者反得幸全。①"

　　隋末,李渊、李世民起兵,争夺天下。割据之将刘武周的偏将尉迟敬德攻城破地,与唐秦王李世民作战失败后,收集余众坚守介休。李世民派将招降时,尉迟敬德携将士举城而降。李世民任尉迟敬德为右一府统军,随李世民征战王世充于东都。不久,降将反叛,诸将认为尉迟敬德必叛,将其囚于军中。屈突通等认为尉迟敬德情志未附,勇健非常,既被猜疑,怨望必生,留之恐为后患,建议将其诛杀。李世民在打天下时即顾及到治天下,对归附于己的士兵和将领多有宽惠。他认为:"尉迟若怀翻背之计,理应在降将之前,岂在其之后。②"于是,李世民将其引入卧内,赐以金宝,推心置腹,表共事之情。尉迟敬德感恩戴德,愿效死力。一次,他随李世民狩猎,忽遇王世充步骑数万来战,其将单雄信直趋李世民,尉迟敬德跃马迎敌,

　　并掩护李世民突出敌围。此后,李世民待尉迟敬德愈厚,在李元吉等谋害李世民的严重关头,尉迟敬德辅佐其夺取大权。李世民素有收揽天下英雄的器局,从问斩的刀下救出李靖,引为秦王府三卫。李靖随李世民击败王世充,又奉命平定萧铣,因中途援救庐江王李瑗,与敌邓世洛数万兵作战,延误了时间。李世民追查其逗留之过,并令都督许绍求情免斩。敌冉肇则部作乱,赵郡王李孝恭与之作战失利,李靖率800人破其屯,并于险要设伏,斩杀冉肇则,俘敌5000人。李世民对左右说:"使功不如使过"。并手敕李靖:"既往不咎,向事吾久已忘之。"

---

① [民国]蔡锷:《曾胡用兵语录》。
② 《旧唐书》。

识高计深　志远量阔

艾森豪威尔说:"只有信任和信赖才能牢固建立盟军统帅的权力,才能使权力真正具有合法性[①]。"识高者计必深,志远者量必阔,力强者权必重,能战者气必锐。通过自愿让步,建立有效的团结;通过内外兼顾,建立崇高的威望;通过消除派系,加强盟军的指挥;通过服从政治意图,实现远大抱负。

1942年6月,第二次世界大战中,美国的艾森豪威尔跳过366名军衔比他高的将官,任美国驻欧洲战区司令,晋升中将,指挥集结在英国的100万美军。艾森豪威尔志高图远,谨慎持重,稳扎稳打,精明地处理好一系列重大关系与战略问题,经由参加第二次世界大战,使美军取代或超过英、法、德、日、意军成为世界一流军队。一是以客为主。艾森豪威尔考虑到美军作为远离本土的客军,必须依靠欧洲盟国军队,必须先站稳脚跟,一到伦敦就申明,美军的军事行动要在英军指挥下进行,美军配合英军完成任务[②]。他面对美、英两军将领间互不服气,部队和士兵之间互不融合等问题,考虑到在美军未作出出色表现,作战能力未充分展示之前,就以强硬姿态与英军计较短长,不仅将事与愿违,而且会干扰团结,影响一致对德作战。因此,艾森豪威尔"通过自愿的让步以建立有效的团结"[③]。颁布一揽子法令,美军将领必须遵守防止损害英国主权的规定,先当好配角。进行参观教育,使部队尊重英国的传统,贴近英国人民,甘愿援助英国。对破坏团结的美军军官,以说服教育为基

[①] [美]小埃加·普里尔:《十九颗星——对美国四位名将之研究》,军事译文出版社1985年版,第192页。

[②] 罗伯特丹沃:《艾森豪威尔》,京华出版社2008年版,第78页。

[③] 罗伯特丹沃:《艾森豪威尔》,京华出版社2008年版,第81页。

础，对伤害两军关系和英国人民感情的军官严肃处理，遣送回国。下力提高美军士气、训练水平和作战能力，挑选优秀军官进行指挥，首先把美军凝聚成坚强战斗集体，以较好的形象和较强的战斗力赢得英军及英国人民的尊敬。二是以让为取。1942年7月，美军参谋长马歇尔与艾森豪威尔达成支援苏军、在西欧开辟第二战场的共识，拟制强渡英吉利海峡、攻入法国瑟堡港口的"大锤"作战计划。英方以损失风险太大，6个师兵力不足以吸引德军主力为由，提出到1600英里之外的北非与德、法军队作战。罗斯福出乎意料地同意英方建议，改取英国进攻北非的"火炬"作战计划。从这种变动中，艾森豪威尔深窥到美、英高层的战略考虑：美、英不想过早地为苏联承担巨大损失和风险。推迟开辟欧洲第二战场会使苏、德进一步消耗力量。待两败俱伤收拾残局，用力省而收效多。进攻北非，再向意大利及巴尔干半岛进攻，出其虚弱，便于得手，也能造成与苏德战场呼应之势。美、英是海洋大国，进占北非、控制地中海航道，既有利于维护英国殖民体系和恢复势力范围，也可以使美国切断德日在亚洲会合的线路，还可以使英、美在二战后牢牢掌握制海权，去除一切可以挑战两国海权的对手。因此，艾森豪威尔压住对"大锤"计划被废的不满，服从大局，不露声色地维持与英国政、军界正常关系。丘吉尔考虑到，英国与法国维希政府关系恶化，进攻北非涉及英、法势力范围之争，艾森豪威尔是一名顾全大局、有政治和战略头脑的将领，提议让他任实施"火炬"计划总指挥。至此，美军获得了盟军的作战指挥权，向取得盟主地位跨出了实质性的一步。三是以法制英。1942年9月，艾森豪威尔选定卡萨布兰卡、奥兰和阿尔及尔为登陆目标时，德、意在北非的兵力并不多，而忠于法国维希政府的法军却有20万兵力，500多架作战飞机、70多艘各类舰艇，作战能力不容忽视。由于法英矛盾较大，艾森豪威尔出面进行政治努力，并准备单独进行登陆作战。这实质是以法国问题为借口，让英军当配角、美军当主角。丘吉尔一眼窥破玄机，提出英军穿着美军服装登陆的建议，美方坚决反对欺骗法国的行为。最后，美、英达成一致，首批登陆美军6个师，英军1个师，共11万人。艾森豪威尔不露声色地运作，使盟军实际指挥权及美英两军的主次地位发生转换。1942年11月8日，登陆北非战役打响，艾森豪威尔指挥部队取得战役胜利，法军投降。美国授予艾森豪威尔四星上将军衔，一改其军衔低于3个英军副总司令的局面。四是以近谋远。1943年3月，在突尼斯战役中，美军特别是巴顿的部队打得非常出色，其作战能力、指挥能力和作战潜力充分显现，与英军并驾齐驱，大大加强了艾森豪威尔在盟军中的指挥地位。5月，当北非战事快要结束时，美、英两国、两军高层，在下一步采取何种战略行动问题上出现分歧。美方想尽早开辟欧洲第二战场，英方想从西西里开刀，进攻意大利。经过会商双方同意，1944年开辟欧洲第二战场，先进攻西西里，之后的进攻方向，由艾森豪威尔酌情而定[①]。因此，艾森豪威尔在美、英双方政、军两界的地位陡增。丘吉尔亲飞阿尔及尔的艾森豪威尔指挥部，在深夜游说他在西西里战役后进攻意大利，攻入罗马，建立伟大功勋。艾森豪威尔考虑到，美军在盟国中的地位迅速上升的形势来之不易，想以眼前的让步，取得更长远的战略利益和战略主导权：保持英、美同盟，保持美国在地中海的主导地位。美军仍需英军在开辟欧洲第二战场精诚团结合作，使美军掌握指挥权更加牢固。攻下意大利，使德军抽出26个师补充巴尔干缺口，从而利于在西欧的登陆作战。与丘吉尔直接商讨重大战略问题，有利于制约蒙哥马利等英军高级将领，有利于统一指挥。1943年7月至12月，艾森豪威尔指挥47万盟军在西西里岛登陆，经过38天战斗，歼灭德、意军近17万人，意大利投降。艾森豪威尔任盟军远征

---

① 罗伯特丹沃：《艾森豪威尔》，京华出版社2008年版，第113页。

军总司令，指挥开辟欧洲第二战场和在诺曼底登陆的"霸王"行动。五是以重驭轻。1944年1月至5月，艾森豪威尔领导"霸王"作战计划制订和战役准备。参加诺曼底登陆即"海王星"作战的盟军，总兵力288万人，陆军153万人，飞机1.4万架，轰炸机近6000架，舰艇9000余艘，地面部队美第1集团军、英第2集团军、加拿大第1集团军，编成第21集团军群，由英将蒙哥马利指挥，美第3集团军由艾森豪威尔直接指挥①。显而易见，在地面部队中美军已占优势，使艾森豪威尔在指挥权、决策权、用兵权上明显处于上风。6月6日，诺曼底登陆战役打响，蒙哥马利第2集团军在攻取卡昂作战中，一再推迟进攻时间，保存实力，使美军处于危险境地，艾森豪威尔将美军第1、第3集团军编为第12集团军群，令美将布莱德雷任司令，又果断地接管了盟军地面部队指挥权。当蒙哥马利公开指责巴顿、无礼要求艾森豪威尔接受其进攻柏林的计划和将地面部队指挥权还给他时，艾森豪威尔居高临下地说："冷静点，蒙蒂！你不能这样对我说话，我是你的上级②"。9月20日，艾森豪威尔授五星上将，而丘吉尔授蒙哥马利元帅军衔。1945年3月至4月，艾森豪威尔指挥盟军迅速推进，与苏军在德累斯顿西北的托尔高会师，法西斯德国覆灭，美军成为世界一流军队。此后70年，美军一直占据优势。

（三）清简得众

《尉缭子》说："得众在于下人。"兵尚简易便捷，最忌烦苛而无节制。军需匮乏，覆亡之道。孔子说："足食足兵，民信之矣。"审时度势，随时变策，量力进退，因势盈缩，不唯有利作战，也惠及民众。《乾坤大

---

① 罗伯特丹沃：《艾森豪威尔》，京华出版社2008年版，第157页。
② 罗伯特丹沃：《艾森豪威尔》，京华出版社2008年版，第226页。

略》曰:"攻取必察要害,据守必审形胜;能取非难,取而能守之为难;分守非难,守而能得其要为难。"

质朴简惠　志节亮直

《三略》说:"以身先人,其兵为雄军。"心有高见能不问不言,身居高位能劳谦接下,手握重兵能视同父子,富贵至极能布袍素食。共荣华富贵易,同艰难困苦难。文天祥说:"乐人之乐者忧人之忧,食人之食者死人之事[①]。"

北朝时,北周武帝、大将军宇文邕深沉果毅,言必有中,聪敏有谋,人莫能测其深浅。他亲理万机,克己励精,听览不怠,有智严整,于政不倦,群下畏服,莫不肃然。他身衣布袍,寝布被,无金宝之饰;宫殿华绮全部撤毁,雕文刻缕一律禁断,后宫嫔御不过十人。校兵阅武,步行山谷,履涉勤劳,人所不堪;见军士无鞋,亲脱鞋以赐;每宴会将士,自执杯劝酒;征伐之处,躬在行阵,能得士卒死力。

元军大举南侵、南宋危急。文天祥平素性崇华、平生自奉甚厚,声伎满前。至有国难,他痛自贬损,尽以家财为军费,每与宾佐语及此事,辄流涕。他果敢率兵至临安作战,为抗击元军被俘身死,留下千古美名。

开济好施　抚众则勇

良将,总是眼睛向下,沉下身子,与军士打成一片,掌握一手情况,深知军士的切身感受,视之如同父子。《三略》曰:"危者安之,惧者欢之,宽者厚之,卑者贵之,贪者丰之,欲者使之。"

古罗马名将恺撒在西班牙行省任总督时,已拥有30个步兵支

---

① 《宋史》。

队，效仿亚历山大征服多个部族。他不仅志怀高远，而且十分关心将士，在征战过程中，使将士很富有，被尊称为"凯旋将军"。他在征战高卢过程中，与士兵一样吃苦耐劳，在厚赏和关切将士上比当时任何将领都有过之而无不及，并与之建立起亲密关系，军士都愿为其效命。而且，恺撒对部队整体的关爱厚待，产生了一种奇效，即原本作战并不勇敢，但在追随恺撒作战时，为了他的荣誉和报答他的恩情，显示出了难以抗拒的勇气。在恺撒的队伍里，大家奋力拼死，以怯战和畏难为耻辱。恺撒对部将军士，在金钱、名位的赏赐上，毫不吝惜，使其心灵深处激发出爱好荣誉的精神和高尚的志节。他甚至把所有的收入、聚集的财富当成公共基金，作为奖赏和鼓励英勇行为之用。他以将士的富有作为自己的财富，以不避危险、辛劳、困苦的行为带动将士。他与士兵一样，不知倦怠的行军，吃用与军士一样，风尘仆仆的露营，拼死不屈的战斗。他常常把很高的荣誉给予地位低下的士兵，把比较舒适的住处让给体弱多病的人员。因此，他所率之军，既能征善战，又上下一致，战斗力超出其他将领所率军队。他在高卢作战不到10年，先后攻占800个城镇，征服300个部族，与之交战的敌人累计多达上百万，歼灭敌人数十万人。

（四）专擅威福

功高震主者必危，恃功凌主者必殆。水满则溢，贵盛则衰。权重而不知谦退者，必遭疏忌；贵隆而不知卑抑者，必招横祸。大名不可久荷，大功不可久任，大权不可久执，大威不可久居。允执其中，天禄永终。任过其才，恐有颠覆之患；越权行事，恐有杀身之祸。《孙膑兵法》曰："不能而自能，将必败。"

伤于无止　盛满则凶

功高权重，嫌隙易生，小人必乘隙而动，为将稍有迟疑大祸立至。外部威胁越大，越是重用能将之日；内部威胁越大，越是猜防能将之时。黄歇说："物至则反，冬夏是也；致至则危，累棋是也[①]。"未被猜疑之时而能退隐者最佳。

春秋时期，齐景公接受相国晏婴推荐，重用司马穰苴为将军，抵御燕、晋之师。他以诛杀齐景公宠臣、监军庄贾以立威。当齐景公派使救庄贾时，他又杀使节的仆从以殉三军。司马穰苴打败晋、燕之师，被齐景公拜为大司马，其宗族势力益尊于齐。在这种情况下，大夫鲍氏等在齐景公处挑拨，齐景公罢免司马穰苴，司马穰苴发病而死。

战国时，魏文侯重用吴起为将，拔秦五城，守西河，秦、韩不敢侵魏。吴起善用兵、有威名、立有战功，令诸侯畏惧。魏武侯即位后任田文为相，吴起不悦。当田文告之主少国疑，大臣未附，百姓不信，只能用田文而不能用吴起时，他稍有省悟。他被魏相公叔设毒计陷害，被迫投奔楚国后，虽当上楚相，然而在平百越、并陈蔡、却三晋、西伐秦而功名极盛之际，为楚贵戚所害、族灭。

隋右武侯大将军贺若弼在隋文帝准备灭陈时，因其有文武才干，出于朝臣之上，被选任吴州总管，担负灭陈重任。他不负帝望，功绩卓著，但是与韩擒虎争功，甚至挺刃而出。功成名就后，其兄弟封公，并任刺史、将军，其家珍玩不可胜数，婢女数百，权重贵盛，位望隆重，而不知谦退，自谓功名出朝臣之右，常以宰相自许。他虽为将军，因未能任为仆射而心怀怨望，不平形于言色，被免官后

[①] 《史记》。

怨望愈甚，以致被隋文帝下狱，除名为民，又复其爵位，但对其嫌忌并未消除，不再任用。隋炀帝即位前，对贺若弼以大将自居就有不满，即位后更加嫌忌，在其与大臣高颎等私议为政得失被奏报后，被诛杀。

恃权用事　过犹不及

得饶人处且饶人，大权在手，一旦滥用，虽一时快意，必留后患，因为狂妄残忍的本性已为别人识破提防了。虽立有大功、有恩于别人，一旦成为别人威胁，妨碍了别人权力执掌，也定会处于险境，因为所予人之恩不足以抵销予人之害，在此尤其不可心存侥幸。为将，不以私害公，不以小妨大，不以危易安。

南朝时，宋武帝刘裕临终前告先诫太子："只要注意檀道济、徐羡之、傅亮、谢晦四人即可平安无事；檀道济有干略、无远志，无难御之气，徐、傅不会篡位，谢晦颇识机变，若有同异必是此人。"[①] 太子刘子业即位后，凶悖滥诛，不孝不仁。尚书令徐羡之、中书令傅亮、领军谢晦、镇北将军檀道济同谋，杀掉刘子业和庐陵王刘义真，共扶宋武帝第三子刘义隆即位，称宋文帝。宋文帝深知此四人可以操纵废立，自身命运也在其手中，便密谋徐图渐除四人。宋文帝即位第二年，司徒徐羡之、左光禄大夫傅亮上表归政，在获得允许后，又因恐惧而反悔，奉诏摄政。此后，宋文帝在内外布置心腹，培植势力，并深自结纳。宋文帝即位第三年，自认为时机成熟，动用中领军到彦之、右卫将军王华追讨徐羡之、傅亮，徐羡之自杀，傅亮被屯骑校尉收捕，伏诛。在徐、傅废帝时，檀道济虽参加，但有异议，又在拥立宋文帝上立有大功，因此在宋文帝诛除徐、傅后，檀道济

---

① 《宋书》。

心有侥幸。当宋文帝命他与到彦之讨伐谢晦时,作战卖力,除掉谢晦后拜征南大将军。宋文帝在诛除徐、傅、谢后,乘檀道济不备,以疾笃为由召之入朝,将其收缚廷尉,檀道济及其心腹八人被诛杀。

唐朝时,武则天称帝,由密奏得知岭南流放之徒谋反,遣摄右台监察御史万国俊查验。万国俊至广州,尽召流人,矫诏赐自尽,皆号哭不服,万国俊驱之水曲,使不得逃,一日戮三百余人。万国俊诬奏流人怨望,请悉除之。武则天又派出5位摄监察御史,往多地查验,他们为邀功,唯恐杀之数少,又杀3500余人。武则天后来得知其冤,下诏将被杀人的灵柩送回家,万国俊等亦相踵而死。

唐将军哥舒翰素与藩将安禄山等不和,结怨很深。安禄山起兵反叛,哥舒翰奉命率20万大军坚守潼关,拜任皇太子先锋兵马元帅,位高权重,几乎手握唐朝命运。他本应谨慎持重以维护大局和国家稳定,妥处与唐帝李隆基及中枢大臣之间关系,共同对敌。然而他自视过高,恃权用事,很快将战争大局搅得一团混乱,不可收拾。他没有集中兵力,行退敌之计,而是听从手下将领建议,擅自密谋留兵3万守潼关,亲率主力回朝,欲除掉奸相杨国忠,以打掉安禄山清君侧的起兵理由。这是一个乱上加乱的计策,即在外敌逼入之下,内部又自相残杀。杨国忠潜知其谋,一方面掌握私家军队以防不测,另一方面不顾外敌攻入,在中枢构陷作梗,致哥舒翰于死地。由于杨国忠得手,哥舒翰被阻滞于潼关,取持重坚守,以弊敌军、待其离心,出击歼敌之策,决计不轻易出关作战。杨国忠恐其谋己,屡奏请李隆基让其出关作战,由于李隆基久处太平,不练军事,为其所迷惑,中使相继督责,哥舒翰迫不得已,引师出关。由于哥舒翰恐中枢陷害,又患风疾,其兵交由手下将领统管,军中之务,不复躬亲;部将不敢专断,教令不一,内斗不止,兵无斗志;匆忙出关作战,准备不足,轻敌冒进,其军争路拥塞,自乱阵脚,又被敌乘风火攻,死者数万人,兵败如山倒。哥舒翰被俘投降,为安禄山杀害,李隆基防线全溃，被迫逃亡。

五代时，后唐左领军卫大将军安重诲被唐明宗授任枢密使，随其征讨十余年，功高权重，独断专行，贵戚大臣无人敢干预，其弟牧郑州，其子镇怀孟，自己掌控中枢。安重诲在势力已经坐大的情况下，必定引起君臣猜忌，而其不知韬晦，似乎不以此为意。安重诲建议唐明宗伐吴，未许。安重诲得知徐知诰打算奉吴称藩，愿得安重诲一言以为信后，大喜，擅自让人送玉带以为信。朝中官吏扬言于众："看相者说，安重诲贵不可言，将统军征讨淮南。"传言至唐明宗处，安重诲受到当面质问，虽搪塞过去，仍引起唐明宗猜疑，侍卫指挥使安重进等以家担保，才使其勉强避免一场大祸。安重诲先辞中枢，又求出任一镇，多次引起唐明宗不快和愤怒。及安重诲自请助王师伐蜀，百姓苦其苛酷，凤翔节度使朱弘昭上奏，告发其怨望并出恶言，发泄不满，安重诲未至京师，被任为河中帅。又有人告发其据城而有异志。唐明宗遣翟光邺出使河中，如察其有异志即诛杀之。翟光邺令李从璋率甲士围其府第，击杀安重诲及其妻于当庭。

北宋时，西夏使致祭，延州指挥使高宜傲视其使者，羞侮其国主，使者上诉于朝廷。司马光等请求加高宜之罪，宋仁宗未从。次年，西夏兵犯边，杀略吏士。赵滋知雄州时，专以猛悍治边，司马光认为不可如此。至此，契丹之民捕鱼界河，伐榭白沟之南，朝廷认为知雄州李中祐不材，将取代之。司马光认为："当戎吏附顺时，好与之计较末节；及其桀骜不驯时，又纵容姑息。近者西祸生于高宜，北祸起于赵滋，当时，都称此二人为贤能，故边臣皆以生事为能，不可助长此种倾向。宜敕令边吏边疆细故辄以兴刃相加者，罪之。"

逆滥无度　暴起暴灭

陆游说："将苟有才，不忧不用，不宜私出以要荣利；若其不佳，终为取祸。"① 政权不论新旧，只要官腐无度，其命必短。

隋朝时，杨广（后为隋炀帝）任武卫大将军、行军元帅，矫情饰行，以钓虚名，阴有夺宗之计，大臣同事者，倾心与结，中使至其府，无论贵贱，都曲承颜色，赠以厚礼。他与杨素因机构扇，设谋令隋文帝废黜太子，杨广终即皇位。杨广称帝掌握军政大权后，盛治宫室，巡游无度，穷极侈靡；欺压诸蕃，诡谲多诈，奸吏浸渔，内外虚竭，骄怠军务；恶闻政事，猜忌臣下，无所专任，违者族灭，忠良诛罚，政务弛紊；贿货公行，六军不息，百役繁兴；反之于之内，盗贼蜂起，近臣掩蔽，各求苟免，每出师徒，败亡相继，天下土崩，束手就擒。在杨广手下，隋朝成为中国历史上最短命的王朝之一。 隋大将军杨素心怀大志，不拘小节，在北周时已拜车骑大将军，虽能征善战，然而用法极苛。每临战，必求人之过而杀之，多者百余人，少不下十数人，流血盈前，言笑自若。每对阵，先令一二百人赴敌，不能攻陷敌阵而还者，不论多少，一律斩杀；又令二三百人复进，未攻破敌阵生还者，仍然一个不留。将士恐惧有必死之心，因此往往战而能胜，成为名将。杨素弟兄、从父、族父并为尚书列卿，诸子无汗马之劳，位至柱国、刺史，家僮、妓妾数千，宅第制拟宫禁。杨素与杨广密谋废掉太子后，又与之密谋废黜蜀王杨秀。文武朝臣如贺若弼、史万岁、李纲、柳彧等，有违其意者，虽至诚为国，也必害之；而附会亲近者，虽无才用，也加以重用。杨素又与杨广等矫诏欺骗隋文帝，乘其寝疾夺取皇权。杨素虽在隋炀帝一朝位极人臣，

---
① 《宋史》。

并能寿中正寝，但是正因为其所做所为，为隋朝树立了极坏的榜样，其阴谋恶行报应在隋朝短命上。

世雄人杰　气忌凌上

对大将的猜防无外两条：一是身前成尾大不掉之势；二是身后成难制之势。武将一旦落入此忌，必被猜防，稍有凌上之气，则必欲除之而后安。权势已成而小人环伺之际，尤须谦卑抑损，严防祸变。

西汉高帝刘邦晚期，吕后与戚夫人争权激烈，在争夺太子之位上水火不容，刘邦先是想换太子，用戚夫人之子，后被张良用计搁置，决心不换太子。名将樊哙与吕后家结亲，关系密切，实际卷入太子之争，明显站在吕后一方，引起刘邦不快。樊哙率兵平定燕王卢绾叛乱。汉高帝病危，有人告发："樊哙与吕氏结党，一旦皇帝去世，他要发兵尽诛戚夫人及赵王刘如意之属。"刘邦大怒，派陈平于军中斩杀樊哙。陈平虽手握生杀大权，深知不可随意诛杀皇亲国戚、勋旧名将，且刘邦不知能否转危为安，便执樊哙一同回长安，听候皇帝发落。等他们到长安时，刘邦已去世，吕太后已控制大权，释放樊哙，得复爵位，陈平亦安然无恙。

三国时期，陆逊为将，在夺荆州、擒关羽、败刘备等重大战役中，功绩卓著，位高权重，又代顾雍为相，一人之下，万人之上。当时，太子与鲁王两宫势均力敌，官员中两相依附，造成分裂局面。当陆逊听到太子之位不稳之议后，反复上疏极谏吴帝孙权："太子正统，宜有磐石之固，鲁王藩臣，不使宠秩有差。"孙权并不采纳。及陆逊几个学生因亲附太子而被流放，与陆逊亲近的太子太傅下狱而死，孙权派中使数次责备陆逊时，陆逊忧愤而死，时年63岁。

西晋时，晋景帝司马师、晋文帝司马昭因石苞有经国才略，不顾其细行不足，而迁其为奋战将军。先后率军打败吴将诸葛诞，朱异、丁奉，进位征东大将军、迁骠骑将军。因助晋武帝司马炎即位有功，迁大司马、封公，位极人臣。石苞镇抚淮南，大兵强盛，靠近吴边。淮北监军王琛密奏石苞与吴人私通，使晋武帝生疑。当荆州刺史奏吴人将大举为寇时，石苞便擅自筑垒遏水以自固，进一步加重了晋武帝的猜疑，加上石苞之子诏而不至，使其断定石苞必反。晋武帝先以劳扰百姓为由罢免其官，暗调大军准备征讨。石苞不带军队，步出往都亭待罪，晋武帝虽不再疑心，也不再重任，使其以公还第。

外自擅权　内隐嫌忌

大将无论功绩多大，关系多近，人格多好，只要触碰了政治禁忌、造成了政治威胁、产生了政治后果，都会立即处于危险境地。为将，仅从军事上考虑问题，容易忘乎所以；复从政治上考虑问题，容易谨慎谦退。

东罗马帝国将领贝利撒留为皇帝查士丁尼一世效力时，西罗马帝国已经灭亡。贝利撒留率军与萨珊波斯军队作战时，以2.5万人对敌4万人，以正兵与之对抗，以骑兵作为奇兵袭其侧后，大败敌军，威名大震。他率军镇压尼卡起义，出兵北非，袭击并灭亡汪达尔王国，使之名望达到高峰，东罗马不仅为其举行凯旋式，而且任其为单一执政官。在如日中天之下，贝利撒留并未注意到因功高震主潜伏的巨大政治危险，也未采取任何措施消除隐患，致使查士丁尼对其猜忌逐渐加重。因为查士丁尼一世早就想恢复归并西罗马，借口亲东罗马帝国的东哥特王国王太后被杀，派贝利撒留前往讨伐，乘机收复西罗马帝国中心罗马。贝利撒留率军攻占西西里岛后，向意大利北部推进，攻克罗马后，俘获东哥特国王。在贝利撒留即将占领整个意大利、东哥特残余势力准备投降时，受到查士丁尼一世的干预指挥。恰值东哥特人考虑贝利撒留对征伐地区惯用怀柔政策，便以尊其为皇帝进行统治为条件请降，贝利撒留考虑如此可以减少军事上的阻力，避免过多杀戮，为下一步统治该国创造条件，而未考虑到，此国恰是西罗马帝国即整个罗马帝国的发祥地，一旦贝利撒留为留国王，打出西罗马帝国旗号，东罗马帝国将失去正统地位，又将出现一个罗马帝国，查士丁尼一世将难保地位。因此，贝利撒留作为权宜之计，先同意东哥特人条件、促使其投降后，加以反悔、不接受皇帝称号。尽管如此，查士丁尼还是将其召回君士坦丁堡，令其与萨珊波斯作战后，夺去其指挥权。即使贝利撒留再次被派往罗马镇压东哥特人反叛，也在兵力、经费和援兵上受到很大限制，使之经常处于劣势地位，难以再建功绩。他甚至被查士丁尼关进了监狱，出狱后再无大的作为，直到去世。

十三、戒始慎终

穴蚁能防患,常于未雨移。敌半进半退,我虽强劲,尤须防其伏击;敌意志坚定,我虽顺利,尤须持久打算;敌主力仍在,我虽获胜,尤须防其反扑。《兵论》说:"时备不虞,严以自守,不贪小利,制以定计,则敌智将自愚。"预留后手越隐蔽、越突然、越有力,越能制造绝杀。兵动善时,躁动必失。警惕消灾,大意招祸。轻者暗于潜伏,慎者见于未萌。销祸于未萌,制胜于无形。慎重与勇敢同样是将领的优良品质。慎重有戒上的勇敢,勇敢就如虎添翼;勇敢支配下的慎重,慎重就如醉初醒。欺世者不久,盗名者速亡。敌强则我易骄。慎战者善始,谨胜者善终。凡升降进退,不以私利,则虽危犹安。功高者谨于防谗,能大者慎于择主。胜后须防偷袭,势危须防内讧,密谋须防外泄,兵强须防轻敌,势竭须防奇变。

(一)重慎察审

重慎察审,将之大经。以巩固求发展,以稳定求进取,以有备求机遇。虑必杂于利害而后能成事,动必兼于缓急而后能决胜。曹操说:"在利思害,在害思利,当难行权也。"① 为将,必在料敌企图,筹划大计,权衡利害,拈量轻重,决定缓急的大事上谨慎详审,便可万无一失。

---

① 《魏武侯集》。

临利能戒　主胜而已

古人说:"无故之利,害之所伏。"临利而能戒者,不落敌术中。能在复杂关系的互动中深入分析利害关系的转换,措置必当。措置不到,则不能得利;措置过当,则利反为害。在利害处置上要十分慎重,稍有轻意,必有大难。

东汉末,荀彧在镇东将军曹操手下作司马,在张邈、陈宫、吕布攻略兖州大部城池后,荀彧为曹操保有鄄城。曹操征讨陶谦而还,未加慎重考虑,便轻率地准备征讨徐州。荀彧为曹操慎重策划:"兖州之于主公如同刘邦的关中、刘秀的河内,必先定以固根本;先打兖州的陈宫、吕布,既有把握,又有利于收麦蓄谷,也可结交扬州,共讨袁绍;如果东进取徐州,多留兵则不足用,少留兵则民皆保城,不得收麦,吕布乘机攻取,兖州将非我所有,我将无所可归;若徐州惧而结亲,相为表里,人自为守,坚壁清野,我略之无获,不出十日则十万之众未战而自用不足,所以徐州很难平定。"①曹操果断决定不攻徐州,大规模收麦,先与吕布作战,分兵平定诸县,吕布败走,获得兖州,为曹操与袁绍全争北方奠定了基础。

北宋将军狄青戍守泾原时,曾大胜敌军,追奔数里,敌忽拥塞于山道,前必遇险。当士卒皆欲奋击时,狄青立即鸣金收兵。侦察情况后,得知敌人前临深涧。将佐皆悔不击,狄青认为:"奔亡之虏,忽止而拒我,安知非谋?军已大捷,残寇不足利,得之无所加重,万一落其术中,有亡不可知,宁悔不击,不可悔不止。"②此后,狄青率兵平定岭寇,敌将兵败奔邕州,诸将皆欲穷击其窟穴,狄青不从,认为:"趋利乘势入不惧之城,非大将事。"

---

① 《三国志》。
② 《宋史》。

心怀畏避　恭谨谦抑

内臣与外将交结,尤须谨慎,一则避内外结党之嫌,二则防机密外泄。为将,中立不倚即是谨慎,妄自结交便成放肆。将不妄为,不矜伐、不索取、不计官职得失,最能免祸。伯颜说:"可慎者,惟酒与女色耳。军中固当严纪律,而恩德不可偏废。"[①]私情不害公,谦退不结党。

三国时,曹操拜许褚为武卫中郎将,因曾冒死护卫曹操脱险而深受器重信任。尽管如此,许褚始终谨慎奉法,质重少言。一次,征南将军曹仁从所镇荆州前来朝谒,在曹操未出的空隙,曹仁与许褚相见于殿外,欲与之坐语。许褚以曹操将出为由,还入殿中,引起曹仁不满。有人对许褚说:"征南将军是宗室重臣,放下身架招呼你,你何故推辞。"许褚认为:"曹仁虽然受到亲重,但毕竟是外藩,而自己是内臣,入室何私!"此后,曹操对其愈爱待之,迁任其为中坚将军。

五代时,后周右骁卫上将军、检校太尉曹彬(其母是后周太祖贵妃)随周太祖、周世宗征战,虽深受器重,却极其俭朴,使人难信其为国戚近臣。检校太尉赵匡胤(后为宋太祖)典禁旅时,见曹彬中立不倚,非公事未曾造访其门,就很器重他。赵匡胤建立北宋即皇帝位之初,曾问曹彬:"为何在其主动亲近时却有意疏远?"曹彬回答:"身为周室近亲,又任内职,谨恭守位犹恐有过,安敢妄自交结。"因此,宋太祖赵匡胤对其更加信重,而曹彬则更加谨慎。曹彬任都监随军攻蜀,对诸将欲屠城、不恤军士、抄掠不已、取子女玉帛的行动,要么制止,要么不参与,受到宋太祖嘉赏。曹彬率

---

① 《元史》。

军攻伐江南，城破不妄杀一人，功成回奏轻描淡写，其谦恭不伐之品行无将能比。曹彬出师并南，宋太祖许诺克敌之日，当任其为使相，诸将信以为真，曹彬则认为太原未平，且应功推于皇帝，做不做使相并不重要，重要的是把事情办成。取胜后，宋太祖果以太原刘继元未下，暂不授其使相。当宋太祖听说曹彬早已料到时，大笑，拜其枢密使、检校太尉、忠武军节度使。宋太宗即位后，曹彬奉命率军北伐契丹，因宋太宗多次干预指挥，遥控战局，一会要速，一会要缓，多变无常，将领不能机断行事，致使曹彬所部为契丹所败。曹彬承担全部罪责，降受右骁卫上将军。宋真宗即位后拜其检校太师、同平章事、枢密使，直至寿中正寝。

元将伯颜谨慎严整，恩威并施，善始善终。他率大军灭宋，诸将坚请攻打郢城，伯颜考虑，攻城非蒙军所长，且将士必定伤亡，决定不出此下策。伯颜攻克江州，降者设宴，选献宋宗室美女二人，伯颜不以女色而移其志。夺占建康之后，伯颜令诸将各守营垒，禁止侵略。兵至临安，他禁军士入城，使城中军民安然如故。伯颜取宋而还，平章阿合马先于半道迎接，伯颜取薄玉相赠。阿合马认为伯颜轻视自己，便诬告伯颜私取宋之玉桃盏。元帝追查此事，没有证据。阿合马被诛杀后，有人献宋玉桃盏，元帝十分愕然，认为险些坑陷忠良。元成宗即位，江南三省数请罢行枢密院，元成宗咨询伯颜，答道："内而省、院各置为宜；外而军、民分隶不便。"元成宗听从。

明大将军徐达早年即追随朱元璋出生入死，身经百战，曾代朱元璋为人质，使之得脱囚禁，攻城略地，功高望重。徐达先率兵破张士诚，又破陈友谅，斩首万人，生擒3000人，严格执行朱元璋持重有纪律的意旨，常遇春请将其坑杀、以绝后患时，并不允许，而常遇春擅自夜坑其人过半。朱元璋以此事知徐达持重，对常遇春行为不满，于是始命徐达负责监护诸将。率军征吴时，朱元璋明示：

"将在外，君不御，军中缓急，将军便宜行之，我不中制。"尽管有机断行事之权，徐达用权谨慎，破张士诚得胜，率兵25万人，而不滥杀抄掠，约法三章，即掠民财者死，毁民居者死，离营20里者死，为朱元璋统治吴地，打下了民意基础。徐达率军略定齐地、克元都功劳最大，却不戮一人，封府库，籍图书宝物，守宫殿，护宫人，禁侵暴，安民居，保集市。徐达每次出征返回，都主动交上将印，自解兵柄，愈有功，则愈恭慎。明太祖朱元璋把自己做吴王时的府邸赐予徐达，徐达固辞不受。胡惟庸任丞相，想结好于徐达并贿赂其近侍，徐达故意疏远之，同时常向明太祖进言，胡惟庸不宜任相。后来胡惟庸果被诛杀。直到徐达病逝，朱元璋始终很器重信任他，与之谨慎从事有很大关系。

积小为大　牵绕其势

凡与强大敌军和强劲将领作战，必须慎之又慎。然而，慎重不是胆怯，不是畏敌，也不是逃跑，而是避长击短，避实击虚，避强击弱，避大击小，巧于周旋，积小胜为大胜，以集对分，以逸待劳，以锐击惰。善于谨慎地找到制敌之法，是比大胆勇战更隐讳的智慧。

英国陆军元帅威灵顿曾任英葡联军司令与法军作战7年，歼灭法军3万人，积累了丰富的作战经验。然而，拿破仑指挥的37万法军似有神助，击败查理大公，在欧洲大陆所向披靡。威灵顿冷静分析形势，研究拿破仑作战特点，极为慎重地采取了避免与之决战的办法，打游击战、运动战，灵活机动地寻机歼灭其小股部队，积小胜为大胜。在西班牙，威灵顿率军歼灭法军7000余人，但因掩护兵力未能到位，英军险被法军切断后路而遭歼灭。威灵顿通过英葡、英西联军作战的经验教训，深刻认识到，联军作战必须形成整体,否则必被拿破仑各个击破。因此,威灵顿在这一点上十分谨慎,不给拿破仑任何机会。当法军几路分进合击时,他指挥部队大踏步后撤至要塞,坚壁清野,待法军饥困后,寻机歼灭3万法军。他在萨拉曼卡和维多利亚盆地作战时,采用大致相同方法,歼敌数万人。拿破仑复出后,威灵顿率近10万人的英荷军团与8万人的普军布吕歇尔军团并肩作战。由于盟军70万大军压境,拿破仑再难打出各个击破的歼灭战,被迫对布吕歇尔军团和威灵顿军团发起攻击。布吕歇尔难挡攻势,见英荷军暴露,为避免被各个击破,有序地退往滑铁卢附近的瓦弗,布吕歇尔军团退,与威灵顿军团保持10英里距离,形成互相呼应、支援之势。法军对滑铁卢发动攻势,威灵顿凭有利地形及以逸待劳之利,顽强防御,消耗法军,挫伤其士气。在双方激烈交战,拿破仑军已消耗较大时,布吕歇尔军团加入战斗,英军乘势发动反击,法军很快崩溃,拿破仑时代终结了。

详察隐微　慎人所忽

祸藏于隐蔽,而发于人之所忽。《吕氏春秋》曰:"察兵之微,在心而未发。"警惕消灾,大意招祸。遇仗必慎,慎于首仗。《韩非子》说:"目短于自见,智短于自知。"对容易忽视和不易察觉的潜在危险,要慎之又慎。洞察潜伏的危险,算到利害的转换,查明暗设的陷阱,预料操作的困难,预判多方的牵绕,查验隐伏的反击,应付意外的突变。智者见于未萌,愚者暗于成事。慎重的将领,不仅善于制定好的作战计划,而且善于发现作战计划实施中可能遇到的危险,而亟早消除之。

1941年6月至1943年春,第二次世界大战中的苏德战场,巴格拉米扬在苏军西南方面军指挥机构中,跟随基尔波诺斯、铁木辛哥两任方面军司令员,担任方面军参谋长,身经最残酷的作战,九死一生，积累了指挥大兵团作战的经验教训。哈尔科夫进攻战役失败后，他先后任第61集团军副司令员、第16集团军司令员，在谋划大规模防御和进攻战役时，谨慎持重，擅长预先发现潜在的危险，预先推演战役计划实施可能的进程、利弊及结果，往往能在别人还没意识到潜伏的危险时，已经预先判断出来，并建议及早挽救和弥补。一是发现潜在危险。1943年4月16日，巴格拉米扬的第16集团军因战功卓著改称近卫第11集团军，在西方面军指挥下准备参加库尔斯克大会战，围歼消灭奥廖尔的德军集团。德南方集团军群在哈尔科夫以北，集中强大坦克集团，德军中央集团军群在奥廖尔以南集结突击集团，共50个师90万人。苏军中央方面军在奥廖尔方向面对德军第9集团军8个步兵师、6个坦克师、1个摩托化师。[1] 苏军为进行库尔斯克会战，仅中央方面军和沃罗涅日方面军，就集结了133.6万兵力，兵力、坦克、飞机、火炮都超过德军。[2] 巴格拉米扬参与西方面军司令员索科洛夫斯基和布良斯克方面军司令员列伊捷尔等人，按照总参战役预先企图和指示，制定方面军作战计划。2个方面军联合作战计划主要精神是：部署在北方向的西方面军的近卫第11集团军由科泽利斯直向南突破至霍特涅茨，前出到德军奥廖尔集团翼侧和深远后方，布良斯克方面军第61集团军在近卫第11集团军左翼推进，保障进攻。同时，部署在南方向的布良斯克方面军主力正面攻击奥廖尔，中央方面军直向西北与近卫第11集团军北南对进，在霍特涅茨地域封闭合围圈。按此计划实施战役，3个方面军以强大兵力向心攻击，围歼德军奥廖尔集团志在必得，很难使人提出异议，是胜战之计。然而，经过巴格拉米扬的仔细研究，精确计算，客观权衡和深入推断，发现了潜在危险，而且这种危险

---

[1] 梅伦廷：《1939—1945年的坦克交战》，莫斯科1957年版，第191页。
[2] 《巴格拉米扬元帅战争回忆录》下，解放军出版社2009年版，第161页。

很可能导致整个战役构想无法实现。(1)西方面军主力正在准备进行斯摩棱斯克战役,布良斯克方面军主力正准备奥廖尔进攻,处于2个方面军结合部的近卫第11集团军和第61集团军之间,集中统一指挥和密切协同必定困难。这种困难必将影响集团军指挥员对战场情况迅速作出反应和迅速机动兵力兵器,加之进攻战役准备只有20天时间,情况更加令人担忧。(2)近卫第11集团军按计划是大纵深、远距离由北向南突破推进,并以中央方面军主力由南向北与之对进合围德军为前提。然而,中央方面军正受制于德军突击力很强的集团,即德军第9、第2集团军,坦克第4集团军和"肯普夫"战役集群,而且该集团正准备围歼库尔斯克突出部的苏军,中央方面军很快会进行顽强防御战斗,很难指望其与近卫第11集团军南北对进120公里,按时突击至霍特涅茨地域。(3)近卫第11集团军在与中央方面军、第61集团军协同作战存在很大困难和危险的情况下,就要冒兵力不足、单打独斗、兵力撒开,为强大德军集团翼侧突击和切断其与主力部队联系的危险。①二是敢于挑战权威。巴格拉米扬在算胜又算败的基础上,提出修改原计划及预先防止潜在危险的解决办法:把原先近卫第11集团军和第61集团军直突霍特涅茨,改为二者向心突击位于部队出发地至霍特涅茨中间的博尔霍夫德军集团,在德军防线中打开一个缺口,破坏其作战稳定性,为进一步突击霍特涅茨德军集团,取得奥廖尔战役胜利创造有利条件。即改一口吃掉为两口吃掉。为此,要将近卫第11集团军加强到12个师,为第61集团军加强1个坦克师。巴格拉米扬的建议,先被西方面军司令员索科洛夫斯基否决。在西方面军、布良斯克方面军司令员、第61集团军司令员和近卫第11集团军司令员巴格拉米扬,到总参

---

① 以上参见:《巴格拉米扬元帅战争回忆录》下,解放军出版社2009年版,第162—163页。

和最高统帅部汇报作战计划时，他的建议又遭到副总参谋长安东诺夫、布良斯克方面军司令员列伊捷尔的否决，连最高统帅斯大林也基本同意原来计划。只是在最后一刻，斯大林顺便问谁有意见时，巴格拉米扬使在场所有人意外地、大胆地讲出自己的建议，当即遭到西方面军司令员的反驳。出乎意料的是，斯大林表示应该同意巴格拉米扬的建议。① 此事一锤定音，巴格拉米扬受到斯大林的赏识，为他下一步出任方面军司令员埋下了伏笔。三是精确指挥作战。5月初，巴格拉米扬指挥的近卫第11集团军，已包括12个步兵师、2个坦克军、3个炮兵师、2个高射炮兵师、4个坦克旅、2个坦克团、7个工兵营。为有效指挥实施进攻战役，巴格拉米扬抓住了关键的环节。首先，摸清作战面临的困难危险。5月至6月，巴格拉米扬通过构筑观察所、航空侦察、侦察兵作战地域侦察、游击队及当地居民收集情报等办法，重点查明德军为防御苏军进攻设置的各种障碍、困难和危险。（1）摸清德军第一梯队2个师，第二梯队5个师，预备队兵力。（2）德军利用森林、河流、沼泽、深沟、崖壁构筑防御地域。（3）摸清德军主要防御地带、第二防御地带和一系列斜切阵地，及其纵深、掩体、堑壕和支撑点体系。（4）摸清德军伪装的反坦克炮和强火炮，地雷场和工程障碍物。摸清各种困难、危险和障碍，特别有利于兵力部署和选准主要突击方向。巴格拉米扬决心在16公里宽的地段最大限度集中兵力，在其余22公里地段上只部署1个师，以1个师为预备队。其次，善于伪装隐蔽，出其不意。6月底，巴格拉米扬指挥部队进行进攻准备：部队只许在夜间移动，坦克、汽车和牵引车夜间关灯前进，用对德前沿阵地实施齐射的轰响和在德军掩体上空盘旋飞机的巨响，掩盖部队机动的声音。致使

---

① 参见：《巴格拉米扬元帅战争回忆录》下，解放军出版社2009年版，第165页。

德军没有发现苏军进攻的任何迹象。为出其不意地发起进攻，步兵、坦克兵不按常规，在炮火准备过程中就发起冲击，使德军措手不及。苏军还在各条道路周密隐蔽组织调整勤务和警戒。再次，适时把握战役重心转移。7月12日至9月5日，巴格拉米扬指挥部队发起突击，仅3天就推进45公里，占领50多个居民地。最初5天，近卫第11集团军迅速突击，巴格拉米扬战役前预见的2个方面军协同困难问题应验了，中央方面军主力在库尔斯克以北激烈战斗，根本无法与近卫第11集团军对进突击。7月末至8月初，经过强攻，近卫第11集团军攻克博尔霍夫，围歼德军5.5万人。巴格拉米扬迅速转移战役重心，向霍特涅茨突进，切断德军奥廖尔集团与后方主要交通线的联系，攻进霍特涅茨，并迅速追击德军，歼敌近1万人。巴格拉米扬指挥部队攻占卡拉切夫、纳夫利亚、布良斯克，出色完成任务。

第11集团军在奥廖尔战役中的出色表现，受到斯大林的称赞，指示让其担任统帅部预备队，因为近卫第11集团军与德军13个步兵师、7个坦克师、2个摩托化师作战，击溃德军3个步兵师、5个坦克师、2个摩托化师，重创德军10个步兵师、2个坦克师，突击推进227公里，解放800个居民地，歼敌10万人。①

（二）豫慎未形

《左传》曰："不备不虞不可以师。"豫慎之将，善观乎彼我之势，察乎敌之潜谋，而处易备猝。《逸周书》曰："不困在豫慎，见祸在未形。"

---

① 参见：《巴格拉米扬元帅战争回忆录》下，解放军出版社2009年版，第219页。

事备后动　预备不困

越是到作战的紧要关头和最后关头，战略预备队的掌握和使用越有决定性。军进，必先谋退路；兵动，必先留余地。战略预备队是最精锐的部队，是兼顾多个方向的部队，是攻击中的致命部队，是预防突变和意外的部队。科涅夫说："预备队编组不弱，部署不远，使用不迟，训练不虚，紧要关头越有决定性，危急关头越能应付意外。"①

1943年夏，第二次世界大战已进行4年，希特勒补充兵员和装备后，在苏德战场集结198个德军师，38个仆从国师和12个旅，企图围歼库尔斯克以西地区的苏军主力。②4月初，斯大林、朱可夫虽然考虑到德军没有较强的战略预备队，但是其主力部队仍有较强战斗力，战局仍然艰难，因此慎重地决定先经坚固筑垒地域防御消耗疲惫德军，并基本打掉其坦克后，再投入新锐预备队，转入全面进攻，歼灭其主要集团。③其中，他们对苏军战略预备队的使用十分慎重。一是挑选精兵强将组建战略预备队。斯大林为准备库尔斯克大会战，抽组在斯大林格勒和列宁格勒战役中作战出色、战斗力强、士气旺盛的精锐军团和兵团，组成强大战略预备队，并在库尔斯克以东地区集结。6月至7月，他任命能征善战的名将科涅夫指挥战略预备队，并命名为草原方面军。二是用战略预备队稳定全局、应付意外。草原方面军辖8个精锐集团军，即1个坦克集团军、1个空军集团军、6个坦克、机械化和骑兵军。④斯大林的主要战略考

---

① 《科涅夫元帅战争回忆录》。
② 以上参见：《科涅夫元帅战争回忆录》，解放军出版社2005年版，第87—88页。
③ 《朱可夫元帅战争回忆录》，解放军出版社2003年版，第548页。
④ 斯大林签发的最高统帅大本营训令，1943年7月10日。

虑：在反攻中起到重要和关键作用。预置预备队在中央方面军和沃罗涅日方面军之后，做好在敌人突破后对其进行反突击的准备。阻止德军向东发展突破，并兼顾奥廖尔、别尔哥罗德和哈尔科夫等多个战略方向。在纵深及防御地带构筑国家防御地区，以掩护屏障莫斯科方向。①三是把握战略预备队投入的时机。6月，大战在即，斯大林让科涅夫到有关方面军了解掌握德军可能的突击方向，方面军接合部的防御措施，察看奥廖尔突出部的作战准备，掌握沃罗涅日方面军作战企图，从而谋划草原方面军的作战重点。7月5日，库尔斯克战役开始，德军发起突击，苏军进行炮火反准备，并进行顽强的防御和实施反突击。虽然在中央方面军防御地带给德军以较大杀伤，使之不得不于7月9日停止进攻，但是在沃罗涅日方面军防御地带，德军楔入防御纵深35公里，并企图迂回包围该方面军主力。在关键时刻，斯大林决心将德军突破、迂回遏止在初起时机，果断抽调草原方面军3个集团军加入沃罗涅日方面军作战，成功地阻止德军突击，并进行反突击。7月12日，斯大林鉴于德军进攻和突击集团消耗、损失很大，已精疲力竭，德军预备队已基本用完，来不及补充兵力、兵器和调整部署、建立防御，而苏军各方面军具备反攻能力，断定使用草原方面军发动全线反攻，一举扭转战局，取得战役胜利的时机到来。7月18日，斯大林命令沃罗涅日和草原方面军转入进攻。战局急转直下，德军溃败，苏军歼灭德军50余万人，击溃其30个精锐师。②此战，改变了苏德双方兵力对比，战略优势及战略主动权转入苏军之手。

---

① 参见：《科涅夫元帅战争回忆录》，解放军出版社2005年版，第90—91页。
② 《苏联军事大百科全书·军事历史》下，战士出版社1982年版，第591页。

沉深谨密　先戒为宝

先谋后事者昌，先事后谋者亡。在时间紧迫、战事尖锐、变化急剧、敌人疯狂、敌情难料的战局中制胜，不在于疲于应付，而在于早有预备，主动应对。预有慎重充分的准备，才能做到进攻的突然性、突击的速决性、应变的灵活性、机动的有效性、防御的顽强性、反击的决定性。

1944年1月，第二次世界大战已进行5年，科涅夫任乌克兰第2方面军司令员时，德军进攻使战线形成科尔孙－舍甫琴柯夫斯基突出部。这个突出部威胁着苏军乌克兰第1、第2方面军结合部相邻翼侧。德军坚守此突出部可稳住战线，获得喘息时间，再次发动进攻。为此，德军在乌克兰方向集中93个师，在突出部集结11个师，及3个坦克师和航空兵支援。① 消灭突出部德军主力的任务，落在乌克兰第1、第2方面军肩上。科涅夫发起迅猛进攻战役时极为慎重，每一步都预备在前，步步占先，处处主动，表现了高超的指挥能力。一是战役重点防敌预料。1月12日，最高统帅部下达合围突出部德军的任务，1月25日为进攻开始时间。科涅夫提高战役准备的效率，针对融雪天气和道路极为泥泞的困难，预先制定了严格交通指挥和路线、运行规定，确保部队机动、调整、移动和弹药、燃料等补给高效、有序进行，忙而不乱。在此基础上，为了预防德军识破重点进攻方向，使突破迅猛快速并带动战役全局，以14个师在航空兵支援下，向基洛夫格勒以北方向实施突然突击，而在敌人已有预料和已作重点防御的基洛夫格勒以西和西南实施辅助突击。同时，散

---

① 以上参见：《科涅夫元帅战争回忆录》，解放军出版社2005年版，第142—143页。

布假情报，进行战役伪装，构筑假坦克、炮兵集中地域，假发射阵地，模拟部队和技术兵器的苏军移动。使德军难以预料苏军进攻战役就在眼前，收到突然性和出其不意的功效。二是战役突破预防反突击。1月24日，科涅夫决定炮兵先对敌进行猛烈短促的急袭射击，以确定敌主要防御地带的确切位置，便于各先遣营迅速突破，引导突击集团突击。主力部队在主要方向迅速进展的同时，科涅夫根据以往合围作战经验，早已料到，德军会调集兵力，建立反突击集团，以图在苏军突破口根部切断其进攻。因此，他以2个集团军的兵力，形成足够深远的战役布势，把坦克集团军编为2个梯队进攻，并掌握强大的方面军预备队。科涅夫的预先措施，使德军6个师分两翼进行反突击，切断突破口的阵势落空。经过激战，科涅夫指挥突击部队，击退德军反突击，继续向纵深突破，并完成合围，把被围的德军集团切割为若干部分。

　　三是战役合围预防结合部。1月28日，苏军2个方面军对德军14个师（其中8个坦克师）完成合围。当时，德军被合围后兵力密度增加到8.8公里1个师，德军坦克600辆，超过苏军2个方面军坦克480辆的总合，苏德两军兵力对比是1.3∶1。①科涅夫考虑到，被合围德军兵力集中、突击力强，还会得到援兵，决定尽快巩固对内对外正面，先转入防御，在其突击力量消耗和疲惫不堪时，再将其彻底围歼。2月初，科涅夫指挥部队，既抵御包围圈内敌军突击，又抵御包围圈外敌坦克师救援，战斗十分激烈，居民地、支撑点反复争夺。科涅夫在指挥过程中敏锐地发现，由于乌克兰第2方面军强大的火炮和坦克防御，迫使德军开始集中向乌克兰第1方面军防御地段突击。凭征候和经验，他预料2个方面军的结合部将会成为德军突围和解围突击的重点。2月8日，科涅夫作出预先紧急处

---

① 《科涅夫元帅战争回忆录》，解放军出版社2005年版，第152—153页。

置，命令结合部相关部队占领制高点，控制关键方向，加强与乌克兰第 1 方面军相邻部队的战斗联系，加强对合围德军主力的作战行动。①2 月 10 日，果不出科涅夫所料，德军以 6 个师，在 14 公里的狭窄地带向 2 个方面军的结合部雷相卡和里济诺方向实施重点突破，企图与被合围部队会合。科涅夫一方面向大本营报告战况，并击退德军突击；另一方面采取紧急措施，以 1 个坦克师和 1 个步兵师，加强结合部的第 4 集团军，堵住敌人进攻的突破口，以 2 个师加强第 21 军，阻击增援德军。围歼合围圈内及打击合围圈外增援的德军作战激烈展开。德军逐渐被分割为多个部分，逐渐失去指挥，损失很大。2 月 10 日至 17 日，科涅夫向雷相卡结合部调去第 5 集团军。由于科涅夫预有防备，指挥得当，即使德军突围与救援部队相距只有 12 公里，也无法突围，终被歼灭。当斯大林得知德军即将突围时，十分焦急地询问科涅夫战况，获悉科涅夫主动超过方面军作战分界线，提前用第 5 集团军堵住了口子后，十分高兴，立即命科涅夫指挥结合部附近的乌克兰第 1 方面军第 27 集团军，负责指挥消灭被合围集团。②此役共击溃、歼灭德军第 8 集团军 10 个师又 1 个旅 6.3 万人，德军高级将领施特默尔曼被击毙，科涅夫授元帅军衔。

（三）伤于不谨

越是功高，越要防止身败；越是官高，越要小心贬黜。为将，始易终难，宜留不尽之余地。将之功名权势在主强时是福，在主弱时是祸，视权贵如浮云者，或可久福。功高震主，威权甚重，结党

---

① 《科涅夫元帅战争回忆录》，解放军出版社 2005 年版，第 154—156 页。
② 《科涅夫元帅战争回忆录》，解放军出版社 2005 年版，第 167—168 页。

成都，骄横犯法之将，必无善终。好疏阔虚浮之论就是不慎，行务实致用之策就是恭谨。凡将，初起时易于谨慎持重，既贵时易于利令智昏，须谨防先誉后毁，先任后黜，先忠后叛，先安后危。胜功甚多，反为危事；功高震主，鲜有后福。

得胜自用　躁动多失

　　功名已著，切不可得陇望蜀；壮士已暮，切不可气惚贪功。天下大乱，群雄并起，军阀混战之时，谨慎持重好于轻率浮躁；持重据本，好于四处树敌；韬晦隐忍，好于简单粗暴；牵制制衡，好于单枪匹马。曹操说："为将当有怯弱时，不可但恃勇也[①]。"

　　西汉名将李广，曾任陇西、北地、雁门、代郡、云中、上郡太守，皆以力战令敌生畏。曾有过以百骑敌匈奴数千骑、以4000骑对匈奴4万骑的战绩，匈奴称其为"汉之飞将军"。李广60多岁时，大将军卫青率汉军出击匈奴，李广数自请行，天子以为其老，先是不许，良久勉强许之，任其为前将军。卫青牢记皇帝关于李广已老、运气不佳、勿令其当单于之诫，令其并于右将军之军，李广意甚愠怒而就部出东道，因丧失向导，而走错道，后时于大将军之军，致使单于遁走。李广见责，深怒未酬其志，引刀自刭。

　　东汉末，吕布恩将仇报，助董卓杀掉曾任他为骑都尉的并州刺史丁原，董卓任其为中郎将、封侯。吕布与董卓不和，司徒王允加以离间，策动吕布刺杀董卓。吕布权大位重，不可一世，而疏于防范董卓部将的报复，致使一步不顺，步步不顺。董卓部将攻入京城、杀掉王允，吕布作战失利，率数百骑出武关，成丧家之将，又奔南阳，投靠袁术。他自恃刺杀董卓有德袁氏，便恣兵抄掠，为袁术所忌；

---

① 《魏武侯集》。

被迫投靠袁绍，为其大破张邈后，自恃有功，扩充势力，暴横劫掠，袁绍暗派壮士刺杀吕布未遂。他投靠张邈、刘备，他先与袁术暗通击破刘备，再出手相救，调解刘备、袁术争斗，玩弄刘袁于股掌之上，不慎之至！曹操趁袁术与吕布缠斗之机，策反陈圭父子以为内应后，围攻下坯，生擒吕布，将其诛除。

　　三国时，夏侯渊是曹操手下一员猛将，当他与马超军作战时，有人劝他应先请示曹操，为把握战机，他机断行事，省去信件往返400里的时间，果然击败马超。当他与韩遂军作战时，在敌众我寡的形势下，未听诸将修建营垒的建议，速战速决，一鼓作气，大破韩遂。两次得胜，皆因勇猛迅速，使夏侯渊变得不谨慎起来，特别是对阵刘备时，把其当成与此前对手一个级别敌人，恃勇少谋。刘备与之对阵阳平关、相守连年，刘备夜烧其围，夏侯渊轻敌、未明其意图，即派张郃护东围，亲自率轻兵护南围。刘备挑战张郃，张郃军不利，夏侯渊把自己一半兵力分出救郃，刘备则乘夏侯渊军兵力空虚，发起袭击，击杀夏侯渊。刘备得汉中，拜关羽为前将军，单独驻守荆州。关羽攻曹仁于樊城，灭于禁七军，斩杀庞德，威震曹军。曹操商议迁都以避其锐，曹操、司马懿，见关羽得志，孙权不愿，便许割江南之地封孙权，使之袭击关羽后方腹地，既解曹仁之围，又乘机夹击剪灭关羽。关羽乘胜之威，根本未把孙权放在眼里，对曹操制变的毒计毫无察觉，因联亲之事故意触怒孙权，又因留守荆州后的糜芳等供给不利而重责之，使之心怀恐惧，为孙权实施诱降创造条件。孙权暗中诱降糜芳等，徐晃救曹仁，打败关羽，待其退还时，孙权袭据江陵，关羽退路被断，军心已散，兵败被杀。刘备手下大将张飞获严颜，败张郃，连战连胜，勇冠三军。张飞平素善待卒伍而骄于士大夫，爱敬君子而不恤小人，对人刑罚过重，又令在左右，极为不慎。当其为账下之将张达、范疆所刺杀，众人无不为之惋惜。

矜高浮诞　性乏恭慎

　　掌控军队最关键的是稳定军心，稳定军心最关键的是深结将心，将稳则军必稳。所以，在军心及将心上，不可有稍微地疏忽怠慢，必须慎而见机，速求安稳。官欲不已乃不慎之至。矜己凌上者必有凶事。将人玩于股掌之上，而望人必从者，终为人所制。《太平阴经》说："覆水于地，先流其湿；燎火于原，先就其燥。"

　　东汉时，王允拜豫州刺史，率军讨伐黄巾军。汉献帝时，其拜太仆、迁尚书令，司徒，受到董卓信任后，发兵出武关，潜结董卓之将吕布，除掉董卓，认为天下已在掌握之中，无复患难。王允轻视吕布，使之渐为不平；对董卓旧部兵马反侧处置上极为不慎、不当。起初，他想赦免他们，又疑其本无罪而因有罪名被赦，反而使之不安；再想罢其军，有人提醒，关东有袁军，一旦解其军恐人人自危，不如以将领统其军，驻留陕地以安抚之，而徐与关东通牒，以观其变。王允并未听从，认为此举虽可安凉州人，若使凉州兵拒险屯陕，将造成疑关东军之心。至此，王允由于不慎，犯下了无法挽回的大错：王允不识兵机，当其议事时，百姓传言，将悉诛凉州兵的谣言四起，凉州兵马骚动，围攻长安，城陷吕布逃遁，王允等被杀，天下大乱。

　　南朝时，南齐车骑将军张敬儿，追随齐高帝萧道成，以身犯险刺杀王休范，并揣透萧道成欲除沈攸之的意图，反复请求任襄阳重镇镇守。赴任后，他精心筹划，助萧道成除掉沈攸之，加开府仪同三司，获得了位高、权重、功显的殊荣。太子即位，称齐世祖。张敬儿先是窃泣与太子关系不密切，对别人将他与官至骠骑将军、录尚书事的褚渊相比不满，常自称三公，引起齐世祖猜疑。他不仅不谨慎，而且仍想获得更大官位。当他与蛮人交集，齐世祖断定其有异心，将其收捕。张敬儿被捕后，将貂冠掷地说："用此物误我。"然而悔之晚矣，张敬儿被齐世祖诛杀。

南朝时，陈将侯安栋追随陈高祖陈霸先作战。陈霸先诛除王僧辩时，唯与侯安栋定计，信任之深，无人能比。陈霸先先后授侯安栋仁威将军、授镇西将军，屡立战功。陈霸先去世，侯安栋不顾皇太后懿旨按剑上殿，以问斩相威胁让太后交出王玺，拥立陈世祖即位，被授征北大将军，南徐州刺史，晋爵为公，威名甚重，群臣无出其右。侯安栋在君弱臣强的状态下，手握兵权，渐自骄矜，招聚文武之士，结党成帮，府内动至千人，而且不顾陈世祖有严察深忌之特性，日益骄横，不守法度，多次向陈世祖摆功。陈世祖对他阴为之备，安插心腹于要害，暗察其谋反证据。侯安栋虽内不自安，仍判断陈世祖无大作为。陈世祖任侯安栋为都督江吴三州诸军事、征南大将军、江州刺史，其并无疑心和警觉，侯安栋自京口还都，与部伍赴陈世祖在嘉德殿之宴时，被收捕，其势力一朝覆灭。

隋太尉、将军王世充虽野心勃勃，但谨慎伪装，行韬晦之计。他在任江都丞时，隋炀帝数次临幸江都，他一方面投其所好，深得信任；另一方面隋政将乱，阴结豪杰，广树私恩，等待时机，夺取政权。杨玄感等起事，王世充募江都万人响应，因善于收买人心，人争为用。他谨慎从事，示弱骄敌，平息孟让10余万众，虏获突厥数万之众，使李密与宇文化及两虎相斗。然而，在其迫杨桐禅位于己，称帝建郑后，变得不谨慎、露出骄狂之色。尽管他听政恭勤，但置关中最具战略潜力及战略威胁的李渊、李世民集团于不顾，不把窦建德集团放在眼里，也不把隋残余势力当回事，轻易称帝，成为众矢之的。更有甚者，王世充见众心日离，露出残酷本性，用严刑峻制对付兵民，一人逃走，全家惨遭屠戮；一家逃走，诛及四邻；杀人不断，逃亡益甚，城如大狱，诸将外出，亲属为质，囚者相次，不减万口，民不聊生，众叛亲离。李世民乘其内乱，先削平窦建德，使王世充失去外援，然后剿灭王世充，统一天下。

唐兵马节度使房琯任吏部尚书、同中书门下平章事，陪唐玄宗李隆基逃避安禄山之变于成都，因与其他大臣共同册立唐肃宗，在朝廷获得举足轻重的地位，大事多决于己，诸将不敢多言。盛名之下，房琯变得不那么谨慎了，本无统兵打仗的才能，却自请率兵讨伐叛军并收复京都。唐肃宗对其深信不疑，任其为招讨西京兼防御蒲关、潼关兵马节度使，与名将郭子仪、李光弼领兵作战。他用《春秋》车战之法，不顾天候、敌情，为敌用火攻而败，伤亡4万余人，仅存数千人，大败而归。尽管如此，唐肃宗未加罪责，仍待之如初。虽然房琯请罪，仍未谨慎从事，反而铸成新的错误。唐肃宗想用房琯为宰相，有大臣为其分析：房琯为圣皇李隆基出谋划策，让元子北略朔方，让诸王分守重镇，以枝庶悉领大藩，皇储反居边鄙，这对圣皇为忠，对皇帝非忠，其深刻用意在于，圣皇诸子只要有一人得天下，房琯都不失恩宠，也使其各树私党以掌兵权，因此建议唐肃宗不要重用房琯。唐肃宗由此嫌恶房琯，再也没有重用他。

五代时，后晋将军范延光初为后唐明宗的亲校，为其传送机密蜡书，不惧危险，不避死亡，为梁兵所获，下狱受到鞭刑，终未泄露机密之事。范延光佐后唐明宗，率军500人，乘敌守未固，驰骋200余里，攻取荥阳，迁任枢密使，权知镇州军府事，同平章事，又出镇常山、汴州节度使，加检校太师、兼中书令。至此，范延光变得不谨慎了，轻信术士之言，即其梦见大蛇入腹是将成帝王之兆，萌生篡位之心。及后晋高祖即位，范延光作战失利，又擅杀防御史、聚兵自重，引起晋帝猜疑。范延光在手下孙锐、冯晖等劝说下，发起反叛。范延光数万兵力作战失利，并归罪他人，诛杀孙锐，降于晋高祖，受封高平郡王，镇天平。他反叛出于不谨慎，而其归降更加不谨慎。范延光对门人说："晋高祖敦信明义，言无不践，许以不死，则不死矣。"范延光受到厚待，直到其致仕、请求移驻河阳私邸时，据守洛下的杨光远密奏，考虑范延光为奸臣，不要让其北走胡或南入关。经晋高祖同意，杨光远让范延光溺水而死。

明征虏大将军冯胜，其兄冯国用曾追随朱元璋起事，深受信重。冯胜为将常为先锋，攻中坚，在其他将领惨败时，斩获甚众，全师而还。但是，冯胜因不慎也有过失：高邮之战，因督战不利，被朱元璋杖责；兼太子右詹事时，因过被贬一官。在征战年代，朱元璋不会以小过而诛大将，然而到了良弓藏、走狗烹的年代，大将的小过也可能危及性命，冯胜恰恰在这个问题上未谨慎从事。在徐达、李文忠这些名将已逝后，冯胜地位凸显。他率军征讨元太尉纳哈出数十万军队时，勇于制敌，造成了必胜之势，但是对朱元璋忌讳之事不谨慎小心，铸成大错。元将纳哈出料不敌冯胜，主动请降，冯胜令部将蓝玉、常茂受降。蓝玉逞强好胜，常茂依仗是冯胜的女婿，素有骄色，在与纳哈出酒宴时，见其不肯穿所赠之衣，且露遁去之迹，常茂突起，砍其一臂，致使其部众惊溃。虽然冯胜设法降服其众，受到朱元璋称赞，但是常茂仍被抓捕。有人告发冯胜多匿良马，向纳哈出之妻索要奇珠异宝，王子才死二日，强娶其女，而常茂也揭发了冯胜之过。朱元璋不再让冯胜执掌兵权，并在晚年时，赐冯胜死，诸子皆不得嗣。大将军蓝玉也重蹈了冯胜之覆辙，虽然功高过人，作战勇敢，但侵占民田，驱逐御史，与帝妃有私，口出怨言，语气傲慢，擅任将校，进止自专，怏怏不乐，有人告发其谋反，被灭族。

好自矜大　心躁气傲

　　轻战者危，轻敌者亡。慎战者生，玩兵者灭。大兵外战，须防内变；大军前出，须防后袭。一国只要是敌人，即使再服贴，也会等待时机，稍有大意，必遭暗算；敌人只要有主力，即使再失利，也会组织反击，稍有不慎，必被反制；敌人只要有地利，即使再被动，也会击其虚弊，稍有得意，必难善终。得胜不骄，遇仗不躁。

　　法兰克国王、统帅查理曼年轻有为，深谙统御之道，扩张支配欲望强烈。法兰克与撒克逊争端由来已久，长年不断。撒克逊人骁勇善战，顽强坚忍，是很难对付的对手。查理曼借撒克逊人焚毁教堂之机，率兵迅速将其击败。在撒克逊人投降后，查理曼便不把其放在眼里，回家与妻子一起庆祝长子诞生。随后，他也未顾及撒克逊人的动态，出兵解救伦巴底人对罗马教廷的围攻。他作战9个月时间，最终攻占帕维亚城，征服伦巴底。就在其沉浸于胜利喜悦之时，撒克逊新统帅维杜金德对法兰克发动入侵。查理曼迅速返回，投入与撒克逊人作战，经2年数次战斗，撒克逊人再次投降。此后，查理曼在帕德博恩附近建了一座要塞，以防撒克逊人再度起事。但是，他骄矜自负的问题仍未解决，对撒克逊人准备更大的军事行动的征候没有觉察，也缺乏必要可靠的准备。紧接着，他为解救西班牙的基督徒，出兵与伊斯兰教军队作战。查理曼以牺牲惨重的代价，攻陷了几座城镇，又遭遇当地人反抗，使其产生了撤军的想法。当他收到撒克逊人准备再度起事的情报后，下决心撤军。途中，法兰克军受到巴斯克人的袭击，损失较大。祸不单行，正在查理曼悲哀之际，得知撒克逊人对法兰克发起猛烈攻击，要塞、城镇被迅速攻破。查理曼率疲惫之军迎战撒克逊人，部将未能听从命令，擅自接战，遭到惨败，查理曼军大部分勋爵和将领战死，损失惨重。尽管查理曼杀掉撒克逊贵族等4.5万人，把更多撒克逊人贬为贱民，但是其暴行使撒克逊人怀恨在心，伺机报仇。

　　日本战国时期，武将武田晴信的部将坂垣信形往往先手制人，从不后退，勇猛异常。武田家控制佐久之后，与控制北信农四郡的村上家矛盾激化，武田晴信与村上义清两军交战不可避免。武田晴信携将领坂垣信形、小山田信共有兵8000人，与村上义清军7000人在上田原对阵。坂垣信形作前锋出战，麾下3500人能征善战，其勇士突入敌阵,将村上义清的 3 名勇将斩杀,使敌军士气大挫,混乱溃败。这种表面大胜,来得过快、过猛,敌军主力并未受到歼灭,极有可能组织新的攻击。恰在此微妙时机,坂垣信形出人意料地未下令追击,反令人检验斩杀敌人数量,说明他想定敌人已经败逃,胜局已经大定,因此放松了戒备和警惕。当时,村上义清的部将正在坂垣信形军附近徘徊,发现坂垣没有戒备,立即发起迅猛突击。在陷入重围后,坂垣信形被敌刺于马下、乱刀砍死。村上军乘势连破武田军两阵,3 名将领溃散,3 名将领战死,武田晴信受轻伤,战死 700 余人,元气大伤。

瑞典统帅、国王古斯塔夫酷爱军事,早年参加作战,雄心勃勃。他变雇佣军为常备军,发明并使用野炮、轻型步枪,改进部队为轻便化,加强灵活性和快速性,加强骑兵,减少辎重,使其军队的机动性和作战能力迅速超出其他国家军队,获得了作战上的优势地位。他为实现野心,开始军事扩张。他打败波兰骑兵、树立了强国军威后,已不把德意志放在眼里,其大军所向披靡,迅速控制了从丹麦到芬兰的整个波罗的海地区,又进占法兰克福,在布莱滕费尔德会战中取得大胜,进而控制了易北河西岸,占领了从曼海姆到布拉格一线以北的德意志。瑞军势如破竹,一路猛进,虽然建立了军威,占领了广大地区,使对手心惊胆寒,为下一步扩张开辟了道路,但是进入西欧中心地带就进入了复杂斗争的旋涡之中,成为众矢之的,加上远离本土作战的诸多不利因素开始出现,其扩张行动必定引起欧洲列强的警觉,可能出现新的对手及敌人。对这些潜伏的危险及不确定性,古斯塔夫不屑一顾,丧失了在战局重要转折关头谨慎处置的时机,沿着危险的道路大意走下去。他当上了德意志诸侯同盟盟主和统帅,指挥 6 支联盟军队进入纽伦堡、巴伐利亚,兵指慕尼黑,对奥地利世袭领地、法国在南德的势力范围构成严重威胁。法军开始占领莫尔河上的桥头堡特里尔和科不伦茨,阻止瑞军进一步扩张,并与之争抢地盘，对其进行消耗。加之，指挥多支军队丧失了瑞军那种机动性、灵活性，法军以逸待劳，以近待远，以饱待饥，古斯塔夫不得不以失败告终。他能善始，而未能善终。

任性而为　将骄则殆

《战国策》曰："怀大宝者，不以夜行；任大功者，不以轻敌。"矜无大士，傲无大才。兵败莫败于不戒备，将败莫败于喜自矜。军危在于用将非人，将危在于不慎轻敌。善战者，在对手动作之前就摸准和制约它，而非在对手动作之后才应付和报复它。愚者有备与智者同功，智者失备与愚者无异。《孙子兵法》曰："无虑轻敌者，必擒于人。"

美军将领麦克阿瑟作战极其英勇，不畏强敌，身先士卒，不畏惧死亡，在参加第一次世界大战时，屡立战功，威名大振，使他天生高傲的特性得到强化。他在率部参加突破克里姆希尔特防区战役时，由于轻视德军，对德军夏提隆高地强大火力支撑点、制高点及工事坚固性估计不足，伤亡惨重，受到军法惩处的警告。他率军背水一战，拼死取得胜利，又一次名声大振。一是过高估计自己，过低估计敌人。1941年，麦克阿瑟任美军远东总司令，授四星上将。指挥美军1.2万人、菲军1.2万人，民兵11万人，部队临时拼凑，缺乏战斗力；虽有35架轰炸机、72架战斗机和菲空军40架老旧飞机，但是部队武器装备、经费及后续补给严重不足，加上以岛屿、港口作战为主，极易被日本海空军切断补给，形势不容乐观。尽管罗斯福答应拨款1000万美元，提供340架轰炸机和130架新式战斗机及各类补给，但是要看日本的封锁和进攻能力而定。

麦克阿瑟过高地估计自己的实力，对日海军、空军及登岛作战能力估计不足，对日军的作战特点和能力未作深入研究，武断地决定执行退守巴丹半岛的"橙色"计划，认为美菲联军定能在滩头击退日军进攻；对装备、兵力和补给支援可能被阻断，没有从最坏处着想。

1941年12月至1942年3月，太平洋战争爆发后，麦克阿瑟防区遭到日军强大机群连续猛烈轰炸，使美空军损失了四分之三的飞机，日军第42师团迅猛登陆夺取马尼拉。麦克阿瑟被迫从吕宋岛撤出8万美菲联军和2.8万难民，在巴丹半岛建立防御。虽然美军巴丹岛防御战打得艰苦出色，但是补给及弹药缺乏，部队伤亡、疲劳严重，外援断绝，以及日军加强围攻，使巴丹岛军民逐渐陷入绝境。菲律宾作战败局已定，麦克阿瑟冲出巴丹岛，到澳大利亚就任美军西南太平洋战区司令，准备对日军的反攻。二是只有重视敌人，才能战胜敌人。1942年6月至1945年8月，麦克阿瑟勇敢冲破日军防线的英雄主义行动，在美国传为佳话，成为民族英雄，被授予美国军人最高荣誉的国会荣誉勋章。麦克阿瑟吸取菲律宾作战轻敌的教训，慎重对付日军，采取了重大措施：（1）鉴于澳大利亚只有2.5万兵力、250架飞机和25艘潜艇，且已精疲力竭、老旧破损的状况，以及美国高层把重点放在欧洲，放弃了急于发动反攻的想法，决定先保卫澳大利亚，阻挡日军南下的锋锐。（2）极其慎重地研究澳军参谋部的"布里斯班"防御作战计划。一改放弃澳西北部、北部，退守中部山脉地区的防守计划，将防线向北推移2000多公里，利用高山、密林的天然屏障，弥补兵力不足，构建阻挡日军南下的前哨阵地，加上在巴布亚新几内亚建立反攻基地，为澳本土防御赢得空间和时间。（3）将澳军2个师、美军2个师，澳军正在组建训练的十几个师，6艘驱逐舰、8艘潜艇，535架飞机集结起来，形成一支有战斗力的联合部队。在此基础上，麦克阿瑟先后指挥了珊瑚海海战和巴布亚战役，击退日海军编队，阻击日本登陆部队，确保澳大利亚防线不失，提振了士气，为反攻创造了条件。麦克阿瑟针对日军战斗力较强,而预备兵力和补给不足的弱点,利用美军空海力量的优势,适时采取"蛙跳战术",以较小代价,打敌薄弱环节和运输线,占据适于建造机场及基地的岛屿、地区,扫清收复菲律宾等地的道路。麦克阿瑟指挥莱特岛战役,歼灭日军7.8万人,美军仅损失3500人。①经过一系列作战,麦克阿瑟终于重占菲律宾。8月15日,日本宣布投降,麦克阿瑟任盟军最高司令,授五星上将,主持日本投降仪式,成为占领军最高指挥官。三是将骄士怠,兵家大忌。1950年6月,朝军突然迅猛攻击韩军,越过三八线,向南快速挺进。麦克阿瑟构想在陆上建立美军支撑点、立足点,吸住并顶住朝军主力,而依靠海空优势在仁川登陆,切断朝军退路,一举歼灭其主力,占领全部朝鲜半岛。②8月至10月,麦克阿瑟在釜山建立环形防御圈,兵力收缩集中,达17.6万人,朝军9.8万人已成强弩之末,作战出现暂时胶着状态。麦克阿瑟指挥1.8万美军成功在仁川登陆,朝军腹背受敌,士无战心,溃不成军,美军迅速攻克汉城。挟大胜之威,麦克阿瑟骄狂起来,轻视中、苏,低估美军越过三八线作战面临的强劲对手,低估了朝鲜北部多山地形对美军机械化部队、空、海军联合作战的不利因素,轻视各种情报和谏劝,做出几个错误的判断:(1)认为战争是三分可能七分冒险,如同赌博;如果中国干涉,美空军会使鸭绿江血流成河;中共国际主义是虚张声势的宣传。③(2)美军在朝鲜已胜券在握,中国已错过介入时机;即使介入只有五六万人能渡过鸭绿江,还将被美空军打击、切断补给线和轰炸东北地区,中国不会冒如此大的风险。④他令部队分兵冒进,做好抵达中朝边境取胜后回撤的准备。(3)对中国志愿军25万人已一

---

① 卡梅尔·惠特尼:《麦克阿瑟》,京华出版社2008年版,第200页。
② 卡梅尔·惠特尼:《麦克阿瑟》,京华出版社2008年版,第272页。
③ 卡梅尔·惠特尼:《麦克阿瑟》,京华出版社2008年版,第288页。
④ 卡梅尔·惠特尼:《麦克阿瑟》,京华出版社2008年版,第294、295页。

次渡江，潜伏在朝鲜北部，并突然发起首次交战，重创韩军第2军团，麦克阿瑟不以为然，仍认为没有中国大部队入朝，只是带有象征性的少数志愿人员，目的是做做姿态或为了保卫鸭绿江上的水电站。[①]第一次战役后，麦克阿瑟显然仍未判明志愿军真实兵力及企图，对志愿军诱敌深入，翼侧迂回包抄的部署没有防备，轻率地发起东西两线钳形攻击，因其分兵冒进，缺乏戒备，恰中彭德怀诱敌深入之计。第二次战役，志愿军一方面正面进攻，一方面穿插迂回，切断美韩军退路，导致其全线崩溃，韩军第7、第8师歼灭，美军第2师和土耳其旅基本被歼灭，美第1骑兵师和第25师受重创，给美陆战第1师、步兵第7师歼灭性打击。12月，志愿军迅速攻占平壤，果断越过三八线，攻克汉城，美军狼狈溃退。麦克阿瑟如梦方醒，判断中国精锐部队参战，兵力约20万人；"美国正面对一场全新的战争"，要求扩大援助，扩大对中国战争；向美国政府及军队高层推卸责任，要求制定新的战略。麦克阿瑟告诫接任沃克任第8集团军司令的李奇微说："不要小看了中国人，他们是很危险的敌人，常常避开大道而走山岭丘陵，惯于在夜间运动和作战。他们总是插入我纵深发起攻击，他们的步兵手中的武器比我们运用得充分"。[②]然而，这是事后诸葛亮，使美军在抗美援朝战争中失败成为定局。

（四）纵肆忽怠

不知书而性警黠，无学术而易为惑，是竖夫的狡猾，必不慎于先见，而救祸于不及。无过即是小心，防微即是谨慎。将领手握重

---

① 卡梅尔·惠特尼：《麦克阿瑟》，京华出版社2008年版，第300—301页。
② 卡梅尔·惠特尼：《麦克阿瑟》，京华出版社2008年版，第316页。

兵，本来就易遭猜忌，稍有纵意，嫌隙必生，若小人乘机而入，则有性命之忧。所以，为将以谨慎持重为上，以纵意妄为为忌。大将，无论对外还是对内，早晚都要预先准备应对事情出现颠覆性的危险。对于重大人事安排，回避为上，慎重应对为中，迫不得已而干预为下。凡防奸人阴计，宜早布置，不落圈套。对小人不谨，则大祸必至。处理重大人事关系，越往后利益变化越复杂，越要慎重。沉默是金，放之四海而皆准。

拙于防人　轻躁取败

当战事紧要，正是用人之际，外将虽有异心，仍可维持不动；一旦战事缓息，必定秋后算账，外将仍抱有前期，必不得报。所以，外将稍遭猜忌，宜早谋生路，不可稍有延迟。势利一变，关系必变，如果有人指望势利变化之后，别人仍以势利变化之前待之，不慎之至。功高者谨于防谗，才重者慎于自抑。事势大异，尤须谨防不测之祸。

楚汉战争时，将军彭越助汉王刘邦大破楚军，收魏地，得十余城，功劳很大，然而刘邦并未立其为魏王，拜其为魏相国，令其率兵略定梁地，使彭越心有不满。刘邦与项羽相距荥阳，彭越攻下二十余城。刘邦败于项羽后，派使召彭越并力击楚，彭越以魏地初定和魏人畏楚为由，拒绝出兵。刘邦听从张良的建议，封彭越为王，彭越才发兵与刘邦会于垓下。彭越虽助刘邦击败项羽并受封梁王，但已使刘邦对其产生猜忌。陈豨反叛时，征兵于梁，梁王彭越称病，汉高帝刘邦怒，使人前往责问，他既未反汉，也未前往谢罪，使之与刘邦的嫌隙加大。有人告发彭越谋反，刘邦将其抓捕，贬为庶人，发配易地。彭越道中遇到吕后，吕后佯装为其求请返回故邑，将其带回洛阳，刘邦诛杀彭越及其宗族。

西汉时，汉宣帝赏识重用萧望之，多因他有名声且受权臣霍光等排挤，萧望之谨慎地揣测和实现汉宣帝的意图，出谋划策，由左冯翊迁大鸿胪，又任御史大夫、前将军。在汉宣帝晚期，尽管已有大臣奏告萧望之傲慢不逊，任太子太傅时，对一些人的攀附颂扬仍未谨慎对待。汉宣帝弥留之际，托史高、萧望之、周堪为辅政。实际上，汉宣帝有让史高与萧望之、周堪相互牵制、以利少主控御之意，萧望之并未慎重对待太子少傅周堪利用汉元帝老师身份及其对自己的尊重，拉扰刘更生、金敞，形成四人小势力，与大司马、车骑将军史高及久典枢机的中书令弘恭、石显的势力的矛盾尖锐，争斗势必不可免。史高等专权擅朝，挑拨萧望之与汉元帝之间关系，并利用萧望之刚直、高节的性格，对其进行污辱陷害。在其威逼之下，萧望之自杀。

西晋时，晋武帝因卫瓘诛杀锺会、邓艾，克蜀有功，加其征北大将军，拜尚书，加侍中，迁其子卫宣娶繁昌公主，使其家族地位陡增。朝廷对太子颇有非议，卫瓘未经深思熟虑、谨慎权衡，借宴饮诈醉，示意晋武帝其座可惜，暗示废掉太子。武帝虽已明其意，却搪塞过去。卫瓘因此与太子之母贾后结怨，埋下祸根。太子即位后称晋惠帝、贾后为太后，借卫瓘与楚王司马玮有隙，诽谤其专权擅政，晋惠帝令司马玮将卫瓘等免官。司马玮矫诏，将卫瓘及宗族9人杀害。

南朝时，宋朝冠军将军王敬则放荡不羁，擅长舞刀弄剑，作战有谋，往往行事不计后果，与秦寇杀宋前废帝，帮助萧道成（后为南齐高帝）取得政权，建立南齐，逼迫宋顺帝逊位。他在南齐高帝、齐武帝时受到重用，南齐萧鸾辅政时，密有废立之意，对王敬则已有戒备防范之心。萧鸾即位为南齐明帝前后，对王敬则采取了三项预防措施：一是派其出任会稽太守，离开中枢。二是开始诛杀大臣，震慑王敬则等。三是厚礼相待，数次关心其饮食身体，并听信萧衍（后为梁武帝）之计，针对其为竖夫，易为感，多赐其子女玉帛，厚使其心腹，将其主谋张思祖任为府司马、游击将军，厚赐其子王仲雄。王敬则本来心怀忧惧，由于齐明帝厚待，反而不慎，放松警惕，没有军事上的防备。当齐明帝暗中布置，准备对其动手的消息外传后，王敬则先是认为齐明帝没有能力平定自己，继而不听别人劝阻，召集兵甲万人起事，百姓十余万人愿意追随，一时声势浩大。由于是乌合之众，被齐明帝之军及朝廷多路人马突击，百姓惊散，其军仅支持十日，兵败被斩。

北朝时，北齐卫将军斛律光，作战英勇，屡立战功，官至并州刺史、尚书右仆射、司徒、太尉、大将军。他率数万之军与北周军大战获胜，威名远播。北齐帝疑忌其功高震主，其军未至邺城便下令遣散其兵。斛律光并未详审皇帝猜疑嫌忌的征候，奏请将士表功，加以慰劳后再将其遣散，并坚持认为若不讲信用，不施恩泽，难以再战。他凭着过人的勇气，秘密通表请求派使宣布暂缓遣散，并令其军进至紫陌。齐帝得知其情，心甚恶之，急令舍人召斛律光入见，然后慰劳、散兵，拜其为左丞相、封公。斛律光与齐帝嫌隙已生，素与其不睦的祖珽买通其用人，收集其谋反的罪证。素忌其英勇的北周将军韦孝宽散布其将谋反的谣言，施行反间计。加上齐帝身边的何洪珍等人的构陷，使齐帝犹豫之后，决心以"军逼帝京"之罪除去斛律光。在大祸即将来临之际，斛律光毫无察觉。齐帝按祖珽之计，无故赐其一匹骏马，并邀其次日乘此马与皇帝游玩。并未谨慎思考分析其中的玄机，按奸人布置的陷阱，在往皇宫奉谢时，即遭杀身灭族之祸。

隋右卫大将军元胄是北魏皇室后裔，在北周时就官至大将军，深受丞相杨坚器重，以掌管禁兵侍卫。北周赵王宇文招密知杨坚将废周帝自代，邀杨坚赴宴，元胄及杨弘陪侍，赵王令二人在酒酣时将杨坚刺杀。元胄见气氛不对头，借故劝杨坚不可久留，被赵王呵叱。赵王装吐将出，元胄扶其上座，反复三次；赵王让元胄取饮，其丝毫不动，并再次借机劝杨坚速去，杨坚仍然不悟。当元胄听到屋后有甲衣响声时，借口相府有急事，扶杨坚离去，并以身堵门，使赵王不得出，其悔恨不已。杨坚即位称隋文帝后即诛杀赵王，拜元胄右卫大将军，豫州刺史。隋炀帝即位后，昏主治国，事势大异，一直都很谨慎的元胄大意起来。当时，慈州刺史上官政犯事被迁往岭南，将军丘和也因罪被废，元胄此前也因与蜀王之罪有牵连被除名，曾与丘和数次同游。一次元胄与丘和饮酒时说：上官政是壮士，今迁岭南，不会有大事吧；如果是我，决不会徒然。丘和奏报隋炀帝杨广，元胄被诛杀，上官政被征为骁卫将军，丘和任代州刺史。

隋车骑将军史万岁善于治军作战，深受将士拥戴，号称良将。然而，他不拘小节，不谨慎，以致大祸将至仍未察觉。在平定南夷叛乱得胜后，其首领向史万岁行重贿，换取隋军收兵。史万岁收贿时，不仅没认识到受敌重贿的恶劣性质，而且忽略了蜀王杨秀必能得知此情，而且蜀王与宫廷内和朝中大臣关系复杂难测。蜀王果然将史万岁收贿之行揭发，隋文帝初以国贼论斩，因多位大臣说情，除名为民，不久复其官爵，任其为河州刺史，然而嫌忌已生。史万岁击破突厥，杨素妒忌其功，向隋文帝进谗言，不奖其功，使其怨望，数次抗表陈状，引起隋文帝不快。当时，隋文帝正废太子，追究太子党羽，问史万岁何在，杨素谎称其在东宫，激怒了隋文帝。加上，史万岁公开为在朝为数百称冤之人鸣不平，当隋文帝的面为有功将士争功，词气愤厉，招致大怒，令左右诛杀了史万岁。

五代时，后梁将军刘知俊勇略、志向、才能超出诸将。他奉令讨伐秦宗权，攻取徐州、海州，平定青州、破6万敌军，加检校太尉，威望甚隆。梁太祖对武将猜忌日甚，佑国军节度使王重师无罪被诛。刘知俊仅以王重师无罪灭族，极其主观地料定自己必与之同终，置梁太祖仍待其甚厚于不顾，未加慎重权衡筹划即发起反叛。梁太祖令军队平叛，刘知俊因作战不利，举族投奔李茂贞，虽为其作战有功，仍受猜忌。及李茂贞、李继崇势力降于蜀，刘知俊未加深思熟虑，即在蜀地举家归降王建，为其作战。王建授予其武信军节度使，虽仍指挥作战，但其部下皆为王建旧部，多有掣肘，不听节度，难有战功，加上蜀人毁其声誉，王建猜忌日重。王建考虑，自己逐渐衰老，身后无人能驾驭刘知俊，便派人捕杀刘知俊。

　　五代时，后唐将康君立素有大志，智力过人。他在豪杰并起、天下将乱时，与部属密谋：四方纷扰，武威不振，正是豪杰立功之时，当下唯沙陀军及李氏父子勇冠诸军，若合势推之，可定代北之地，大事可济。于是，他们拥戴武皇李嗣源，拥众万余，共御朝廷之军，收长安、镇太原，武皇李嗣源检校工部尚书，康君立为南面招讨使，李存孝为其副，率众2万人。康君立虽与李存孝共事，却与李存信过从甚密，而李存信与李存孝不和，相互倾轧，康君立无意间介入了李氏矛盾之中。后来，李存孝据邢州反叛，武皇李嗣源令康君立前往讨伐。康君立把李氏集团内部关系想得过于简单，仅凭勇力平息反叛，李存孝身死，武皇李嗣源深切惋惜，并迁怒康君立及诸将没有调解好这种矛盾。康君立至太原，武皇李嗣源宴请诸将，又语及李存孝被杀之事，而康君立不慎，出言冒犯武皇李嗣源，被赐毒酒而死。实际上，康君立虽勇于执行武皇李嗣源命令平叛并杀死李存孝，但是客观上壮大了李存信的势力，等于砍其一臂，而康君立不仅不明，还激怒武皇李嗣源，惹祸上身。所以，看似有功，实则有罪，不过康君立未慎重熟虑罢了。

疏于防奸　祸生肘腋

不义之事莫为，奸佞之人莫信，偶得之势莫倚，众人之怒莫犯。为大者，心必小；为权者，言必谨。将领干预权力之事，最易遭人猜嫌。即使真的没有私心，因为本是局中之人，利害自随人事变动而消长，也会惹是生非。慎重对于将领如同生命。危机四伏，内外皆险之际，将领稍一纵意而为，必定万劫不复。

北朝时，北魏高宗时期，安东将军李䜣受到器重，入宫给魏高宗授经。北魏显祖时，李䜣露出骄矜自得之态，在相州刺史任上受纳民财及胡人珍宝，被人告发。有人为迎合魏显祖斥责大臣李敷，以李䜣揭发对其有恩的李敷为条件，降免死罪。赵郡范檦因与李䜣共同揭发李敷，二人深自相结。李䜣被平寿侯张谠重新起用后，用范檦等人之计，造成百姓困弊，怨声四起。李䜣之弟左将军李璞告诫说："范檦善能降人以色，假人以醉，缺少德义之言，但有唯利之图，听其言也甘，察其行也贼，是为谄谀、谗慝、贪冒、奸佞之人，不早绝之，后悔不及①。"李䜣不仅不听告诫，而且对其深信不疑，连腹心之事都告之范檦。李䜣见宠于魏显祖，参决军国大议，权倾内外，范檦也借势得官。及魏显祖去世，李䜣迁任司空、镇南大将军、徐州刺史。范檦见太后及朝廷内外多忿疾李䜣，便向太后告发李䜣阴事。太后决定问罪，李䜣在被诛杀前，深悔不用李璞忠告。

北宋时，宋武胜军、永兴军节度使寇准，在大事上十分清醒和谨慎。宋太宗在位已久，冯拯等上疏请立储君，宋太宗发怒，将其发配岭南，朝廷内外无敢再言者。宋太宗召寇准入见，问其诸子中

---

① 《魏书》。

何人可立为太子？寇准非常谨慎小心，答道："确定储君，不必谋及妇人、中官、近臣，宜自择能副天下之望者。"宋太宗思量良久，屏退左右，说出襄王赵恒，寇准应声附和。于是，赵恒任开封尹，改封寿王，立为皇太子（后为宋真宗）。宋真宗执政多年后，寇准已任吏部尚书、同平章事、尚书右仆射、集贤学士，位高任重。宋真宗病重，刘太后干政，寇准变得不那么谨慎了。他建议："将大权交与太子，择方正大臣为其羽翼，丁谓等为佞人，不可用其辅少主。"宋真宗默认后，寇准密令翰林学士杨亿撰表，请太子监国，并打算让杨亿辅政。由于不慎，谋泄事露，寇准被贬为太子太傅。恰巧，大臣周怀政请罢皇后干政，奉宋真宗为太上皇，传位太子，复用寇准为丞相。此事被丁谓等利用，诬其为朋党，宋真宗诛杀周怀政，降贬寇准为太常卿、知相州、徙安州、贬道州司马、再贬雷州司户参军，受尽丁谓倾构，以衡州司终。

刚而自矜　忽于激变

疏而间亲，远而间近，又疏于防范，祸必猝至。识见甚浅，疏于防人，不听忠言，终受制于人。越是大势将定、胜败将见之际，越要防备敌人的阴毒之计，越要预防各种不测，越要防止敌人孤注一掷，狗急跳墙。

西汉时，汉文帝任爰盎为中郎将，见淮南王杀辟阳侯，认为诸侯太骄，建议汉文帝防患未然，削减其地，未被采纳。爰盎当面劝谏汉文帝不宜与宦者赵谈同乘，赵谈被迫下车。爰盎以皇后与慎夫人同坐，不符尊卑之序，对汉文帝进行劝谏。尽管汉文帝听从，但是嫌其数次直谏，不宜久居中枢，调其任陇西都尉。后来，爰盎居家，汉景帝时使人问策，梁王欲求为嗣，袁盎进谏，其后语塞。梁王因此怨恨袁盎，派人将其刺杀。

　　王莽末年，刘秀、刘縯兄弟在绿林军共主更始手下时，更始诛杀刘縯，刘秀深藏怨恨，暂与之周旋。及刘秀用计脱离更始，独立经略河北，更始委任尚书令谢躬等六将监视制约刘秀共击邯郸王郎。谢躬及其属将劫掠且不听命令，刘秀内深忌之，而表面却安慰夸奖谢躬，使之自安不疑。谢躬之妻提醒他："君与刘公，积不相能，而信其虚谈，不为之备，终受制矣。"谢躬不以为然，并未慎察。及谢躬率数万兵于外，留大将刘庆、太守陈康守邺城，刘秀令吴汉、岑彭策反其将陈康，陈康收缚刘庆及谢躬之妻及子女，开城门让吴汉。谢躬不知有变，率数百骑入城，被吴汉击杀，其众悉降。刘秀非常器重岑彭，拜其为征南大将军。他忠心耿耿，用兵谨慎有方，劝降朱鲔，大破邓奉、秦丰，平定南方之乱。他率大军攻伐蜀地公孙述，率水军死战，长驱入江关，又以正兵吸引公孙述大兵，以奇兵绕其后，使之首尾难顾、腹背受敌。就在大势将定之际，岑彭忽略谨防意外情况，公孙述恰恰出其不意，派出刺客，诈为亡奴，降于汉军，夜间刺杀岑彭。

　　三国时，于禁在曹操初起时，就追随左右，南征北战，曹操任其偏将军，迁虎威将军，与张辽、乐进、张郃、徐晃俱为名将。曹操派于禁助曹仁守樊城以拒关羽，正值秋季，大雨不止，汉水满溢。于禁用兵时对大水造成的重大危险未能慎重对待，对关羽水淹曹军的行动，未能预料，处置迟缓，致使七军皆被淹没，于禁为关羽俘获而降。及孙权擒杀关羽，于禁被遣送回魏，魏文帝令其拜谒曹操陵。当于禁见陵屋画中，关羽战克，愤怒于禁降伏之状，惭愧发病而死。东吴大将军陆逊去世后，吴主孙权拜诸葛恪为大将军、太傅，中书令孙弘领少傅，嘱以身后之事。孙权去世，孙弘欲除诸葛恪，因侍中孙峻告发，诸葛恪设计杀掉孙弘，大权独揽。诸葛恪因大败魏军而进封阳都侯，加荆、扬州牧、督中外诸军事。他开始变得有轻敌之心，违众发兵20万人耀威淮南，致使百姓骚动，死伤涂地，将士离心，而其安然自若，随意处罚官吏，又要向青、徐加兵，始失人心。孙峻等因民众对诸葛恪多怨，与谢亮密谋，设酒宴邀诸葛恪，于宴中将其诛杀。

辽朝时，辽知元帅府事、节度使、统军使、招讨使萧惠，虽身经百战，然而常轻敌而不谨慎。他率军讨伐回鹘，不信也不慎重查验酋长将遇袭击的密报，初战失败后，对敌人突袭缺乏防备，遇袭失败而归。萧惠率军与夏国李元昊作战，准备乘势围歼其军，但是对可能遭遇的恶劣天气未有准备，在敌人突围时，出师逆击，忽遇大风，飞沙迷目，其军未战自乱，夏军乘机攻击，辽军死者不可胜计，败退而归。萧惠随辽帝征讨夏国，自河南进，战船粮船绵亘数百里，既入敌境，铠甲载于车，军士不得乘马。诸将都劝告要戒备敌人突袭，而萧惠认为，夏人因畏惧辽军，必自迎车驾，无须设备，不要自生弊端。辽军未及扎营，夏军忽至，萧惠及麾下不及带甲，无法迎战，夺路而逃，辽军士死伤甚众，萧惠险些丧命。